Peter Antes

Die Religionen der Gegenwart

DIE RELIGIONEN DER GEGENWART

Geschichte und Glauben

Herausgegeben von
Peter Antes

VERLAG C. H. BECK MÜNCHEN

Mit 2 Karten

Die Deutsche Bibliothek – CIP-Einheitsaufnahme

Die Religionen der Gegenwart, Geschichte und Glauben / hrsg. von Peter Antes. – München : Beck, 1996
ISBN 3-406-41165-7
NE: Antes, Peter [Hrsg.]

ISBN 3 406 41165 7

Satz: Janß, Pfungstadt. Druck und Bindung: Ebner Ulm
Gedruckt auf säurefreiem, alterungsbeständigem Papier
(hergestellt aus chlorfrei gebleichtem Zellstoff)
Printed in Germany

INHALT

EINLEITUNG

Aufklärung und Säkularisierung heißen die beiden Stichwörter, die das Verhältnis der modernen Welt zur Religion charakterisieren. Mit Aufklärung sind dabei der Primat der Vernunft und deren kritische Anfragen an Dogmen und Glaubensvorgaben gemeint; Säkularisierung steht für die Verbannung der Religion aus dem öffentlichen Leben und den Verweis der Religion in die Privatsphäre der Individuen. Damit wird zugleich deutlich, daß beide Stichwörter mehr einen Prozeß beschreiben als einen Zustand einer ein für allemal erreichten Zielsetzung. Grunddogma für diesen Prozeß ist die Überzeugung von einer Entwicklung, die unaufhaltsam voranschreitet und trotz mancher Rückschläge im einzelnen eine nicht mehr umkehrbare Tendenz markiert, mit der sich Religion – will sie überhaupt überleben – abfinden muß.

Entspricht diese Tendenz dem tatsächlichen Sachverhalt, was man über viele Jahrzehnte in den hochentwickelten Industrienationen in Europa geglaubt hat, so müssen ausschließlich Vernunftentscheidungen für Planungen in Industrie und Wirtschaft, Medizin und Militärstrategie sowie in der Innen- und der Außenpolitik den Ausschlag geben. Damit allein rationale Planungen in die Tat umgesetzt werden können, sind alle gewöhnlich bei Religion mitgedachten irrationalen Komponenten aus dem Kalkül fernzuhalten. Dort, wo sie sich dennoch melden – wie in gewissen ländlichen Gegenden Europas oder in manchen Ländern der sogenannten Dritten Welt –, müssen sie als das genommen werden, was sie dieser Theorie nach sind: Relikte aus vergangenen Zeiten, die zwar noch bis heute überlebt haben, denen aber langfristig kein Erfolg beschieden sein wird, so daß sie schon jetzt getrost vernachlässigt werden können. Ihr Fortleben im privaten Bereich bleibt davon unberührt, ist aber gesellschaftspolitisch gesehen ohne Bedeutung.

Spätestens seit Mitte der 1970er Jahre wurde langsam erkennbar, daß die Grundannahme der Aufklärungs- bzw. Säkularisierungstendenz nicht mehr stimmte,[1] seit dem Zusammenbruch des Ostblocks war dies evident.[2] Religion meldete sich auf der politischen Bühne zurück und begann öffentliches Interesse zu wecken und dies in zweierlei Hinsicht: als politisch aktives Eingreifen in die säkular konzipierte Welt und als Wiederverzauberung in einer entzauberten, eben säkularen Welt.

Religion meldet sich zurück durch politisch aktives Eingreifen

Das bekannteste Phänomen des Zurückmeldens von Religion ist der sogenannte religiöse Fundamentalismus. Auch wenn der Begriff denkbar unglücklich gewählt ist, weil er äußerst heterogene Vorstellungen unter einem griffigen Terminus undifferenziert zusammenfaßt und damit erst unter den dadurch Bezeichneten ein Zusammengehörigkeitsbewußtsein erzeugt,[3] beweist der Erfolg dieses Terminus, daß er die neue Lage trifft. Viele, die bislang an die Aufklärungs- und Säkularisierungstendenz als unumstößliches Dogma geglaubt haben, beginnen heute an diesem Glauben zu zweifeln, weil die Tatsachen offenbar dagegen sprechen. Die bisher gängigen Erklärungsmodelle der Gesellschaftsanalyse können das aktive Eingreifen religiös motivierter Gruppen in die angeblich der Vernunft vorbehaltene politische Szene nicht erklären. Dies gilt in gleicher Weise für die Rolle, die die Religion beim Zusammenbruch des Ostblocks gespielt hat, wie für das Erstarken des sogenannten religiösen Fundamentalismus. Die Ratlosigkeit, die neuen Aktivitäten im Namen von Religion und Glauben zu verstehen, geht einher mit der Hilflosigkeit, darauf angemessen zu reagieren, um sich vor einem unangemessenen Zugriff auf die Gesellschaft wirksam zu schützen. Dies gilt in gleicher Weise für die Abwehr von terroristischen Einzelaktionen wie für die eventuelle Bedrohung durch Atomwaffen, die trotz aller Sperrverträge dennoch in die Hände von religiösen Extremisten gelangen, die in leitenden Staatsfunktionen wie etwa manche Ayatollahs im Iran im Konfliktfall ihren Einsatz religiös legitimieren könnten.

Der religiöse Sprengstoff ist nicht auf den Bereich des Islam beschränkt, wo allein im Jahre 1995 in Ägypten und Algerien Hunderte westlich aufgeklärter Bürger und Bürgerinnen sowie liberal denkender Muslime ermordet wurden. Religiös-zionistisch war am 4. November 1995 der Mord an dem israelischen Ministerpräsidenten Yitzhak Rabin motiviert. Seit Beginn der 90er Jahre war zudem Indien durch Gewaltaktionen fanatischer Hindus Schauplatz von religiös motiviertem Eingreifen in die politische Szene. In Japan waren 1995 führende Mitglieder einer sogenannten „neuen Religion" im Zusammenhang mit einer Serie von Giftanschlägen festgenommen worden. Die Beispiele zeigen, daß die Öffentlichkeit an der Rückkehr des Religiösen in unsere säkularisierte Welt nicht mehr vorbeigehen kann. Und was für die spektakulären Schlagzeilen gilt, hat seine Entsprechung auch in weniger publikumswirksamen Bereichen. Industrie und Wirtschaft stellen sich durch Seminare zum interkulturellen Management darauf ein, daß die religiösen Vorstellungen der Beteiligten bei den Entscheidungen über Investitionen ebenso wie bei der Organisation der Arbeitsvorgänge fest mit eingeplant werden müssen.[4] Interkulturelle Medizin[5] ist längst kein Fremdwort mehr im medizinischen Alltag. Auch in der Sicherheitspolitik[6] wird dem Faktor Religion – zumindest was den Islam angeht – immer mehr Bedeutung beigemessen. Und für die Innenpolitik wird immer deutlicher erkennbar, daß die religiösen Gruppierungen in die Integrationsbemühungen der Sozialpolitik einbezogen werden müssen, wenn der innere Frieden garantiert sein soll.[7] Der Verweis auf die spektakulären Ereignisse belegt die Notwendigkeit, Religion als eine Facette der Wirklichkeit ins politische Kalkül mit aufzunehmen, wenn die Politik den tatsächlich gegebenen Realitäten Rechnung tragen will.

Religion meldet sich zurück durch Wiederverzauberung der Welt

Das politisch aktive Eingreifen religiös motivierter Gruppierungen ist nicht die einzige Form, wie sich Religion in der säkularisierten Welt zurückmeldet. Es gibt noch eine ganz andere Erscheinungsform des Religiösen wie etwa Yoga und Meditation, die zeigen, daß der Mensch nicht nur vom Brot allein lebt. In den letzten Jahren haben sich nicht wenige solchen Praktiken und dem damit verbundenen religiösen Erleben hingegeben. Nicht selten waren und sind sie sogar bereit, dafür aus dem Beruf und der Gesellschaft zeitweise oder definitiv auszusteigen, um ihr Heil in einem anderen als dem Leben in der Konsum- und Leistungsgesellschaft zu suchen. New Age und Wassermann-Zeitalter sind hierfür die Stichwörter,[8] die andeuten wollen, daß sich hinter den zahlreichen Bewegungen und Gruppierungen ein Gesamttrend erkennen läßt, der das Gegenteil von dem intendiert, was Religion auf dem Weg in die Moderne nach dem Soziologen Max Weber (1864–1920) geleistet hat, nämlich die Entzauberung der Welt.

Ein Besuch einer größeren Buchhandlung lehrt, wie groß heute der Buchmarkt im Bereich der esoterischen Literatur ist. Es handelt sich folglich bei den Adressaten nicht um einige wenige Sonderlinge, sondern um eine breite Käuferschicht aus mittleren bis gehobenen Kreisen, die sich von dem vielfältigen Angebot konkrete Hilfen für die Lebensführung im Alltag verspricht. Die traditionellen Angebote christlicher Kirchen können diese Bedürfnisse offenbar nicht befriedigen, die Menschen wenden sich anderen „Heilslehren" zu.

Die Zahl der Bewegungen und Gruppen, die „Heilslehren" anbieten, geht in die Tausende. Sie ist damit nicht kleiner als die der politisch aktiv eingreifenden, so daß sich insgesamt – mit Blick auf die beiden Formen, wie Religion sich heute zurückmeldet – eine Vielfalt und Bandbreite darbietet, die niemand mehr überblicken kann. Hinzu kommen die zahlenmäßig großen religiösen Traditionen der Menschheit, denen gegenüber sich die hier erwähnten zwei Arten von Gruppen wie Randphänomene ausnehmen. All dies zu erfassen, setzt viel Information voraus. Nachschlagewerke entstehen, um diesem Informationsbedürfnis Rechnung zu tragen.[9] Je mehr Information aber vorliegt, desto weniger werden die großen Linien der Entwicklung deutlich. Wer folglich die Geschichte, Erscheinungsformen und Prognosen der Religionen der Gegenwart verstehen will, ist auf ausgewählte Informationen angewiesen, durch die geradezu holzschnittartig das zum Vorschein kommt, was die maßgeblichen Tendenzen und Orientierungslinien ausmacht. Auf diese Weise wird ein erster Gesamtüberblick möglich, auf dessen Basis leicht weitere Informationen aufgenommen und in die Gesamtschau integriert werden können, so daß trotz manch späterer Veränderung im Detail die in diesem Band vorgelegten Analysen einen soliden Rahmen für die Orientierung im Dickicht religiöser Traditionen und Bewegungen bieten können.

Orientierung im Dickicht religiöser Traditionen und Bewegungen

Wer im Dickicht religiöser Traditionen und Bewegungen Orientierung geben will, steht vor einer dreifach schwierigen Aufgabe. Eine erste Schwierigkeit ist es, die religiösen Traditionen und Bewegungen von anderen, nicht-religiösen (z. B. rein politischen oder sozialen bzw. von ausschließlich ideologischen) abzugrenzen. Daneben besteht eine zweite Schwierigkeit: Schneisen ins Dickicht zu schlagen, die erlauben zu sagen, welche religiösen Traditionen und Bewegungen zur Sprache kommen sollen, und damit indirekt andeuten, welche unbehandelt bleiben. Die dritte Schwierigkeit schließlich betrifft die Methode, wie die Konturen des holzschnittartigen Zuschnitts ermittelt werden.

a) Die erste der genannten Schwierigkeiten berührt das Problem der Definition von „Religion“, die eindeutig das zu Behandelnde von dem abgrenzt, was nicht dazu gehört. Eine solche Definition ist immer wieder gesucht, aber nie gefunden worden und angesichts des höchst heterogenen Materials auch in Zukunft ziemlich unwahrscheinlich.[10] Folglich bleibt kein anderer Weg, als sich mit dem vorwissenschaftlichen umgangssprachlichen Wortgebrauch abzufinden und in jedem Fall das in die Abhandlung aufzunehmen, was traditionellerweise immer als Religion abgehandelt worden ist. Daß diese Verfahrensweise nicht problemlos ist, zeigt mit Blick auf die Vergangenheit die Behandlung des Konfuzianismus, bei dem man mit guten Recht sagen kann, daß er eigentlich eine Art Staatsphilosophie ist und besser nicht unter der Überschrift „Chinesische Religionen“ auftauchen sollte. Wenn er dennoch in diesem Band dort behandelt wird, so wird eine alte, bewährte Tradition fortgesetzt, die unter den „Chinesischen Religionen“ das Trio Buddhismus, Konfuzianismus und Taoismus versteht. Mit Blick auf die Gegenwart wirft das Fehlen einer Religionsdefinition erhebliche Probleme auf, weil zu entscheiden ist, ob die eine oder andere Bewegung wie etwa die Scientology Church eine Religion ist oder nicht. Diese Frage ist bekanntlich bis ins Strafrecht hinein relevant, wenn es um die steuerrechtliche Absetzbarkeit von Spenden an diese Gruppe geht. Die Religionswissenschaft – das muß hier in aller Deutlichkeit gesagt werden – kann da nicht weiterhelfen. Ihre bisherige Verfahrensweise, ohne distinktive Definition wichtige Bewegungen aus der Kultur- und Geistesgeschichte nach gängiger Praxis als religiöse Bewegung zu betrachten und entsprechend zu untersuchen, verunmöglicht es ihr, bezogen auf neue Bewegungen von heute, begründet zu sagen, ob sie in den Kanon des zu Behandelnden aufzunehmen sind oder nicht, zumal einige davon wie die Scientologen sich selbst Kirchen oder Religionen nennen und damit den Anspruch erheben, Forschungsgegenstand von Religionswissenschaft zu sein.

b) Die zuletzt angesprochene Problematik leitet zur zweiten Schwierigkeit über, nämlich der Frage, welche religiösen Traditionen und Bewegungen zur Darstellung kommen sollen. Klar dürfte bei einem Band über Religionen der Gegenwart sein, daß solche, die heute nicht mehr praktiziert werden wie der Manichäismus oder die Religion der alten Ägypter, Griechen und Römer, nicht aufgenommen werden. Infolge dessen umfaßt die Liste der zu behandelnden religiösen Traditionen, die auf eine mindestens hundertjährige Geschichte zurückblicken, die folgenden: Judentum, Christentum, Islam, Bahai, Hinduismus, Sikhismus, Zoroastrismus, Buddhismus, Chinesische Religionen und Shintoismus. Die Anordnung in dieser Aufzählung entspricht der in diesem Band. Sie legt die Zeit ihrer Entstehung als Ordnungsprinzip ebenso zugrunde wie die geographische Herkunft im Sinne von Kulturgegenden. Während sich auf diese Weise Judentum, Christentum, Islam und Bahai ebenso eindeutig in dieses historisch-geographische Konzept einordnen lassen wie Buddhismus, Chinesische Religionen und Shintoismus, ist die Abkoppelung des Sikhismus vom Islam trotz seiner eindeutigen Anbindung an den Hinduismus nicht selbstverständlich und daher eine Wahlentscheidung. Isoliert bleibt bei diesem Ansatz der Zoroastrismus, obwohl er – was seine Wurzeln und seine Wirkungsgeschichte angeht – sicher auch mit Blick auf die monotheistischen Religionen des Vorderen Orients (Judentum, Christentum und Islam) als relevant anzusehen ist. Bedenkt man zudem noch, daß bis auf die Chinesischen Religionen und den Shintoismus alle anderen Religionen heute in nahezu allen Erdteilen anzutreffen sind, so kann man das historisch-geographische Konzept als solches wieder in Frage stellen. Übrig bliebe dann eine alphabetische Reihenfolge, die ein Sammelsurium ergäbe, das nicht mehr sinnvoll gerechtfertigt werden könnte.

Die historisch-geographische wie die rein alphabetische Anordnung der genannten religiösen Traditionen hat einen Nebeneffekt, der sich in die hier versuchte religionsgeschichtliche Betrachtungsweise ideal einfügt: Das Christentum steht bei keiner an erster Stelle, sondern wird ohne Sonderstellung unter die Religionen eingereiht. Zudem gilt auch der gleiche Seitenumfang für jede der religiösen Traditionen, was weitgehend dieser Endfassung entspricht. Hinsichtlich des Stils ist für alle die gleiche distanziert beschreibende Darstellungsform einer Sicht „von außen" gewählt worden.[11]

Es versteht sich von selbst, daß der Überblick über die religiösen Traditionen (Judentum, Christentum, Islam, Bahai, Hinduismus, Sikhismus, Zoroastrismus, Buddhismus, Chinesische Religionen und Shintoismus), die – was die Zahl ihrer Anhänger, die Dauer ihrer Existenz und die Verbreitungsgebiete auf der Erde angeht – in ihrer Mehrheit zu den größten in der heutigen Menschheit zählen und deshalb oft Weltreligionen genannt werden, bei weitem nicht alle gegenwärtig existenten religiösen Traditionen und Bewegungen erfaßt. Aus diesem Grunde mußten noch zwei weitere Rubriken hinzugefügt werden, die je nach Herkunft, Denkvorstellung und Verbreitung sehr unterschiedliche Gruppierungen betrachten: die ethnischen Religionen und die neuen Religionen. Beide Benennungen sind belastet, unscharf und kritisierbar. Sie sind Verlegenheitsbezeichnungen, da bessere Alternativen fehlen. Hinzu kommt, daß für diese beiden Beiträge das sonst weithin übliche Grundmuster einer Gliederung nach Grunddaten, Überblick über die Geschichte, gegenwärtigem Erscheinungsbild (inklusive Organisationsstruktur, Glaubensstruktur und Problemen angesichts der Moderne) sowie Fazit und einer kurzen Einschätzung der Entwicklung in der Zukunft nicht mehr aufrechtzuerhalten gewesen ist. Es konnte nur noch als Anregung für die thematische Gestaltung dienen, da typologische Zuordnungen und exemplarisches Darstellen sich als sinnvoller erwiesen als der Versuch, jede einzelne Gruppe zu behandeln. Dementsprechend sind diese Beiträge inhaltlich anders angelegt als die übrigen, zudem behandeln sie vielfach andere Weltgegenden und Zeitbezüge und stehen deshalb am Ende des Überblicks über die Religionen der Gegenwart. Sie runden so das Bild von den vielfältigen Erscheinungsformen des Religiösen ab und laden zu vertieftem Weiterstudium in diesem unerschöpflich weiten Feld ein.

c) In aller Kürze sei noch ein Wort zur Methode gesagt, wie die Konturen des holzschnittartigen Zuschnitts zustande kommen. Die Antwort ist so einfach wie verblüffend: Hier kommt die Einschätzung und Sichtweise derer zum Tragen, die den jeweiligen Beitrag geschrieben haben. Dies ist nicht unzulässig, solange die vorgetragenen Einschätzungen, Probleme oder Lösungsansätze für Kritik offenbleiben und die Frage provozieren, ob sie eine zutreffende Situationsbeschreibung liefern, die für die Analyse hilfreich ist oder nicht.

Wie immer die Konturen im einzelnen aussehen, Tatsache ist, daß die Welt der Religionen höchst facettenreich und auch innerhalb einer jeden religiösen Tradition noch vielgestaltiger ist, weil unterschiedliche Handlungsanweisungen gegeben werden. Die Folgen dieser Vielfalt sind bis in den politischen Alltag hinein spürbar. Sie betreffen das Zusammenleben der Menschen und berühren den Bereich eines allgemeinen Weltethos.

Weltethos und Ethos der Religionen

Da die Religionen das Denken, Fühlen und Handeln der sich zu ihnen bekennenden Menschen prägen, ist ihre Botschaft ein wichtiges Element für die ethischen Grundentscheidungen im Zusammenleben der Menschen. Diese Botschaft hat daher etwas mit der Art zu tun, wie Menschen ihr politisches, wirtschaftliches und soziales Gemeinwesen gestalten. Sie ist auch relevant für die Beziehungen dieser Gemeinschaft nach außen, zu anderen Gemeinschaften wie zur Natur und zum Umgang mit ihr. Immer mehr wird deutlich, daß das Leben von Menschen und menschlichen Gemeinschaften bis in seine Existenzbedingungen hinein vom Handeln anderer Menschen und menschlichen Gemeinschaften abhängig ist. Daraus folgt die Notwendigkeit eines Weltethos, das nur dann eine echte Chance hat, wenn alle sich an seine Grundsätze halten. Die positive Kooperation von Menschen aus allen Religionen ist daher unbedingt notwendig, ein angesichts der erwähnten Vielfalt der religiösen Positionen scheinbar hoffnungsloses Unterfangen.

Hans Küng hat es unternommen, einige Grundsätze für ein solches Weltethos zu formulieren, und er hat dafür bei Vertretern aus allen Religionen Unterstützung gefunden.[12] Dies will nicht besagen, daß sämtliche Gläubige in diesen Religionen der Erklärung, die sich weitgehend an den Zehn Geboten orientiert, folgen. Die Divergenzen, die innerhalb der einzelnen Religionen deutlich werden, wenn die einen der Erklärung folgen, andere aber nicht, geben Anlaß zur Hoffnung, daß keine der erwähnten Traditionen prinzipiell sich diesem Anliegen verschließt. Ihre Basistexte (hl. Bücher) lassen offenbar beides zu, denn sie enthalten meist recht unterschiedliche Aussagen, die in der einen oder anderen Weise ausgelegt und gedeutet werden können. Hierin liegt der Grund für Paradigmenwechsel im Laufe der Geschichte und für unterschiedliche Antworten auf die die Menschen bedrängenden Fragen heute. Die in diesem Band vorgelegten Beiträge helfen, die Gründe für die unterschiedlichen Antworten innerhalb der einzelnen religiösen Traditionen zu verstehen und geben so Argumentationshilfen für das konkrete Gespräch mit Menschen, die sich zu diesen Traditionen bekennen.

Abschließend sei noch gestattet zu sagen, daß diese Orientierung im Dickicht der religiösen Traditionen und Bewegungen nicht ohne die gute Zusammenarbeit mit denen, die die Beiträge geschrieben haben, möglich gewesen wäre, weshalb ich mich bei allen dafür an dieser Stelle bedanken möchte. Ein besonderes Wort des Dankes gebührt dem Verlag C. H. Beck, Herrn Dr. Günter Schiwy, der diesen Band angeregt und bis zu seiner Pensionierung mit großem Engagement betreut hat, sowie Frau Ingrid Kinzel-Amuser, die die Betreuung nach Herrn Dr. Schiwy übernommen hat, und Herrn Dr. Herbert Wutz, der die redaktionelle Durchsicht und Vereinheitlichung der Beiträge übernommen hat, die Drucklegung vorbereitet und das Register erstellt hat. Ohne seinen großen Einsatz wäre der Band nicht das, was er heute ist. So bleibt mir nur noch der Wunsch und die Hoffnung, daß dieser Band alle erreicht, an die er sich wendet, und daß die, die ihn konsultieren, darin Orientierung im Dickicht religiöser Traditionen und Bewegungen finden.

Hannover, den 18. Februar 1996 *Peter Antes*

Michael Brocke

JUDENTUM

I. Allgemeines

„Judentum" als Begriff kommt in der hebräischen Bibel nicht vor. Die griechische Entsprechung Ioudaismos (2 Makk 2,21 u. ö.) findet sich zuerst im Kontext der Auseinandersetzung mit dem Hellenismus und reflektiert als Bezeichnung eher eine Außenansicht von Religion und Kultur der Juden, die im Moment des Übersetzens in die hellenistische Gedankenwelt bis dahin Selbstverständliches überhaupt erst thematisiert. Dem jüdischen Selbstverständnis näher kommt der deutsche Begriff „Judentum" insofern, als er sowohl Volk wie auch Religion bezeichnen kann. Traditionell sind beide Aspekte Teil einer umfassenden Identität; die Aufspaltung in religiöse „Konfession" auf der einen und säkulare Nationalität auf der anderen Seite, wie sie insbesondere die Moderne charakterisiert, ist ihrerseits Folge der Konfrontation mit den Begrifflichkeiten einer nichtjüdischen Umwelt.

Leitet das griechische Ioudaismos die jüdische Religion etymologisch von der jüdischen Nation her, so sieht die jüdische Tradition das Verhältnis umgekehrt: Es ist der Empfang der Offenbarung am Sinai – die kollektive religiöse Grunderfahrung schlechthin –, durch den sich Israel als Volk Gottes konstituiert. Die Erwählung ist dabei an die (gegenseitige) Verpflichtung auf die Tora als Blaupause der von Gott gebotenen Lebensweise gebunden. Dies gebietende Wort ist im Grunde universal; Gott ist nicht allein der Bundespartner Israels, sondern der Weltschöpfer, dem die ganze Erde gehört (vgl. Ex 19,5). Einer talmudischen Erzählung zufolge hat er seine Tora verschiedenen Völkern angeboten; nur Israel habe sie ohne Vorbedingung, ja ohne ihren Inhalt zu kennen, angenommen. Hier ist – zumindest theoretisch – der ethnisch-partikulare Aspekt der Universalität der religiösen Botschaft untergeordnet. Konversion zum Judentum ist dementsprechend, sofern von der jeweiligen Obrigkeit zugelassen, grundsätzlich möglich. Andererseits ist der Toragehorsam Israels nach traditionellem Verständnis Voraussetzung für die Erlösung auch der anderen Völker in der messianischen Endzeit; die Erfüllung der Bundesverpflichtungen Israels hat so paradigmatisch-universale Funktion (vgl. bSan 98a).

II. Geschichte

1. *Vom biblischen zum rabbinischen Judentum*

Die Geschichte der jüdischen Religion im engeren Sinne – in Abgrenzung von der Religion des biblischen Israel – beginnt nach gängiger Auffassung mit der Rückkehr aus dem babylonischen Exil. Sie entwickelt sich dabei selbstverständlich in Anknüpfung an vorexilische Gegebenheiten.

Die Tatsache an sich ist erstaunlich, daß Israels Glaube an seinen Gott die Zerstörung Jerusalems und des salomonischen Tempels durch Nebukadnezar im Jahre 587 v. u. Z. überstanden hat. Möglich war das nur, weil der Untergang des Südreichs bundestheologisch interpretiert wurde. Die Propheten hatten das Strafgericht Gottes für den Bruch des Bundes durch Israel immer wieder angedroht; nun war es hereingebrochen. Hier hatte nicht ein Stammesgott eine fatale Niederlage erlitten; vielmehr hatte der Herr der Welt sein Volk gerichtet und sich zu diesem Zweck der Weltmächte als seiner Werkzeuge bedient. Die Propheten hatten es nicht bei der Ankündigung der Katastrophe bewenden lassen, sie hatten dem verbleibenden Rest der Frommen die schlußendliche Erlösung verheißen. Als der Perserkönig Kyros 538 v. u. Z. Babylonien eroberte, die Rückkehr und den Wiederaufbau des Tempels gestattete, war das die ersehnte Bestätigung der prophetischen Vorstellung vom geschichtlichen Wirken Gottes mit seinem Volk.

Durchaus nicht alle Exilanten konnten sich zur Rückkehr entschließen. Die babylonische Diaspora blieb auch nach dem Edikt des Kyros bestehen; in hellenistischer Zeit gesellte sich ihr eine nicht minder bedeutende jüdische Gemeinde in Ägypten, schließlich im gesamten Mittelmeerraum bei. Diaspora als Lebensform des klassischen Judentums hat ihren Anfang keineswegs mit dem erneuten Verlust der nationalen Existenz im Jahre 70 u. Z. (Eroberung Jerusalems durch die Römer); sie blieb vielmehr während der gesamten Zeit des Zweiten Tempels Kontrapunkt zum jüdischen Staatswesen in Palästina. Heute stehen Diaspora und Staat Israel in einer vergleichbaren intensiven wie sich stetig neu akzentuierenden Wechselbeziehung.

Im Exil hatte das Konzept eines spezifisch jüdischen Religionsgesetzes die offenbar entscheidende Konsolidierung erfahren. Für die Identität einer Minderheit waren Unterscheidungsmerkmale wie die Beschneidung, die Wahrung des wöchentlichen Ruhetages und der Speisegebote von zentraler Bedeutung. Die – zahlenmäßig kleine – Gruppe der Rückkehrer jedenfalls brachte aus dem Exil ein „Buch der Tora des Mose" mit, dessen Verhältnis zum Pentateuch, wie er überliefert ist, wissenschaftlich umstritten ist. Wichtig ist, daß sich in dieser Zeit der entscheidende Wandel vom Tempelkult hin zur „Buchreligion" vollzog. Im Buch Nehemia 8 ist uns die erste öffentlich-liturgische Toralesung durch „Esra den Schreiber", d. h. Schriftgelehrten, überliefert, die mit der anschließenden Auslegung durch

Exegeten des Wortes bereits wesentliche Elemente des späteren Synagogengottesdienstes aufweist. Wie nun die weitere Entwicklung dieses torazentrierten Gottesdienstes neben dem Opferkult des wiederaufgebauten Tempels im einzelnen aussieht, liegt weitgehend im dunkeln. Als sicher gilt, daß in den letzten vorchristlichen Jahrhunderten sowohl im Mutterland als auch in der Diaspora zahlreiche Synagogen bestanden.

Auf diese Entwicklung konnte man aufbauen, als die Zerstörung des Zweiten Tempels durch Titus im Jahre 70 christlicher Zeitrechnung eine grundlegende Umstellung erforderlich machte. Nun verlagerte sich der Schwerpunkt des religiösen Lebens vollends auf die Tora im Zentrum des synagogalen Lebens. Die Sicht der Pharisäer, vorher nur eine unter verschiedenen religiös-politischen Gruppierungen, war (neben dem Christentum) die erfolgreichste Antwort auf die Katastrophe (churban) und setzte sich durch. Im neuen Zentrum von Javne (Jamnia, antike Stadt an der Straße von Ägypten nach Syrien) entwickelten die Pharisäer ein religiöses Programm, das den Verlust des opferkultischen Zentrums durch die Heiligung des Individuums in der gewissenhaften Einhaltung der Gebote durch jedermann auszugleichen suchte. Der Tisch jeder einzelnen Familie wird so zum Altar. Das tägliche Gebet ersetzt das Tempelopfer, ja das Studium der Tora selbst wird zum Gottesdienst. Entsprechend veränderte sich das Verständnis religiöser Autorität. Die biologisch definierte „Kaste“ der Priester, für den Opferdienst im Tempel von zentraler Bedeutung, sank zu faktischer Bedeutungslosigkeit herab; an ihre Stelle trat das Ideal des talmid chacham, des Toralernenden und -gelehrten, dessen Verwirklichung jedem einzelnen (Mann), unabhängig von seiner sozialen Herkunft, bei entsprechendem Einsatz offensteht. Die Tora, wörtlich ‚Lehre‘ oder ‚Weisung‘, ist im rabbinischen Kontext sehr viel mehr als nur das mosaische ‚Gesetz‘ (nomos) der Septuaginta. Diesen Aspekt deckt der Terminus Halacha, Weg(weisung), Recht, Satzung, gr. ethos, ab, während alles andere, das exegetisch-homiletische, das erzählerische oder wie immer anders erbauliche Traditionsmaterial als Aggada, Kunde, Botschaft, gr. mythos, bezeichnet wird. Für das Selbstverständnis des rabbinischen Judentums ist darüber hinaus die Doktrin von der Mündlichen Lehre (tora schebe'al pe) kennzeichnend. Bezeichnet Tora im engeren Sinne den Pentateuch und im weiteren Sinne die Schrift (mikra, TeNaCh) überhaupt, so gewinnt der Begriff hier eine bipolare Ausweitung: Die fortwährende Interpretation der „Schriftlichen Tora“ (tora schebichtaw) durch die Rabbinen ist dieser gegenüber nicht sekundär, sondern ebenso göttlichen Ursprungs (tora min haschamajim) und Teil der Offenbarung vom Sinai wie die Schrift selbst. Gleichviel, ob sie explizit oder implizit „Mosche unserem Meister“ übergeben wurde – der Auslegungstradition wird Gleichrangigkeit zugestanden; gleichzeitig ermöglicht diese Legitimationsstrategie ein hohes Maß an Flexibilität in der Anpassung der schriftlichen, praktisch ohnehin „fragmentarischen“ (zugleich aber vollendet göttlichen) Überlieferung an stets veränderte Lebensbedingungen.

Eine tannaitische Aggada (s. u.) zeigt Moses zu Besuch im Lehrhaus des Rabbi Akiva – eines der bedeutendsten Rabbinen des 1./2. Jahrhunderts u. Z. –, wo er in der hintersten Reihe Platz nimmt und kein Wort versteht, was ihn frustriert, bis er Akiva auf die Frage seiner Schüler, woher er eine bestimmte Auslegung habe, antworten hört, dies sei „eine Halacha des Moses vom Sinai". Die Erzählung schließt: „Da war Moses beruhigt." (bMen 29b)

Die rabbinische Autorität gründet sich auf die Anwendung eines Kanons hermeneutischer Regeln (middot, in unterschiedlichen Zusammenstellungen überliefert); im Zweifelsfall wird nach dem Mehrheitsprinzip entschieden.

Rabbi Elieser und die übrigen Rabbinen konnten sich in einem bestimmten Punkt nicht einigen. Sogar eine göttliche Himmelsstimme bestätigt die halachische Auffassung des Rabbi Elieser, doch gilt auch dies seinen Kollegen nicht als Argument. Denn, wie Rabbi Jehoschua erklärt: „Die Tora ist nicht im Himmel" (Deut 30,12) – nachdem also Gott sie einmal gegeben hat, liegt ihre Auslegung in der Verantwortung der talmide chachamim (der Gelehrten). Daraufhin soll Gott, so Elija, gelacht haben: „Meine Kinder haben mich besiegt!" (bBM 59b)

Seit der Generation von Javne bestand im jeweiligen Zentrum rabbinischer Gelehrsamkeit – nach dem Vorbild des Synhedrion der Zeit des Zweiten Tempels – das „Sanhedrin", ein Gremium von 71 Personen, das im Rahmen der begrenzten jüdischen Selbstverwaltung sowohl als letzte Instanz bei Lehrentscheidungen als auch als oberster Gerichtshof fungierte. Vorsitzender des Sanhedrin war der davidische Patriarch (nasi'), der geistliche und weltliche Autorität in seiner Hand vereinigte.

Der Kanon der hebräischen Bibel wurde, so die Tradition, vor dem Jahr 100 u. Z. auf der sogenannten „Synode von Javne" abgeschlossen. Doch auch die Mündliche Tora wurde im Laufe der Zeit schriftlich niedergelegt, ohne doch an Mündlichkeit völlig zu verlieren. Rabbi Jehuda haNasi schließlich redigierte um 200 in Uscha das grundlegende Dokument der Tannaiten, d. h. der palästinischen Rabbinen der ersten Generationen nach der Tempelzerstörung, die „Mischna" (‚Wiederholung' oder ‚Lehre'), die den gesamten Stoff der Tradition erstmals, von der Schriftlichen Lehre unabhängig, in sechs Ordnungen gliedert. Daneben entstanden in dieser Zeit die ersten exegetischen Sammelwerke des Midrasch (‚Auslegung'), die sich an Tora, Propheten und Schriften selbst orientieren. Die Tosefta (‚Zusatz') schließlich bietet ähnlich frühes Material, das nur zum Teil Eingang in die Mischna gefunden hat, an deren Aufbau sie sich anschließt. In der Folgezeit wurde die Mischna selbst zur Grundlage für weitere Diskussionen in den Lehrhäusern der Amoräer, der Schriftgelehrten der folgenden Generationen. Diese sind uns als Gemara (‚Vollendung') zur Mischna überliefert. Mischna und Gemara zusammen bilden den Talmud (‚Lehre' oder ‚Studium'). In Analogie zu den beiden Zentren rabbinischer Gelehrsamkeit liegt diese enzyklopädische Zusammenstellung des Traditionsmaterials in zwei unterschiedlichen Fassungen vor. Die Redaktion des palästinischen oder Jerusalemer Talmud wurde um 400 eher abgebrochen, die des weitaus umfangreicheren babylonischen im 6. Jahrhundert oder noch später erst abgeschlossen.

Kennzeichnend für die politische Situation des Judentums in dieser Zeit ist, daß sich der babylonische Talmud als die verbindliche Norm und die Grundlage für spätere Normierungen durchgesetzt hat. Hatte die jüdische Präsenz in Palästina schon durch den zweiten jüdischen Krieg unter dem Rebellenführer und Messiasprätendenten Bar Kochba (132–135) und die anschließende sogenannte hadrianische Religionsverfolgung gelitten, so ging es mit dem palästinischen Zentrum nach dem Sieg der Kirche in Rom weiter bergab. Ein Ausdruck des Niedergangs war die Aufhebung von Patriarchat und Sanhedrin durch Theodosius II. in den zwanziger Jahren des 5. Jahrhunderts. Die großen Akademien (Jeschiwot) von Sura und Pumbedita hingegen konnten sich vor allem nach der islamischen Eroberung Babyloniens (642) freier entfalten und während des omajjadischen Kalifats von Baghdad die Führung übernehmen. In den Jahrhunderten nach seiner Endredaktion gelang es ihren Leitern, den Geonim (von ga'on ‚erhaben'), neben den weltlichen Exilarchen die geistigen Oberhäupter der babylonischen Juden, den babylonischen Talmud als die verbindliche Rechtsgrundlage des Judentums zu etablieren; damit schufen sie nach dem Wegfall des Tempelkults eine dynamische Mitte für Religion und Kultur. Insbesondere verstanden es die Geonim, die Judenheiten der islamischen Welt durch ihre Rechtsgutachten (Responsen, hebr. sche'elot u-tschuwot, ‚Fragen und Antworten') an das babylonische Zentrum zu binden. Eines dieser Gutachten, die Antwort des Amram Gaon (gest. um 875) auf eine Anfrage aus Barcelona, wurde zur Grundlage für die Fixierung der Synagogenliturgie. In einem anderen Fall bat die jüdische Gemeinde von Kairouan um Auskunft über den Ursprung der Mündlichen Tora; das Antwortschreiben des Scherira Gaon (um 906–1006) war eine Hauptquelle für die Geschichte der Vermittlung rabbinischer Tradition seit der Spätantike; es diente Generationen von Chronisten als Vorbild für die Weiterführung und Aktualisierung entsprechender „Traditionsketten".

2. Jüdische Religionsphilosophie

Zu verstehen ist dieses Bemühen um den Nachweis der Kontinuität der rabbinischen Überlieferung seit Moses vor allem auf dem Hintergrund der Herausforderung durch die Karäer.

Diese jüdische Sekte (so zumindest stellt sie sich in der Retrospektive dar; in ihrer großen Zeit während des 10. und 11. Jahrhunderts war durchaus nicht eindeutig, welche der beiden Gruppen, Karäer oder Rabbaniten, sich letztendlich als „das Judentum" behaupten würde) postulierte die Beschränkung des Offenbarungsbegriffes auf die Schrift (mikra') allein und drohte durch ihre Ablehnung der Mündlichen Tora dem rabbinischen Judentum die Existenzgrundlage zu entziehen. Die Rolle der Karäer in der jüdischen Geistesgeschichte wird erst in jüngerer Zeit gebührend wahrgenommen. So zwang ihre geradezu rationalwissenschaftliche Kritik die Rabbinen unter anderem zur Auseinandersetzung mit den Anthropomorphismen in Bibel und Talmud – wiederkehrendes Thema der Religionsphilosophie des Mittelalters –, die noch unter den letzten Geonim Babyloniens ihren Anfang nahm und vor dem Hintergrund einer bis dahin nicht und seither nicht wieder gekannten Symbiose mit der islamischen Kultur in Spanien zur Blüte kam.

a) Unter dem Islam

Den ersten Versuch systematisch-philosophischer Rechtfertigung der jüdischen Religion unternahm – unter dem Einfluß der muslimischen Religionsphilosophie (Kalam) – Sa'adja ben Josef (882–942), seit 928 Gaon von Sura. Die von ihm postulierte Identität von vernunftgeleiteter Erkenntnis und religiöser Offenbarung wurde zur Grundlage der jüdischen Religionsphilosophie der Folgezeit.

Nachdem die Werke der griechischen Philosophie in arabischen Übersetzungen zugänglich waren, kamen – vor allem in Spanien – auch in der jüdischen Religionsphilosophie Neuplatonismus und Aristotelismus zur Geltung. Der Hauptvertreter der Rezeption des islamisch vermittelten Aristotelismus und der herausragende Philosoph des jüdischen Mittelalters ist R. Mosche ben Maimon (nach seinen Initialien „der Rambam", 1135–1204), der in Cordoba geboren wurde und als Dreizehnjähriger vor der Invasion durch die Almohaden, mit der das goldene Zeitlalter des spanischen Judentums unter islamischer Herrschaft ein abruptes Ende fand, nach Nordafrika floh. 1165 ließ er sich in Ägypten nieder, wo er als Arzt und Politiker, als Halachist und als Philosoph zugleich wirkte. Sein philosophisches Hauptwerk, der More Newuchim (‚Führer der Schwankenden'), diskutiert noch einmal das Verhältnis von Philosophie und Religion. Für Maimonides besteht zwischen beiden kein wesenhafter Gegensatz; der religiöse Glaube ist eine Form des Wissens, die Philosophie der zentrale Weg zu Gott. Die Existenz Gottes beweist er mit aristotelischen Mitteln; ihre Ableitung aus der Annahme einer – ihrerseits kontroversen – zeitlichen Entstehung der Welt im Sinne des Kalam, derer sich Sa'adja bedient hatte, lehnt er als unzureichend ab. Sein strikt transzendenter Gottesbegriff schließt jede positive Attributenlehre aus. Insbesondere wendet sich der Rambam scharf gegen traditionelle, biblisch begründete Vorstellungen von einer Körperlichkeit Gottes; er geht so weit, die Anerkennung der Unkörperlichkeit als einer von dreizehn grundlegenden Glaubenswahrheiten ('iqqarim), die hier erstmals formuliert werden, zur Voraussetzung für die Teilhabe an der kommenden Welt zu machen. Seine grundsätzliche Auseinandersetzung mit dem Aristotelismus vollzieht Maimonides in der Schöpfungslehre: Da weder die Ewigkeit der Welt noch der freie göttliche Schöpfungsakt logisch bewiesen werden könne, entscheidet er sich für die Version der Tora. Daß er die

Alternative überhaupt in Betracht gezogen hatte, gehört zu den Dingen, die ihm schon zu Lebzeiten von Gegnern der Philosophie vorgeworfen wurden. Im 13./14. Jahrhundert führte die Auseinandersetzung über Maimonides, den Philosophen, beinahe zum Schisma. Allgemeine Hochschätzung erfuhr hingegen der Halachist, wenngleich es auch hier nicht gelang, sein halachisches Hauptwerk Mischne Tora (‚Wiederholung der Tora'), den ersten Versuch einer selbständigen Systematisierung der gültigen Halacha seit der Mischna, der obendrein auf jegliche Quellenangaben für die jeweiligen Entscheide verzichtete, als praktisch verbindlichen Kode Mündlicher Tora durchzusetzen.

b) Im christlichen Europa

Schon vor Maimonides hatten die aufstrebenden Gemeinden des islamischen Westens damit begonnen, sich von der Hegemonie der babylonischen Toragelehrsamkeit zu emanzipieren. Anzeichen dafür waren erste durchgehende Talmudkommentare, wie sie in der ersten Hälfte des 11. Jahrhunderts in Nordafrika entstanden. Der bis heute klassische Kommentar schlechthin wurde allerdings im nördlichen Europa verfaßt. Sein Autor, R. Schlomo ben Jizchak („Raschi", 1040–1105) von Troyes, hatte in den Akademien (Jeschiwot) des Rheinlands studiert, wo Juden seit den Karolingern siedelten. Die erste Blüte der jüdischen Niederlassung in Deutschland (hebr. Aschkenas) endete in den mörderischen Ausschreitungen an Rhein und Mosel während des ersten Kreuzzuges (1096). Vor allem die „Heiligen Gemeinden" Mainz und Worms wurden schwer getroffen; hier entwickelte sich eine dramatische Ideologie des Martyriums (Kiddusch haSchem, ‚Heiligung des [göttlichen] Namens'), die über das halachisch Geforderte bei weitem hinausging und das Selbstverständnis des aschkenasischen Judentums nachhaltig prägen sollte.

Im 12. Jahrhundert verlagerte sich der Schwerpunkt des geistigen Lebens der Juden Nordeuropas – nicht zuletzt durch das Wirken Raschis, auf den auch ein in seiner Wirkung bis heute einzigartiger Pentateuchkommentar zurückgeht – nach Nordfrankreich. Dort entwickelte die Generation seiner Enkel mit den Tosafot (‚Zusätzen') zu Raschis Talmudkommentar in erstaunlicher Parallele zur zeitgenössischen Scholastik eine neue Dialektik des Talmudstudiums. Anstelle des bisherigen, eher unsystematischen Lernens wurde nun das gesamte talmudische Material vergleichend gesichert; Ziel war die Auflösung tatsächlicher und potentieller Widersprüche sowohl zwischen einzelnen Stellen als auch zwischen dem Talmud und der Praxis im christlichen Europa, wobei die Entscheidungen durchaus im Sinne einer Rechtfertigung bestehender Praktiken ausfallen konnte. So war die Arbeit der Tosafisten eine wichtige Wegstation in der Anpassung ursprünglich mediterraner Konzepte an die völlig veränderten Bedingungen jüdischer Existenz in einer christlich dominierten Welt.

In Deutschland entwickelte sich unterdessen vor allem in Speyer, das von den Massakern von 1096 weitgehend verschont geblieben war, in der Bewegung der Chasside Aschkenas (der ‚Frommen Deutschlands') eine asketisch-pietistische Richtung, deren uns bekannte Vertreter – Nachkommen der alten rheinischen Elite – sich auf dem Gebiet der liturgischen Dichtung und Kommentierung der Liturgie ebenso wie auf dem der mystischen Spekulation betätigen; sie beriefen sich dabei auf uralte Familientraditionen, die in der Tat Ähnlichkeit mit der spätantiken „Hechalot"-Literatur aufweisen. Welche historische Realität sich hinter der „Bewegung" der Chasside Aschkenas verbirgt, ist noch nicht geklärt. Das chassidische Frömmigkeitsideal, das in den einschlägigen Schriften zum Ausdruck kommt, blieb aber nicht ohne Einfluß.

Etwa zeitgleich mit den Chasside Aschkenas entstand im Süden Europas in Reaktion auf die rationalistische Philosophie – wenngleich ihrerseits unter dem Einfluß des Neuplatonismus – in einer Reihe von kleinen, esoterischen Zirkeln die folgenreichste mystische Strömung im Judentum. Das erste uns bekannte Werk dieser frühen Kabbala – der Terminus weist sie bezeichnenderweise wiederum als ‚Überlieferung' aus – ist das anonyme Buch Bahir (‚Glanz'), entstanden um 1180 in Südfrankreich. Über die Schule von Gerona verbreitete sich die neue Lehre bis 1250 in ganz Spanien. Zum Hauptwerk der klassischen Kabbala von geradezu kanonischem Ansehen wurde das Buch Sohar (‚Glanz'), das sich – aramäisch geschrieben – als Werk des Tannaiten Schim'on bar Jochaj gibt; es geht auf R. Mosche ben Schem Tow de Leon (gest. 1305) zurück.

Die Theosophie der Kabbala löst ein zentrales Problem mittelalterlichen religiösen Denkens, den Widerspruch zwischen dem philosophischen und dem biblischen Gottesbegriff, indem sie zwischen dem Bereich des transzendenten Gottes, En Sof (‚das Unendliche', der ‚Ungrund') genannt, und dem seiner Wirkungskräfte, den zehn Sefirot (eig. ‚Zählungen'), unterscheidet. Die Sefirot sind mehr als nur Attribute, sie sind emanierte Manifestationen des En Sof selbst. Jeder dieser verschiedenen Aspekte des göttlichen Wesens hat einen symbolischen Namen je nach Wirkungsweise. In bestimmter Anordnung bilden die Sefirot einen mystischen Organismus, der gern mit einem Baum oder dem Körper des Urmenschen verglichen wird. Sie sind es, die dem Menschen die Möglichkeit geben, mit Gott in Kontakt zu treten.

Der Schlüssel zu den Geschehnissen der Sefirot-Welt ist die Tora. Jedes Wort kann als eine Chiffre für einen Vorgang in Gott selbst gedeutet werden; den Mystikern zufolge ist dies ihr eigentlicher, tieferer Sinn, den es – auch mit den Mitteln der von den Chasside Aschkenas übernommenen Buchstaben- oder Zahlensymbolik – zu entschlüsseln gilt. Umgekehrt ist die Tora aber auch Anleitung zur rechten Lebensführung. So kann Israel durch Erfüllung der Gebote seinerseits auf die göttliche Sefirot-Welt Einfluß nehmen. Insofern steht die Kabbala – im Unterschied zu vergleichbaren mystischen Tendenzen in Christentum und Islam – durchaus nicht im Widerspruch zur traditionellen Torafrömmigkeit. Nicht wenige Kabbalisten waren auch als Halachisten bedeutend.

In den deutschen Territorien hatte seit dem späten 13. Jahrhundert und mit dem Schwarzen Tod von 1348/49 und der Anklage der Brunnenvergiftung eine Welle der Zerstörung und Vertreibung eingesetzt. Viele gingen nach Polen und nahmen die deutsche Sprache mit, die sich in der Folge im „aschkenasischen" Judentum Mittel- und Osteuropas zur jiddischen Sprache verselbständigte. (Eine umgekehrte Wanderbewegung setzte erst nach den Chmielnicki-Pogromen in der Ukraine von 1648/49 ein.) Aus England waren die Juden bereits 1290, aus Frankreich zuerst 1306, endgültig 1394 vertrieben worden.

Die Vertreibung aus Spanien im Jahre 1492 schließlich, durch die sich das „sephardische" Judentum (von hebr. Sefarad ‚Spanien') über den gesamten Mittelmeerraum zerstreute, wird als Wasserscheide in der jüdischen Geschichte gesehen. Das „Goldene Zeitalter" des spanischen Judentums war zu diesem Zeitpunkt allerdings lange vorbei; der Ausweisung ging ein Jahrhundert der schwersten Bedrückung voran, in dessen Verlauf ein nicht geringer Teil der jüdischen Bevölkerung – teils unter dem Zwang der Pogrome von 1391, teils auch aufgrund religiöser Resignation – sich hatte taufen lassen. Den conversos oder „Neuchristen" und ihren Nachkommen, abfällig auch „Marranen" genannt, wurde weder die offene Rückkehr zum Judentum noch die vollständige Integration in die christliche Gesellschaft ermöglich; statt dessen bemühte sich seit 1481 die Inquisition darum, Neuchristen des Kryptojudentums zu überführen, was das Festhalten an der alten Religion – wie vage deren Kenntnis auch immer – eher gefördert haben mag. Extrem war die Situation in Portugal, wo den Juden 1497 nicht einmal die Alternative der Auswanderung offengelassen wurde; diese „Vertreibung" war nichts als eine massenhafte Zwangstaufe. Im Laufe des 16. und 17. Jahrhunderts gelang einer nicht geringen Zahl der heimlichen Juden Flucht und Auswanderung. Wo immer geduldet – außer im Osmanischen Reich etwa in Bordeaux, Amsterdam, London, Hamburg, schließlich auch in der Neuen Welt –, kehrten sie zu Glauben und Sitte der Väter zurück. In ländlichen Gegenden Portugals bestanden sogar noch im 20. Jahrhundert marranische Gemeinden, in denen jüdische Traditionen unterirdisch weiterlebten.

c) Nach der Vertreibung aus Spanien

Für das Selbstverständnis der Betroffenen und ihrer Nachkommen hatte die Vertreibung von 1492 zweifellos weitreichende Folgen. Ein Gutteil der Verantwortung für das Versagen weiter Teile des spanischen Judentums im Augenblick der Prüfung wurde der rationalistischen Philosophie zugeschrieben. Diese war damit desavouiert; die Kabbala hingegen – von jeher, ob zu Recht oder Unrecht, als ihr Gegenpol begriffen – trat einen Siegeszug an.

Die geistige Lage der Generation nach der Vertreibung ist durch einen Messianismus gekennzeichnet, der seine Entsprechung auch unter den

Marranen Portugals fand, wie die aufgeregte Reaktion auf den Besuch des Abenteurers David Reubeni im Jahre 1525 insbesondere durch Schlomo Molcho (hingerichtet 1532) zeigt. Die Vertreibung selbst, die eine demographische Schwerpunktverlagerung nach Osten, also hin zum Verheißenen Land, zur Folge hatte, wurde in diesem Sinne als Vorspiel der Erlösung begriffen. Auf diese Phase akuter Naherwartung, die zwangsläufig mit einer gewissen Ernüchterung endete, folgte in der folgenden Generation die eigentlich bedeutende Spätwirkung der Vertreibung. In Zfat (Safed) in Galiläa erfolgte zwischen 1540 und 1580 – um die gleiche Zeit, als Josef Karo mit dem Schulchan Aruch (‚gedeckter Tisch', Erstdruck 1565) eine orthodoxe auch heute maßgebliche, von späteren weiterentwickelte Kodifikation der Halacha schuf – in der Schule des R. Jizchak ben Schlomo Luria Aschkenasi (der heilige „Ari", 1534–1572) der Einbruch der Eschatologie in die bis dahin stärker auf den Ursprung der Schöpfung orientierte Kabbala durch eine Neuinterpretation des Verhältnisses der beiden zentralen Begriffe des Exils (galut) und der Erlösung (ge'ula). Die durch die Vertreibung aus Spanien schmerzhaft bewußt gewordene „Nacht der galut" wurde zum Charakteristikum des Zustandes der Welt seit ihrer Schöpfung – G. Scholem ging so weit, das lurianische Konzept des zimzum im Sinne eines inneren Exils Gottes als Reaktion auf die obsessive Beschäftigung mit der galut zu interpretieren. Die Rolle Israels in der Geschichte war damit keineswegs marginal, sondern ganz im Gegenteil zentral für den Fortgang des kosmischen Erlösungsdramas.

Die Verbindung von Kabbala und messianischer Spekulation war die Voraussetzung für den messianischen Aufruhr um Schabbetaj Zwi (1626–1676) von Smyrna, der um das von ihm vorhergesagte Jahr der Erlösung 1666 fast die gesamte jüdische Welt erfaßte. Schabbetaj Zwi wurde von den türkischen Behörden festgesetzt und vor die Wahl gestellt, den Islam zu bekennen oder hingerichtet zu werden. Die Apostasie des „Messias" war keineswegs das Ende des Sabbatianismus. Im Gegenteil gelang es seinem „Propheten" Nathan von Gaza, den Abfall in seine Theologie zu integrieren; ihm zufolge mußte Messias in tiefste Erniedrigung und Sünde hinabsteigen, um die beim Zerbrechen der kosmischen Lichtgefäße hinabgefallenen Funken aus ihren ‚Schalen', dem Bösen, zu befreien. In radikalisierter Form lebte diese Lehre in der Bewegung der Doenmeh, deren Mitglieder Schabbetaj Zwi in den (Schein-)Islam folgten, und in der zwischen Judentum und Katholizismus oszillierenden Sekte um Jakob Frank (1726–1791) bis ins 19., zum Teil angeblich bis ins 20. Jahrhundert weiter.

Antinomistische Tendenzen, die sich im Sabbatianismus und seinen Folgen manifestierten, mögen zunächst wiederum insbesondere marranische Kreise angesprochen haben. Die christliche Scheinexistenz auf der Iberischen Halbinsel, während derer den Kryptojuden lediglich die Schriften des „Alten Testaments" zugänglich gewesen waren, hatte hier kritische Haltungen gegenüber der Lehre von der Mündlichen Tora hervorgebracht, die an karäische Positionen erinnern. Im extremen Fall von Baruch Spinoza (1632–1677) führten die Schwierigkeiten bei der Reintegration in die Religion der Väter zur Exkommunikation durch das Rabbinat; in jedem Fall trugen sie ebenso wie der Sabbatianismus dazu bei, die Autorität des rabbinischen Judentums lange vor der allgemeinen Säkularisierung gleichsam von innen her auszuhöhlen.

Das Vakuum und der Schock, den das Scheitern der sabbatianischen Bewegung hinterlassen hatten, wurde zum Teil durch den osteuropäischen Chassidismus gefüllt. Kristallisationspunkt dieser Erweckungsbewegung war die Gestalt des Israel ben Eli'eser, des Ba'al Schem Tow („Bescht", „Meister des guten Namens", um 1700–1760), der als charismatischer Wunderheiler in Podolien (Region in der Ukraine) wirkte. Chassidische Lehren, nach seinem Tod von seinen Schülern in ganz Osteuropa verbreitet, betonen die Immanenz Gottes; höchster religiöser Wert neuer Innerlichkeit ist der aus der älteren mystischen Literatur übernommene Begriff der dewekut (von dwk ‚anhaften'), der Verbindung der Seele mit Gott. Der vollkommenen dewekut fähig ist allein der zaddik (der ‚Gerechte'), der dann wiederum seine Anhänger, die chassidim, ihrer teilhaftig werden läßt. Auf diese Weise entwickelten sich im Laufe des 19. Jahrhundert zahlreiche ideologische Verästelungen und Zaddik-Dynastien, die sich teilweise in ihrer Hofhaltung gegenseitig überboten. In seiner Gestalt als populär charismatische Massenbewegung war der osteuropäische Chassidismus durchaus gegen das exklusiv „talmudistisch-lernende" rabbinische Establishment gerichtet oder wurde von diesem so aufgefaßt. Dessen Widerstand formierte sich in der Bewegung der sogenannten mitnaggedim (‚Gegner') um Elija ben Schlomo (den „Gaon von Wilna", 1720–1797) besonders in Litauen, dem Zentrum scharfsinnigster Talmudgelehrsamkeit.

Letztendlich hielt sich der Ikonoklasmus des Chassidismus in strengen Grenzen; den Herausforderungen von Aufklärung und Modernisierung gegenüber wirkt er im Gegenteil ausgesprochen konservativ. Heute gehört er zur Elite und Speerspitze der Orthodoxie und bildet sich in alten und neuen Gruppierungen und Abspaltungen mit z. T. großem Erfolg weiter aus.

3. Das Judentum im Zeitalter der Emanzipation

a) Westeuropa

Während im Osten Europas der Chassidismus Anhänger gewann, begann man im Westen – zuerst in der „Neuen Welt" und 1790/91 im revolutionären Frankreich – den Juden Bürgerrechte zu gewähren. Die Möglichkeit der Integration in die christliche Gesellschaft stellte Juden und Judentum vor bisher nicht gekannte Probleme. Hatte noch Moses Mendelssohn (1729–1786), Freund Lessings und Galionsfigur der jüdischen Aufklärung (haskala), die Teilnahme am intellektuellen Leben der Mehrheitsgesellschaft bei gleichzeitiger Wahrung der traditionellen Lebensweise postuliert und vorgelebt, so sah die Generation seiner Kinder in der Toratreue kaum einen positiven Wert mehr, geschweige denn eine Notwendigkeit. Mit der politischen Emanzipation, die sich im Gefolge Napoleons in Westeuropa verbreitete, wurde die kulturelle Assimilation zuerst eine Option und dann – zumindest für die Oberschicht in den Großstädten – sehr schnell eine Tatsache. Religiöse Indifferenz und Konversion zum Christentum machten sich bemerkbar, das traditionelle Judentum geriet immer mehr in die Defensive.

Vielstimmige Rufe nach Reformen wurden laut, um das Judentum den Idealen der Moderne angemessen zu erhalten. In die Praxis umgesetzt wurden solche Reformbestrebungen zuerst – nicht langfristig – in den Niederlanden, seit 1810 im französisch besetzten Königreich Westfalen und nach der Niederlage Napoleons ab 1815 in privatem Rahmen in Berlin. Die Neuerungen beschränkten sich dabei zunächst auf die äußere Gestalt der Gottesdienstordnung. Der Schabbatgottesdienst wurde verkürzt, indem man im Laufe der Jahrhunderte hinzugekommenen Gebete und Dichtungen strich; man führte die Predigt in der Landessprache sowie Chorgesang mit Orgelbegleitung ein, kurz: das Bemühen galt der Schaffung eines ästhetisch ansprechenden, übersichtlichen und immer wieder „erbaulichen" Gottesdienstes, der den inzwischen unvermeidlichen Vergleich mit der würdevollen Pietät dessen, was im protestantischen Gotteshaus üblich war, nicht länger scheuen mußte. Damit war es, wie sich bald zeigte, nicht getan. Die Inhalte der Gebete selbst wurden Gegenstand kritischer Überprüfung. Die Hoffnung auf Rückkehr nach Zion, Wiederaufnahme des Tempeldienstes und die Erwartung messianischer Erlösung erschienen dem Zeitalter der nationalen Assimilation nicht gemäß; die Passagen des Gebetbuchs wurden nicht übersetzt bzw. getilgt. Die Reformer nannten ihre Synagoge bewußt „Tempel" und deuteten die jüdische Existenz in der Diaspora nicht länger als Folge von Israels Sünden und nationaler oder religiöser Katastrophen, sondern positiv im Sinne einer hohen Sendung; ihr Selbstverständnis als Angehörige der Nation des jeweiligen Landes gestand dem Judentum nicht mehr als den Rang einer Konfession zu. Die Religiosität selbst betonte die ethischen Lehren des Judentums und berief sich insbesondere auf die Propheten; das nachbiblisch-halachische Recht wurde demgegenüber als blosses zeitgebundenes „Zeremonialgesetz" abgewertet.

Diese theologischen Implikationen der Reform wurden erst im Laufe der Zeit deutlich. Mit der Annahme, daß man den Fundus der Tradition – zum Teil unter Anwendung der Kriterien einer modernen, historisch-kritischen „Wissenschaft des Judentums", wie sie Leopold Zunz in diesen Jahren mitbegründete – sichten, dies weiterverwenden, aber jenes verwerfen könne, war der Offenbarungscharakter der Mündlichen, wenn nicht – im Zeitalter der Bibelkritik – der gesamten Tora in Frage gestellt.

Die Reformbestrebungen in Berlin wurden 1823 – offenbar aufgrund rabbinischer Intervention – durch königliche Kabinettsordre, die jegliche

Neuerung als „Sectiererei" verbot, für über zwei Jahrzehnte gelähmt. Bestand hatte dagegen der 1818 gegründete Neue Israelitische Tempelverein in Hamburg; dort kam es 1841 anläßlich der Neuauflage seines Gebetbuchs zu einer erbitterten Auseinandersetzung mit den Traditionalisten. Auf einer Reihe von Versammlungen reformorientierter Rabbiner während der 1840er Jahre konnte sich die „evolutionistische" Richtung um Abraham Geiger durchsetzen. So blieb die radikale Reform in Deutschland eine kleine Minderheit.

Dennoch zeigte sich in der zweiten Hälfte des 19. Jahrhunderts der Einfluß der Reformidee in der zunehmenden Liberalisierung der „Einheitsgemeinden" insgesamt. Das wiederum provozierte eine Gegenreaktion. Speziell in Deutschland formierte sich ab Mitte des Jahrhunderts die „gesetzestreue" Opposition. Führende Vertreter dieser „Neo-Orthodoxie" – ein Begriff, der zunächst von der Gegenseite auf sie angewandt wurde – war Samson Raphael Hirsch (1808–1888) in Frankfurt am Main, dessen Wahlspruch „Tora 'im derech 'erez" („Tora und weltliche Bildung") in der Verbindung von Traditionstreue und positiv bewerteter Teilnahme an der modernen Gesellschaft das Streben der Neu-Orthodoxie in Deutschland treffend charakterisiert. In nur wenigen Gemeinden kam es zur Spaltung der Einheitsgemeinden und zur Gründung neo-orthodoxer Separatgemeinden (so Adass Jeschurun in Frankfurt, Adass Jissroel in Berlin, Bingen, Mainz, Karlsruhe u. a.). Zwischen Orthodoxie und Reform suchte sich eine „konservative" Richtung, vertreten durch Zacharias Frankel und das Jüdisch-Theologische Seminar (gegr. 1854) in Breslau, zu behaupten; die beiden „extremeren" Strömungen unterhielten mit der Lehranstalt/Hochschule für die Wissenschaft des Judentums (1872) und dem orthodoxen Rabbinerseminar (1873), beide in Berlin, ihre eigenen Ausbildungsstätten.

Die hier skizzierte religiöse Entwicklung des deutschen Judentums im 19. Jahrhundert hatte Parallelen in anderen westeuropäischen Ländern; sie war im wesentlichen Folge der Emanzipation.

b) Osteuropa

In Osteuropa dagegen herrschte in der „Judenfrage" zum Teil bis ins 20. Jahrhundert politische Stagnation. Insbesondere im traditionell judenfeindlichen Rußland, das durch die polnischen Teilungen im späten 18. Jahrhundert an eine große und grundsätzlich unerwünschte jüdische Bevölkerung gekommen war, kam es in den letzten Jahrzehnten des 19. Jahrhunderts zu unerträglichen Rückschritten. Nach dem Mord am Reformzaren und Bauernbefreier Alexander II. im März 1881 wurde der „Pogrom" (russ. ‚Verwüstung') zum Begriff. Unter seinem Nachfolger Alexander III. wurden einerseits solche Ausschreitungen gegen die Juden geduldet, wenn nicht geradezu gefördert, andererseits judenfeindliche Gesetze erlassen, die auf die Vernichtung ihrer wirtschaftlichen Existenz abzielten. Unter solchen Bedingungen führten Haskala und Modernisierung in Osteuropa nicht zu nationaler Assimilation und Selbstbeschränkung des Judentums auf seinen religiösen Aspekt, sondern im Gegenteil mit Zionismus, jüdischem Sozialismus und jiddischistisch orientiertem Autonomismus zur Herausbildung säkularisierter Interpretationen, die sich im Bruch mit der Tradition für die national-kulturelle Option entschieden. Der politische Zionismus als solcher gilt zwar als Werk des Wiener Journalisten Theodor Herzl, den die Erfahrung des modernen Antisemitismus im Dreyfus-Prozeß von 1895 zur Einsicht in die Vergeblichkeit der Bemühungen um politische Emanzipation und Assimilation kommen ließ, doch hatte Herzl mit der Bewegung der Chibbat Zion (‚Zionsliebe') um Leon Pinsker bedeutende Vorläufer in Osteuropa, die unter der Losung „Autoemanzipation" die nationale Selbstverwirklichung im Lande der Väter propagierten. Die erste, sozusagen protozionistische Ansiedlung in Palästina begann 1882 in diesem Kontext. Die große Mehrheit der 2,4 Millionen Juden allerdings, die bis zum Ersten Weltkrieg das Zarenreich verließen, fanden Zuflucht, ja ihr Gelobtes Land in Nordamerika.

c) Amerika

Die Geschichte des amerikanischen Judentums kann heute, zumal nach der Zerstörung der sogenannten „deutsch-jüdischen Symbiose", als exemplarisch für die jüdische Auseinandersetzung mit den Herausforderungen der Moderne schlechthin gelten. Die junge Gesellschaft bot ungleich früher ungleich umfassendere Möglichkeiten der Integration, unabhängig vom religiösen Bekenntnis; auch bestand schon früh die Option der Konfessionslosigkeit. Aufgrund der in der Verfassung verankerten Trennung von Kirche und Staat standen dort keine Mittel der Gemeindedisziplin zur Verfügung. Auf der anderen Seite waren der religiösen Autonomie der einzelnen Gemeinden seitens der Obrigkeit auch keinerlei Grenzen gesetzt, konnten sich Reformbewegungen jeder Couleur ausleben, standen einer Reinterpretation der jüdischen Tradition unter den veränderten Bedingungen die Türen offen.

Bis 1921/24 waren die Vereinigten Staaten im wesentlichen Einwanderungsland. Das hatte für die einheimischen, bereits akkulturierten Gemeinden eine fortwährende Dynamik der Konfrontation mit Neuankömmlingen aus der Alten Welt zur Folge, die den religiösen Status quo dessen, was sich bis dahin als „American Judaism" entwickelt hatte, immer wieder neu zur Diskussion stellte. Schließlich war ein wesentlicher Faktor, besonders im 19. Jahrhundert, das Bemühen, der durch Voluntarismus und Pluralismus bewirkten Zersplitterung im Sinne einer überregionalen Einheit des amerikanischen Judentums entgegenzuwirken. Im ganzen wirkt dieser Versuch am Ende des 20. Jahrhunderts als gescheitert: Das amerikanische Judentum steht einer Zerreißprobe näher als je zuvor – und das gilt auch, wenn man diejenigen, deren Judentum sich im vagen Bewußtsein ihres Judeseins oder jüdischer Herkunft genügt, außer acht läßt.

Die Geschichte der Juden Nordamerikas beginnt Mitte des 17. Jahrhunderts mit der Einwanderung sephardischer Kaufleute, z. T. Marranen, in die niederländischen und britischen Kolonien. Die ersten Gemeinden in den Hafenstädten der Atlantikküste zählten bis Ende des 18. Jahrhunderts kaum mehr als 2000 Seelen; sie blieben dem sephardischen Ritus auch dann noch treu, als die aschkenasische Einwanderung im 18. Jahrhundert zuzunehmen begann. Angesichts der geringen Zahlen und der amerikanischen Bedingungen kann es kaum überraschen, wenn sich das religiöse Leben zunächst noch eher dürftig gestaltete; erstaunlich scheint eher, daß sich die winzige Minderheit überhaupt als jüdische behaupten konnte.

Bewegung kam in die religiöse Szene, als mit der großen Einwanderung aus Deutschland seit den 1830er Jahren erstmals größere Gruppen mit der Elite und mit ausgebildeten Rabbinern ins Land kamen. Auf der einen Seite brachten die Einwanderer die europäischen Konflikte im Handgepäck mit. Andererseits hätte sich die Reformfrage in Amerika über kurz oder lang von allein gestellt. Tatsächlich konstituierte sich die erste amerikanische Reformgemeinde schon 1824 in Charleston. Ihre überwiegend jungen, in Amerika geborenen Mitglieder waren zum großen Teil im öffentlichen Leben engagiert und damit ähnlich motiviert wie die europäischen Reformer, doch konnten sich auch hier tiefgreifende Änderungen erst nach der Ankunft eines in Hamburg geprägten Rabbiners durchsetzen, der die in Deutschland entstandene Ideologie auf die Neue Welt übertrug: „This synagogue is our temple, this city our Jerusalem, this happy land our Palestine." („Diese Synagoge ist unser Tempel, diese Stadt unser Jerusalem, dieses glückliche Land unser Palästina.") In der Folge wurde Amerika in der Tat zum Gelobten Land der Reformbewegung. Hier gab es genausowenig ein rabbinisches Establishment, gegen das man hätte ankämpfen müssen, wie reglementierende Eingriffe von seiten der Obrigkeit. Anstelle der mühsamen Richtungskämpfe innerhalb von Einheitsgemeinden folgte Neugründung auf Neugründung. 1825 erfolgte die erste Spaltung innerhalb der traditionsreichen sephardischen Gemeinde von New York; zehn Jahre später hatte die Stadt bereits zehn, um 1860 über 25 „congregations".

Währenddessen entwickelte sich die religiöse Praxis im Land immer mehr in Richtung Reform. Das war weniger eine Frage der Ideologie als ein Prozeß der kleinen, pragmatischen Schritte. Im Vordergrund standen Neuerungen wie die Einführung der englischen Sprache, Aufhebung der Trennung der Geschlechter in der Synagoge durch family pews (Familienplätze), der Verlegung der Schabbatgottesdienste auf den arbeitsfreien Sonntag u. ä. In der Auseinandersetzung zwischen den verschiedenen Flügeln der amerikanischen Reformbewegung konnte sich ihr großer Ideologe David Einhorn, schon in Deutschland unter den Radikalen und seit 1855 in Baltimore tätig, gegen den populäreren Pragmatiker Isaac Mayer Wise, seit 1846 in Amerika und seit 1854 in Cincinnati, zunächst nicht durchsetzen. 1873 gelang es Wise, als Dachorganisation des gesamten amerikanischen Judentums die Union of American Hebrew Congregations ins

Leben zu rufen, in deren Trägerschaft zwei Jahre später das Hebrew Union College als langersehntes, erstes amerikanisches Rabbinerseminar in Cincinnati den Betrieb aufnahm. Allein die Einheit war von kurzer Dauer: Auf der Graduierungsfeier der ersten vier in den USA ausgebildeten Rabbiner 1883 provozierte die keineswegs koschere Menüfolge einen Eklat. Die Traditionalisten verließen den Saal, die von ihnen geführten Gemeinden die Union. Von der Pflicht der Rücksichtnahme befreit, konnte Einhorns Schwiegersohn und Nachfolger Kaufmann Kohler dessen radikales Programm 1885 als „Pittsburgh Platform" durchbringen. Darin wurde dem mosaischen Gesetz als „system of training the Jewish people for its mission during its national life in Palestine" („System der Erprobung des jüdischen Volkes während seiner nationalen Existenz in Palästina für seine Sendung") eine klare Absage für die Gegenwart erteilt; die Erfüllung der messianischen Hoffnungen des Judentums erwartete man von der „modern era of universal culture of heart and intellect" („moderne Epoche einer universalen Kultur des Herzens und des Geistes").

We consider ourselves no longer a nation, but a religious community, and, therefore, expect neither a return to Palestine, nor a sacrificial worship under the sons of Aaron, nor the restoration of any of the laws concerning the Jewish state. (Wir betrachten uns nicht mehr als Nation, sondern als religiöse Gemeinschaft und erwarten deshalb weder eine Rückkehr nach Palästina noch einen Opfergottesdienst unter Leitung der Nachkommen Aarons, noch die Wiederherstellung von Gesetzen, die für den jüdischen Staat gegolten haben.)

Diese Grundsätze der klassischen Reformbewegung blieben bis 1937 gültig. Das *„treifene Bankett"* wiederum wurde zur Geburtsstunde des Conservative Movement.

Der „Historischen Schule" ging die Nonchalance gegenüber der Halacha zu weit; ihre Vertreter sahen zwar einerseits die historische Bedingtheit der Tradition und nahmen sich insofern das Recht zu eigener Anpassung an moderne Gegebenheiten, setzten aber einen grundsätzlichen Respekt für das Konzept „Tora" voraus. 1886 gründeten sie als eigene Ausbildungsstätte das Jewish Theological Seminary in New York, dessen frühe Existenzkrise schließlich durch einen unvorhergesehenen Faktor beendet wurde: die neue Einwanderungswelle europäischer Juden seit 1881.

Bis 1924, als die USA nach langjähriger Debatte die Einwanderung durch ein Quotensystem auf ein Minimum zurückschraubten, kamen im Rahmen der New Immigration etwa 2,3 Millionen Juden ins Land; die jüdische Bevölkerung der Vereinigten Staaten wuchs von 250 000 im Jahre 1880 auf 4,2 Millionen Menschen im Jahre 1924 an. Die osteuropäischen Neuzuwanderer waren ihrer Mehrheit nach orthodox im vormodernen Sinne. Eine Reformsynagoge hätten sie sowenig betreten wie eine Kirche. Auf der anderen Seite drohte durch die sozialen Folgen von Migration, Urbanisierung und Proletarisierung der rapide Verlust der religiösen Tradition überhaupt. Mit Hilfe einer Reihe von in der eigenen Praxis reformorientierten Sponsoren, denen sowohl an der Integration der Immigranten als auch der Bewahrung ihrer jüdischen Identität gelegen war, konnte 1902 Solomon Schechter (Entdecker des Manuskriptreichtums der Kairoer „Genisa", in dessen Person sich osteuropäische Rabbinerausbildung mit einer westeuropäischen Universitätskarriere verband) für die Reorganisation des JTS gewonnen werden. Fortan zog das Rabbinerseminar der Konservativen junge Männer osteuropäischer Herkunft an, die dann ihrerseits als Rabbiner ihre Gemeinden nach dem Ideal der Konservativen formen sollten. 1913 schlossen sich sechzehn solcher Gemeinden – in Konkurrenz zur Union of American Hebrew Congregation der Reformer – zur United Synagogue of America zusammen. Seit 1909 war dem JTS auch ein Lehrerseminar unter der Leitung von Mordechai M. Kaplan angeschlossen. Kaplans Buch „Judaism as a Civilization: Toward a Reconstruction of American-Jewish Life" wurde 1934 zum Ausgangspunkt des „Reconstructionism". Diese neue Theologie verzichtete auf den Glauben an einen persönlichen Gott und begriff das Judentum als kulturelle Gesamtheit, die ihren Ausdruck unter anderem in der Religion findet. Viel von dem, was im Laufe des 20. Jahrhunderts zu unausgesprochenen Grundsätzen jüdisch-amerikanischer „folk religion" quer durch das religiöse Spektrum werden sollte – Abschaffen oder Ignorieren dessen, was als Widerspruch zu den Erkenntnissen der modernen Vernunft empfunden wird, individualistischer Eklektizismus hinsichtlich der Rituale, Vorrang der community gegenüber theologischen Fragestellungen und Unterstützung der zionistischen Idee ohne das Bewußtsein der Notwendigkeit eigener Einwanderung nach Israel –, wurde hier mit bemerkenswerter intellektueller Aufrichtigkeit zum Prinzip erhoben. Als – neben Reform, Conservative Movement und Orthodoxie – vierte der amerikanisch-jüdischen Denominationen war der Rekonstruktionismus dennoch oder gerade deswegen – in absoluten Zahlen gemessen – nicht besonders erfolgreich.

4. Das Judentum seit dem Zweiten Weltkrieg

Durch die Ermordung von sechs Millionen Menschen – rund einem Drittel des jüdischen Volkes – durch die Deutschen und ihre Helfer ist das, was man als das europäische Zeitalter der Juden bezeichnet hat, zu einem schrecklichen Ende gebracht worden. Zwar bestehen auch heute noch oder wieder in fast allen europäischen Staaten jüdische Gemeinden, doch der demographische und kulturelle Schwerpunkt hat sich entschieden auf Amerika und Israel verlagert.

a) Der Staat Israel

Nachdem die jüdische Ansiedlung, der Jischuw, in Palästina/Eretz Israel bis zur Gründung des Staates Israel 1948 durch fünf große Einwanderungswellen aus Ost- und Mitteleuropa auf 600 000 Seelen angewachsen war, nahm der junge Staat in den ersten drei Jahren seines Bestehens noch einmal dieselbe Zahl von Neueinwanderern auf, darunter vor allem den überwiegenden Teil der Juden aus den orientalischen Ländern. Auch das orientalische Zeitalter der Juden scheint damit an ein Ende gekommen zu sein. Eine zahlenmäßig vergleichbare Immigration aus dem Westen blieb aus.

Damit besteht heute erstmals seit der Zeit des Zweiten Tempels wieder ein lebendiger Dualismus zwischen einem Staat im Land Israel und der Diaspora, insbesondere der zahlenmäßig stärksten Gruppe in den USA. Von weltweit knapp 13 Millionen Juden lebten 1993 rund ein Drittel oder 4,3 Millionen in Israel und zwei Drittel in der Diaspora, davon 5,8 Millionen in den USA, rund 1 Million in den Ländern der europäischen Gemeinschaft (davon über die Hälfte, mehrheitlich Zuwanderer aus Nordafrika, in Frankreich), 400 000 in Mittel- und Südamerika, 100 000 in Südafrika und noch immer gut 800 000 in der GUS. Seit 1989 haben rund 750 000 Juden die ehemalige Sowjetunion verlassen, davon rund zwei Drittel in Richtung Israel.

Die Situation innerhalb der jüdischen Bevölkerung Israels prägt heute vor allem der Gegensatz zwischen einem grundsätzlich säkularen, demokratischen Nationalstaat und den Forderungen der religiösen Tradition, auf die der jüdische Staat als solcher offenbar nicht völlig verzichten will und kann. Seinem Ursprung nach war der politische Zionismus eine religiös zumindest desinteressierte, wenn auch nicht unbedingt nur antireligiöse Kraft. Insbesondere die rabbinische Version der jüdischen Religion wurde als Phänomen der galut, des Exils, weitestgehend ausgeblendet, dagegen auf die Bibel, den TeNaCh, legitimatorisch gern Bezug genommen.

Von orthodoxer Seite wurden dem Zionismus zunächst die entsprechenden Vorbehalte entgegengebracht. Zwar entstand 1902 mit dem Misrachi eine religiöse Partei innerhalb der zionistischen Bewegung, die sich von der Palästinasiedlung ein neues spirituelles Zentrum erhoffte. Charakteristischer für die antizionistische Position der traditionellen Orthodoxie war die 1912 gegründete Agudat Israel, der sich im Zuge der grundsätzlichen Kontroverse mit den Säkularisten auch die Chassidim anschlossen. Die Neo-Orthodoxie in Westeuropa lehnte den Zionismus schon deshalb ab, weil sie ebenso wie die Reformbewegung die Integration in die Gesellschaft der jeweiligen Länder befürwortete. Die rabbinische Führung des sogenannten „alten Jischuw" schließlich, das heißt der mehrheitlich sephardischen jüdischen Bevölkerung Palästinas vor Beginn der zionistischen Einwanderung, stand den zionistischen Pionieren ebenso ablehnend gegenüber. Ein regelmäßig wiederkehrender Konflikt der Zeit um die Jahrhundertwende war die Frage des Erlaßjahres, in dem – alle sieben Jahre – die Felder hätten brachliegen müssen; das allerdings hätte die jungen Landwirtschaftssiedlungen in den Ruin getrieben. Befürworter einer Kompromißregelung, in der man sich der Fiktion eines Verkaufs des Landes an Nichtjuden bediente, war R. Avraham Jizchak HaKohen Kuk (1865–1935), seit 1921 der erste aschkenasische Oberrabbiner des Landes und der einzige rabbinische Unterstützer des Pionierzionismus von Rang. Im Gegensatz zu seinen Kollegen, die den Zionismus auch deshalb ablehnten, weil er sich anmaßte, mit der auf Wiederherstellung eines jüdischen Staatswesens zielenden Siedlungspolitik einen Zustand herstellen zu wollen, der dem messianischen Zeitalter vorbehalten sein würde, interpretierte Kuk das zionistische Projekt als den „Anfang des Erlösungswerkes" Gottes und die säkularisierten Pioniere als sein notfalls eben unbewußtes Werkzeug. Selbst unter religiösen Zionisten war diese Interpretation nicht besonders einflußreich. Die Mehrheit nahm die Staatsgründung ohne hohen Enthusiasmus auf; der Staat Israel wurde nicht messianisch, vielmehr als eine Fortsetzung des Exils gedeutet, in dem immerhin ein freieres und umfassenderes jüdisches Leben als in der Zerstreuung möglich sein würde. Lediglich ein kleiner Teil – am sichtbarsten die ultraorthodoxe Splittergruppe der Neture Karta (aramäisch ‚Wächter der Stadt') – weigerte sich, den jüdischen Staat anzuerkennen, und lehnte es darum ab, israelische Papiere zu bekommen oder an Wahlen teilzunehmen. Die von Anti- zu Nichtzionisten gewandelte Agudat Israel akzeptierte die Situation ebenso wie die Nationalreligiöse Partei, in der der Misrachi 1955 aufging; insbesondere letztere bemüht sich seither, das Beste daraus zu machen, indem sie etwa bei Koalitionsverhandlungen so viel als möglich an Halacha durchzusetzen versucht. Im großen und ganzen ist das in einem Maße gelungen, das sich die zionistischen Gründerväter wohl kaum hätten träumen lassen.

Im öffentlichen Leben Israels spielt die jüdische Religion im engeren Sinne, dabei allerdings weniger die jüdische Kultur, eine erhebliche und trotz nicht nachlassender säkularer Kritik an ihren Ansprüchen eine eher wachsende Rolle. Der Staat hat sich bis heute keine Verfassung gegeben – unter anderem wohl deshalb, weil man sich nicht gültig darüber klar werden konnte, wie sich eine solche Verfassung zur Tora und ihren Ansprüchen verhalten würde. Am Schabbat ruht der öffentliche Verkehr, am Jom Kippur, dem höchsten Feiertag, stellen auch Radio und Fernsehen ihre Sendungen ein. In der Armee wird auf die Einhaltung der Speisegebote großer Wert gelegt – das, obwohl die striktest Orthodoxen ohnehin vom Dienst befreit sind. Von besonderer Bedeutung ist die religiöse Tradition für die einzelne Person insofern, als es der Orthodoxie dank ihrer Rolle als parteipolitischer Machtfaktor gelungen ist, ihre Zuständigkeit für die jüdische Bevölkerung aus der Zeit der Autonomie der Religionsgemeinschaften im Osmanenreich über die Mandatsverwaltung auch in den Staat Israel hinüberzuretten, ja zum Monopol auszubauen. Somit ist das Personenstandsrecht Sache der rabbinischen Gerichtsbarkeit. Es gibt keine Ziviltrauung; Ehen können nur von Rabbinern geschlossen werden, die durch das orthodoxe Rabbinat entsprechend befugt sind. Dadurch ist es einerseits unmöglich, in Israel interreligiös und interkonfessionell zu heiraten (im Ausland geschlossene Ehen werden anerkannt); andererseits ist die jüdische Bevölkerung insgesamt den Spielregeln der Orthodoxie unterworfen. Problematisch wird dies insbesondere dann, wenn die jüdische Identität bestimmter Gruppen sich nicht mit den Vorstellungen des orthodoxen Rabbinats deckt. Als zum Beispiel die Juden Äthiopiens in den achtziger Jahren in spektakulärer Weise eingeflogen wurden, führte dies zu einem langen Tauziehen mit dem Rabbinat, das eine symbolische Konversionszeremonie forderte, ehe es sich bereitfand, Eheschließungen zu registrieren. Die Anerkennung der orthodoxen Version der Religion war der Preis für die Integration in den Staat.

Israels „Gesetz der Rückkehr", das jüdischen Einwanderern die Möglichkeit sofortiger Einbürgerung bietet, definiert die potentiellen Staatsbürger mit Hilfe der Halacha: Jude ist, wer von einer jüdischen Mutter geboren oder zum Judentum konvertiert ist. Nachdem Ende der fünfziger Jahre ein christlicher Mönch jüdischer Herkunft dieses Gesetz für sich in Anspruch nehmen wollte, wurde eine zusätzliche Qualifikation eingeführt: Israelischer Staatsbürger kann demnach unter dem Gesetz der Rückkehr nur werden, wer sich zu keiner anderen Religion bekennt. Diese gesellschaftlich bestimmte Kategorisierung steht im Widerspruch zur umfassenden Sicht der Halacha, derzufolge auch der Apostat nach wie vor als Jude gilt. Daß der Staat Israel Religion und Nationalität als zwei Kategorien unterscheidet, aber dennoch der Halacha folgt, in dem auch die nationale Zugehörigkeit nur über die Mutter weitergegeben werden kann, zeigt die Widersprüche in seinem Selbstverständnis.

Zu heftigen Auseinandersetzungen hierüber kam es 1988 (und kommt es regelmäßig), als im Rahmen von Koalitionsverhandlungen eine Zeitlang erwogen wurde, eine weitere Qualifikation einzuführen, derzufolge nur orthodox Konvertierte als Juden im Sinne des Gesetzes der Rückkehr anerkannt worden wären. Obwohl die Zahl der betroffenen Einwanderungswilligen minimal war, belastete der schließlich auf Eis gelegte Vorstoß die Beziehungen zur Diaspora schwer. Insbesondere in den USA sah man darin einen Versuch, auf die gesamte jüdische Welt auszudehnen, was innerhalb Israels einen Aspekt des orthodoxen Monopols darstellt: die Delegitimierung aller nicht-orthodoxen Richtungen. Sowohl die Konservativen als auch die Reformbewegung sind in Israel seit Jahrzehnten mit einzelnen Gemeinden vertreten, die zum Teil, doch längst nicht mehr vorwiegend aus zuerst deutschen, später amerikanischen Einwanderern bestehen. Beide Strömungen unterhalten seit den sechziger Jahren Niederlassungen ihrer Rabbinerseminare in Jerusalem, an denen sowohl amerikanische Studenten ein Pflichtjahr verbringen, als auch israelische Rabbiner ausgebildet werden. Gleichwohl war der Kampf um Anerkennung bislang eher erfolglos; nicht-orthodoxe Rabbiner können weder Trauungen und Konversionen gültig durchführen und werden auch von der Mehrheit der säkularen Israelis noch kaum als Alternative zur oft als „mittelalterlich" betrachteten Orthodoxie wahrgenommen. Die jüngst erfolgte Anerkennung auch reformorientierter Konversionen durch den Obersten Gerichtshof Israels sieht sich massiver politischer Anfechtung ausgesetzt, und die Schärfe der Äußerungen der amerikanischen Reformbewegung gegen den religionspolitischen Opportunismus im israelischen Innenministerium ist beachtlich.

Eines der zweifellos größten Probleme im jüdischen Staatswesen ist die kulturell-soziale Kluft zwischen den Religiösen und den Säkularen (chilonim), die sich zunehmend weitet. Die letzteren fassen den politischen Einfluß der Orthodoxie in Israel, wo sich je nach Fragestellung höchstens bis zu einem Viertel der jüdischen Bevölkerung als mehr oder weniger streng religiös einstuft, als Ausdruck des Religionszwangs einer Minderheit gegenüber einer Mehrheit auf. Die Zahl der dezidiert Säkularen wird unterschiedlich auf 20 bis 35% geschätzt, während gut die Hälfte der jüdischen Bevölkerung immerhin einen Teil der Gebote halten, also z. B. nur koschere Speisen genießen oder am Jom Kippur fasten. Daß es bislang nicht zu einem offenen Kulturkampf gekommen ist, wird darauf zurückgeführt, daß dieses Mittelfeld zwischen den beiden Extremen ausgleichend wirkt. Der Konflikt hat dennoch in den letzten Jahren sehr an Grundsätzlichkeit und Schärfe zugenommen. Eine immer wichtigere Rolle spielt dabei die Verknüpfung halachisch profilierter Traditionstreue mit politisch nationalistischen Positionen aufgrund einer verspäteten Rezeption der Lehre des Rav Kuk, wie sie seit Mitte der siebziger Jahre zu beobachten ist. Nachdem der Pioniergeist der frühen Jahre sich infolge der relativen Konsolidierung des Staates seit den sechziger Jahren langsam aber sicher verflüchtigt, wurde das entstehende ideologische Vakuum mit einer dynamischen Mischung aus Religion und Nationalismus gefüllt. Die hochdramatischen Ereignisse im Frühsommer 1967, die in Israels Sieg im „Sechstagekrieg", der Besetzung des Westjordanlandes und der Eroberung Ostjerusalems mit dem Tempelberg gipfelten, waren gewiß dazu angetan, auch als Folge übernatürlicher Intervention gedeutet zu werden. Aber erst nach dem Rückschlag des „Jom-Kippur-Kriegs" 1973 kam die messianische Interpretation in der radikalen Siedlerbewegung des Gusch Emunim (‚Block der Getreuen') zu voller Entfaltung. Ihren vorläufigen Höhepunkt fand diese Entwicklung Mitte der achtziger Jahre, als eine jüdische Untergrundbewegung ausgehoben wurde, die Pläne vorbereitet hatte, die muslimischen Heiligtümer auf dem Tempelberg zu sprengen, um den Wiederaufbau des Tempels vorzubereiten und gleichzeitig einen quasi-endzeitlichen Krieg zwischen Israel und der arabisch-islamischen Welt heraufzubeschwören.

Auf alltäglichere Weise zeigt sich heute eine wachsende Bereitschaft im religiös-nationalistischen Lager, israelisches Recht und Gesetz unter Hinweis auf ein „höheres" Gesetz, nämlich das einer zutiefst gegen das frühere Leben in der Galut (Diaspora) gerichteten, politisch eigenständigen Halacha, zu mißachten. Wohin diese Entwicklung führen kann, zeigte sich vor November 1995, als der gewählte Premierminister Israels wegen der Bereitschaft, Teile des „Landes Israel" an die palästinensische Autonomie abzutreten, von einzelnen rabbinischen Autoritäten im religiös-nationalistischen Lager mit ebenso radikal simplen wie hochelaborierten halachischen

Kategorisierungen diffamiert wurde. Der Mord an Jizhak Rabin deckt die Gespaltenheit der Nation auf. Ob und wie sich der Konflikt zwischen zwei Autoritäten, der der israelischen Demokratie und der der neupolitischen Halacha, zwischen dem säkular-demokratischen und dem fundamentalistisch-religiösen Selbstverständnis des jüdischen Staates überbrücken läßt oder nicht, friedlich lösen läßt oder nicht, wird die nahe Zukunft zeigen.

b) Amerika

Im amerikanischen Judentum ist die überraschendste Entwicklung seit dem Zweiten Weltkrieg zweifellos die unerwartete Rückkehr der von der Gegenseite bereits totgesagten Orthodoxie, die in den sechziger Jahren erstmals die Aufmerksamkeit der Beobachter auf sich zog. Unter den Faktoren, die in dieser Entwicklung eine Rolle gespielt haben, ist zunächst die Einwanderung einer Reihe von hochangesehenen orthodoxen Lehrern in Zusammenhang mit dem Zweiten Weltkrieg und dem Holocaust zu nennen, für die die Migration unter anderen Umständen nicht in Frage gekommen wäre und deren Anhänger den Verlockungen der Assimilation von vornherein gefestigter gegenüberstanden, als dies bei der großen Mehrheit der früheren Einwanderer der Fall war. Diese Gruppe teils chassidischer, teils misnagdischer (= gegnerischer) Prägung haben sich in bestimmten Vierteln, vor allem im New Yorker Stadtteil Brooklyn, zum Teil auch in bewußter Isolation vom modernen Großstadtleben auf dem flachen Land niedergelassen, wo sie sich in einer wachsenden Zahl von Jeschiwot dem Tora-, d. h. dem Talmudstudium, widmen. Eine medienwirksame Sonderrolle spielt die Gruppe der Lubawitscher oder Chabad-Chassidim, deren greiser Zaddik, „Rebbe" Menachem Mendel Schneersohn, von einem Teil seiner Anhänger offensiv als Messias proklamiert wird, dem auch sein Ableben 1994 bislang noch keinen Abbruch getan hat. Die Lubawitscher Chassidim unterscheiden sich auch insofern von ihren ultraorthodoxen Zeitgenossen, als sie seit den siebziger Jahren weltweit unter säkularen oder jedenfalls nicht-orthodoxen Juden aktiv und mit einigem Erfolg – auch in Israel – missionieren.

Im Gegensatz zu den eher sektiererischen Ultraorthodoxen steht die zweite Strömung innerhalb der jüdisch-amerikanischen Orthodoxie, die Modern Orthodoxy, der Integration der Juden in die moderne Gesellschaft grundsätzlich positiv gegenüber. Geistiges Zentrum dieser Erben von Samson Raphael Hirsch ist die Yeshiva University in New York, bezeichnenderweise das erste der großen Rabbinerseminare, das außerdem eine allgemeine Universitätsausbildung anbot (als historisches Vorbild für eine solche Synthese steht der Rambam). Eine der Ursachen für das Wiedererstarken gerade dieses Flügels innerhalb der Orthodoxie besteht in den veränderten Bedingungen, unter denen die dritte oder sogar vierte Generation jüdischer Amerikaner seit der großen Migration aus Osteuropa heute lebt. Die allgemein akzeptierte Vorstellung von der schnellen Aufgabe der traditionellen Lebensweise durch die Einwanderer der New Immigration ist zwar dahingehend zu korrigieren, daß es sehr wohl eine Kontinuität jüdisch-orthodoxer Präsenz in Amerika gegeben hat – bestes Beispiel ist die aus einer der wenigen frühen Jeschiwot hervorgegangene Yeshiva University selbst –, doch ist andererseits nicht zu bestreiten, daß es unter dem ökonomischen Druck der ersten Jahrzehnte und angesichts der herrschenden Amerikanisierungsideologie seine Zeit brauchte, eine Infrastruktur zu schaffen, die die orthodoxe Lebensweise als ernstzunehmende Alternative, wenn nicht gar als durchaus vereinbare Ergänzung zum American Way of Life erscheinen ließ. Heute geht, nachdem die Lebensmittelindustrie diesen Markt entdeckt hat, die Zahl der koscheren Produkte in den Supermärkten in die Tausende; aufgrund des steigenden Bildungsniveaus und des entsprechend wachsenden Wohlstands, um ein anderes Beispiel zu nennen, sind jüdische Selbständige ohne weiteres in der Lage, auf Berufstätigkeit am Schabbat zu verzichten. Die orthodoxe Lebensweise ist damit heute nicht nur gesellschaftlich akzeptabel, sondern darüber hinaus offenbar auch und gerade für Juden attraktiv, die aus vollständig assimilierten Familien kommen und sich für eine Rückkehr zur jüdischen Tradition im Rahmen der Modern Orthodoxy unter anderem deshalb entscheiden können, weil sie ihnen keine radikale Umstellung im Lebensstil zumutet. Ob sich dieses zumindest teilweise modische Phänomen der sogenannten ba'ale tschuwa (eig. ‚Meister der Umkehr') als langfristig dauerhaft erweisen wird, ist gegenwärtig noch nicht zu sagen.

Wichtiger für das Überleben der Orthodoxie ist sicherlich, daß es der gegenwärtigen Generation zum ersten Mal seit der Aufklärung zu gelingen scheint, die eigene Jugend zu halten. Dafür wiederum ist ein Faktor ausschlaggebend, der zunächst mit allgemeinen Entwicklungen innerhalb der amerikanischen Gesellschaft zusammenhängt. Es ist dies die verstärkte Einrichtung eines innerjüdischen Erziehungswesens im Zuge der Debatte um den Niedergang der öffentlichen Schulen seit den sechziger Jahren, von dem alle religiösen Richtungen, aber besonders die Orthodoxen profitiert haben. Hatte man bis dahin das „Ghetto" eines spezifisch jüdischen Erziehungswesens gescheut, das Angebot der Public School als Mittel sozialer Integration hochgeschätzt und die jüdische Erziehung entweder pädagogisch inkompetenten melamdim (Kinderlehrer) oder im Umfang völlig unzureichenden Sunday Schools überlassen, so besuchten in den achtziger Jahren etwa 80% der Kinder aus orthodoxen Familien jüdische Ganztagsschulen. Im Ergebnis existiert heute eine junge Generation, die jüdischerseits meist gebildeter ist als die ihrer Eltern und die im großen und ganzen keine Anstalten macht, in der Observanz hinter deren Standard zurückzufallen – eher im Gegenteil.

Aus diesen Trends resultiert heute ein Selbstbewußtsein der Orthodoxie, das sich in absoluten Zahlen nicht unbedingt niederschlägt. Einer Schätzung von 1987 zufolge erklären sich nach wie vor weniger als 10% der amerikanischen Juden als orthodox, jeweils rund ein Drittel als reformiert bzw. konservativ und eine verschwindend kleine Minderheit von 2% als

Rekonstruktionisten; rund ein Viertel bezeichnen sich selbst als „just Jewish", stehen also keiner spezifischen Denomination nahe. Dabei gehört insgesamt rund die Hälfte überhaupt keiner Synagogengemeinde an.

Interessanterweise sind es oftmals die Angehörigen der nicht-orthodoxen Denominationen selbst, die den Orthodoxen die größere jüdische Authentizität zugestehen und sie gewissermaßen als Bannerträger einer Tradition betrachten, der sie selbst keine Priorität einräumen können oder wollen. Umgekehrt wird diese Einschätzung von orthodoxer Seite selbstverständlich geteilt und anderen die Legitimität teilweise schlankwegs abgesprochen. Immerhin unterscheidet sich die moderne Richtung innerhalb der Orthodoxie auch insofern von der separatistischen Welt der Jeschiwot, als sie Strömungen, etwa im überkonfessionellen Synagogue Council of America, noch nicht aufgegeben hat. Andererseits steht diese Richtung offenbar ihrerseits zunehmend unter Legitimationsdruck, was sich etwa darin ausdrückt, daß man in letzterer Zeit zunehmend auf die Eigendefinition als „modern" verzichtet und vorzieht, sich als Centrist oder Mainstream Orthodoxy zu bezeichnen.

Eine Tendenz zum „Rechtsruck" ist auch in den anderen Denominationen zu beobachten. Insbesondere in der Reformbewegung findet eine Abkehr von den radikalen Positionen der Vergangenheit statt. Ein erster Schritt weg vom 19. Jahrhundert wurde bereits 1937 mit der Columbus Platform gemacht, die sich erstmals – unter dem Eindruck der NS-Herrschaft – zionistischen Positionen näherte. Der Schock des Holocaust hat den Fortschrittsoptimismus der Reformer vollends gebrochen. Die resultierende Desorientierung führte seit den fünfziger Jahren zu einer Rückkehr zu lange abgeschafften Ritualen, der ein nostalgischer Faktor kaum abzusprechen ist. Gleichzeitig halten die Ideologen der Reformbewegung den theoretischen Anspruch auf Autonomie des Individuums, auch des einzelnen Rabbi, weiter aufrecht. So bieten die in den siebziger Jahren neu erschienenen Gebetbücher und Handreichungen eine erstaunliche Breite von Optionen zur Auswahl an, deren Ziel es zu sein scheint, die neue Bereitschaft zu größerer Observanz pädagogisch zu nutzen. Ob sich allerdings diejenigen, die auf diese Weise zur Tradition zurückfinden, letztlich nicht doch außerhalb der Reformgemeinden orientieren, ist eine offene Frage. Auf der anderen Seite wird befürchtet, daß die Tendenz zur „Halachisierung" der Reformbewegung langfristig in dasselbe Dilemma führen wird, das die Konservativen schon lange plagt: daß sich nämlich zwischen den offiziellen Idealen der Bewegung und der generell – von einigen Elitezirkeln im Umkreis der Rabbinerseminare abgesehen – laxeren Observanz der „Laien" ein Abgrund auftut.

Jenseits all dieser Trends innerhalb der einzelnen Denominationen gehört zu den unerwarteten Entwicklungen der letzten Jahrzehnte das, was man als die Re-Ethnisierung des amerikanischen Judentums bezeichnen könnte. Hatte es in den fünfziger Jahren zunächst noch so ausgesehen, als würde das Judentum seinen Platz in Amerika vor allem im Rahmen der institutionalisierten Religion, das heißt als dritte der großen Konfessionen neben Protestantismen und Katholizismus, finden, so ist die ethnische Komponente seitdem in überraschender Weise wieder zu ihrem Recht gekommen. Hier ging der erste Anstoß offenbar von der Umwelt aus. Infolge der New-Ethnicity-Welle, die in den siebziger Jahren als Reaktion auf das neue Selbstbewußtsein der Schwarzen entstand, ist der traditionelle Amerikanisierungsdruck einer neuen Legimität ethnischer Vielfalt gewichen – dies interessanterweise gerade in dem Moment, in dem die kulturelle Assimilation für weiteste Teile der jüdischen Bevölkerung in den USA ein unumstößliches Faktum ist.

Die Identifikation mit den nationalen Aspekten des Judentums drückt sich in Amerika vor allem auf zwei, eng miteinander verknüpften Gebieten aus: in der Unterstützung für den Staat Israel und in der späten und um so heftigeren Rezeption des „Holocaust", des Genozids an den europäischen Juden. Das Jahr, in dem beide Aspekte in nachdrücklicher Weise ins Bewußtsein der Öffentlichkeit traten, war das Jahr 1967 mit dem Sechstagekrieg zwischen Israel und den arabischen Staaten. Entscheidend waren dabei weniger die militärischen Geschehnisse selbst, als vielmehr die ihnen unmittelbar vorausgehende Zeit der wachsenden Spannung, des Bewußtseins der Gefahr für den jüdischen Staat, verbunden mit dem Eindruck internationalen Verlassenseins, die als eine Wiederholung der Situation vor und während des Weltkriegs erlebt wurden. In der Folge des israelischen Sieges wurde erstmals eine tiefergehende Auseinandersetzung mit den Implikationen der Vernichtung der europäischen Juden im Zweiten Weltkrieg sowohl auf der Ebene historischer Forschung als auch auf dem Gebiet einer „Theologie des Holocaust" möglich, wie sie in den ersten Jahrzehnten nach 1945, aus welchen Gründen auch immer, nur in beschränktem Maß und ohne nennenswerten Einfluß auf die Öffentlichkeit stattgefunden hatte. In den siebziger und achtziger Jahren wurde der Holocaust in zunehmendem Maß konstitutiv für das Selbstverständnis weiter Teile des amerikanischen Judentums. Einflußreich war insbesondere Emil Fackenheim, der fordert, die Juden selbst dürften Hitler nicht den posthumen Triumph einer Selbstauslöschung durch Assimilation gönnen. In der Folge wurde „survival" („Überleben") zu einem zentralen Glaubenssatz von Kreisen, die mit jüdischer Tradition ansonsten weniger im Sinn haben. Worin das Judentum bestehen sollte, dessen ‚Überleben' als zentraler Wert postuliert wurde, wurde im Schatten des Schlagworts kaum klarer. Es wird aber langfristig gelingen, bei allem Bewußtsein von der Einzigartigkeit des Holocaust (andere ziehen die hebräischen Termini schoa oder auch churban vor) das Erinnern der Ermordeten in die Tradition und das Kontinuum jüdischer Geschichte zu integrieren, wie es sich über den Rahmen liturgischer Experimente hinaus allmählich abzeichnet. In letzter Zeit beginnen die Stimmen, die vor negativen Folgen einer Identifikation der „Katastrophe" schlechthin mit dem Judentum schlechthin warnen, gehört zu werden.

Jüdisch-amerikanische Solidarität mit Israel kam 1967 in bisher kaum gekanntem Ausmaß zum Ausdruck. Die Unterstützung Israels gilt seitdem quer durch das religiöse Spektrum als Konsens, ja fast als Maßstab jüdischer Identität. Mit einem Erfolg des nahöstlichen Friedensprozesses wird dies zugunsten der Stärkung des jüdischen Lebens in der Diaspora wieder abnehmen.

Belebende Impulse verdankt das religiöse Leben im amerikanischen Judentum der Gegenwart in erster Linie dem Zeitgeist der sechziger Jahre. Auch hier hat der Sechstagekrieg insofern eine Rolle gespielt, als er bei der jungen Generation eine Freisetzung von Energien bewirkte, die bis dahin eher in die Bürgerrechtsbewegung oder in den Protest gegen den Vietnamkrieg geflossen waren. Die Rückbesinnung der Kinder der „counterculture" („Gegen-Kultur") auf ihre jüdischen Wurzeln wurde vor allem in der Gründung von sogenannten Chawurot offenkundig. Die erste dieser losen ‚Gemeinschaften', die in bewußter Abgrenzung von den etablierten Institutionen organisierter Religiosität versuchten, das Ideal der autonomen Kommune mit jüdischen Inhalten nach spätantikem Vorbild zu füllen, entstand 1968 als alternatives Rabbinerseminar; weitere Gründungen folgten. Ziel war es, ohne die Anleitung professioneller Gemeindefunktionäre gemeinsam zu lernen, zu beten und die Feste des jüdischen Jahres ebenso wie die des individuellen Lebenslaufs zu feiern sowie – zumindest für die Dauer regelmäßiger Einkehrtage – zusammen zu leben; die Betonung lag auf der Wiederentdeckung eines selbstbestimmten „do-it-yourself" Judaism anstelle von passiver Teilnahme an vorgegebenen Ritualen. Die Chawura-Bewegung fand schnell Anhänger; nach Schätzungen ihrer Dachorganisation bestanden Mitte der achtziger Jahre bereits 1500 bis 2000 solcher Gruppen mit Mitgliederzahlen von zwanzig bis achtzig Personen, deren Motivation sich in Anwesenheitszahlen von durchschnittlich 85 % zeigt. Im Lauf der Zeit hat sich das Profil der Chawurot verändert. Zum einen sind heute gut ein Drittel Teil von Synagogenkongregationen, in denen sie eine Art von Ersatz-Großfamilie für einzelne Mitglieder großer, oft anonymer Gemeinden schaffen und gleichzeitig durch die Übernahme von Verantwortung für die Gestaltung des Miteinanders der oft beklagten Erstarrung des Gemeindelebens entgegenwirken sollen. Insofern wird die Kritik am religiösen Establishment, die sich in der Chawura-Bewegung ursprünglich ausdrückte, dort heute konstruktiv genutzt. Auf der anderen Seite streben auch die ursprünglichen Chawurot weniger eine umfassende soziale Struktur an, als daß sie vor allem als minjanim (Quoren) fungieren, deren Zweck vor allem im gemeinsamen Gottesdienst besteht; die sozialen Bedürfnisse der Ältergewordenen werden heute durch die eigene Familie gedeckt. Bemerkenswert ist auch, daß an den Universitäten heute kaum noch Chawurot neu gegründet werden. Das jüdische Engagement entsprechend interessierter Studenten von heute drückt sich offenbar eher in der „Umkehr" zu einer der Spielarten der Orthodoxie aus.

Ein zweiter innovativer Trend im amerikanischen Judentum ist der Feminismus. Die ersten Frauen, die ihr neues Selbstverständnis in den jüdischen Kontext trugen, kamen aus dem Umkreis der Chawurot und damit meist aus dem Conservative Movement. 1972 klagte eine Frauengruppe auf der Jahrestagung der konservativen Rabbinerorganisation die Möglichkeit vollständiger Teilhabe an allen Aspekten des jüdischen Lebens ein, insbesondere innerhalb der Synagogen selbst. Auf institutioneller Ebene hatten diese Forderungen bei den Reformern schnellen Erfolg. 1973 erhielt Sally Priesand am Hebrew Union College als erste Frau die rabbinische Ordination. Bei den Konservativen zog sich die Diskussion länger hin. 1973 entschied die Rabbinic Assembly, es in Zukunft den einzelnen Gemeinden zu überlassen, ob sie Frauen in den für das Gemeindegebet notwendigen minjan von zehn religiös mündigen Personen einbeziehen wollten; in der Praxis setzte sich diese Regelung schnell durch. 1983 wurden – nach quälender Debatte – Frauen zur Rabbinerausbildung am JTS zugelassen, seit 1985 können sie dort auch Kantorinnen werden. Diese Entscheidungen insbesondere der Konservativen wurden von seiten der Modern Orthodoxy wachsam verfolgt. Während das Konzept Feminismus dort besonders wegen der befürchteten Auswirkungen auf die Geburtenrate auf die zu erwartende Kritik stößt, machen auf der anderen Seite inzwischen auch orthodoxe Frauengruppen den Versuch, die Loyalität gegenüber der jüdischen Tradition mit feministischen Positionen zu vereinbaren. In Anbetracht der Tatsache, daß dank der Ganztagsschulen heute eine wachsende Zahl orthodoxer Frauen über eine Vertrautheit mit den Quellen verfügt, die in der letzten Generation noch undenkbar gewesen wäre, werden sie nicht mit der hergebrachten Rolle von Hüterinnen des jüdischen Charakters innerhalb der eigenen vier Wände zufrieden sein, sondern im Berufsleben „ihren Mann stehen", während ihre Männer als „Lernende" unterhalten werden und sich mehr um die Kinderaufzucht kümmern, wie dies sich bereits seit längerem auch in der Ultra-Orthodoxie Israels abzeichnet. Der jüdische Feminismus hat auf institutioneller Ebene einiges erreicht. Für weite Teile ist das Judentum heute nicht mehr eine Religion, in der Frauen durch öffentliche Abwesenheit und Einflußlosigkeit glänzen. Der radikaleren feministischen Theologie geht dies nicht weit genug; sie fordert eine umfassende Reform der Religion selbst, wie sie sich unter patriarchalen Vorzeichen herausgebildet habe, und lehnt nicht nur hierarchische Strukturen zwischen den Geschlechtern ab, sondern auch den Erwählungsgedanken ebenso wie konventionelle Gottesbilder. Versuche, neue, nichthierarchische Liturgien zu entwickeln, finden vor allem im rekonstruktionistischen Umfeld statt; darüber hinaus experimentieren Frauengruppen in eigener Regie mit der Schaffung neuer Rituale – beispielsweise anläßlich der Geburt von Mädchen –, die auf eine spezifisch weibliche Erfahrungswelt Bezug nehmen.

III. Ausblick in die Zukunft

Diese Bestrebungen des jüdischen Feminismus berühren sich mit anderen Tendenzen einer jüdischen Subkultur, wo abseits vom mainstream der großen Denominationen innovativ experimentiert wird. Beispielsweise bestehen heute in den USA an die zwanzig Synagogengemeinden, die sich an ein homosexuelles Publikum wenden; andere Gruppen haben Varianten der New-Age-Spiritualisierung entwickelt. Eine Society für Humanistic Judaism begeht die jüdischen Feste ohne jede gottesdienstliche Form.

Neuerdings entstehen Interfaith Communities für Familien, die aus jüdischen und christlichen Mitgliedern bestehen. Öffnung in solche Richtungen kann zweifellos eine Quelle neuer Vitalität bedeuten; hier suchen Menschen, die dem Judentum in seinen institutionalisierten Fassungen entfremdet sind, ihrer Verpflichtung zur Wahrung und Pflege jüdischer Identiät gerecht zu werden. Unter anderem sind es solche Entwicklungen, die manche Beobachter für die Zukunft optimistisch stimmen. Diesen „Transformationisten" zufolge wird das Judentum überleben, wenngleich in veränderter Form. Anderen mag zweifelhaft erscheinen, ob alles, was von Juden getan wird, ohne weiteres zum Ausdruck lebendiger jüdischer Kultur erhoben werden darf; ihnen erscheint die einsichtige Anbindung an jüdische Tradition(en) unerläßlich für das Fortbestehen eines Judentums, das dieses Namens in seiner Kontinuität wie in seiner Diskontinuität würdig ist.

Allen Beobachtern gemeinsam ist die Sorge hinsichtlich eines „zero population growth" („Bevölkerungsnullwachstum"). Eine weithin beachtete Schätzung von 1976 rechnete für das Jahr 2076 mit möglicherweise nicht mehr als 10 420 Juden in den USA (E. Bergman in *Midstream,* Oct. 1977, S. 9–19). Neuesten Schätzungen zufolge könnte auch bald die Mehrheit des jüdischen Volkes in Israel leben. Eine der Hauptursachen für die demographische Stagnation seit Ende der sechziger Jahre ist – neben der niedrigen Geburtenrate – die wachsende Tendenz zu Eheschließungen mit nichtjüdischen Partnern, deren Kinder oft als dem Judentum verloren gelten müssen; der Anteil gemischter Ehen beträgt mancherorts inzwischen über 50 Prozent. In Anbetracht dessen entschloß sich die Reformbewegung 1983 zu einer offensiven Politik der Ermutigung jüdischer Identifikation in den betroffenen Familien durch die Anerkennung patrilinearer Abstammung (d. h., Kinder werden entgegen der Halacha auch dann als Juden akzeptiert, wenn nur ihr Vater, nicht aber die Mutter jüdischer Herkunft ist, sofern die Eltern sie jüdisch erziehen) und eine noch nicht dagewesene Integrationsbereitschaft gegenüber nichtjüdischen Ehepartnern selbst dann, wenn sie sich nicht zur Konversion entschließen mögen. Diese Linie trägt zweifellos der gesellschaftlichen Realität Rechnung, daß das Judentum in Familien mit unterschiedlichen Hintergründen nicht mehr, aber auch nicht weniger als eine von mehreren Optionen darstellt. In Zukunft dürfte dies, insbesondere auch in Anbetracht der generellen Trends hin zu Ehescheidung und zur Gründung von Stieffamilien unterschiedlichster Konstellation, eher noch öfter der Fall sein. Andererseits ist die Einführung der Patrilinearität, die die Rekonstruktionisten schon seit 1968 vertreten, insofern dazu angetan, das faktisch bestehende Schisma zu besiegeln, als sie den Konsens oder besser den status quo hinsichtlich der Frage „Wer ist Jude?" aufkündigt. Das erschwert zwar theoretisch Eheschließungen zwischen Reformierten und Anhängern einer unwandelbaren Halacha weiter, dürfte aber praktisch nur wenig separierende Auswirkungen haben. Zu pluralistisch ist das Judentum seit langem, als daß es durch derlei Differenzen bedrohlichen Schaden litte, aller Klagen um die verlorengehende „Einheit des Volkes" ungeachtet.

In Deutschland ist von solchen Kontroversen, die immerhin von der Vitalität der religiös-kulturellen Szene zeugen, noch wenig zu spüren. Mehr als anderswo belastet hier die schwere Hypothek der jüngsten Vergangenheit. Die jüdischen Gemeinden mit Ende 1994 insgesamt gut 50 000 Mitgliedern (gegenüber rund 500 000 im Juni 1933) können nur einen schwachen Abglanz des einst reichen religiös-kulturellen Spektrums widerspiegeln. Die Synagogen orientieren sich im allgemeinen am orthodoxen Ritus; nur in wenigen Gemeinden läßt sich mehr als eine Synagoge unterhalten und damit eine gewisse Breite bieten. Immerhin hat die weltpolitische Entwicklung seit Ende der achtziger Jahre die Gemeinschaft zahlenmäßig gestärkt. Bis zum Juni 1993 wurde 52 000 Juden aus der ehemaligen Sowjetunion die Einreise in die Bundesrepublik bewilligt, von denen bis zu diesem Zeitpunkt 25 000 eingetroffen waren; etwa 11 000 davon sind Jüdischen Gemeinden beigetreten. Allerdings stellt die Integration der in allen jüdischen Dingen meist wenig bewanderten Zuwanderer – rund 70% leben überdies in gemischten Ehen – die Gemeinden in Deutschland zweifellos vor große Herausforderungen.

Schließlich bietet die Vereinigung der beiden deutschen Staaten einiges an Ansätzen für den Versuch, an die Traditionen des deutschen Judentums anzuknüpfen. Waren die acht Gemeinden in der DDR bis Ende 1989 auf insgesamt 370 Mitglieder zusammengeschrumpft, so kam es nach der Wende in einer Reihe von Städten Ostdeutschlands zu Neugründungen. In Berlin wurde die einstige Adass Jissroel wiederbelebt und – in einer umstrittenen Entscheidung – als Rechtsnachfolgerin der orthodoxen Separatgemeinde anerkannt. Neben zwei Gemeinden existieren dort heute ein Kulturverein, die Jüdische Volkshochschule und erstmals wieder ein Jüdisches Gymnasium. Darüber hinaus profitieren eine Reihe von Hochschulen, insbesondere in den Neuen Ländern, durch die Gründung neuer Lehrstühle für Judaistik oder Jüdische Studien von dem wachsenden Interesse, das jüdischer Geschichte und Kultur seit den späten siebziger Jahren von nichtjüdischer Seite entgegengebracht wird. In Heidelberg besteht seit 1979 eine Hochschule für Jüdische Studien in der Trägerschaft des Zentralrats der Juden in Deutschland, die in erster Linie Nachwuchs für den innerjüdischen Bereich ausbilden will; ein Rabbinerseminar wird es noch auf längere Sicht nicht geben. So ist auch die erste in Deutschland amtierende Rabbinerin, 1995 von den Gemeinden in Braunschweig und Oldenburg angestellt, Absolventin des Jewish Theological Seminary in New York. Ob die Entwicklungen der letzten Jahre Impulse zur dauerhafen Belebung der jüdischen Landschaft in Deutschland sind, will mit Spannung erwartet werden.

Peter Antes

CHRISTENTUM

Christen gibt es heute auf allen Kontinenten, ihre genaue Zahl läßt sich nur schätzen, doch dürfte sie weltweit bei fast zwei Milliarden[1] Menschen liegen. Die Zahl umfaßt sowohl die Gläubigen der katholischen Kirche als auch die der über dreihundertzwanzig Mitgliedskirchen des Ökumenischen Rates, unter denen die Gläubigen der orthodoxen, protestantischen und anglikanischen Kirchen die Mehrheit bilden.

I. Verbreitung des Christentums heute

In Süd- und Mittelamerika sind trotz intensiver protestantischer Mission die Katholiken in der Mehrheit, der überwiegende Teil der Nordamerikaner ist dagegen protestantisch. In Europa sind in Westeuropa – vor allem in den romanischen Ländern – die Katholiken dominierend, während in Osteuropa vor allem die orthodoxen Christen die Mehrheit bilden. Protestantische Christen finden sich vor allem in den germanischen Ländern Europas und sind – auf Gesamteuropa gesehen – eine Minderheit von ungefähr 15%. In Nordafrika gibt es mit Ausnahme von Ägypten nur wenige Christen. In Ägypten ist die Mehrheit der Christen seit alters her koptisch, doch gibt es heute auch Katholiken und Protestanten in dem mehrheitlich islamischen Land. In Afrika südlich der Sahara ist das Christentum neben dem Islam die stärkste Religion, seine Gewichtung hinsichtlich der einzelnen christlichen Kirchen ist dabei vielfach durch die Kolonialgeschichte zu erklären: In ehemals französischen, spanischen und portugiesischen Gebieten ist die katholische Kirche stark, während in ehemals britischen und niederländischen Gebieten protestantische Kirchen und Sekten stärker vertreten sind. Gleiches gilt für Asien, wo die Christen jedoch insgesamt eine Minderheit im Vergleich zur Zahl der Muslime, Hindus und Buddhisten in einzelnen Ländern darstellen. Zahlreiche Christen gibt es im Vorderen Orient, unter ihnen viele Angehörige traditioneller Kirchen des Morgenlandes. Mehrheitlich christlich (d. h. katholisch) sind in Südostasien die Philippinen, in Korea ist eine beachtliche Konversionswelle zum Christentum im Gange. Christlicher Einfluß darf allerdings nicht nur an der Zahl der getauften Kirchenmitglieder festgemacht werden. Er kann auch durch Bildungsinstitutionen in christlicher Trägerschaft, wie

Schulen und Universitäten, wirksam werden, ohne daß die dadurch Geprägten – wie Beispiele aus Japan und dem indischen Subkontinent zeigen – formal zum Christentum überzutreten brauchen. Für Australien und Neuseeland gilt schließlich, daß die meisten Einwohner Christen, insbesondere Protestanten, sind.

II. Ein kurzer Abriß der Geschichte

1. Die äußere Ausbreitung

Die Geschichte des Christentums beginnt im Judentum mit der Nachwirkung einer kleinen Gruppe, die sich während des öffentlichen Auftretens von Jesus von Nazareth in der Zeit um das Jahr 30 n. Chr. um ihn scharte.[2] Sie hielt auch nach seiner Verurteilung zum Tode durch jüdisch-römische Instanzen und der erfolgten Kreuzigung zu ihm, indem sie nach einer kurzen Zeit der Verunsicherung erklärte, daß der gekreuzigte Jesus nach seinem Tode am Kreuze von Gott wieder auferweckt worden sei und lebe. Der gekreuzigte und auferweckte (auferstandene) Jesus ist somit die Kernaussage der ersten Jesusanhänger, die in der Auferstehung am dritten Tage nach dem Tode (Ostern) eine besondere Auszeichnung Jesu durch Gott sehen und in ihm das Kommen des Messias verwirklicht glauben.

Die frühchristliche Predigt von dem gekreuzigten und auferstandenen Jesus als dem Messias (griechisch: Christus) beruht offenbar auf einer so festen Überzeugung der Jünger, daß diese keine Anstrengung scheuen, dies allen zu verkünden, sei es gelegen oder ungelegen, und notfalls lieber den eigenen Tod in Kauf nehmen, als auf die weitere Verkündigung dieses Glaubens zu verzichten, denn wie Jesus von Gott auferweckt worden ist, werden auch die, die an ihn glauben, von Gott auferweckt werden und ins ewige Leben eingehen.

Mit dieser Botschaft wenden sich die Jünger Jesu an die sog. „kleinen Leute“[3] und haben Erfolg. Die Zahl der Gläubigen wächst, Verfolgung und Vertreibung wirken eher anziehend als abschreckend. Auch bei Nichtjuden findet die Botschaft Gehör, so daß die Frage entschieden werden muß, ob diese Nichtjuden – einmal Christen geworden – sich wie die Juden beschneiden lassen und an die mosaischen Gesetze halten müssen. Paulus, neben Petrus und Jakobus einer der wichtigsten Verkünder (Apostel) der Anfangsphase, spricht sich dagegen aus, gewinnt dafür auch Petrus und setzt so diese Position als allgemein gültig durch. Auf diese Weise wird das Christentum für Nichtjuden geöffnet und der endgültige Bruch zwischen Judentum und Christentum möglich gemacht. Für die Verkündigung hat diese Entwicklung ebenfalls Folgen. Der Akzent verlagert sich von Jesus dem Christus (Messias) auf den des Erlösers bzw. Heilands oder Retters (sôtér) und den des Herrn (kyrios), die beide in den religiösen Vorstellungen der griechisch-hellenistischen Welt fest verankert waren,[4] während die Messiaserwartung in jüdischen Kreisen beheimatet war.

Der Akzentverlagerung entsprach die Missionsstrategie. Paulus und die anderen Verkünder traten Missionreisen nach Kleinasien, Griechenland und schließlich nach Rom an und missionierten somit das Römische Reich in seinen zentralen Landen und nicht etwa zahlenmäßig starke jüdische Gruppierungen am Rande des Reiches wie die in Babylon im Zweistromland. Dieser Trend setzt sich fort, immer mehr Menschen aus griechisch-hellenistischem Milieu treten zum Christentum über, zunächst recht einfache Leute, dann aber in zunehmendem Maße auch Gebildete, so daß bereits ab dem zweiten Jahrhundert auch bildungsmäßig eine deutliche Hellenisierung des Christentums einsetzt,[5] mit der ab dem 3. Jahrhundert eine Latinisierung einhergeht, die erste Anzeichen für die spätere innere Differenzierung des Christentums erkennen läßt.

Als das Christentum Ende des 4. Jahrhunderts zur Staatsreligion des Römischen Reiches wird, ist es in allen Landen dieses großen Reiches präsent. Die äußere Ausbreitung des Christentums im Römischen Reich ist damit erfolgreich abgeschlossen. In den folgenden Jahrhunderten werden große Gebiete Zentralasiens für das Christentum hinzugewonnen,[6] bis nach Indien und China reichen seine Einflußphären, doch wird ein uneingeschränkter Gedankenaustausch durch die dazwischen liegenden manichäischen Gebiete erschwert und nach dem Untergang des Manichäismus und der Einführung des Islam in diesen Weltgegenden praktisch ganz zum Erliegen gebracht.

In Europa schreitet die missionarische Ausbreitung des Christentums auch nach dem Zusammenbruch des Weströmischen Reiches weiter voran. Vom 6. bis 13. Jahrhundert erfolgt in verschiedenen Schüben zunächst die Irenmission, dann die Missionierung der Germanen und schließlich die der Slawen. Vor allem die ersten beiden Missionierungen haben für das westliche Christentum unmittelbare Konsequenzen in der christlichen Philosophie und Lehre, die in Verbindung mit Einflüssen des arabischen Aristotelismus im Hochmittelalter zur Entfaltung der scholastischen Philosophie und Theologie führen.

Im Zeitalter der Entdeckungen beginnt ein neuer Aufbruch in die Mission: nach Amerika, Afrika und Asien, wobei anfängliche Versuche einer Adaptation des Christentums an die asiatischen Hochkulturen Indiens und Chinas nach langen internen Kämpfen zwischen den Missionsorden zum Erliegen gebracht wurden und die Mission dann katholischer- wie protestantischer- oder anglikanischerseits praktisch auf eine Europäisierung der Missionierten hinauslief, die erst Ende des 19. Jahrhunderts in Frage gestellt wurde und im Laufe des 20. Jahrhunderts zugunsten einer größeren Beachtung der kulturell-religiösen Traditionen in den sog. „Missionsländern“ langsam aufgegeben wird. Seit dem Zweiten Weltkrieg ist zudem insofern eine Umkehrung des Bisherigen zu beobachten, als in zunehmenden Maße der Schwund christlicher Substanz im sog. „Christlichen Abendland" beklagt und nun von manch einem europäischen Land festgestellt wird – wie schon 1943 von Frankreich[7] –, daß es selbst ein „Missionsland" geworden sei.

2. Die innere Differenzierung

Die Erwähnung von Katholiken, Protestanten und Anglikanern sowie der Kopten und der Morgendländischen Kirche weist auf eine Differenzierung innerhalb des Christentums hin, die alle für eine Religion wichtigen Bereiche (Organisations- und Glaubensstruktur sowie die Einstellung zur Moderne) so sehr tangiert, daß Außenstehende leicht den Eindruck gewinnen können, es handele sich dabei gar nicht um ein und dieselbe Religion, wie es offenbar die Chinesen vermuten, wenn sie zwischen Christen und Katholiken in ihren Religionsstatistiken unterscheiden. Geschichtlich gesehen geht die Differenzierung innerhalb des Christentums weitestgehend auf drei Spaltungen zurück, in deren Gefolge die meisten Kirchen und Gruppierungen entstanden sind, die sich heute christlich nennen.

Die erste Spaltung erfolgte im Laufe von zwei Jahrhunderten nach dem Konzil von Nikaia (325 n. Chr.), wodurch es zwischen der Morgenländischen Kirche (Kopten, Nestorianer, Jakobiten, Armenier) und der Abendländischen Kirche zur Trennung kam und beide dann jeweils eigene Wege gingen. Die zweite Spaltung erfolgte endgültig 1054 und bewirkte, daß die Lateinische Westkirche unter der Führung des Papstes und die (orthodoxen) Ostkirchen Europas unter der Führung eigenständiger Patriarchen (zunächst die Griechisch-Orthodoxen, in späterer Zeit kommen noch andere wie die Russisch-, Serbisch-, Bulgarisch-, Rumänisch-Orthodoxen hinzu) zu selbstständigen, voneinander unabhängigen Kirchen wurden. Die dritte Spaltung ereignete sich im 15./16. Jahrhundert (Reformationszeit) innerhalb der Lateinischen Westkirche. Aus ihr gingen die protestantischen Kirchen (Lutheraner, Anglikaner, Reformierte, in späterer Zeit dann die Baptisten und Methodisten, um nur diese zu nennen) sowie die römisch-katholische Kirche hervor. Alle Kirchen berufen sich auf die Bibel (d. h. Altes und Neues Testament) als Quelle des Glaubens, Differenzen gibt es sowohl hinsichtlich der Bewertung der Tradition im Sinne eines bindenden Maßstabes für die Glaubensauslegung und Kirchenstruktur als auch bezüglich der Zahl der Schriften, die von den Juden als Heilige Schrift (Altes Testament) übernommen worden sind und als offiziell gültig (d. h. kanonisch) angesehen werden.

Die drei erwähnten Spaltungen stehen zugleich für unterschiedliche Konzeptionen von Christentum und Kirche und gehen einher mit regionalen Bedürfnissen und Freiräumen und eigenständiger Entwicklung. So ist für die erste Spaltung die Frage, wer Jesus ist, der eigentliche Auslöser, indem die Abendländische Kirche ihn als wahren Gott und wahren Menschen bekennt, während die Morgenländischen (orientalischen) Kirchen ihn entweder so sehr als Gott sehen, daß seine menschliche Natur in der göttlichen aufgeht (Monophysiten wie Kopten, Jakobiten und Armenier), oder vornehmlich seine menschliche Herkunft betonen und ihn gegenüber Gott dem Vater als „wesensähnlich" (Arianer, Nestorianer) und nicht – wie die Abendländische Kirche – als „wesensgleich" ansehen.

Der Hauptgrund der zweiten Spaltung betrifft die Rechtsstellung der Kirchenführer untereinander, der gegenüber die bestehenden Unterschiede in der Lehre (z. B. Heiligenverehrung) eindeutig zweitrangig sind. Bezüglich der Rechtsstellung des Bischofs von Rom (Papst) vertritt die Lateinische Westkirche das Prinzip des Jurisdiktionsprimates, also das einer obersten Entscheidungsinstanz in Glaubens- und Sittenfragen, während die Ostkirchen dem Papst lediglich den Ehrenprimat eines „primus inter pares" (ersten unter Gleichrangigen) einräumen wollen, ansonsten aber alle Angelegenheiten durch den jeweils eigenen Partriarchen regeln lassen möchten.

Die Frage der päpstlichen Autorität ist auch der zentrale Punkt in der dritten Spaltung, in der von protestantischer Seite die Berufung auf die Bibel dem päpstlichen Auslegungsmonopol entgegengesetzt und der Gehorsam ihm gegenüber aufgekündigt wird. Das Plädoyer für die Freiheit des Christenmenschen gegenüber jeglicher bevormundender kirchlicher Autorität schafft vielfach Strukturen, die keine Priester- und Bischofsweihe vorsehen und damit den Unterschied zwischen Klerikern und Laien, wie er für die katholische Kirche und die orthodoxen wie orientalischen Kirchen charakteristisch ist, nicht kennen.

Die Vielfalt der Positionen, die durch die erwähnten Spaltungen zutage tritt, hat in allen Fällen eine lange Vorgeschichte. So liegen die Wurzeln der ersten Spaltung bereits im Neuen Testament selbst, dessen einzelne Bücher recht unterschiedliche Christusbilder entwerfen, bei denen teilweise jüdische Erwartungen (wie Jesus als der neue Moses und der Messias), teilweise hellenistische Vorstellungen (wie Jesus als Logos [Wort Gottes] oder als Erlöser und Herr) im Vordergrund stehen. Die systematische Vereinheitlichung dieser kulturell wie religiös verschiedenen Aspekte zu einem einzigen Christusbild ließ die wahren Unterschiede dieser heterogenen Positionen im Laufe der ersten Jahrhunderte deutlich werden. Nachdem die Christenverfolgungen vorüber waren und das Christentum staatlich geduldet und schließlich offiziell anerkannt worden war, wurden die Differenzen öffentlich diskutiert, zum besseren Verständnis der jeweiligen Positionen wurde in reichem Maße hellenistisch-griechische Philosophie benutzt, Mehrheitsentscheidungen wurden getroffen, eine Spaltung zwischen den Siegreichen und den Unterlegenen war die Folge und führte zu jeweils getrennter Eigenentwicklung.

Die Konzentrierung auf das Christusbild und seine hellenistische Ausformulierung sind nicht isoliert zu sehen, sondern gehören in jenen Prozeß von Eigenentwicklung, der bereits im Neuen Testament erkennbar ist und bewirkt, daß zum Christentum bekehrte Nichtjuden von der Verpflichtung zur Beschneidung befreit und von der Einhaltung der mosaischen Speisegesetze dispensiert werden, so daß aus der ursprünglich jüdischen Sekte der Christusanhänger allmählich eine eigenständige Religion mit stark hellenistischer Argumentationsstruktur wird. Die spätere Übernahme römischer wie germanischer Vorstellungen bewirkt, daß die Lateinische Westkirche so sehr als Ausdruck europäischer Religiosität erscheint, daß ihre Herkunft aus dem Vorderen Orient und speziell aus dem Judentum zeitweise kaum im Bewußtsein der Gläubigen vorhanden war und das Christentum den meisten Nichtchristen bis heute eher als europäische denn als ursprünglich orientalische Religion erscheint.

Besonders auffallend ist die im Diasporajudentum angelegte und im Christentum fortgeführte Hellenisierung im Bereich des christlichen Gottesdienstes (Liturgie), wo Kleidung (liturgische Gewänder) und Ausdrucksform (Prozessionen, Niederwerfungen, Gebetsformeln) an den Stil kaiserlicher Audienzen in der Königshalle (Basilika) angepaßt werden. Diese Entwicklung erreicht in Rom ihren Höhepunkt, als der Bischof von Rom nach dem Zusammenbruch des Weströmischen Reiches (430) die hohepriesterliche Funktion des römischen Kaisers als „pontifex maximus" übernimmt und damit eine hierarchische Leitungsfunktion innehat, aus der in späterer Zeit sein Anspruch auf einen Jurisdiktionsprimat abgeleitet wird, während die Kirchenführer des Oströmischen Reiches die Ansicht vertreten, daß die Sonderstellung des Bischofs von Rom sich historisch aus der Stellung der Reichshauptstadt ableitet und folglich den jeweils veränderten politischen Verhältnissen angepaßt werden muß. Daher wird Konstantinopel zum „zweiten" und später Moskau zum „dritten Rom". Dieser Ablösetheorie begegnet der Bischof von Rom (Papst) mit dem Argument, daß sein Primat sich nicht aus dem Vorrang der ehemaligen Hauptstadt des Römischen Reiches herleitet, sondern in der Nachfolge des Petrus als oberstem Apostel und erstem Bischof von Rom begründet ist. So wird verständlich, daß die zweite große Spaltung innerhalb des Christentums in die Zeit fällt, in der der Papst seine Stellung als oberster Herr der Christenheit ausbaut und einen Führungsanspruch gegenüber allen anderen geistlichen wie weltlichen Herrschern anmeldet. Alle späteren Versuche, die Einheit der Christen wiederherzustellen, sind an diesem Rechtsanspruch des Papstes gescheitert. Andererseits war auch in der Lateinischen Westkirche der päpstliche Anspruch dann nicht widerspruchslos von weltlichen Herrschern hingenommen worden, wenn deren Interessen auf dem Spiele standen. Beispiele hierfür sind die Auseinandersetzungen im 11. Jahrhundert zwischen dem Papst und dem deutschen Kaiser um die Besetzung von geistlich-weltlichen Ämtern (Investiturstreit) oder Kompetenzfragen hinsichtlich der Kreuzzüge.

Die päpstliche Lehrautorität wird in der Reformationszeit generell in Frage gestellt. Anders als bei der zweiten großen Spaltung, in der es um das Verhältnis der Autorität der Patriarchen als regionale Führung praktisch unabhängiger Kirchen gegenüber dem Bischof von Rom ging, steht nun die Autorität des Papstes generell auf dem Spiel, weil man unter Berufung auf die Bibel und die Erleuchtung aller Christen durch den Heiligen Geist für alle Christen eine eigene Entscheidungskompetenz beansprucht, mit der sich die Kirche als Lehrerin argumentativ auseinandersetzen muß und sich ihr gegenüber nicht einfach auf eine irgendwie geartete Lehrautorität berufen kann. Eine Art demokratischer Meinungsbildungsprozeß tritt somit an die Stelle einer Weisungskompetenz von oben nach unten, konsequent ist es daher, die alte Trennung zwischen Klerikern und Laien in einer solchen Gemeinschaft aufzuheben und alle als Brüder gleichen Ranges zu betrachten. Solches Denken findet in der theologischen Debatte seinen Ausdruck in der Forderung nach Abschaffung des Zölibats (d. h. der Ehelosigkeit) für Priester und der Einführung des „Laienkelchs", also einer liturgischen Gleichbehandlung von Priester und Volk. Obwohl dieser revolutionär moderne Zug im Kirchenverständnis der Reformatoren von vornherein grundgelegt war, brauchte seine totale Verwirklichung noch Zeit und findet erst sukzessive in verschiedener Weise in den protestantischen Kirchen und Sekten eine konkrete Form.

Die äußere Ausbreitungsgeschichte wie die inneren Differenzierungen des Christentums erklären, weshalb das gegenwärtige Erscheinungsbild des Christentums insgesamt so heterogen ist und diese Heterogenität sowohl die Organisationsstruktur als auch die Glaubensstruktur und die Auseinandersetzung mit den Problemen angesichts der Moderne betrifft. Dies alles gilt es zu bedenken, wenn ein Fazit und eine kurze Einschätzung der möglichen Entwicklung in der Zukunft formuliert werden soll.

III. Das gegenwärtige Erscheinungsbild

Die verschiedenen Kirchen, Sekten und Gruppierungen, die sich heute auf Jesus berufen, bieten wenig Gemeinsamkeiten, die es gestatten, aus den recht unterschiedlichen Organisations- und Glaubensstrukturen sowie dem Umgang mit den Problemen der Moderne das herauszukristallisieren, was unzweifelhaft der Intention Jesu wirklich entspricht. Daher kann es im folgenden nicht darum gehen, die authentische Position Jesu zu eruieren, sondern auf der Basis des gegenwärtigen Erscheinungsbildes die wichtigsten Positionen darzustellen.

1. Die Organisationstruktur

Die Ausführungen zur inneren Differenzierung im Christentum haben gezeigt, daß Fragen der Organisationsstruktur in entscheidendem Maße bei der zweiten und dritten großen Spaltung wirksam gewesen sind. Im Mittelpunkt stehen bei allen Debatten bis heute zwei Fragen: die *apostolische Sukzession* und das *Hierarchieprinzip.*

a) Die apostolische Sukzession

Die orientalischen Kirchen vertreten wie die orthodoxen Kirchen Osteuropas und die römisch-katholische Kirche, daß Bischöfe und Priester nur dann gültig geweiht sind und somit eine besondere Mittlerfunktion zwischen Gott und den Menschen einnehmen können, wenn sie in einer direkten Weihereihe auf einen der Apostel Jesu zurückgeführt werden können, weshalb dieses Prinzip als apostolische Sukzession (Nachfolge) bezeichnet wird. Dementsprechend werden seit Jahrhunderten genaue Listen über alle Weihen geführt, in denen festgehalten wird, wer wen zum Priester oder Bischof geweiht hat, so daß der Weihestammbaum lückenlos bis in die Frühzeit des Christentums zurückverfolgt werden kann. Für die allerersten Weihegenerationen ist dieser Stammbaum allerdings in vielen Fällen nicht ganz rekonstruierbar, doch lehren die genannten Kirchen, daß auch für diese Anfangszeit das Prinzip der apostolischen Sukzession ohne Einschränkung gilt, und vertreten folglich, daß jeder heute gültig geweihte Priester und Bischof seinen Weihestammbaum bis auf einen Apostel Jesu und damit die direkte Auswahl und Beauftragung durch Jesus zurückverfolgen könne.

Das älteste Zeugnis von der Existenz solcher Bischofslisten findet sich im 2. Jahrhundert bei Irenäus von Lyon, der in der ununterbrochenen Nachfolge der Bischöfe in den von den Aposteln gegründeten Kirchen die Wahrheit ihrer Lehre verbürgt sieht, allerdings sich darauf beschränkt, in seiner Schrift gegen die Irrleher (Adversus Haereses) nur die der von den Aposteln Petrus und Paulus gegründeten Kirche zu Rom namentlich zu nennen. Dieser älteste Beleg reicht für die erwähnten Kirchen aus, am Prinzip der apostolischen Sukzession auch in den Fällen festzuhalten, wo die Namenslisten nicht bis auf die Apostel selbst im Detail zurückverfolgt werden können, weil davon auszugehen ist, daß zumindest Irenäus von Lyon diese Namen bekannt waren und somit das Prinzip als solches von ihm anerkannt und als verwirklicht angesehen wird.

Da nach allgemeiner Auslegung das Prinzip der apostolischen Sukzession nur dann vollgültig verwirklicht ist, wenn Weihen durch Bischöfe belegt sind, bedeutet dies für jede neu entstehende Gruppe, die sich auf die christliche Tradition beruft, daß sie eines Bischofs bedarf, der im Besitz der apostolischen Sukzession diese weitergibt, damit die neu geweihten Bischöfe und Priester als gültig geweiht von den genannten Kirchen anerkannt werden. Eine derartige Anerkennung ist mit Blick auf die dritte große Spaltung und die darauf folgenden Jahrhunderte für die meisten anglikanischen Bischöfe ebenso gegeben wie für die altkatholischen Bischöfe, deren Kirche Ende des 19. Jahrhunderts entstanden ist, als sich

Theologen und Laien der Festlegung der Lehrautorität des Papstes widersetzten und eine von der römisch-katholischen Kirche unabhängige „altkatholische Kirche“ gründeten, deren höchster Repräsentant von einem Bischof mit apostolischer Sukzession die Bischofsweihe erhalten hat.

Die Frage nach der apostolischen Sukzession steht im Mittelpunkt aller Gespräche um die Einheit der Kirchen und zieht in besonderer Weise eine Trennungslinie zwischen den Kirchen mit apostolischer Sukzession und denen ohne eine solche, wozu viele protestantische Kirchen zählen, deren Ämter von den Verfechtern der apostolischen Sukzession folglich nur als organisatorische Leitungsfunktionen angesehen werden, aber nicht als Ämter im Sinne der besonderen Beauftragung der Apostel durch Jesus. Die Frage nach der Anerkennung der Ämter hängt demnach aufs engste mit der Organisationsstruktur der jeweiligen Kirche oder religiösen Gemeinschaft zusammen und berührt somit unmittelbar das Bemühen um Annäherung zwischen den unterschiedlichen christlichen Kirchen und Gemeinschaften. Allerdings ist zuzugeben, daß die meisten Mitglieder dieser Gemeinschaften für derart subtile Unterscheidungen kaum noch Verständnis aufbringen und meist überhaupt nichts mehr über die eigentlichen Hintergründe der Streitpunkte wissen.

Die bisherigen Ausführungen schärfen auch den Blick für eine weitere, subtile Unterscheidung, die die Gültigkeit und Legitimität von Weihen mit apostolischer Sukzession betrifft. So steht zum Beispiel am Anfang der altkatholischen Kirche eine gültige Bischofsweihe, weil der zum Bischof gewählte Breslauer Theologieprofessor Reinkens 1873 von dem Jansenistenbischof Heykamp, der im Besitz der apostolischen Sukzession war, zum Bischof geweiht wurde. Aus der Sicht der römisch-katholischen Kirche ist deshalb die Weihe Reinkens gültig, obwohl sie nicht als legitim im Sinne der römisch-katholischen Kirche anzusehen ist, weil keine römische Zustimmung zur Weihe vorlag. Reinkens Weihe ist – historisch gesehen – kein Einzelfall. In Vergangenheit und Gegenwart gibt es immer wieder Fälle von gültigen, aber aus der Sicht einzelner Kirchen illegitimer Weihen, bei denen sozusagen gegen die Gehorsamspflicht gegenüber Kirchenoberen verstoßen wird und dennoch eine gültige Weihe mit allen daraus für weitere apostolische Sukzessionen folgenden Gültigkeitserklärungen vorliegt.

Die Erinnerung an die Gehorsamspflicht weist auf ein weiteres Prinzip hin, das neben dem der apostolischen Sukzession für die Organisationsstruktur ebenfalls von Belang ist: das Hierarchieprinzip.

b) Das Hierarchieprinzip

Das Wort „Hierarchie“ kommt aus dem Griechischen und bedeutet „heiliger Ursprung, heilige Herrschaft“. Es wird, was den Ursprung angeht, auf Jesus selbst zurückgeführt und folglich als Beauftragung und Sendung durch ihn verstanden, so daß sich damit vorstellungsmäßig vielfach eher ein Delegationsprinzip als ein Wahlmodus verbindet. Dennoch ist Wahl bei dieser „heiligen Herrschaft" zumindest auf der obersten Stufe deshalb nicht ausgeschlossen, weil die höchsten Repräsentanten der einzelnen Kirchen bekanntnlich nicht durch Eingebung oder direkte Benennung durch Jesus bzw. Gott ihr Amt erhalten, sondern gewählt werden. Dies gilt in der römisch-katholischen Kirche für den Bischof von Rom (Papst) ebenso, wie es in den orientalischen Kirchen und den orthodoxen Kirchen Osteuropas bei der Wahl der Patriarchen praktiziert wird. Das „Heilige" kommt dann bei einer solchen Wahl dadurch zum Tragen, daß man in der Stimmenmehrheit Gottes Willen zu erkennen glaubt. „Hierarchie" scheint demnach nicht primär ein Modus der Handhabung von Herrschaft zu sein, sondern bezieht sich glaubensmäßig darauf, daß die Kirche ein oder mehrere Verfahren als Ausdruck göttlicher Führung und Weisung ansieht.

Die Kirchengeschichte belegt, daß das hierarchische Prinzip auf verschiedene Weise in Verfahrensmodi umgesetzt wurde. So war es in der römisch-katholischen Kirche über lange Zeit bis zur Wahl von Papst Pius X. 1903 einschließlich Usus, daß weltliche Herrscher die Kandidatur und damit die Wahl bestimmter Bischöfe für das Papstamt ablehnen konnten; auch wurde das Wahlverfahren bezüglich der für eine Papstwahl notwendigen Stimmen aus dem Kardinalskollegium mehrfach geändert, zum letzten Male unter Papst Pius XII. (1939–1958), wonach nun $^2/_3$ plus eine Stimme zur Wahl eines Papstes erforderlich sind. Allein diese wenigen Beispiele zeigen, daß die Verfahrensmodi sich ändern können, ohne daß das Prinzip als solches tangiert wird. Ähnliches gilt noch heute in Deutschland wie in manch anderem Land bei Ernennungen von Bischöfen, wo die Frage, wer Vorschläge unterbreiten darf und inwieweit sich Rom an diese halten muß, recht unterschiedlich gehandhabt wird, ganz abgesehen von einem eventuell einzuholenden Placet der zuständigen Regierung, um die Ernennung wirksam werden zu lassen. Noch größer wird die Variationsbreite, wenn zusätzlich Beispiele aus dem Mittelalter oder gar der alten Kirche hinzugenommen werden. All diese Fälle belegen, daß das hierarchische Prinzip offensichtlich mit vielerlei Konkretisierungsverfahren vereinbar ist und – historisch gesehen – nicht auf den reinen Delegationsmodus einer ausschließlich von oben nach unten konstruierten Beauftragung ohne (partielle oder generelle) Beteiligung der Betroffenen eingeschränkt werden kann.

Es ist bezeichnend, daß trotz gewisser unhierarchischer Ansätze im Neuen Testament (vgl. Mt 20,24–28; 23,1–12; Mk 10,41–45; Lk 22,25–27) sich offenbar von Anfang an die hierarchische Konzeption so stark entfaltet, daß man im gegenwärtigen Sprachgebrauch mit dem Adjektiv „hierarchisch" automatisch eine Machtstruktur assoziiert, bei der alle Macht von oben ausgeht und die Untergebenen sich zu beugen haben, obwohl Jesu Anliegen eher eines des Dienens als des Herrschens gewesen zu sein scheint.

2. Die Glaubensstruktur

Im Zentrum des biblischen Glaubens stehen Gott und Mensch, die sich offenbar in Jesus Christus in besonderer Weise nahe sind. In einigen Paulusbriefen wird diese besondere Weise in Form der Erweckung Jesu von den Toten angesprochen, im Philipperbrief ist von der Selbstentäußerung Gottes in Knechtsgestalt die Rede (Phil 2,6–11), das Markusevangelium bezeichnet Jesus als geliebten Sohn, an dem Gott Wohlgefallen gefunden hat (Mk 1,11), im Matthäus- und Lukasevangelium wird von Anfang an seine jungfräuliche Geburt mit dem Geist Gottes in Verbindung gebracht, und der Beginn des Johannesevangeliums sieht in ihm den präexistenten Logos (Wort Gottes, Weisheit Gottes), der in Jesus Christus Fleisch geworden (inkarniert) sei. So sehr steht Jesus im Zentrum des frühchristlichen Denkens, daß er zusammen mit dem Vater und dem Heiligen Geist im Matthäusevangelium in die Tauformel einbezogen wird (Mt 28,19) und der römische, nichtchristliche Schriftsteller Plinius von den Christen am Ende des 1. Jahrhundert schreibt, sie würden Christus „wie einen Gott" besingen.

All dies unterstreicht die besondere Weise einer Verbindung zwischen Jesus Christus und Gott, die – das ist von vornherein klar – im monotheistischen Milieu des Urchristentums einer Klärung bedarf. Verschiedene Vorschläge werden diesbezüglich unterbreitet und diskutiert: Einige verfechten eine Position, die Jesus zwar sehr in die Nähe Gottes rückt, ihn aber nicht als wesensgleich mit dem Vater ansieht (Arianer, später etwas modifiziert auch die Nestorianer). Andere sehen in ihm vornehmlich die göttliche Natur, in der die menschliche aufgeht, wie der Tropfen Wasser im Wein (Monophysiten). Wieder andere versuchen zu erklären, daß Jesus Gott Vater wesensgleich ist und die Gottheit und Menschheit in ihm unvermischt und ungetrennt anwesend ist. Diese letzte Position, die sich als die der Abendländischen Kirche aus den Auseinandersetzungen der großen ersten Spaltung herausschält, legt den Glauben an den einen Gott so aus, daß durch die Offenbarung in Jesus Christus den Menschen ein Blick ins innere Wesen des im unzugänglichen Lichte wohnenden Gottes geschenkt ist. Er macht deutlich, daß dieser Gott in sich selbst die Fülle des Lebens und des Austauschs von Liebe darstellt und dies aufgrund interner Beziehungen, die wir als „Personen" (Vater, Sohn und Heiliger Geist) bezeichnen. Sie stehen wohlgemerkt, für innergöttliche Relationen, die nicht losgelöst von einander als drei Götter existieren, sondern von außen nur als der eine Gott gesehen werden können. Die hier angedeutete Lösung des Problems des dreieinigen Gottes (Trinität) verwendete zu seiner Erklärung eine Fülle griechisch-philosophischen Gedankengutes und reicherte dieses noch auf seine eigene Weise durch neue Überlegungen zum Begriff der Person an, so daß die abendländische Philosophie über Jahrhunderte hin die Trinitätstheologie zu klären suchte und auf diese Weise die menschliche Spekulationsfähigkeit bis zum äußersten ausreizte und dabei Denksysteme entwarf, denen der moderne Mensch kaum noch zu folgen in der Lage und vielleicht auch nicht dazu bereit ist. Auf diese Weise wird verständlich, weshalb es in der Neuzeit zu einem Plädoyer für ein unitarisches Gottesbild kam, das von der Gottheit Christi Abstand nahm und Jesus wieder eher als reinen Menschen oder als Propheten begreift und auf jede trinitarische Auslegung in der Gottesvorstellung verzichtet.

In der trinitarischen wie in der unitarischen Gottesvorstellung, in der abendländischen wie in der morgenländischen Gotteslehre steht fest, daß Gott der Schöpfer der Welt, der Herr der Geschichte und der Richter der Menschen ist. Konkret bedeutet dies, daß man glaubt, daß die Welt weder von Ewigkeit her da noch durch einen Zufall entstanden ist, sondern von Gott geschaffen wurde. Auch der Ablauf der Geschichte wird nicht als planlos und willkürlich vorgestellt, sondern als von Gott gelenkt und somit einem geheimen Plan folgend, der alles trotz scheinbarer Rückschläge zum Guten führen wird. In diesem Sinne steht am Ende des Lebens der Menschen wie am Ende der Geschichte die Verheißung, daß den Getreuen Gottes Gerechtigkeit widerfahren wird und sie für das Einhalten der Gebote belohnt, die Bösen dagegen für ihr Fehlverhalten bestraft werden (Hölle), wobei durchaus Gott Gnade vor Recht ergehen lassen und auch dem Sünder ein Sein mit ihm (Himmel) gewähren kann. Wie irdische Herrscher von Dienern umgeben sind, so glaubt man in vielen Formen des Christentums an himmlische Boten und Diener Gottes (Engel), die bisweilen auch Menschen erscheinen und ihnen Kunde von Gott bringen können. Hinzu kommen zur Orientierung der Menschen noch eigens von Gott gesandte Menschen (Propheten), die auf Gott hinweisen und seinen Willen den Menschen kundtun. Daß ihre Botschaft oft abgelehnt wurde und sie selbst sogar bisweilen verfolgt und getötet wurden, wird mit der Verderbtheit der Menschen erklärt, die das ihnen gemachte Angebot eines Bundes mit Gott eher skeptisch betrachteten und ablehnten, als darin die große Chance ihrer wahren Bestimmung zu erkennen.

Der Hinweis auf die wahre Bestimmung des Menschen lenkt den Blick auf das, was die christlichen Denker Griechenlands als Kern ihrer Botschaft sahen, nämlich die Fleischwerdung (Inkarnation) Gottes, damit der Mensch in und mit Jesus Christus zur Gottheit aufsteigen und ewig bei Gott sein könne. Die westlich lateinische Denkweise betont dagegen den Heilsaspekt im Werke Jesu. Sie sieht die Welt als durch die Sünde des Adam und den Verlust des Paradieses im Kern gebrochen, d. h. als un-heil, wovon jeder Mensch betroffen ist (Erbsünde), so daß Heil-ung nur von außen kommen, durch einen Heil-and geschenkt werden kann. Das Erlösungswerk Jesu stellt daher die unterbrochene Verbindung wieder her und entreißt die Menschheit den Klauen des Teufels, jenes von Gott geschaffenen Engels, der sich zum Widersacher göttlicher Planung gemacht hat, aber letztlich keinen Sieg davontragen wird.

Durch Taufe und Abendmahl wird die Heilung durch Gott besiegelt und die heilbringende Verbindung zu Gott wiederhergestellt. Je nach Kirche ist die Zahl der möglichen heilswirksamen Handlungen (Sakramente) noch größer (z. B. sieben in der römisch-katholischen Kirche). Hinzu kommt, daß die besondere Beauftragung durch Jesus, wie sie im Weiheverständnis der apostolischen Sukzession zum Ausdruck gebracht wird, den Priestern und Bischöfen besondere Vollmachten einräumt, die nicht nur auf Erden, sondern auch im Himmel gültig sind. Dadurch wird ihnen eine Mittlerstellung zwischen Gott und den Menschen verliehen, die ihr Herausgehobensein aus dem Volk untermauern. In vielen Kirchen vertrauen die Gläubigen zudem auf die Fürsprache der Heiligen, also von beispielhaft gelebt habenden Christen, von deren Aufnahme in den Himmel man überzeugt ist und sich deshalb von ihrer Fürsprache in der Nähe Gottes Hilfe in konkreten Nöten sowie Rettung im letzten Gericht verspricht.

Nach dem Brief des Jakobus im Neuen Testament reicht der Glaube an Gott nicht aus, um vor Gott im letzten Gericht Bestand zu haben. Auch die Taten müssen dem Inhalt der Botschaft, d. h. dem Liebesgebot (vgl. Joh 13,34f.; Mt 7,12) entsprechen. Christen sollen sich durch tätige Nächstenliebe auszeichnen, denn das ist nach Mt 25,34ff. das Kriterium der Rettung im letzten Gericht: dem Hungrigen zu essen, dem Dürstenden zu trinken geben, in allen Notleidenden den notleidenden Herrn zu sehen. In einem langwierigen Prozeß ist dieses Liebesgebot unter Zuhilfenahme der Zehn Gebote aus den Büchern Mose des Alten Testamentes sowie vieler gängiger Moralvorstellungen soweit konkretisiert und kasuistisch ausgelegt worden, daß ein breitgefächertes Netz von Moralvorschriften entstanden ist, denen die ursprüngliche Intention nicht mehr in jedem Falle anzusehen ist.

Es fällt auf, daß vor allem in der römisch-katholischen Kirche, aber auch in vielen protestantischen und anglikanischen Kirchen die kirchlichen Aussagen zur Moral und christlichen Lebensführung breiten Raum einnehmen, und dies sowohl auf der Ebene amtlicher Verlautbarungen als auch in den Ermahnungen bei den Predigten. Nicht selten hat es sogar den Anschein, als sei Christentum weit mehr durch richtiges Verhalten (Orthopraxie) als durch die richtige Lehre (Orthodoxie) charakterisiert. Die Gotteslehre tritt nicht selten gegenüber solchen Verhaltensregeln deutlich in den Hintergrund, und von der „Frohen Botschaft" – wie Evangelium wörtlich übersetzt heißt – ist oft nicht mehr als der erhobene Zeigefinger übriggeblieben.

3. Probleme angesichts der Moderne

Spätestens seit der Reformationszeit gährt es im westeuropäischen Christentum; stetig und zunehmend rascher verändert sich die Welt, und diese Veränderungen im Denken und Leben der Menschen bleiben nicht ohne Folgen für das, was sich innerhalb der christlichen Religion abspielt. Mit Blick auf die Diskussionspunkte kann man deshalb sicherlich sinnvoll zwischen inneren und religionsexternen Problemen unterscheiden, ohne daß damit eine Reihenfolge und schon gar nicht eine getrennte Entwicklung gemeint ist. Wenn daher im folgenden zunächst nur innere Probleme angesprochen werden, so geschieht dies, um nicht zuviel in diese Auflistung packen zu müssen. Die Genese dieser Probleme liegt aber in religionsexternen, gesellschaftlichen Veränderungen im Denken und in der Lebensweise der Menschen, die ihren Niederschlag in der innerkirchlichen Diskussion finden.

a) Innere Probleme bei der Organisation und den Glaubensinhalten

Eine für die Moderne besonders typische Frage ist die nach der Gestaltung von Macht und der Festlegung von Machtverhältnissen. Dem hierarchischen Prinzip im Sinne einer von oben nach unten weisungsgebenden Machtstruktur wird die Forderung nach innerkirchlicher Demokratie mit Beteiligung der Basis (sei es in Form der unteren Ränge der Kleriker oder des gesamten Kirchenvolkes) gegenübergestellt. Wie in den westlichen Demokratien die Menschen eine Verfügung über ihre Belange von oben ablehnen und die politische Orientierung als Ergebnis einer Mehrheitsentscheidung begriffen wird, soll nun auch das Kirchenregiment in ähnlicher Weise konzipiert werden. Dementsprechend ist die Kritik besonders dort groß, wo – wie in der römisch-katholischen Kirche – eine monarchische Herrschaftsform praktiziert wird, der zufolge der Papst alleine oder in Abstimmung mit den Bischöfen alle wichtigen Entscheidungen trifft, ohne sich für deren Akzeptanz beim Kirchenvolk rückzuversichern. In der Praxis kann eine solches Vorgehen zu einem immer größer werdenden Graben zwischen den Entscheidungsträgern und dem gläubigen Volk führen, so daß eine Art „psychologisches Schisma" entsteht,[8] wie es gegenwärtig innerhalb der römisch-katholsichen Kirche bezüglich der Einstellung vieler Gläubigen zur Ehescheidung und Wiederverheiratung von Geschiedenen oder in Fragen der Abtreibung besteht. Daß diese Situation innerhalb der Kirche nur selten diskutiert wird, hat seinen Grund darin, daß sich die sog. „Laien" längst die ihnen wichtige Freiheit für das faktische Verhalten genommen haben und auf eine kirchenamtliche Lösung nicht mehr warten. Die Zahl der Protestierenden insgesamt ist daher nicht allzu groß und beschränkt sich meist auf die weisungsgebundenen „Abhängigen" innerhalb des Systems, die die Not der Menschen kennen und deshalb die offizielle Richtung nicht mehr mittragen wollen. Ähnliche Probleme bestehen auch in den anglikanischen und protestantischen Kirchen, während die orthodoxen Kirchen – wohl aufgrund anderer politischer Lebensräume in der Gesellschaft insgesamt – im Augenblick das hierarchische Prinzip in seiner klassischen Form noch etwas weniger angefochten aufrechterhalten können.

Die stärker am modernen Staat orientierte Vorstellung von Machtstrukturen außerhalb wie innerhalb des kirchlichen Raumes hat das alte Ideal vom Gehorsam gegenüber der Obrigkeit durch eine eher demokratische

Form von Herrschaft als Forderung abgelöst. An die Stelle kirchenamtlicher Verfügungen soll daher die innerkirchliche Diskussion treten; weder der Verweis auf die Amtsautorität noch der Bezug auf alte, ehrwürdige Traditionen werden als ausreichende Legitimation für die bestehende Praxis akzeptiert, alles – so wird gefordert – muß, um Geltung zu haben, durch eine neue, zeitgemäße Argumentation abgesichert werden, und wo diese nicht erbracht werden kann, sind Änderungen angesagt. Als typische Beispiele dafür können die Diskussion um die Stellung der Frau und insbesondere die Priesterweihe für Frauen sowie – mit Blick auf die römisch-katholische Kirche – die Diskussion um die Verpflichtung zur Ehelosigkeit (Zölibat) für Priester und Bischöfe genannt werden.

Die Diskussion über die Übertragung des geistlichen Amtes an Frauen ist in doppelter Hinsicht interessant. Daß die Fronten quer durch die Kirchen verlaufen, sieht man z. B. daran, daß viele Laien und Priester nach 1992 die anglikanische Kirche in England verlassen und sich der römisch-katholischen Kirche angeschlossen haben, weil ihre Kirche sich für die Priesterweihe (und die Bischofsweihe) von Frauen ausgesprochen und diese auch durchgeführt hat. Die durch Papst Johannes Paul II. (seit 1978 im Amt) mehrfach beteuerte Ablehnung der Priesterweihe für Frauen zeigt jedoch, daß dieses Problem innerhalb der römisch-katholischen Kirche ebenso besteht, wenn auch die offene Diskussion darüber gegenwärtig durch römische Verdikte unterbunden wird. Ein weiterer Gesichtspunkt kommt hinzu: Die Diskussion dieses Themas innerhalb der Theologie hat neue Sichtweisen für die Praxis des Christentums der ersten Generationen eröffnet und damit das Traditionsargument, daß es noch nie geistliche Ämter für Frauen gegeben habe, in Frage gestellt. Besonders die Briefe des Völkerapostels Paulus enthalten diesbezügliche Hinweise. In diesen Schriften begegnen uns zahlreiche weibliche „Mitarbeiter in Christus Jesus" (Röm 16,3: Priska), „Mitkämpferinnen für das Evangelium" (Phil 4,2f: Evodia und Syntyche) oder „sich Abmühende im Herrn" (Röm 6,12: Maria Tryphanaea, Tryphosa, Persis) sowie weibliche Diakone (Röm 16,1f: Phoebe), Leiterinnen von Hauskirchen (Kol 4,15: Nymphia, Röm 16,3–5: Priska mit ihrem Mann Aquila) und sogar ein weiblicher Apostel namens Junia (Röm 16,7). Die Diskussion um die gleichen Befähigungen und Rechte von Frauen und Männern innerhalb der Kirchen ist in vollem Gange. Sie transzendiert zudem die Ebene der menschlichen Gemeinschaft und berührt neuerdings auch das Gottesbild selbst.

In zunehmendem Maße gerät die klassische Vorstellung von Gott als dem Herrn (Mann) unter Kritik, weil der männliche Gott die weiblich-religiösen Bedürfnise von Frauen nicht mehr ausreichend zu befriedigen scheint.[9] Man verweist darauf, daß Gott den Menschen als Mann und Frau „als sein Abbild" erschaffen hat (1 Mos 1,27). Man sieht im biblischen Vergleich Gottes mit einer Mutter (Jes 49,15) ebenso einen Hinweis auf die mütterlich-weiblichen Züge Gottes wie in der Rede vom Geist Gottes („Geist" ist im Hebräischen feminin) und von der Barmherzigkeit Gottes, weil die hebräische Wurzel dieses Wortes auf den Mutterschoß hinweist. All dies macht deutlich, daß es bei der sog. feministischen Theologie nicht nur um eine kosmetische Korrektur einiger männlicher Attribute in Kult und Gotteslehre, sondern um eine Revision des Gottesbildes geht.

Eine Revision des Gottesbildes läßt sich auch ansonsten beobachten. Es fällt auf, daß offenbar „Abschied vom allmächtigen Gott" genommen wird.[10] Ein Herr-Gott, der mit seinen Dienern machen kann, was er will, der sich erbarmt, wessen er will, und verstockt macht, wen er will (vgl. Röm 9,18), wird heute kaum noch gepredigt.[11] Wie in der modernen Pädagogik sind auch in der Religionspädagogik Strenge bzw. Strafe/Gericht/Verdammnis einerseits und Liebe andererseits zu Gegensätzen geworden und nicht mehr – wie im Hebräerbrief (12,5–11) – als zwei Seiten ein und derselben Wirklichkeit gedeutet. Dementsprechend tritt die Rede von Gott als dem gestrengen Richter, der die Missetäter in die äußerste Finsternis wirft, wo Heulen und Zähneknirschen herrscht (Mt 8,12), in den Hintergrund. Statt dessen wird anhand der Gleichnisse Jesu gezeigt, wie Gott zum Menschen steht: Er ist wie einer, der dem verlorenen Schaf nachgeht und die (meckernde) Herde allein läßt (Lk 15,3ff.), wie eine, die unablässig eine verlorene Drachme sucht (Lk 15,8ff), wie einer, der dem in der letzten Stunde Gekommenen ebensoviel gibt wie denen, die den ganzen Tag über da waren (Mt 20,1ff.), wie einer, der Hochzeit mit einfachen Leuten feiert, weil die geladenen Vornehmen nicht gekommen sind (Mt 22,1ff.), wie einer, der seinen Sohn voll Freude aufnimmt, obwohl er das ganze Vermögen in der Fremde verpraßt hat (Lk 15,11ff.). So wird deutlich, daß „mehr Freude herrscht über einen einzigen Sünder, der umkehrt, als über neunundneunzig Gerechte, die es nicht nötig haben umzukehren" (Lk 15,7).

In all diesen Aussagen steht die Mit-menschlichkeit Gottes als Ausdruck einer allmächtigen Liebe im Vordergrund. Damit tritt die Angst vor dem strafenden Gott in den Hintergrund, und die Furcht vor der Hölle bewegt nur noch eine religiöse Minderheit.[12] Zum zentralen Anliegen von Theologie wird Gottes Handeln in Jesus Christus als dem exemplarisch neuen Menschen. Die neuzeitliche Ausrichtung der christlichen Theologie ist am schärfsten und prägnantesten von Ludwig Feuerbach 1843 in den „Grundsätze(n) der Philosophie der Zukunft" gesehen und formuliert worden, wenn er schreibt: „Die Aufgabe der neueren Zeit war die Verwirklichung und Vermenschlichung Gottes – die *Verwandlung* und Auflösung der Theologie in die Anthropologie."[13] Sie wird heute am Humanismus Jesu festgemacht[14] und gilt sogar noch für die philosophisch-theologischen Humanismusgespräche der „nachchristlichen Epoche", in der wir leben. „Dabei versteht sich ein so gearteter Humanismus als die radikalste Konsequenz des christlichen Inkarnationsglaubens, insofern er diesen auf eine religionsgeschichtlich wohl einzigartige Weise zu beerben versucht. Angestoßen von der in Jesus behaupteten Menschwerdung Gottes und der damit verbundenen göttlichen Anerkennung und Aufwertung des Menschseins überhaupt hat dieser Humanismus insofern eine Vergöttlichung des Menschen betrieben, als nun nicht mehr *Gott* dem Menschen heilig ist, sondern *der Mensch* dem Menschen heilig ist. Diese zwar vom menschgewordenen Gott initiierte, in der Konsequenz aber ohne diesen Gott auskommende ‚Vergöttlichung von Menschen' wird im Thema mit einem Wort von Dorothee SÖLLE angedeutet, in dem es heißt: Gott wird immer mehr Mensch – anders gesagt: Gott wird im Menschen überhaupt gefunden; der Mensch selbst wird zum Ort der Transzendenz in betonter Weltlichkeit, in einem atheistisch-humanistischen Konzept."[15]

Wo die Liebe praktiziert wird, da ist Gott, wie es in schlichten, aber tiefen Gedanken zur biblischen Darstellung vom Weltgericht (vgl. Mt 25,31–46) durch einen Bauer von den Philippinen zum Ausdruck gebracht wird:

„Weg von mir, denn ich war hungrig, und du hast mir nicht zu essen gegeben ..." Christus ist als Richter tatsächlich sehr konsequent, führt der Bauer aus. Wenn Einem-Hungrigen-zu-essen-geben in sich selbst eine rechtfertigende/heiligende Tat ist, so muß umgekehrt Einem-Hungrigen-nicht-zu-essen-geben, wenn man könnte, ungerecht sein, denn nur der Ungerechte kommt in die Hölle. Christentum ist somit fordernd und positiv. Wir werden nicht sosehr aufgrund dessen verurteilt, was wir tun, sondern aufgrund dessen, was wir zu tun unterlassen haben.

Deshalb können wir uns, sagt er, eine hübsche Frau vorstellen, die aus einer der wohlhabenden Familien kommt und auf die vornehmsten Schulen gegangen ist.

Sie ist eine gute, fromme Frau. Sie geht jeden Morgen zur Kirche, trägt blaue Kleider und Schuhe, hat einen blauen Rosenkranz und fährt einen blauen Wagen. Dann geht sie nach Hause und verbringt einen großen Teil ihrer Zeit erneut im Gebet oder lackiert vielleicht dann und wann ein wenig ihre Fingernägel.

Wenn sie stirbt, fragt nun allen Ernstes der Bauer, wird sie in den Himmel oder in die Hölle kommen? Wahrscheinlich wird sie in die Hölle kommen.

Beim letzten Gericht hört sie vielleicht vom Richter: „Zu deinen Lebzeiten gab es so viele arme Leute im Umkreis deines Hauses, und du hast kaum einen Finger krumm gemacht, um ihnen zu helfen, weil du so selbstsüchtig warst, so besorgt um die Selbst-Heiligung. Du hattest viele Pächter, die für dich den Reis besorgten und deren Kinder an Unterernährung starben, weil du dich immer der Landreform widersetztest. Dein Herz kümmerte sich nicht darum, in ihm war keine Liebe. Weg von mir, denn ich war hungrig, und du hast mir nicht zu essen gegeben ..."[16]

Damit ist das Verhalten des Menschen als Kriterium für Heil und Unheil weit mehr gefragt als sein Glaube im Sinne eines Bekenntnisses. Folgerichtig kann der spanische Theologe J. M. González-Ruiz sagen, daß sich die Frage „Wo ist dein Bruder?" wie ein roter Faden durch die ganze Bibel ziehe. So frage Gott Kain nach seinem Bruder Abel (1 Mos 4,9), und so werde er auch am Ende der Zeiten beim letzten Gericht fragen, wie man im „Gleichnis von den Atheisten" (González-Ruiz) von Mt 25,31ff. nachlesen könne. Daran wird sich entscheiden, wer gerettet und wer verdammt ist.[17]

Die hier formulierte Maxime der Mit-menschlichkeit ist zugleich geeignet, all die Menschen als potentiell „gerettet" anzusehen, die diese Haltung einnehmen, auch wenn sie nicht formell dem Christentum angehören oder dies sogar ablehnen. Wichtig ist folglich nur, daß sie den Hilfsbedürftigen die Hilfe nicht verweigern, ob sie nun wissen oder nicht – wie die Geretteten im „Gleichnis der Atheisten" –, daß sie all dies Jesus selbst getan haben.

Die Mitmenschlichkeit und der Einsatz für die Armen hat in einigen Weltgegenden zu einem politischen Engagement von Christen im Kampf gegen Unterdrückung und Ungerechtigkeit geführt. Als besonders gute Beispiele hierfür können die unterschiedlichen Theologien der Befreiung gewertet werden, die, ausgehend von Lateinamerika,[18] auch in Afrika und Asien Entsprechungen haben und in sog. Basisgemeinden einen konkreten, theologisch reflektierten Ausdruck gefunden haben.[19] Dagegen stehen Bedenken anderer Christen wie ganzer christlicher Gruppierungen, die sagen, daß ein solches politisches Engagement dem Auftrag des Evangeliums nicht entspreche. Hier spielt vor allem mit Blick auf den Protestantismus die Zwei-Reiche-Lehre Luthers eine große Rolle, der zufolge der Christ sein Trachten auf das Reich Gottes und weniger auf die irdische Gesellschaft richten soll, während die calvinistischen Richtungen des Protestantismus den aktiven Gestaltungsauftrag für die irdische Gesellschaft hervorheben.

Die unterschiedlichen politischen und religionssoziologischen Voraussetzungen führen zu recht divergierenden Interpretationen des christlichen Glaubens und bedingen die verschiedenen Lesarten ein und desselben Bibeltextes, weshalb man neuerdings diesen kontextuellen Rahmen christlicher Botschaft betont. Diese Interpretationen lenken den Blick auf die politische Entwicklung der Religion, wobei deren Situation als verfolgte oder als im Bündnis mit der Macht stehende verfolgende Religion von größter Wichtigkeit ist. Je nach der rechtlichen Stellung der Religion verändere sich auch die Auslegung der Basistexte, wie M. Raheb überzeugend an der Bibel aufzeigt:

> Ein wichtiger Einschnitt in der Auslegungsgeschichte der Bibel war das 4. Jahrhundert. Nach der Konstantinischen Wende waren die Christen nicht mehr Verfolgte, sondern wurden z. T. Verfolger. Die Sprache der Liebe und des Vertrauens, die den Texten der Bibel im Kontext der Verfolgung zu eigen war, wurde plötzlich durch den neuen Kontext zu einer Sprache der Gewalt und des Hasses. Verfolgte verstehen die Bibel anders als Verfolger. Entmachtete legen sie anders aus als die Machthaber. Es ist eben etwas anderes, wenn ein verfolgter, in den Katakomben betender Christ seinen verfolgten Brüdern Gottes Nähe verkündigt und sagt: „Gott ist mit uns", als wenn Soldaten einer angreifenden Armee „Gott mit uns!" auf ihren Gürtel schreiben. Es ist etwas anderes, wenn ein verängstigter Christ als Zeichen des Glaubens an den gekreuzigten Herrn das Zeichen des Kreuzes auf seinen Körper malt, als wenn ein römischer Soldat das Kreuzzeichen auf seinem Helm eingraviert, als ein Zeichen des triumphierenden Gottes."[20]

Der Verweis auf den Kontext bringt neben den inneren Problemen auch die religionsexternen erneut in den Blick und unterstreicht auf seine Weise, was schon oben gesagt wurde, nämlich, daß die innere Diskussion nicht losgelöst von den Veränderungen im Denken und in der Lebensweise der Menschen in der Gesamtgesellschaft gesehen werden kann.

b) Probleme in der Auseinandersetzung mit religionsexternem Denken

Die schwierigste Auseinandersetzung, die das Christentum in der Neuzeit zu bestehen hatte, war die mit der Wissenschaft. Deren Ergebnisse werden geradezu als „Kränkung“ für die Menschheit empfunden, die sich in drei Schritten vollzog: „Nachdem Kopernikus der Menschen-Erde den zentralen Platz im Universum streitig gemacht, nachdem Darwin den Menschen des sechsten Tages entthront hatte, fügt Freud, wie er stolz zu Protokoll gab, ‚die dritte und empfindlichste Kränkung‘ seiner ‚naiven Eigenliebe‘ zu – in der Entdeckung: daß dieses bevorzugte Geschöpf Gottes ‚nicht einmal Herr im eigenen Hause‘ sei.“[21] Innerhalb der letzten fünf Jahrhunderte wurde das biblische Weltbild von einer Erde, über der sich der Himmel wölbt und um die sich die Sonne dreht, abgelöst von der Sicht eines Universums, in dem die Erde als unbedeutender Planet um eine von vielen Sonnen eines Milchstraßensystems kreist, das seinerseits nur einen winzigen Teil der vielen Milchstraßensysteme des Universums darstellt. Hinzu kommt, daß auch unter den Lebewesen auf der Erde der Mensch seine besondere Stellung in der Schöpfung Gottes als hervorgegangen aus einem eigenen göttlichen Schöpfungsakt am sechsten Tag eines Siebentagewerkes (1 Mos 1,26ff.; 2,7) „nur wenig geringer gemacht als Gott“ (Ps 8,6) – verliert und eingebettet wird in den Stammbaum der Arten und Gattungen von Lebewesen, ohne daß ihm – außer seinem freien Willen – etwas Eigenes bleibt. Diese Freiheit wird schließlich durch die Entdeckung des Unbewußten und die Kräfte der Triebe ihrerseits eingeschränkt, so daß der Mensch bei weitem nicht so autonom erscheint, wie er sich dünkt, sondern daß dunkle Triebkräfte in ihm wirksam sind und die Verantwortung für einzelne seiner Taten stark vermindert.

Die christliche Antwort auf diese Entwicklung im modernen wissenschaftlichen Denken ist unterschiedlich. Einige, wie die protestantischen „Fundamentalisten“ in den USA, lehnen diese Aussagen der Naturwissenschaften strikt ab, indem sie den hypothetischen Charakter dieser Theorien herauszustellen versuchen und etwa bezüglich der Herkunft des Menschen an einer direkten Erschaffung durch Gott festhalten (Kreationismus). Andere Richtungen im Christentum akzeptieren die Aussagen der Naturwissenschaften als gesicherte Forschungsergebnisse und reagieren darauf dadurch, daß sie die Botschaft des Glaubens – um bei unserem Beispiel zu bleiben – auf einige wenige transempirische Grundaussagen wie „alles kommt von Gott“ und „der Mensch verdankt ihm sein Dasein“ reduzieren und die Beantwortung der Frage nach dem Wie der Wissenschaft überlassen. Gottes Wirken wird demnach immer weniger konkret vermittelbar, und die Frömmigkeit reduziert sich folglich weitestgehend auf Extremsituationen wie unheilbare Krankheit und Tod. Auch die traditionell berichteten Wunder Jesu verlieren entsprechend an Bedeutung, ja Aussagen wie die Geburt Jesu von einer Jungfrau oder das durch die Auferstehung Jesu leere Grab werden, diesem Ansatz folgend, direkt bestritten. Die Bibel selbst wird mit den Ergebnissen der Geschichtsforschung und Archäologie konfrontiert und einer historisch-kritischen Prüfung unterworfen, bei der das Denken der Verfasser dieser Schriften (Hagiographen) historisch und literarisch wie jeder andere Text des Altertums untersucht wird und der Glaube, daß es sich dabei um göttliche Offenbarung handelt, praktisch ohne methodologische und inhaltliche Relevanz bleibt.

Während die Auseinandersetzung zwischen Glaubenslehre und Wissenschaft – wie gerade angedeutet – weitgehend entspannt ist, weil sich die Theologie meist auf Bereiche eines empirisch nicht mehr zugänglichen Wissens zurückgezogen hat, ist die Auseinandersetzung auf dem Gebiet der Ethik und Moral noch voll im Gange. Dies gilt für den christlichen Umgang mit der Psychoanalyse Freuds ebenso wie für alle Fragen, die die Genforschung, die ökologische Debatte, die Rüstungsindustrie und die menschliche Sexualität betreffen. Es scheint, daß Politik, Wirtschaft, Technik, Wissenschaft und Kultur nach neuen Maßstäben suchen, für die die bislang vorgebrachten Antworten der christlichen Morallehre nicht mehr ausreichen und insgesamt zuwenig überzeugend sind, um unter den neuen Daseinsbedingungen einfach fortgeschrieben zu werden. Immer mehr neue Fragen tauchen auf, immer drängender wird die Zeit, sie zu beantworten, und es scheint, daß es bislang nicht gelungen ist, jenen christlichen Orientierungsrahmen abzustecken und aufzuzeigen, der es den Glaubenden binnen kürzester Zeit möglich macht, ihre individuelle Antwort innerhalb des so abgesteckten Rahmens zu finden.

Angesichts der die Zukunft der Erde und der Menschheit bedrohenden globalen Probleme wie Ende des Wachstums, Abbau aller verfügbaren Ressourcen, Klimaveränderung und Überbevölkerung sowie Massenverelendung und soziale Gerechtigkeit scheinen die christlichen Kirchen kaum konkrete Lösungen anzubieten, weshalb sich Literatur und Kunst in den meisten sog. christlichen Ländern nicht mehr mit christlichen, sondern mit allgemein menschlichen Problemen befassen. Vor allem Deutschland und Frankreich sind Beispiele dafür, wie christliches Traditionswissen schwindet und damit ein Kulturabbruch einhergeht, der es vielen jungen Menschen kaum noch gestattet, einen Zugang zu älterer Literatur, Kunst und Musik zu finden, weil die dort behandelten Themen nur noch wenigen präsent und den meisten kaum noch vermittelbar sind.[22]

Die rasch voranschreitende globale Vernetzung unseres Informationssystems führt allen Christen täglich, ja stündlich vor Augen, daß sie – weltweit wie immer häufiger auch regional – mit Menschen auf der Erde zusammen leben, die den Glauben der Christen nicht teilen. Was Christen für wahr und heilig halten, wird so zur Überzeugung einer – wenn auch zahlenmäßig großen – Gruppe, neben der andere Gruppen mit anderen Wahrheitsansprüchen in der Welt stehen. Der in der eigenen Gruppe vertretene Wahrheitsanspruch ist somit zwar unter den Gruppenmitgliedern unbestritten, über seine objektive Gültigkeit aber ist damit noch nichts entschieden.

Die mittelalterliche Philosophie löste dieses Problem, indem sie objektive Wahrheit, im Sinne einer Übereinstimmung von Aussage und tatsächlichen Gegebenheiten, dann als gegeben annahm, wenn die Aussagen logisch korrekt konzipiert waren. Unter dieser Voraussetzung glaubte man, die Schöpfungslogik des göttlichen Geistes erkenntnismäßig nachzuvollziehen. Dieses Urvertrauen in die Vernunft ist heute erschüttert. Die moderne Philosophie glaubt nicht mehr, daß logisch korrektes Denken ausreiche, um Wahrheit mit Gewißheit herauszufinden. Dadurch hat sie eine viel geringere Relevanz für die christliche Theologie als die mittelalterliche Philosophie. Statt dessen nimmt die Theologie weit mehr als je zuvor die empirischen Sozialwissenschaften zur Kenntnis, um sich mit ihren Aussagen über Mensch und Gesellschaft auseinanderzusetzen. Neben dieser Auseinandersetzung auf der empirischen Ebene gewinnt freilich die theoretische mit den anderen Glaubens- und Lebensformen (Religionen) zunehmend an Bedeutung.

Diese Auseinandersetzung mit den anderen Religionen, die neuerdings unter dem Stichwort „interreligiöser Dialog“ oder „Theologie der Religionen“ bekannt ist, verfolgt eine dreifache Absicht: Sie will zum einen den eigenen christlichen Glauben angesichts des pluralen religiösen Angebotes der Menschheit neu profilieren und präzisieren; sie sucht zum anderen nach Wegen des gemeinsamen Handelns mit anderen Religionen zur Förderung von Gerechtigkeit und Frieden unter den Menschen, damit Religion nicht mehr wie so oft im Laufe der Geschichte Ursache von Entzweiung und Krieg unter den Menschen ist, sondern vielmehr zum besseren Verständnis unter ihnen und zur Herstellung von politischem Frieden und sozialer Gerechtigkeit beiträgt. Sie will schließlich, ausgehend von der realen Koexistenz von Religionen in der Welt, sich und den anderen begründet mitteilen, daß Nichtchristen, also der weitaus größte Teil der gegenwärtigen wie zukünftigen Menschheit, nicht von Gott verworfen sind, sondern durch ihre Religionen zur Einhaltung des Guten und zur Vermeidung des Bösen angehalten werden und so eine reale Chance haben, dereinst im Gericht vom Menschensohn gesagt zu bekommen: „Kommt her, die ihr von meinem Vater gesegnet seid, nehmt das Reich in Besitz, das seit der Erschaffung der Welt für euch bestimmt ist.“ (Mt 25,34)

IV. Fazit und kurze Einschätzung der möglichen Entwicklung in der Zukunft

Die Erörterung der Probleme angesichts der Moderne hat gezeigt, daß sich das Christentum insgesamt wie viele seiner einzelnen Kirchen und Gruppierungen in einem grundlegenden Wandlungsprozeß befinden, dessen Ende im Augenblick nicht abzusehen ist. Mehr als je in der Vergangenheit ist für diese Neuausrichtung die Charakterisierung als „Paradigmenwechsel" berechtigt, weil – welche Entscheidung in Einzelfragen sich auch durchsetzen wird – stets ein neuer Weg beschritten werden muß, sei es durch das Eingehen auf moderne Forderungen oder durch ihre Ablehnung im Rückgriff auf vormoderne Modelle, die durch diesen Rückgriff nun antimodern konzipiert werden.

Da gegenwärtig die Fronten zwischen Anpassung und Ablehnung nicht zwischen den Kirchen und Gruppierungen, sondern innerhalb all dieser verlaufen, ist eine endgültige Prognose darüber, wohin das alles führen wird, unmöglich. Angesichts dieser Frontenstellung läßt sich erkennen, daß heute die Frage, ob man Christ ist, wichtiger zu sein scheint als die, welcher traditionell entstandenen Kirche oder Gruppierung innerhalb des Christentums man angehört. Trifft dies zu, so erscheint auch das Problem der Einheit der Christen in einem neuen Licht. Möglicherweise bietet sich heute die Chance für eine bislang unvorstellbare Form der Verwirklichung der Einheit aller Christen, die es möglich macht, daß die Christen sich der nichtchristlichen Welt ungeachtet aller internen Vielfalt doch durch eine ganz bestimmte Weise, die Welt und die Aufgabe des Menschen in ihr zu sehen, präsentieren.

Global gesehen wird das Christentum sicher deutlicher als bisher seine Position bestimmen und von der anderer Religionen abgrenzen müssen. Auf der Suche nach Bündnispartnern zur Förderung von Gerechtigkeit und Frieden wird es gerade dadurch seine Rolle als große Minderheit in der Welt wahrnehmen.

Wenn auch vielleicht in Westeuropa die vielfach konstatierte Entkirchlichung letztlich auf eine Entchristlichung oder sogar den generellen Untergang des Christentums in dieser Weltregion[23] hinauslaufen mag (schon ganz andere Christentümer im Vorderen Orient oder Nordafrika sind historisch untergegangen), so spricht, statistisch gesehen, nichts dafür, daß das Christentum insgesamt weltweit untergehen wird. Die eingangs erwähnte Zahl von fast zwei Milliarden Christen beweist, daß die Zukunft des Christentums gesichert ist. Offen ist nur, ob es sich dabei um ein europäisches bzw. von europäischer Theologie dominiertes, oder um ein von anderen kulturellen Kontexten her beeinflußtes Christentum handeln wird.

Peter Antes

ISLAM

Der Islam ist heute eine der größten Weltreligionen. Die Zahl seiner Gläubigen läßt sich nur schätzen und dürfte gegenwärtig über einer Milliarde[1] Menschen weltweit liegen. Sie ist in jedem Fall steigend, was in Nordafrika und Asien vornehmlich durch die rasche Bevölkerungszunahme aufgrund stetig steigender Geburtenzahlen und im Afrika südlich der Sahara durch die steigende Anzahl von Konversionen zum Islam begründet ist.

I. Verbreitung des Islam heute

Das Ausbreitungsgebiet des Islam umfaßt traditionellerweise auf einem breiten Saharagürtel alle Länder Afrikas und Asiens, von Marokko bis Indonesien – mit Ausnahme Indiens, wo die Hindus die Mehrheit ausmachen, die Zahl der Muslime aber dennoch die hundert Millionen weit übersteigt. Ausweitung erfährt dieser georgraphisch bestimmte Raum nach Süden ins Afrika südlich der Sahara, wo die Zahl der Muslime ständig zunimmt und islamische Institutionen dank finanzieller Unterstützung durch die islamischen Ölstaaten aufwendige Propaganda treiben, sowie nach Norden in Asien, was sowohl für die Türkei als auch für die zentralasiatischen Republiken mit islamischer Bevölkerungsmehrheit gilt, die zum großen Teil bis 1991 zur Sowjetunion gehört haben. Schließlich sind hinsichtlich der Ausbreitung noch die Muslime in West- und Nordeuropa sowie in Nord- und Südamerika zu erwähnen, die sich aus politischen Gründen oder auf der Suche nach Arbeitsplätzen dort niedergelassen und islamische Vereinigungen für ihre religiöse Betreuung gegründet haben. Vielfach ist gerade in dieser sog. „islamischen Diaspora" der nationale Charakter der meisten Vereinigungen (z. B. marokkanische, türkische, iranische, indonesische) auffallend, da keine religiöse Differenzierung, wie etwa die in Schiiten (ca. 10% aller Muslime) und Sunniten (die überwiegende Mehrheit aller Muslime, d. h. ca. 90%) oder, innerhalb der Sunniten, die Zugehörigkeit zu verschiedenen Rechtsschulen als Grund für die Existenz verschiedener Vereinigungen genannt werden kann. Was Clifford Geertz mit Blick auf Marokko und Indonesien beschrieben hat, gilt generell: Der Islam ist ebensosehr eine Universalreligion wie eine Lebensform mit regionalkultureller Ausprägung. Glaube und Lehre sowie der Gottesdienst in arabischer Sprache sind allen Muslimen gemeinsam, das religiöse Brauchtum dagegen trägt eindeutig regionalkulturelle Züge und berechtigt dazu, den türkischen Islam vom indischen oder indonesischen Islam zu unterscheiden. Hier liegt der Grund, weshalb es die Muslime türkischer Herkunft in der sog. „islamischen Diaspora" Westeuropas vorziehen, sich eher in türkisch-islamischen Vereinigungen zu organisieren, als die Gemeinschaft mit Muslimen aus anderen Kulturräumen, wie etwa Arabern oder Indern, zu suchen, und ein Gleiches gilt für die anderen Muslime auch.

Bei der Wahrnehmung des Islam von außen spielt die innere Differenzierung nur eine untergeordnete Rolle, sieht man einmal von dem Sonderfall Iran ab. Hier ist jene Richtung des Islam vorherrschend, die als „Zwölferschia" seit der sog. islamischen Revolution im Iran, die 1979 den Schah verjagte und Ayatollah Khomeini (gest. 1989) an die Regierung grbracht hat, weltweit zur Kenntnis genommen wird und heute generell für den revolutionären Islam steht. Abgesehen vom Unterschied zwischen Sunniten und Schiiten, ist die gegenwärtige Auseinandersetzung in den Ländern mit sunnitischer Bevölkerungsmehrheit vom Gegensatz zwischen einer islamistischen und einer stärker an europäischen Entwicklungsmodellen orientierten Politik (z. B. Ägypten, Algerien) geprägt. Hinzu kommen noch Ausrichtungen an traditionellen Lebensformen (z. B. Scheichtümer in der Golfregion), am klassischen islamischen Rechtssystem (z. B. Sudan, Pakistan) oder an mystischen Auslegungen des Islam (z. B. indischer Subkontinent).

II. Ein kurzer Abriß der Geschichte

1. *Die äußere Ausbreitung*

Der Islam ist auf der Arabischen Halbinsel im Gebiet des heutigen Saudi-Arabien entstanden. Sein Gründerprophet Muhammad steht nach der von ihm vorgetragenen und im Koran schriftlich festgehaltenen Offenbarung in einer Reihe mit den biblischen Propheten Abraham, Moses und Jesus und nimmt von Anfang an zu ihnen insofern Stellung, als er deren Botschaft wiederholt und durch die schriftliche Fixierung Entstellungen, wie sie für die Überlieferung der voraufgehenden Offenbarungen der anderen Propheten von den Muslimen angenommen werden, vermeidet. So gesehen, besiegelt Muhammad die Reihe der Propheten und schließt die Offenbarungsgeschichte nach islamischer Überzeugung endgültig ab, weshalb nach ihm kein weiterer Prophet mehr auftreten kann.

Die Offenbarungsverkündigung Muhammads umfaßt den Zeitraum von ca. 610–632 n. Chr. Davon ist die erste Zeit in Muhammads Geburtsstadt Mekka ohne großen Erfolg bei der Bevölkerung. Es scheint, daß die starke Betonung des einen Gottes (Allah) den Interessen der Mekkaner im Wege stand, weil sie von den Einkünften von Wallfahrten zu den zahlreichen Heiligtümern der Stadt, in denen verschiedene Gottheiten verehrt wurden, großen Gewinn zogen und von einer monotheistischen Ausrichtung der Religion beträchtliche Einkommensverluste befürchteten. Andererseits war den Mekkanern auch der Gedanke an ein Leben nach dem Tode fremd, für dessen Freuden oder Leiden das ethische Tun und Lassen in diesem Leben ausschlaggebend sein sollte. Aus diesen Gründen lehnten sie die Botschaft, die Muhammad vortrug, ab und bedrängten ihn und seine Anhänger immer mehr, bis er 622 auswanderte (*Hiğra,* Beginn der islamischen Zeitrechnung) und in Medina die Leitung der Gemeinde *(umma)* übernahm, die zugleich zum Ausgangspunkt des entstehenden islamischen Reiches wurde. Die Verkündigung der medinensischen Zeit trägt dieser Tatsache insofern Rechnung, als nun die Anweisungen zur konkreten Ausgestaltung des gesellschaftlichen Lebens zu den Lehräußerungen von Mekka hinzukommen und so der Grundstock für das islamische Recht sowie für das richtige Verhalten in der Gemeinschaft gelegt wird. Die *umma* ist nicht nur intern erfolgreich, weil die meisten in Medina ansässigen Stämme den Islam als Religion annehmen und mit den weiterhin jüdischen Stämmen dieser Stadt einen Spezialvertrag schließen, sondern sie ist auch nach außen hin erfolgreich, indem es ihr gelingt, die Anrainergebiete mit in die *umma* zu integrieren und noch zu Lebzeiten Muhammads auch Mekka dazuzugewinnen. Auf diese Weise entstand innerhalb eines Jahrzehnts ein islamisches Reich, das praktisch die gesamte Arabische Halbinsel umfaßte und nach dem Tode Muhammads (632 n. Chr.) den Bereich der Arabischen Halbinsel überschritt und sich innerhalb eines Jahrhunderts mit bewundernswert großer Geschwindigkeit über Nordafrika bis nach Spanien sowie über den ganzen Vorderen Orient hin bis nach Persien ausdehnte.

Die rasche Ausdehnung des islamischen Reiches erregt bis heute Staunen und hat in Europa oft dazu geführt, sie als eine Ausweitung „mit Feuer und Schwert" darzustellen. Diese Interpretation trifft den tatsächlichen Vorgang kaum. In Wahrheit war es nämlich so, daß die muslimischen Heere – wie am Beispiel Spaniens gut belegt ist[2] – eher vorsichtig vorgingen, dabei sich aber bestehende Differenzen zwischen der einheimischen Bevölkerung und den offiziellen Machthabern zunutze machten und auf diese Weise größere Gebiete rasch unter ihre Herrschaft bringen konnten. Solche Differenzen bestanden vorzugsweise im religiösen Bereich. Es gelang den Muslimen, die von romtreuen oder byzantinischen Christen verfolgten Kopten, Arianer, Nestorianer und Jakobiten ebenso auf ihre Seite zu ziehen wie die im Land ansässigen Juden, so daß die Ausbreitungsgeschichte des Islam des ersten Jahrhunderts eigentlich am besten als Häresiegeschichte des Christentums begriffen wird. Jedenfalls ist davon auszugehen, daß das Herannahen der Muslime aus der Sicht orientalischer Christen in ihrem gegen die Byzantiner gerichteten Kampf um Glaubensfreiheit eher positiv gesehen und als Befreiung begrüßt wurde,[3] als daß darin die Eroberung durch eine andere, neue Religion vermutet worden wäre.

Die weitere Ausbreitungsgeschichte ist ebenfalls durch dafür günstigste Rahmenbedingungen gekennzeichnet. Das persische Reich der Sassaniden war praktisch am Ende, und – religiös gesehen – eröffnete sich dem Islam auf seinem Weg nach Zentralasien durch den Untergang des Manichäismus eine einmalige Chance, dessen Nachfolge anzutreten, so daß hier die Ausbreitungsgeschichte des Islam als Untergangsgeschichte des Manichäismus eine besondere Note bekommt, zumal bereits der Manichäismus – wie später der Islam – (vgl. unten III.2) davon ausging, daß die Überlieferung der Botschaft der Propheten Moses und Jesus von ihren Jüngern und Anhängern entstellt weitergegeben und von Mani (gest. 276 n. Chr.), den man im sog. Parakletenkapitel des Johannesevangeliums (14,26) durch Jesus vorhergesagt glaubte, korrigiert worden ist.

Die auf diese Weise errungene politische Herrschaft der Muslime wird in der Folgezeit – von den Kreuzzügen bis hin zu den Türkenkriegen – durch militärische Aktionen gefestigt und ausgeweitet. Dies gilt für das Erringen der politischen Vorherrschaft im Heiligen Land, die Eroberung Konstantinopels (1453) und dem damit verbundenen Ende des Oströmischen Reiches sowie für das Vordringen der Türken in Europa bis vor die Tore Wiens und schließlich das Erringen der politischen Vorherrschaft im Norden des indischen Subkontinents. Im 19./20. Jahrhundert kommt noch ein kämpferisches Eintreten im zentralasiatischen Bereich sowie der gegen den Kolonialismus der Westmächte (vor allem Frankreich und England) gerichtete Kampf um Unabhängigkeit im Namen des Islam dazu.

Die Ausbreitungsgeschichte wäre unvollständig, würde nicht auch die Hinwendung vieler Händler in Indonesien und in Afrika südlich der Sahara zum Islam erwähnt, die maßgeblich zur Ausbreitung des Islam in diesen Weltgegenden beigetragen und den Kontakt zu den Metropolen des Handels in der islamischen Welt hergestellt hat. Auf diese Weise hat die friedliche Ausbreitung einen wichtigen Schub nach vorne erhalten. Ähnlich friedlich und ohne missionsstrategische Hintergedanken verlief die Ansiedlung von Muslimen in Westeuropa und in Amerika, wofür politische Gründe ebenso ausschlaggebend waren wie die Suche nach Arbeitsplätzen. Erst seit Ende der 1970er Jahre wird das Vorhandensein von Muslimen in diesen Weltgegenden von islamischen Organisationen der Heimatländer im Sinne missionsstrategischer Konzepte genutzt und mit entsprechenden politischen Forderungen nach Gleichberechtigung gegenüber den christlichen Großkirchen versehen.

Der Islam als Gegenmodell zum modernen Staat westlichen Zuschnitts rückt nach dem Zusammenbruch des Ostblocks und der Auflösung der Sowjetunion (31. 12. 1991) immer öfter in die Schlagzeilen des politischen Tagesgeschehens, so daß Theoretiker wie Huntington in den USA bereits von einem möglichen Zusammenstoß der Kulturen als der wahren Gefährdung mit Blick auf die Zukunft der Menschheit reden.[4]

2. Die innere Differenzierung

Die rasante Ausbreitung des Islam war begleitet von einem Prozeß der inneren Differenzierung, der gleich nach dem Tode des Propheten Muhammad einsetzte. Zentral für die Auseinandersetzung waren die Frage der Nachfolge Muhammads sowie die Festlegung des richtigen Verhaltens der Muslime angesichts neu auftretender Fragen. Hinzu kommt schließlich noch eine dritte Art der inneren Differenzierung, nämlich die zwischen der Außenseite der Religion (šarīʿa-Islam) und der Innenseite des Islam (islamische Mystik).

a) In der *Nachfolgefrage* bestanden spätestens ab dem Tode Alis (661 n. Chr.) zwei unterschiedliche Konzeptionen. Die eine, die *sunnitische,* sprach sich für einen Nachfolger (arab.: ḫalīfa, eingedeutscht: Kalif) als sichtbarem Oberhaupt der islamischen *umma* aus, ohne bei ihm eine besondere Führung durch Gott in seiner Amtsführung anzunehmen. Die andere, die *schiitische,* ging von einer speziellen Führung durch Gott *(Imāma)* für den Fall aus, daß einer aus der Familie des Propheten, d. h. Ali und seine Nachkommen, als Nachfolger amtiert. Der tatsächliche Verlauf der islamischen Geschichte hat gezeigt, daß unter allen Imamen – in diesem speziell schiitischen Sinne des Wortes – nur Ali je Kalif geworden ist, so daß das aus schiitischer Sicht Gottgewollte nicht eingetreten ist, weil illegitime Kalifen sich behaupteten und verhinderten, daß Gottes Willen vollständig entsprochen wurde. Die Schiiten haben von daher ein distanziertes Verhältnis zu den Mächtigen und beschreiben die machtpolitische Entwicklung unter Rückgriff auf persisch-dualistisches Gedankengut oft im Sinne einer politischen Schwarz-weiß-Malerei, derzufolge meist Usurpatoren der Macht an der Regierung sind, während die Minderheit der getreuen Gefolgsleute Alis und seiner Nachkommen von der Herrschaft ausgeschlossen bleibt, stets auf den Umschlag hoffend und die Wiederkehr des entrückten Imam, des *Mahdī,* als Start zum Neubeginn unter umgekehrten Vorzeichen erwartend.

Es ist bemerkenswert, daß diese innere Opposition gegen die tatsächlichen Machthaber die Geschichte überdauert und sich bis auf den heutigen Tag gehalten hat. Zeitweise ist es den Schiiten, die sich im Laufe der Geschichte ihrerseits in mehrere Untergruppen aufgespalten haben, unter denen die Zaiditen, die Ismailiten (Siebenerschiiten) und die Imamiten (Zwölferschiiten) die bekanntesten sind, gelungen, einzelne Gebiete der islamischen Welt zu beherrschen. Am spektakulärsten war diesbezüglich sicherlich im Laufe des 16. Jahrhunderts die Einführung der Zwölferschia im Iran, die bis heute maßgeblich die Geschichte dieses Landes prägt.

b) Die *Festlegung des richtigen Verhaltens* angesichts neu auftretender Fragen stellte die islamische *umma* bald nach dem Tode des Propheten Muhammad vor fast unlösbare Probleme. Es wurde klar, daß der Koran zwar viele Bereiche des menschlichen Lebens – vom Recht bis zum wohlgesitteten Anstandsverhalten – berührte, aber selbst kein System enthielt, aus dem Lösungen für neu auftretende Fragen hätten abgeleitet werden können. Einen ersten Ausweg in dieser schwierigen Lage glaubte man durch den Bezug auf Muhammads Aussprüche *(Hadithe)* und seine Verhaltensgewohnheiten zu erkennen, wenn er nicht als Verkündiger der göttlichen Offenbarung aufgetreten ist. Sie wurden gesammelt und aufgeschrieben und bildeten die *sunna* des Propheten. Zusammen mit dem Koran war so die Basis zur Beantwortung neu auftretender Fragen wesentlich verbreitert worden, doch reichten beide als Rechtsquellen allein nicht aus, um alle neuen Fragen zufriedenstellend angehen zu können. Weitere Rechtsquellen waren vonnöten. Man einigte sich auf den Gelehrtenkonsens und den Analogieschluß als zulässige Weisen der Rechtsfindung, andere Verfahren fanden dagegen keine allgemeine Anerkennung und führten dazu, daß im 8. und 9. Jahrhundert unterschiedliche Rechtsschulen entstanden, von denen bis heute vier Bestand haben: die *hanafitische,* die *hanbalitische,* die *malikitische* und die *schafiitische.*

Durch die Festlegung von Rechtsprinzipien war grundsätzlich ein Weg beschritten, der eine systematische Festlegung des richtigen Verhaltens der Muslime in allen Lebenslagen möglich machte und Antworten auf alle neu entstandenen Fragen zuließ. Die entsprechenden Grundsatzentscheidungen nennt man *fatwās*, die für ihre Erstellung zuständige religiöse Autorität ist der *muftī.* Während der *qaḍī* Rechtsverstöße auf der Basis von Präzedenzfällen entscheidet, ist der *muftī,* als Instanz dem Bundesverfassungsgericht in Deutschland vergleichbar, für einmalige Entscheidungen im Sinne von Vereinbarkeit oder Nichtvereinbarkeit bestimmter Verhaltensweisen mit islamischen Prinzipien zuständig. Ausbildungsmäßig ist er Spezialist des islamischen Rechts, das er zusammen mit anderen islamischen Disziplinen an einer islamischen Universität studiert und dann meist auch an einer solchen gelehrt hat. Er wird heute im sunnitischen Bereich vom Staatspräsidenten ernannt. Methodisch hat sich als Vorgehensweise der Rekurs auf die Tradition verbindlich durchgesetzt. Die Abwendung von ihr durch Verwendung neuer Methoden für die eigene Urteilsfindung, wie sie in den ersten zwei Jahrhunderten nach Muhammads Tod üblich gewesen ist, wurde verboten. Man erklärte kurzerhand: „Das Tor der Forschung" ist geschlossen.

In religiösen Angelegenheiten ist gegenwärtig der *muftī* die höchste Autorität in den Ländern des sunnitischen Islam, weil es seit der Abschaffung des Kalifats durch Atatürk 1924 keinen sichtbaren Repräsentanten der islamischen *umma* mehr gibt. Seither ist die staatsmännische Funktion dieser Repräsentation in den Staaten mit islamischer Bevölkerungsmehrheit auf die Staatsoberhäupter übergegangen, während die letzte Entscheidungskompetenz in Fragen des richtigen Verhaltens bei den *muftīs* liegt.

c) Zur inneren Differenzierung im Islam gehört auch die Unterscheidung zwischen der *Außenseite (ẓāhir)* der Religion in Form des šarīʿa-Islam und einer Art *Innenseite (bāṭin)*: dem mystischen Weg im Islam. Je nachdem, wie man Mystik mit Blick auf den Islam bestimmt, handelt es sich dabei entweder um recht allgemein verbreitete Formen von Volksfrömmigkeit, die den weitaus größten Teil der Muslime kennzeichnen, oder um in kleinen Kreisen geübte spezielle religiöse Praktiken, die keineswegs für die Mehrheit der Muslime repräsentativ sind. Was immer man aber darunter auch konkret zu fassen beliebt, es handelt sich in jedem Fall um mehr als die genaue Beobachtung von Anweisungen auf dem rechten Pfad, sondern vornehmlich um religiöse Erfahrung, um Praktiken, die die emotionale Innenseite des Menschen ansprechen. Obwohl im folgenden auf den mystischen Weg kein Bezug mehr genommen wird, gehört er ebenso zu dem facettenreichen Erscheinungsbild der gegenwärtigen islamischen Wirklichkeit wie die Organisationsstruktur, die Glaubensstruktur und die Probleme angesichts der Moderne.

III. Das gegenwärtige Erscheinungsbild

Eine zutreffende Beschreibung des Islam in der Gegenwart setzt voraus, daß all jene Gesichtspunkte einbezogen werden, die auch für die Beschreibung anderer Religionen wichtig sind: die Organisations- und Glaubensstruktur wie die Probleme im Umgang mit der Moderne.

1. Die Organisationsstruktur

Aus dem kurzen Abriß der Geschichte ist deutlich geworden, daß der Islam seit der Abschaffung des Kalifats unter Atatürk im Jahre 1924 kein sichtbares Oberhaupt hat, das die Gesamtheit der (sunnitischen) Muslime repräsentieren könnte. Ein solches Oberhaupt ist als Symbol der Einheit der islamischen Gemeinde *(umma)* nach wie vor für die meisten Muslime erstrebenswert, sein Wegfall hat aber für die konkrete Wirksamkeit der islamischen Religion offenbar keine große Bedeutung gehabt. In den Ländern mit islamischen Bevölkerungsmehrheiten leben Muslime unterschiedlicher Richtungen in Nationalstaaten (d. h. in einer vom Westen importierten Staatsform) zusammen und schöpfen Mut und Kraft aus dem Wissen, daß sie alle zur großen Gemeinschaft der Muslime gehören. In diesem Sinne kommt der Islam – von den Schiiten einmal abgesehen[5] – praktisch ohne Organisationsstruktur aus, wenn man nicht islamische Ausbildungsstätten, Ämter wie das des Vorbeters beim Gebet (*Imām,* nicht mit der speziellen schiitischen Wortbedeutung für den gottgeleiteten Führer der *umma* zu verwechseln) oder des Muezzin (Rufer zum Gebet) bzw. Rechtsinstanzen wie den *muftī* als Ausdrucksform solcher Organisationsstrukturen ansehen will.

Eine gewisse Ausnahme und Neuerung zugleich stellen die Moscheevereine in der islamischen Diaspora Westeuropas dar, durch deren Bildung nach dem Vorbild des Vereinsrechts europäischer Länder eine Art Kirchengemeindebildung im Gange ist, die in der islamischen Welt bislang keine Parallele hat.[6]

Der Gedanke einer supranationalen Einheit aller Muslime findet einen konkreten Ausdruck in der Gründung einiger internationaler Organisationen,[7] die im 20. Jahrhundert geschaffen wurden und von denen der 1949 gegründete „Kongreß der Islamischen Welt" *(Muʾ-tamar al-ʿālam al-islāmī)*, die 1962 gegründete „Liga der Islamischen Welt" *(Rābiṭa al-ʿālam al-islāmī)* und die Anfang der siebziger Jahre entstandene „Organisation der Islamischen Konferenz" (*Munaẓẓamat al-muʾtamar al-islāmī,* meist nach der englischen Bezeichnung „Organization of Islamic Conference" als OIC abgekürzt) die bekanntesten sind.

Die Stärke des Islam liegt also kaum in seiner Organisationsstruktur, sondern ausschließlich in der Überzeugung der Muslime, von Gott die letztgültige Offenbarung und den Auftrag erhalten zu haben, Gottes Ordnung auf Erden zu verwirklichen. Mit diesem Credo ist die Glaubensstruktur der islamischen Religion angesprochen.

2. *Die Glaubensstruktur*

Der Glaube der Muslime basiert darauf, daß Gott den Menschen seinen Willen geoffenbart und ihnen dadurch den Weg gewiesen hat, ihm zu dienen und nach seinen Geboten zu leben. Diese Botschaft, das Wort Gottes also, liegt für die Muslime in Reinformat im Koran vor, der in seinen 114 recht unterschiedlich langen Kapiteln *(Suren)* das enthält, was der Prophet Muhammad während seines öffentlichen Auftretens als Prophet von ca. 610 bis zu seinem Tod 632 als Offenbarung Gottes vorgetragen hat. Kein Wort davon stammt dabei nach islamischer Überzeugung vom Propheten Muhammad, jeder Satz kommt nach dem Glauben der Muslime in seiner arabischen Textform direkt von Gott selbst. Während die Christen glauben, daß das Wort Gottes Fleisch geworden ist, sind die Muslime davon überzeugt, daß das Wort Gottes Buch geworden ist. Deshalb sollten beim christlich-islamischen Vergleich nicht die Bibel und der Koran, sondern Christus und der Koran verglichen werden. Bei einem solchen Vergleich wird sich die Forderung nach der Anwendung der historisch-kritischen Forschung in anderem Lichte darstellen. Denn nicht nur die Muslime werden sich weigern, textkritisch mit dem Koran zu verfahren, sondern auch die meisten Christen werden eine rein historisch-kritische Erklärung für die Entstehung des Dogmas von der Gottheit Christi nicht gerne zulassen.

Die Parallele Christus – Koran würde folglich das jeweils religionsspezifische Offenbarungsverständnis offenlegen, nämlich von Christus als dem Fleisch gewordenen Wort Gottes bei den Christen und vom Koran als dem Buch gewordenen Wort Gottes bei den Muslimen. Aus islamischer Sicht ist der Koran nämlich die von Gott gegebene Offenbarung, die Muhammad vorgetragen hat, wie sie schon vor ihm fehlerhaft tradiert und deshalb verfälscht weitergegeben worden ist. Im Falle von Moses und Jesus kommt hinzu, daß ihre Botschaften nach längerer mündlicher Überlieferung auch noch schriftlich fixiert und als heilige Bücher überliefert worden sind, so daß die Fehler im Text festgeschrieben wurden und erst durch den Vergleich mit der authentischen Offenbarung des Koran als solche identifizierbar sind. Weitere Offenbarungen Gottes sind folglich nach der Niederschrift des Koran nicht mehr vonnöten, da nun alle nachlesen können, was Gott den Menschen wirklich geoffenbart hat. Auf diese Weise wird der Koran zum letzten Wort Gottes an die Menschen, alle voraufgehenden Offenbarungsansprüche müssen sich an ihm messen und durch ihn relativieren lassen. Jeder spätere Offenbarungsanspruch, wie etwa der der Bahai-Religion, hat im Kern seinen Anspruch bereits verwirkt und kann somit nur als Abweichung von der Wahrheit bekämpft werden. Aus alledem folgt – wie im islamischen Recht formuliert –, daß Religionsgemeinschaften, die sich auf dem Koran vorausgehende Offenbarungen berufen (d. h. die „Leute des Buches"), geduldet werden, obwohl sie im Unterschied zu den Muslimen noch nicht ganz bis zur vollen Wahrheit der göttlichen Offenbarung vorgedrungen sind. Den Gläubigen einer Religion wie der Bahai-Religion dagegen kann aufgrund dieser Sicht der Offenbarungsgeschichte keine Duldung gewährt werden. Dies braucht in der konkreten Praxis nicht gleich zur Verfolgung der Gläubigen oder zu einem Verbot der Religion führen, dennoch gilt, daß, offenbarungsgeschichtlich gesehen, eine solche Religion nicht auf ein und derselben Stufe wie die dem Islam voraufgehenden „himmlischen" (d. h. Offenbarungs-)Religionen steht.

Diese Sicht der Offenbarungsgeschichte erklärt zugleich, weshalb es in den heiligen Büchern der Juden, Christen und Muslime große Parallelen gibt, wobei Abweichungen der Bibel vom Koran stets als durch den Koran korrigiert angesehen werden. Der Vorwurf von Juden und Christen, dem Koran fehle es im Vergleich zur Bibel an Originalität, wird durch das Gesagte gegenstandslos, denn nicht Originalität, sondern Authentizität ist der eigentliche Anspruch der koranischen Botschaft.

Die Texte, die als Offenbarung Gottes in den Suren des Koran festgehalten sind, wurden, historisch gesehen, vom Propheten Muhammad vorgetragen und lassen sich nach der islamischen Tradition zwei Verkündigungsphasen zuordnen: der in Mekka von ca. 610 bis zur Auswanderung (hiǧra, Beginn der islamischen Zeitrechnung) nach Medina 622 n. Chr. und der in Medina von 622 n. Chr. bis zum Tode des Propheten 632 n. Chr. Zur entscheidenden Zäsur wird somit die Auswanderung, in deren Folge die islamisch-politische Gemeinde *(umma)* gegründet wird. Alle arabischen Koranausgaben wie auch die deutsche Koranübersetzung von Abdullah und Khoury oder die bei Reclam geben bei jeder Sure an, ob sie der mekkanischen oder der medinensischen Periode zuzurechnen ist. Ein Vergleich dieser beiden Gruppen von Suren macht deutlich, daß in den mekkanischen nur vom Eingottglauben und dem Gericht nach dem Tode, nicht aber von der Gestaltung einer politisch-religiösen Gemeinde im Sinne der *umma* die Rede ist, wie dies für die medinensischen Suren kennzeichnend ist.

Zentral für beide Perioden der koranischen Verkündigung ist das Bekenntnis, daß es keine Gottheit außer Gott (Allah) gibt. Es richtet sich gegen jede Form einer „Beigesellung" *(širk)* irgendeines Wesens zu Gott. Die Muslime verstehen darunter eine strikte Ablehnung des Polytheismus; manche beziehen diese Aussage unter Verweis auf Sure 112 auch auf die christliche Trinitätslehre; nach Meinung der westlichen Orientalistik richtet sich dieses Bekenntnis gegen den altarabischen Polytheismus.[8] Fest steht, daß die Muslime an einen einzigen Gott glauben, der zu den Menschen gesprochen hat und der der Schöpfer der Welt, der Herr der Geschichte und der Richter der Menschen im letzten Gericht ist. Dies besagt, daß die Welt weder von Ewigkeit her da ist, noch aufgrund eines Zufalles existiert, sondern Gott als Daseinsgrund hat. Er hat sie hervorgebracht und schafft sie in jedem Augenblick neu. Auf diese Weise ist er bei allem Geschehen präsent. Vom Menschen fordert er Rechenschaft für alles Tun bis ins Gericht nach diesem irdischen Leben, bei dem jedes Stäubchen an Gutem wie an Bösem zum Vorschein kommen (vgl. Sure 99) und mit in die Waagschale geworfen wird, wobei allerdings auch Gnade vor Recht ergehen kann, weil Gott barmherzig ist.

Die Rede von der „Barmherzigkeit" Gottes könnte zu dem Schluß führen, man könne Gott durch konkrete Eigenschaften beschreiben und damit faßbar machen. Diese Gefahr hat die islamische Theologie sehr deutlich gesehen und darauf bestanden, daß die Eigenschaften Gottes, wie sie im Koran genannt werden, zwar eine Vorstellungsrichtung andeuten, aber nicht dazu führen dürfen, daß Gottes Transzendenz in Frage gestellt wird. Die Welt Gottes, sein wahres Sein, bleibt dem Menschen unzugänglich. Mit Recht beschreibt daher der islamische Theologe Smail Balić den Unterschied zwischen Christentum und Islam treffend so: „Entgegen der biblisch orientierten christlichen Theologie, die nicht einfach von Gott, sondern von ‚Gott und Mensch' im Zentrum des Geschehens, von einer Personalunion zwischen ‚Gott und Mensch' redet, ist der Islam eifrig darauf bedacht, jeden Gedanken an eine Teilhaberschaft des Menschen an der göttlichen Einmaligkeit aus dem Bewußtsein seiner Gläubigen zu verdrängen."[9] Demnach ist Gott in jeder Hinsicht transzendent, im unzugänglichen Lichte wohnend. Die Welt Gottes hat folglich mit der Schöpfung nichts gemein, eine unüberbrückbare Kluft besteht zwischen beiden, nur Gott kann hieran etwas ändern, indem er sich durch sein Wort an die Menschen wendet wie der Herr an seinen Diener. Der Herr-Gott ist das wichtigste Thema der islamischen Theologie, emotional gefüllte Begriffe wie in der christlichen Theologie die Rede vom liebenden Gott oder von Gott als unserem Vater haben in der islamischen Theologie keinen Ort. Sie werden mit aller Schärfe zurückgewiesen, weil man in ihnen die Gefahr einer vermenschlichten (anthropomorphen) Sprechweise von Gott wittert, die der göttlichen Majestät nicht angemessen ist und Gott zu einem Ding unserer Welt machen will. So ist und bleibt es das wichtigste Anliegen der islamischen Theologie, auf die Andersartigkeit Gottes, seine Unvergleichlichkeit mit allem Kreatürlichen hinzuweisen und keinen Kompromiß zu dulden, der den Menschen in die Nähe Gottes rücken könnte.

Diese Art von Transzendenz wird auch für die Zeit nach diesem Leben durchgehalten. Alle die nämlich, denen durch eine neue Schöpfung nach dem letzten Gericht die große Belohnung zuteil wird, werden reichlich mit Freuden irdischen Typs beschenkt (vgl. die paradiesischen Beschreibungen in Koran 52,17–24; 56,10–40; 55,46–78; 76,5–22). Gott selbst aber ist dort nicht, sondern bleibt auch an diesem Ort der Freude transzendent, nur er selbst bestimmt, wann und wem er sich zeigt. Daher ist dieses Paradies etwas grundsätzlich anderes als der Himmel im Christentum, der bekanntlich als Sein bei Gott definiert wird und damit gerade jene Gemeinschaft mit Gott zum Inhalt hat, die im Islam – von einigen Mystikern abgesehen – strikt zurückgewiesen wird, wie es Smail Balić treffend gesagt hat.

Der Mensch – vornehmlicher Gegenstand des Rechts im Islam – ist von Gott als Mann und Frau erschaffen (vgl. Koran 53,45 f.; 75,36–39) und mit guten Gaben ausgestattet (vgl. Koran 40,64; 64,3). Zur Welt kommt nur, wer nach der Erschaffung des Adam aus dessen Seite herausgetreten ist und Gottes Frage „bin ich nicht euer Herr?“ (Koran 7,171) mit einem klaren Ja beantwortet hat. Infolge dessen hat jeder Mensch, Mann wie Frau, zu Beginn der Menschheitsgeschichte ein monotheistisches Bekenntnis abgelegt, auch wenn diese Ursituation nicht in Erinnerung geblieben ist und die Eltern aus den Kindern etwas anderes als Monotheisten gemacht haben.

Aktionsfeld des Menschen ist die Welt, in der er als „Stellvertreter Gottes“ (vgl. Koran 2,30) zur Verwirklichung der göttlichen Pläne beitragen und ein Leben nach den Geboten führen soll. Der Realisierung dieser Aufgabe steht prinzipiell nichts im Wege, weil der Mensch auch nach dem durch die Sünde von Adam und Eva bedingten Verlust des Paradieses nicht im Innersten gebrochen, d. h. durch keine Erbsünde in seinen Möglichkeiten eingeschränkt ist und folglich keinerlei Erlösung durch einen Heiland bedarf, um wieder heil zu werden. Diese positive Sicht der conditio humana schließt negative Begleiterscheinungen nicht aus. Der Koran weiß, daß der Mensch von Natur aus schwach ist (Koran 4,28), schnell verzweifelt (Koran 30,36), sich von Gott abwendet, wenn es ihm gutgeht (Koran 17,83), kurz „gebieterisch nach dem Bösen verlangt“ (Koran 12,53). Das Böse hat in Anlehnung an Koran 20,121 seine Wurzel in der „Auflehnung“ *(maᶜṣiya),* die nach dem Theologen al-Baġdādī (gest. 1037 n. Chr.) der Gegenbegriff zum Gehorsam ist, wie er durch den Glauben gelehrt wird.[10]

Die Rede von der Auflehnung des Menschen und von der Verantwortung des Menschen für die guten wie die bösen Taten (vgl. Koran 2,286) setzt Handlungsfreiheit voraus, die im Gegensatz zu anderen Aussagen des Koran steht, nach denen Gott der „Schöpfer von allem“ (Koran 6,102) ist, die Menschen und was sie tun hervorbringt (vgl. Koran 37,96), sie in die Irre führt und auf den rechten Weg bringt (vgl. Koran 6,39), ganz wie es ihm beliebt, also in dem Sinne allmächtig ist, daß er alles macht. Die islamische Theologie hat sich jahrhundertelang mit dieser Problematik auseinandergesetzt und schließlich die Lösung in einem sehr speziellen Zusammenspiel von Ontologie und Moral gefunden. Danach wirkt Gott die Tat, aber der Mensch übernimmt die moralische Verantwortung für das Geschehen. Man kann diese Erklärung dann gut nachvollziehen, wenn man sich die böse Tat in Einzelphasen zerlegt vorstellt und bedenkt, was alles nicht passieren darf, damit etwa ein Mord tatsächlich gelingt: die Tatwaffe darf nicht fehlen oder versagen, der Täter darf nicht vorher stürzen, es darf nicht zu anderen, unvorhergesehenen Pannen kommen u. v. a. m. All dies könnte von Gott arrangiert werden, um die Tat zu vereiteln, doch nichts dergleichen geschieht, so daß sich die Frage stellt, ob nicht Gott beim Zustandekommen der Tat eine Schuld trifft. Die Antwort kann nach der von al-Ašʿarī (gest. 935 n. Chr.) gegründeten Schule des sunnitischen Islam nur lauten, daß Gott zwar die Kraft zur Realisierung des Planes verleiht, aber keine Verantwortung für die böse Absicht und ihre Ausführung trägt, weil allein der sündigende Mensch diese Vorgänge ergreift und sich zu eigen macht.[11] Auf diese Weise bleibt Gott von aller moralischen Verurteilung frei, sie geht allein zu Lasten des Menschen, obwohl die Tat – ontologisch gesehen – nicht geschehen könnte, wenn Gott nicht dazu die Kraft verliehe.

Es fällt auf, daß bei der Diskussion um die bösen Taten der Teufel *(Iblīs)* keine Rolle spielt. Seine Existenz ist zwar im Islam bekannt, doch gilt er – vor allem in der islamischen Mystik – nicht als der große Gegenspieler Gottes, sondern als geschaffener Engel, der wie alle anderen Engel von Gott aufgefordert wurde, sich vor Adam niederzuwerfen, was er und seine Gefolgsleute verweigert haben (vgl. Koran 7,11–19). Islamische Mystiker sehen darin wie manche modernen Denker in der islamischen Welt ein kompromißloses Festhalten am Monotheismus, weil sie das in diesem Korantext verwendete Verbum für „niederwerfen" (sağada) mit der Niederwerfung vor Gott (suğūd, das auch in masğid = Moschee vorkommt) gleichsetzen und daher den Ungehorsam von Iblīs und den Seinen als prinzipielle Treue zum monotheistischen Bekenntnis auslegen, die so stark war, daß Iblīs und die Seinen lieber den Gehorsam gebrochen und alle diesbezüglichen Folgen auf sich genommen haben, als das monotheistische Bekenntnis um des Gehorsams willen aufzugeben. In dem Dilemma, zwischen Monotheismus und Gehorsam wählen zu müssen, haben sich Iblīs und die Seinen dieser Lesart zufolge für den Monotheismus entschieden, die Engel dagegen haben den Gehorsam gewählt und sind dadurch die idealen Diener und Boten Gottes. Dementsprechend ist ihre jeweilige Situation bis zum Tage des Gerichts verschieden und insofern mit der Lage der Menschen vergleichbar, als auch diese sich für oder gegen den Gehorsam gegenüber Gott und seinen Anweisungen entscheiden müssen.

Der Anwendungsfall für diesen Gehorsam ist neben dem richtigen Glauben die Einhaltung der Verhaltensvorschriften gemäß der koranischen Devise: „Die Frömmigkeit besteht nicht darin, daß ihr euch (beim Gebet) mit dem Gesicht nach Osten oder Westen wendet. Sie besteht vielmehr darin, daß man an Gott, den jüngsten Tag, die Engel, die Schrift und Propheten glaubt und sein Geld – mag es einem noch so lieb sein – den Verwandten, den Waisen, den Armen, dem, der unterwegs ist, den Bettlern und für (den Loskauf von) Sklaven hergibt, das Gebet *(ṣalāt)* verrichtet und die Almosensteuer *(zakāt)* bezahlt. Und (Frömmigkeit zeigen) diejenigen, die, wenn sie eine Verpflichtung eingegangen sind, sie erfüllen, und die in Not und Ungemach und in Kriegszeiten geduldig sind. Sie (allein) sind wahrhaftig und gottesfürchtig" (Koran 2,177). Durch diese inhaltliche Bestimmung wird deutlich, wie sehr das gemeinschaftsbezogene Denken im Vordergrund steht und die Hilfe gegenüber den Bedürftigen ein zentrales Anliegen des Koran ist.

Die Bereiche, die im Koran angesprochen werden, berühren nahezu alle Facetten des Lebens des Einzelnen wie der Gemeinschaft. Sie betreffen Fragen des Erbrechts ebenso wie die des Prozeß- und des Strafrechts. Auf diese Weise wird im Koran festgelegt, daß Frauen ein Recht auf das Erbe haben, auch wenn sie nur die Hälfte dessen erben, was an ihrer Stelle ein Mann bekäme (vgl. Koran 4,12). Des weiteren sichert der Koran den Frauen ein Aussagerecht vor Gericht zu, so daß sie als Zeuginnen auftreten können, wenngleich auch hier ihr Wort nur halbsoviel wert ist wie das des Mannes (vgl. Koran 2,282). Diese Beispiele deuten zugleich an, daß die Bestimmungen der gesellschaftlichen Stellung der Frauen – anders als die religiöse vor Gott – in keiner Weise auf Gleichheit von Mann und Frau zielt, was sich auch daran zeigt, daß der Mann bis zu vier Frauen gleichzeitig als Ehefrauen haben kann (vgl. Koran 4,3). Polygamie ist in der Praxis dennoch weit seltener vorgekommen, als dies die theoretischen Abhandlungen und die Erzählungen europäischer Reisender nahelegen. Als letzter Bereich sei schließlich noch der des Strafrechts erwähnt, wo zwischen *ḥadd-* und *taʿzīr*-Strafen zu unterscheiden ist. Die *ḥadd*-Strafen gelten für besonders schwere Vergehen, darunter fallen vor allem Eigentumsdelikte (als Strafe ist beispielsweise bei Diebstahl das Abhacken der Hand vorgesehen, vgl. Koran 5,38) und Fehlverhalten in moralischer Hinsicht (Ehebruch wird z. B. mit 100 Peitschenhieben bei Mann und Frau bestraft, vgl. Koran 24,2). Alle übrigen Strafen, die als *taʿzīr*-Strafen bezeichnet werden, können von Fall zu Fall recht unterschiedlich ausfallen, weil sie durch Richter nach eigenem Gutdünken festgelegt werden.

Die islamische Geschichte kann als Beweis dafür angeführt werden, daß sich das islamische Rechtssystem in der Praxis bewährt hat und flexibel genug gewesen ist, sich auf neue Situationen einzustellen. Wenn dennoch heute immer wieder daran Kritik geäußert wird, so erwächst diese nicht in erster Linie aus dem System selbst, sondern kommt von außen, d. h. von der in dieses System eingebrochenen Moderne.

3. Probleme angesichts der Moderne

Seit der Expedition Napoleons 1798 nach Ägypten ist die Welt des Islam nicht mehr zur Ruhe gekommen. Immer stärker wurde sie in die Strategie europäischer Mächte (vornehmlich der Franzosen, Briten und Russen) einbezogen, die im 19. Jahrhundert als Kolonialmächte wichtige Gebiete unter ihre Herrschaft brachten und nach dem Ersten Weltkrieg zudem noch im Vorderen Orient als Mandatsmächte die Nachfolge in einigen Ländern des aufgelösten Osmanischen Reiches antragen. Hinzu kommt nach dem Zweiten Weltkrieg das Engagement der USA in dieser Weltreligion. Obwohl die politische Selbständigkeit und Unabhängigkeit der Länder der Region heute gewährleistet sind, sind sie nach wie vor wirtschaftlich vom Westen abhängig. Ideengeschichtlich bedeutet die Einflußnahme des Westens auf die Geschicke der islamischen Welt, daß auch die Ideen aus Europa in diese Welt einströmten und eine Auseinandersetzung mit dieser Moderne unumgänglich machten. Bald wurde deutlich, daß es sich dabei nicht nur um äußere Probleme, wie etwa das Fertigwerden mit der technologischen Überlegenheit des Westens handelte, sondern um Herausforderungen, die auch die innere Struktur des Islam berührten. Obwohl sich alle darin einig sind, daß die so entstandenen Probleme „importiert" waren, wissen alle Beteiligten, daß man sie nicht einfach wieder „exportieren" kann, sondern sie auf die eine oder andere Weise konkret bewältigen muß. Angesichts der unterschiedlichen Schwerpunkte, die in dieser Auseinandersetzung eine Rolle spielen, ist es sinnvoll, die Probleme nach inneren und äußeren zu unterscheiden, obwohl klar ist, daß Einflußnahmen und Reaktionen wechselseitig aufeinander bezogen sind, so daß die im folgenden vorgenommene Unterscheidung in vielen Fällen problematisch erscheint. Dennoch ist um der größeren Übersichtlichkeit willen eine solche Unterscheidung angebracht.

a) Innere Probleme bei der Organisation und den Glaubensinhalten

Die internen Probleme, die die Muslime bewegen, betreffen in erster Linie den Umgang mit dem Koran als heiligem Buch, die Prinzipien für die theologische wie juristische Urteilsfindung, ferner alle Fragen von Herrschaft unter den Menschen, also z. B. das Verhältnis der Geschlechter zueinander ebenso wie das von Herrschern und Beherrschten in der Politik, ganz zu schweigen vom Problem des Umgangs mit Andersdenkenden und Abweichlern. Eine Glaubenskrise oder Infragestellung von Dogmen, wie sie im abendländischen Christentum seit der Aufklärung existiert, ist in den meisten Ländern mit islamischer Bevölkerungsmehrheit bislang unbekannt. Es scheint, daß der Glaube an den einen Gott noch nichts von seiner ursprünglichen Kraft eingebüßt hat und nach wie vor allgemein akzeptiert ist. Jedenfalls gibt es öffentlich keine Kritik an Glaubensaussagen, auch dort nicht, wo für moderne Menschen schwer begreifliche Aussagen gemacht werden, wie etwa die, daß Jesus von einer Jungfrau geboren wurde oder daß er, wie schon vor ihm Moses, Wunder gewirkt habe. Der Grund hierfür liegt sicherlich auch darin, daß im Vergleich zur christlichen Glaubenslehre die islamische viel weniger schwer nachvollziehbare Dogmen enthält. Doch ist diese Erklärung allein nicht ausreichend, um das weitestgehende Fehlen glaubenskritischer Äußerungen hinreichend begreiflich zu machen. Hierfür sind sicher auch Gründe ausschlaggebend, die den Umgang mit Andersdenkenden und Abweichlern betreffen. Obwohl der Islam insgesamt kaum Organisationsstrukturen kennt, ist der Zusammenhalt der Muslime in diesen Fragen stark. Das Fehlen der Organisationsstrukturen entzieht natürlich auch jeder diesbezüglichen Kritik den Boden. Kritik gibt es dagegen bezüglich des Umgangs sowohl mit dem Koran als Offenbarung als auch mit der Tradition im Sinne eines Prinzips der theologischen wie juristischen Urteilsfindung sowie bezüglich der Herrschaftsstrukturen.

Besonders sensibel sind die Muslime, wenn europäische Orientalisten die für die Bibelexegese typischen historisch-kritischen Methoden auf den Koran übertragen und auf diese Weise zum Ausdruck bringen, daß sie „nicht daran glauben, daß heilige Schriften gleichsam senkrecht vom Himmel gefallen seien", sondern diese „als geschichtsbedingte Glaubenszeugnisse menschlicher Verfasser bewerten".[12] Bei einer solchen Übertragung der Methoden werden die Aussagen des Koran gleichwertig neben die Erkenntnisse der Geschichtswissenschaft und Archäologie gestellt und mit diesen auf ihre Zuverlässigkeit geprüft. Daher stehen bei der Kontroverse zwischen Koran und Wissenschaft vor allem die genannten Wissenschaften im Vordergrund und nicht, wie im neuzeitlichen Europa, primär die Naturwissenschaften. Die Positionen der Muslime in dieser Auseinandersetzung sind vielfältig, sie reichen vom totalen Verweigern einer Antwort auf die von außen vorgebrachte Kritik über partielles Daraufeingehen bis zur Forderung einer „relecture du Coran" (Muhammad Arkoun). Jede Reduktion des Buches der heiligen Wahrheiten auf das Profane wird z. B. von Seyyed Hossein Nasr, einem modernem Denken durchaus aufgeschlossen gegenüberstehenden iranischen Religionsphilosophen, wie von allen anderen Muslimen strikt abgelehnt. Statt dessen fordert er in Anlehnung an den Umgang der Christen mit der Christologie eine christlich-islamische Kollaboration, um eine Methodologie zu entwickeln, die in geeigneter und authentischer Weise sowohl auf die Erfordernisse der modernen Wissenschaft als auch auf den spezifischen Charakter des Heiligen Buches eingeht.[13] Mit dieser Forderung ist der Weg gewiesen, der sich langfristig herauszuentwickeln scheint, nämlich eine besondere Methodologie, die die Reduktion des Heiligen auf das Profane vermeidet und dennoch auf berechtigte Kritikpunkte von außen eingeht. Es wäre zu wünschen, daß dies gelingt und nicht eine dogmatische Ablehnung aller Forschungsergebnisse der modernen Wissenschaft jeglichen sachlichen Dialog verhindert.

Was den Umgang mit der Tradition in Fragen der theologischen wie juristischen Urteilsfindung angeht, so scheint die traditionelle Position der islamischen Rechtsschulen vom „Schließen des Tores der Forschung" (vgl. oben S. 71) einer Revision unterworfen zu werden. Immer mehr nämlich erkennt man, daß neue Situationen auch neue Lösungswege erforderlich machen und der einmal eingeschlagene Weg nicht in allen Fällen als der einzig mögliche verteidigt werden kann, zumal er ja selbst ein Ergebnis der historischen Entwicklung ist und nicht durch den Koran endgültig vorgeschrieben wird.

Die zweifellos delikateste Problematik ist die der Herrschaft unter den Menschen. Die Stellung der Frau im Islam gehört zu den beliebtesten Themen, die von jeder Darstellung des Islam erwartet werden, und weil dies ein solches Reizthema ist, sind die Vorstellungen auf beiden Seiten mit Mißverständnissen und Verteidigungsmechanismen überfrachtet, so daß eine sachliche Auseinandersetzung immer schwieriger wird.[14] Islamischerseits werden größere Freiheiten für die Frau, Emanzipation und Selbstbestimmung leicht mit Prostitution und sexueller Freizügigkeit gleichgesetzt, die allen traditionellen Vorstellungen von Sitte und Anstand widersprechen. Andererseits wird durch viele Europäer und Europäerinnen der Eindruck erweckt, als seien muslimische Frauen nichts anderes als Sklavinnen ihrer Männer, die laut Koran 4,34 über den Frauen stehen und diese, wenn sie sich auflehnen und ungehorsam sind, auch schlagen dürfen. Ein Blick in die europäische Geschichte zeigt, daß derartige Praktiken auch im christlichen Abendland nicht unbekannt waren. Die Frauenbewegung mußte im „Westen" ähnlich viel Umdenken einleiten, wie es vom Orient erwartet wird, wobei hier noch spezifische Probleme hinzukommen wie der Harem und der Schleier, um nur diese sehr typischen Erscheinungsformen zu nennen. Die Interpretation einschlägiger Koranverse sowie die Meinung bezüglich der ererbten Sitten fällt sehr verschieden aus: Die einen sind für eine moderne Interpretation und betonen unter Berufung auf die Erschaffung von Mann und Frau „aus einem einzigen Wesen" (Koran 4,1) die prinzipielle Gleichstellung der Geschlechter; andere verweisen auf eine grundsätzliche Gleichheit bei unterschiedlichen Aufgabenbereichen; wieder andere wenden sich gegen diese Modernisierung und wollen an der traditionellen Gesellschaftsform als gottgewollt festhalten. Wie votiert wird, hängt weitgehend von der Vorstellung ab, wie Herrschaft überhaupt unter Menschen gestaltet werden kann und soll.

Die bisher fast überall in der islamischen Welt übliche Form der politischen Herrschaftsausübung war die einer Zentralgewalt in Form eines Einzelherrschers, der über seine Untertanen nach eigenem Gutdünken Macht ausübte. Dabei konnte er sich mit anderen beraten, mußte es aber nicht. Infolgedessen war die Forderung nach der Beteiligung aller an der Macht im Lande (Demokratie) eine revolutionäre Idee, die von Europa in die islamische Welt hineingetragen wurde und dort nicht selten massive Gegenreaktionen ausgelöst hat. Fatema Mernissi hat die Betroffenheit heutiger Muslime über ihre Geschichte angesichts der aus Europa importierten Freiheits- und Demokratieforderungen präzise beschrieben, wenn sie feststellt: „Der Westen läßt, indem er unablässig von Demokratie redet, das Phantomschiff mit all jenen wieder auftauchen, denen die Köpfe abgeschlagen wurden, weil sie sich weigerten zu gehorchen, läßt den Kampf zwischen ‚dem Schwert und der Feder' wiederauferstehen, insbesondere den der intellektuellen Kadis, die auf Gerechtigkeit, der Sufis, die auf Freiheit versessen waren, der Dichter, denen es immer gelungen war, ihre Individualität auszudrücken gegen die Kalifen und ihre Scharia (šarīʿa), die sehr autoritäte Auslegung des göttlichen Gesetzes."[15] Ja, Mernissi glaubt, daß die Berufung auf die Religion zur Legitimation autoritärer Herrschaft in vielen Gegenden der islamischen Welt kein Zufall ist, sondern bereits eine lange Tradition hat, denn in dem Buch „al-Milal wa-niḥal" („Über die Religionsgemeinschaften und Sekten") des mittelalterlichen Häresiographen aš-Šahrastānī ist solches grundgelegt. Dazu schreibt Mernissi: „Es dreht sich um sechs Schlüsselworte, die zwei Seiten ein und derselben Gleichung darstellen: *dīn* (Religion), *iʿtiqād* (Glaube) und *ṭāʿa* (Gehorsam). Auf der anderen Seite haben wir: *raʾy* (persönliche Meinung), *iḥdāṯ* (Erneuerung, Modernisierung) und *ibdāʾ* (Schöpfung). Der Konflikt beruht auf der Tatsache, daß der zweite Pol über Jahrhunderte hinweg mit dem Zeichen des Negativen, des Subversiven versehen war."[16] Aufgrund dieser Tradition komme es dann in islamistisch eingestellten Kreisen leicht zu der Gleichung: Glaube = Gehorsam oder Freiheit = Atheismus.[17]

Die Forderung nach der Beteiligung aller an der Macht beruht auf einem ganz bestimmten, im Vergleich zum klassischen Islam wie dem klassischen Christentum neuen Prinzip: den Menschenrechten. Mit Recht stellt daher der aus Syrien stammende Göttinger Politikwissenschaftler Bassam Tibi fest: „Im Islam haben die Muslime, als Gläubige, Pflichten/faraʾid vis-à-vis der Gemeinschaft/Umma, aber keine individuellen Rechte im Sinne von rechtlichen Ansprüchen. Damit Menschenrechte als individuelle Rechte im Islam etabliert werden können, ist es notwendig, die Betonung auf die Pflichten aufzugeben und ein Konzept von individuellen Rechten einzuführen."[18] Diesem Grundgedanken entsprechend folgert Tibi: „Die erste Frage ist die, ob es gerechtfertigt ist, das nicht-westliche kulturelle System des Islam anhand von ethischen Maßstäben der westlichen Kultur zu beurteilen, wie dies hinsichtlich der internationalen Menschenrechtsnormen der Fall ist. Meiner Ansicht nach gehört die Ethik der Menschenrechte zum Kernstück unserer globalen Zivilisation."[19] Mit Blick auf den dadurch möglichen Kolonialismusvorwurf sagt Tibi: „Neben der schon betonten Notwendigkeit einer Reform des islamischen Rechts müssen Muslime zuallererst zwischen der Dominanz des Westens und der Universalität der internationalen menschenrechtlichen Rechtsstandards unterscheiden. Es ist möglich, den einen Aspekt zu kritisieren (das heißt politische Hegemonie) und zugleich den anderen (die Ehtik der kulturellen Moderne) zu akzeptieren. Menschenrechtsstandards basieren auf der Voraussetzung universeller Rechtsnormen und ethischer Werte, und sie sollten nicht mit politischer Macht und hegemonialer Herrschaft verwechselt werden."[20]

Mit der Berufung auf die Menschenrechte geht meist eine Kritik an den sog. ḥadd-Strafen des Islam einher. Man wendet ein, daß sich die Verstümmelung des Körpers (z. B. durch Abhacken einer Hand) mit der Würde des Menschen nicht vertrüge und deshalb aufgegeben werden müsse. Die Härte dieser Strafen war auch den Rechtsgelehrten der Vergangenheit aufgefallen, doch haben sie daraus andere Schlüsse gezogen: sie haben wie die jüdischen Rabbiner und die christlichen Kirchenrechtler die Bedingungen zu ihrer Anwendung so erschwert, daß der Anwendungsfall praktisch gar nicht eintrat; eine Aufhebung der Vorschriften selbst haben sie sich nicht erlaubt. Folglich wird sich auch in Zukunft die Diskussion eher darum drehen müssen, die Bedingungen für ihre Anwendung weiter zu präzisieren, als pauschal deren Abschaffung zu fordern. In ähnlicher Weise ist auch der Umgang mit Andersdenkenden und Abweichlern neu zu bestimmen, zumal der Islam schon in der Vergangenheit mehr Gewicht auf das richtige Tun, die Orthopraxie, als auf das richtige Glaubensverständnis, die Orthodoxie, gelegt hat. Dennoch ist die Option offen: entweder es kommt zu einer adaptierten Ausformulierung eines Weltethos,[21] dem Gläubige wie Ungläubige folgen können, oder es verstärkt sich der Trend zur stärkeren Profilierung des Eigenen, nicht unbedingt auf der Ebene der Orthodoxie, sondern möglicherweise auf der einer Orthopraxie.

Eine derartige Profilierung würde von den Muslimen jedoch fordern, daß sie das „Richtige" (Orthon) ihrer Praxis genauer bestimmen. Ansätze in dieser Richtung zeigen sich vor allem in dem Bemühen um eine islamische Wirtschaftsordnung. Dabei werden insbesondere die Nachteile des westlichen Wirtschaftssystems angeprangert, die man für überschaubar hält, sofern die Menschen nur bereit sind, einen islamischen Weg bei der Lösung der Wirtschaftsprobleme zu beschreiten. Die islamische Republik Iran und erste Versuche in dieser Richtung in Algerien zeigen, daß dies auf regionaler Ebene – mit Hilfe von Sozialnetzen karitativer Prägung – erfolgreich ist, auf nationaler oder gar internationaler Ebene aber bislang noch zu keinem nennenswerten Erfolg geführt hat.

Mit dem Thema Wirtschaft ist der Rahmen der inneren Probleme angesichts der Moderne überschritten und die Auseinandersetzung mit religionsexternem Denken angesprochen.

b) Probleme in der Auseinandersetzung mit religionsexternem Denken

Die erste und schwierigste Auseinandersetzung mit der Moderne wurde ausgelöst durch die Einsicht der Militärs der islamischen Welt, daß ihre Niederlage gegenüber den europäischen Mächten im 19. Jahrhundert auf einem technologischen Defizit beruhte, das nur dadurch beseitigt werden konnte, daß man bei den Europäern in die Schule ging.[22] Atatürk formte deshalb die neue türkische Republik, die nach dem 1. Weltkrieg als Restgebilde aus dem Osmanischen Reich übrigblieb, in Anlehnung an europäische Gesetze und Verhaltensweisen. Bis in die Kleidung hinein war man bemüht, Europa nachzuahmen, der technologisch-wirtschaftliche Fortschritt, um mit Europa gleichzuziehen, blieb jedoch aus. Man stellte fest, daß man durch die Imitation Europas noch lange nicht europäisch geworden war, aber gleichzeitig seine islamische Identität verloren hatte. In den letzten Jahrzehnten des 20. Jahrhunderts zeichnet sich daher – gepaart mit größeren wirtschaftlichen Krisen – eine tiefe Identitätskrise in der Welt des Islam ab und verlangt immer stärker nach islamischen Lösungen. Nach wie vor wollen alle den technologisch-wissenschaftlichen Fortschritt und schauen wie gebannt auf die Entwicklung einer „islamischen Atombombe" als Symbol für Macht und Stärke, den gesellschaftlichen Umwandlungsprozeß im Sinne der westeuropäischen bzw. nordamerikanischen Gesellschaft hingegen lehnt man ab.

Diese Ablehnung findet ihren Niederschlag in einer zunehmenden Distanz zum europäisch-philosophischen Denken und zur europäischen Kultur. Viele Muslime haben große Vorbehalte gegenüber „westlicher" Musik (obwohl vor allem Popmusik auch den Jugendlichen in der islamischen Welt durchaus gefällt) und bildender Kunst, weil sie durch die Darstellung des menschlichen Körpers und Antlitzes das koranische Abbildungsverbot nicht praktizierte und durch die Darstellung des nackten Körpers das aus islamischer Sicht zulässige Maß an Scham und Respekt oft vermissen lasse. Als Extremfall dieser Distanzierungstendenz kann der Streit um die „Satanischen Verse" von Salman Rushdie[23] angesehen werden, der 1989 seinen Höhepunkt fand, als Ayatollah Khomeini in einem *Fatwā* Rushdie wegen Beleidigung des Propheten Muhammad zum Tode verurteilte und die Muslime aufrief, dieses Todesurteil zu vollstrecken. Viele Muslime, die eine solche öffentliche Verurteilung ablehnen, glauben dennoch – und das ist bezeichnend –, daß Rushdie eine derartige romanhafte Behandlung zentraler Gestalten aus der Religion (neben Muhammad erscheinen auch die Prophetenfrauen recht zwielichtig) nicht hätte vornehmen sollen. Sie melden damit Bedenken an einer großzügig ausgelegten „Freiheit der Kunst" an, die in Europa als ein Dogma der Moderne gilt.

Zu den extern veranlaßten Auseinandersetzungen gehört heute auch der Dialog der Religionen. Dieser Dialog ist als „interreligiöser Dialog" in Europa konzipiert worden und entspricht ursprünglich nicht den Bedürfnissen der Muslime. Dennoch nehmen Muslime daran teil, weil sie sich den gemeinsamen Aufgaben der Religionen der Menschheit nicht entziehen wollen und weil sie glauben, daß er eine geeignete Plattform sein könne, ihren Glauben den Anhängern anderer Religionen richtig darzustellen. Denn für die meisten Muslime besitzt ihr Glaube eine derartige Evidenz, daß sie sich nicht vorstellen können, daß andere Menschen keine Muslime werden, es sei denn, sie seien böswillig (hier werden gewöhnlich die Missionare und die Imperialisten genannt) oder ignorant.

Der interreligiöse Dialog, aber auch der ganz gewöhnliche Alltag zeigt den Religionsführern, daß es viele Religionen unter den Menschen gibt und wohl auch in Zukunft geben wird, so daß ein modus vivendi für das

Zusammenleben aller gefunden werden muß. Drei Fragen sind noch offen, wenn sich der Islam auf diese religiöse Pluralität einstellen will.

– Es fragt sich erstens, ob die bisherigen Rechtskonzepte des Islam noch geeignet sind, die heutige Welt in ihrer tatsächlich konkreten Form adäquat zu beschreiben. Sie gehen von einer Teilung der Welt in den Bereich des Islam *(dār al-Islām)* und den gegnerischen Bereich *(dār al-ḥarb)* aus, wobei zum Bereich des Islam noch eine vertraglich gebundene und eine befriedete Zone hinzukommen. Die so angenommene Zweiteilung der Welt entspricht zumindest insofern nicht der Wirklichkeit, als generell behauptet werden könne, die Welt außerhalb des Islam sei nur darauf aus, den Krieg *(ḥarb)* gegen das „Haus des Islam" *(dār al-Islām)* auszurufen. Die Reaktion der Muslime auf diese – irreale – Situation ist in der westlichen Literatur als „heiliger Krieg" bekannt, obwohl das muslimische Wort dafür, *ǧihād,* weder „heilig" noch „Krieg", sondern „Anstrengung" bedeutet und von Anfang an auch für nichtmilitärische Aktionen wie etwa für eine große Anstrengung auf dem Weg zu Gott durch Gebet und Fasten verwendet worden ist.

– Zweitens fragt es sich, ob in einer Zeit hoher individueller Mobilität religiös homogene Regionen nicht eher der Sonderfall als die Regel sind. Die sog. islamische „Diaspora" in Westeuropa ist ein erster Indikator dafür, daß nicht mehr nur in den Kategorien eines „Hauses des Islam" gedacht werden kann, sondern von einzelnen islamischen Gruppen, Familien, ja Individuen ausgegangen werden muß. Wie man ihnen Orientierung für ihr Leben geben könne, darüber wurde bislang im Islam kaum nachgedacht, da man stets von Regionen – zudem noch mit islamischer Bevölkerungs- oder Regierungsmehrheit – ausging. Ethisch bedeutet dies, daß Muslime für die Fälle, in denen anders kein Konsens erreicht werden kann, Kriterien für die Zulassung von Kompromißlösungen finden müssen, die außerhalb der vom Koran und der islamischen Tradition festgelegten Grenzen liegen.

– Drittens: Da Patentlösungen für Einzelfälle angesichts der großen Zahl von neuen Problemen, die immer rascher eine Lösung erforderlich machen, kaum noch erwartet werden können, ist eine grundsätzliche ethische Orientierung vonnöten, die hilft, in schwieriger Lage das Rechte zu tun, ohne ein Rezept für den konkreten Fall in Händen zu halten. Als konkretes Beispiel hierfür sei die Gentechnologie genannt, wo recht rasch entschieden werden muß, wie lange man bereit ist mitzumachen und wann man sich weiterer Forschung verweigern muß.

IV. Fazit und kurze Einschätzung der möglichen Entwicklung in der Zukunft

Die bisherigen Ausführungen haben gezeigt, daß die Muslime gegenwärtig – weit stärker als zu irgendeiner anderen Zeit während der letzten Jahrhunderte – auf der Suche nach einem eigenen Weg sind. Wirtschaftliche Probleme und die Schwierigkeiten, die aus der rasch wachsenden Bevölkerung in den meisten Ländern mit islamischer Bevölkerungsmehrheit hinsichtlich der Entwicklung und Berufsaussichten der jungen Generation erwachsen, haben aus Europa oder den USA importierte Lösungsmodelle (Nationalismus, Sozialismus, Kapitalismus) als untauglich erwiesen und die Suche nach einem eigenen Lösungsweg beschleunigt und verstärkt. Als Lösungsformel gilt alles, was „islamisch" ist, doch was das konkret bedeutet, darüber wird trefflich gestritten. Nahezu jedes Land hat Gruppen, die ihren Weg vorschlagen und für ein Lösungskonzept halten. Es kann daher hier nicht darum gehen, eine Länderkunde vorzulegen und die Probleme eines jeden Landes darzustellen.[24] Festzuhalten ist lediglich, daß es *den* islamischen Weg nicht gibt, sondern daß viele Wege diskutiert werden. Deshalb ist es ungenau und für die Analyse schädlich, all diese unterschiedlichen Versuche mit einem Sammelbegriff wie „Fundamentalismus" zu belegen.[25]

Der Grund für diese Vielfalt liegt in der islamischen Geschichte selbst. In unserer Darstellung der inneren Differenzierung des Islam haben wir deutlich gemacht, daß neben den Koran noch andere Rechtsquellen treten mußten, um systematisch auf neuauftretende Fragen antworten zu können. Dabei haben einige (so z. B. *Khomeini* und seine Gefolgsleute) die *šarīʿa* für die richtige Lösung gehalten, andere (z. B. die *Moslembrüder*) wollten nur den Koran gelten lassen, und wieder andere gehen davon aus, daß selbst innerhalb des Koran noch zwischen ewig Gültigem und zeitlich Bedingtem zu unterscheiden (die *Ismailiten* unter der Führung des *Agha Khan*) oder sogar ein Unterschied zwischen einer ersten Verkündigungsbotschaft in Mekka und einer zweiten in Medina zu machen ist (so *Maḥmūd Muḥammad Ṭāhā*). Ungeachtet ihrer unterschiedlichen Positionen müssen alle Gruppen sich den durch den Einbruch der Moderne aufgeworfenen Problemen stellen und entscheiden, ob sie sich wie Atatürk auf einen säkularen Weg begeben oder im Rückgriff auf die islamische Geschichte eine Lösung für aktuelle Probleme finden wollen. Die Muslime stehen damit für ihre Zukunft in der modernen Welt am Scheideweg. Selbst der treueste Versuch einer vorbildgerechten Wiederholung der Vergangenheit könnte keine Neuauflage eben dieser Vergangenheit sein, weil er ja im bewußten Affront gegen die Moderne unternommen wird. Damit wäre auch ein solcher Rückgriff auf Vergangenes als Antwort auf ihre Herausforderung konzeptionell an die Moderne gebunden. Aber andere Wege sind möglich und werden beschritten. Es scheint, daß die Frage um den zukünftigen Weg die Muslime heute grundsätzlich bewegt und untereinander spaltet. Es scheinen sich bei dem Versuch, den Islam in der Moderne zur Orientierung zu machen, neue Gruppierungen herauszubilden. Die Zugehörigkeit zu ihnen dürfte sich langfristig als wichtiger herausstellen als die Zugehörigkeit zu den traditionellen Affiliationen wie Schiiten oder Sunniten bzw. deren verschiedenen Rechtsschulen.

Die Entwicklung innerhalb der islamischen Welt ist auch für die Nichtmuslime von großer Bedeutung, weil die islamische Welt ein wichtiger politischer wie wirtschaftlicher Faktor für die gesamte Welt, in jedem Falle aber für Europa und Amerika ist. Hinzu kommt, daß in zunehmendem Maße Muslime auch außerhalb der islamischen Welt wohnen werden und damit ihr Schicksal die anderen, die mit ihnen zusammenleben, unmittelbar betrifft. Alle islamischen Gruppen innerhalb wie außerhalb der islamischen Welt wollen oder müssen mit nichtislamischen Gruppen politisch wie wirtschaftlich zusammenarbeiten, um ihre Ziele durchzusetzen. Auf diese Weise sind auch die Nichtmuslime in die Entwicklungen und Entscheidungsprozesse der Muslime einbezogen und müssen ihrerseits wählen, wen sie unterstützen wollen, um ein friedliches Zusammenleben sicherzustellen. Die weitaus größte Mehrheit der Muslime ersehnt eine friedliche Welt, in der alle gut leben können, doch über den Weg dahin gehen die Meinungen auseinander. Sie werden in den nächsten Jahrzehnten sicher die Diskussion unter Muslimen wie Nichtmuslimen maßgeblich bestimmen.

Peter Gerlitz

DIE BAHAI-RELIGION

Vorbemerkung

Die Religionsgeschichte kommt nicht zum Stillstand. Sie geht weiter. Die Offenbarungen sind nicht einfach mit den klassischen Religionen abgeschlossen und wiederholen sich nicht nur bei der Entstehung der sogenannten „Neuen Religionen“, sondern bringen auch weiterhin neue Systeme hervor, berufen und inspirieren neue Stifter. Wenn sie zum Zwecke ihrer missionarischen Entfaltung ihren Kulturkreis verlassen und in einen fremden Kulturkreis eintreten, ergeben sich eine Fülle von Problemen, die den betreffenden Religionen in ihren Gründungsphasen fremd waren. Auf diese neue Situation müssen sich die Religionen einstellen, wenn sie weltweit aktiv sein wollen. Für ihre Theologie bedeutet das in den meisten Fällen eine Assimilation bzw. eine Adaption an die fremde Kultur, also eine „Inkulturation“. Dabei werden u. a. eigene theologische oder ethische Grundaussagen verifiziert, korrigiert oder sogar aufgegeben, und fremde religiöse Elemente, die das Missionsfeld zur Verfügung stellt, integriert, so daß ein eklektizistisches oder synkretistisches Religionssystem entsteht, das den Anspruch auf Universalität erheben kann. Einen solchen Prozeß haben wir in der Bahai-Religion vor uns, die sich als jüngste und darum abschließende Offenbarung versteht.

I. Geschichte

1. Die Vorgeschichte

Wer eine Religion verstehen will, der muß zunächst die Kontexte verstehen, in denen sie einmal entstanden ist, und die Umstände kennen, die zu ihrer Entstehung geführt haben, unter denen ihre Stifter auftraten und ihre Botschaft verkündigten. Das trifft auch auf die Bahai-Religion zu. Ihre Vorgeschichte ist eng mit dem shiitischen Islam verbunden, der in Persien eine mystische und eine prophetische Dimension entwickelt hatte. Die beiden Stifter der Bahai, Sayyid Ali Muhammad aus Schiraz (1819–1850), der *Bāb,* wie sein Ehrentitel lautete, und Mirza Husayn Ali aus Nur (1817–

1892), genannt *Baha'ullah,* entstammten diesem religiösen Umfeld. Immer am Rande der islamischen Legalität und argwöhnisch beobachtet von den orthodoxen Gelehrten, den Ulama, konnte sich z. B. die Theosophenschule von Isfahan entwickeln und ein Mystiker wie Shaykh Ahmad aus Ahsa (gest. 1826) seine Eingebungen entfalten. Dieser nämlich hatte sich nach langen Wanderungen in Yasd niedergelassen und einen Schülerkreis um sich geschart, den er eine gnostisch-spirituelle Koranauslegung lehrte, wobei er sich auf die Offenbarungen des Propheten Muhammad berief. Als Mystiker deutete er z. B. dessen Himmelsreise (Sure 17,1) allegorisch und sah in der Totenauferstehung nur eine Chiffre für die mystische Reise der Seele zu ihrem Ursprung, der Vereinigung mit Gott. Andererseits verkündigte Shaykh Ahmad aber auch, daß das Kommen des Imam Mahdi (persisch *al-Qā'im* = der, welcher sich erheben wird) unmittelbar bevorstünde. Er berief sich dabei auf die alte schiitische Vorstellung vom verborgenen zwölften Imam, der als der sagenhafte Muhammad Ibn Hasan (der *Qa'im*), im Jahre 260 d. H. (= 873 n. Chr.) von der Erde entrückt worden sein soll und in der Fülle der Zeit wiederkommen werde: Wenn die Ungerechtigkeit unter den Menschen überhand nimmt, wenn die Kriege zunehmen und die Gewalt auf der Welt unerträglich werden wird, dann werde der Mahdi kommen und das Tausendjährige Reich des Friedens aufrichten. Eine solche Prophezeiung, die das Ende von Unterdrückung und Leid verhieß, wurde von den gläubigen Muslimen gern aufgenommen, zumal sich im Jahre 1260 d. H. (= 1844 n. Chr.) die Entrückung des zwölften Imam zum tausendsten Male jährte. Obwohl solche schwärmerischen Gedanken bei der schiitischen Orthodoxie Feindseligkeit hervorriefen, blieb die „Shaykhi-Bewegung" unbehelligt, weil sie unter dem Schutz des persischen Kaiserhauses stand; ja, Shaykh Ahmads Nachfolger Sayyid Kazim Rashti forderte sogar seine Schüler dazu auf, im ganzen Lande nach dem Imam Mahdi zu suchen.[1]

2. *Eine überragende Stiftergestalt: der Bab*

Das ist der mystische bzw. prophetische Kontext, in dem sich die Vorgeschichte, sozusagen die Gründungsphase der Bahai-Religion, vollzog. Sie wurde eingeleitet mit dem Auftreten von Sayyid Ali Muhammad, einem Kaufmannssohn aus Schiraz, dessen Familie sich von Ali, dem Schwiegersohn des Propheten, ableitete. Sayyid Ali Muhammad, der spätere Bab, hatte in Schiraz die chiliastischen Erwartungen der Shaykhi-Bewegung kennengelernt und sich zusammen mit den Mitschülern auf die Suche nach dem verheißenen Imam Mahdi gemacht. Dabei wurde er von dem Shaykhi-Schüler Mulla Husayn aus Bushruyi „entdeckt": In der Nacht des 23. Mai 1844, so heißt es, offenbarte er sich seinem Freunde als das von den Propheten verheißene Sprachrohr Gottes, „der Geliebte, das Verlangen eures und meines Herzens"[2], aber erst der Vorbote eines noch viel Größeren:

nämlich als der Bab, das „Tor" zum verheißenden Imam. Sein allegorischer Kommentar zur Josephsure (Koran-Sure 12), den er noch in derselben Nacht niedergeschrieben haben soll, gilt als die Bestätigung seiner Offenbarung. Später, im September des gleichen Jahres, als er sich auf einer Wallfahrt nach Mekka befand, wiederholte er seine Offenbarung mit den Worten: „Wahrlich, ich erkläre, niemand außer Mir kann an diesem Tage weder im Osten noch im Westen Anspruch erheben, das Tor zu sein, das die Menschen zur Gotteserkenntnis führt ... Ich verpflichte Mich, eben in diesem Augenblick Verse (nämlich Koranverse) zu offenbaren, welche die Wahrheit Meiner Sendung zu erweisen vermögen."[3] Der Titel *Bāb* oder persisch *Hazrat-i-Bāb,* „Seine Heiligkeit der Bab", macht aber deutlich, daß sich Ali Muhammad zu dieser Zeit noch nicht als der verheißene Mahdi verstand. Er wollte vielmehr „der Mittler" sein, der Zugang zu „dem, der da kommen soll".

Der engere Jüngerkreis, der sich um den Bab scharte, und dem auch die Dichterin und spätere Märtyrerin Qurratu'l-Ayn angehörte, umfaßte achtzehn Mitglieder, zu denen der Bab als neunzehntes Mitglied hinzugezählt wurde. Dahinter verbirgt sich die Symbolik der Zahl neunzehn: Es ist die Summe der Buchstaben der *bismillah,* der Einleitungsformel zu jeder Koransure. Die neunzehn Mitglieder werden daher auch „Buchstaben des Lebendigen" genannt und gelten als Keimzelle der neuen religiösen Bewegung, die jetzt einsetzte.

Zunächst blieb der Bab dem schiitischen Islam treu, vollzog die Wallfahrt nach Mekka, schrieb ein „Buch des Rechts", in dem er sich zur Scharia bekannte, und verstand sich eher als Reformator des Islam denn als Heilsbringer. Doch als er im Juli 1845 aus Mekka wieder in Shiraz eintraf, wurde er verhaftet und schließlich auf die Bergfestung Mah-Ku in Aserbeidjan verbannt. Hier scheint er zunächst gewisse Freiheiten gehabt zu haben; denn er verfaßte den persischen und den arabischen Bayan, die religiöse Grundlage seiner Lehre. Erst 1848, als er sich vor den geistlichen Würdenträgern der Stadt Täbriz selber als wiedergekommenen Imam Mahdi bezeichnete, durch den die Scharia aufgehoben sei, kam es zum Bruch mit dem schiitischen Islam. Als das die Anwesenden vernahmen, heißt es in einem Augenzeugenbericht, senkten sie, „von Entsetzen gelähmt", ihre Häupter. Die schiitische Orthodoxie und der Großwesir forderten Hazrat-i-Bab auf, den Sinn dieser unerhörten Botschaft zu erläutern. Dieser aber antwortete – in einer vielleicht bewußten Parallelität zu Jesus vor dem Hohen Rat –: „Ich bin der Verheißene! Ich bin der Eine, Dessen Name ihr nun schon seit tausend Jahren anruft, bei Dessen Nennung ihr euch erhoben habt, von Dessen Kommen Zeuge sein zu dürfen euer sehnlichstes Verlangen war, und um Dessentwillen ihr zu Gott gefleht habt, daß Er die Stunde Seiner Offenbarung beschleunigen möge. Wahrlich, es geziemt den Völkern des Ostens und des Westens, Meinem Wort zu gehorchen und Mir die Treue zu halten"[4]. Damit war der Bab als Gotteslästerer und Ketzer, als Verräter des Islam entlarvt. Seiner Verurteilung und der Verfolgung seiner

Anhänger stand nun nichts mehr im Wege. Am 9. Juli 1850 wurde er in Täbriz zum Tode verurteilt und hingerichtet. Shoghi Effendi, der letzte unmittelbare Autoritätsträger der Bahai-Religion, berichtet in seiner Biographie „Gott geht vorüber" von Zeichen und Wundern, die sich während des Märtyrertodes zugetragen haben sollen: Nachdem das Exekutionskommando seine Salven auf den Wehrlosen abgefeuert hatte und sich der Pulverdampf verzogen hatte, war der Bab auf einmal den Augen der Menge entschwunden. „Man fand Ihn unverletzt und gelassen im gleichen Raum, in dem Er die Nacht vorher verbracht hatte ..." „Ich habe meine Unterredung mit Siyyid Husayn (gemeint ist sein Sekretär, PG) beendet", sagte er; „nun mögen Sie daran gehen, ihre Absicht auszuführen."[5] Als das Exekutionskommando zum zweiten Male antrat und die Hinrichtung durchführte, da „verdunkelte", wie es heißt, „ein Wirbelsturm von Staub das Licht der Sonne und blendete die Augen der Menschen". Zur gleichen Zeit erschütterte ein Erdbeben die Stadt Shiraz. Die Typologie zum Kreuzestod Jesu ist unverkennbar. Shoghi Effendi beschreibt sie in einer geradezu hymnisch anmutenden Sprache: „Die Apotheose, in der ein solches Leben seine Vollendung erreichte, bezeichnet den Höhepunkt des heldenhaften Abschnitts des Heroischen Zeitalters der Bahai-Sendung ... Sie darf mit Recht als beispiellos in den Annalen des Lebens aller Stifter der auf der Welt vorhandenen Religionssysteme angesehen werden."[6] H. Roemer nennt Hazrat-i-Bab einen „vollendeten Heiligen im Sinne des Sufismus".[7]

Nach dem Tode des Bab setzten überall im Lande Verfolgungen ein. In den Jahren 1849/1850 fanden über zwanzigtausend seiner Anhänger den Tod. Auf ihrem Leidensweg tanzten sie und sangen die Verse des Sufi-Märtyrers al-Halladsch (gest. 922): „Von Gott kommen wir, und zu ihm kehren wir zurück."

Jahrelang hielt man die sterblichen Überreste des Bab in Persien versteckt, ehe sie 1909 in dem Zentralheiligtum am Berg Karmel über der Stadt Haifa ihre endgültige Ruhestätte fanden. Die grausamen Verfolgungen unter den Babi konnten jedoch die neue religiöse Bewegung nur in ihrem Sendungsbewußtsein bestärken. „Die Religion des Mahdi"[8] sollte fortan den Anspruch erheben, die Erfüllung und Vollendung aller Religionen zu sein.

3. Zwei ungleiche Brüder

Der weitere Verlauf der Entwicklung ist mit zwei Namen verknüpft: mit *Mirza Husayn Ali* aus Nur (geb. 12. Nov. 1817 in Teheran) und seinem Halbbruder *Mirza Yahya* (geb. 1830), beide sehr unterschiedliche Persönlichkeiten: ersterer mit außerordentlicher Tatkraft und Durchsetzungsfähigkeit begabt, letzterer von einer introvertierten Liebe zur Mystik und Meditation beseelt. Mirza Yahya, der den persischen Titel *Subh-i-Azal,* das heißt

„Morgen der Ewigkeit", trug, hatte enge Beziehungen zum Bab und sollte nach dessen Willen Interpret seiner Schriften und damit sein designierter Nachfolger werden, d. h. der Sachwalter bis zum Auftreten „Dessen, den Gott offenbaren wird". Mirza Husayn Ali hingegen war dem Bab zwar nie persönlich begegnet, führte aber einen intensiven Briefwechsel mit dem Religionsstifter. Beide Brüder teilten über Jahre hinweg das Schicksal von Verfolgung und Verbannung. Sowohl Bagdad als auch Edirne (Adrianopel) wurde für beide zum Exil. Doch die Zeit des Primats von Subh-i-Azal scheint nur bis in die Jahre 1866/67 gedauert zu haben; jedenfalls hören wir, daß Mirza Husayn Ali im Gefängnis von Teheran seine göttliche Berufung erhielt, die jetzt seinen Absolutheitsanspruch begründete und die er später mit den Worten beschrieb: „Eines Nachts im Traum hörte ich von allen Seiten diese erhabenen Worte: Wahrlich, wir werden dich siegreich machen durch dich selbst und durch deine Feder. Binnen kurzem wird Gott die Schätze der Erde auftun und Menschen erwecken, die dir helfen werden durch dich selbst und durch deinen Namen."[9] Die eigentliche Trennung von seinem Bruder erfolgte, als sich Mirza Husayn Ali am 21. April 1863 im Ridvan-Garten von Bagdad einem kleinen Jüngerkreis von Babi als die vom Bab und allen Propheten der Vergangenheit verheißene „universale Manifestation Gottes" offenbarte: „Die göttliche Frühlingszeit ist da", heißt es in der Biographie Shoghi Effendis.[10] „Der Morgenstern der Wonne erstrahlt am Horizont Unseres Namens ... Dies ist der Tag, an dem die Welt des Unsichtbaren ausruft: Dir ist großes Heil widerfahren, o Erde, denn du bist zum Fußschemel deines Gottes gemacht worden ... Sprich: Er ist es, Der den verborgenen und wohlbehüteten Edelstein offen vor euch hingelegt hat ... Erhebe dich und verkündige der gesamten Schöpfung die Botschaft, daß Er, Der da der Allbarmherzige ist, Seine Schritte gen Ridvan gelenkt hat und dort eingetreten ist. So führe denn die Menschen zum Garten der Wonne, den Gott zum Thron Seines Paradieses (*ridvān* = Paradies) gemacht hat ..." – Eine Ekstase bemächtigte sich daraufhin der Anwesenden. „Gläubige und Nichtgläubige brachen gleicherweise in Weinen und Wehklagen aus. Die Oberhäupter und Honoratioren waren starr vor Staunen. Die Tiefe der Erregung war unbeschreiblich, und niemand vermochte sich ihr zu entziehen."[11]

4. Bahaʾullah – Mittelpunkt und Vollender des Glaubens

Möglicherweise hat sich Mirza Husayn Ali schon bei seiner Selbstoffenbarung im Ridvan-Garten den Hoheitstitel *Bahaʾullah*, „Glanz Gottes"[12], zugesprochen, andere geben dafür als Zeitpunkt die endgültige Trennung von seinem Bruder an, die sich in Edirne vollzog.[13] Gleichzeitig mit der Verleihung des Hoheitstitels an ihren Stifter nannten sich seine Anhänger fortan ahl-i-Bahā, *Bahāʾī*, „Menschen des Gottesglanzes". Die Anhänger Subh-i-Azals, die „Azalis", aber verstanden sich als Rechtgläubige in der

Religion des Bab. Sie blieben religionsgeschichtlich bedeutungslos. Zwar warten sie noch immer auf den verheißenen Mahdi, werden aber von den Bahai heute als nationalistische, dem persischen Staat hörige Gruppe eingestuft. Mit anderen Worten: Mit Bahaʾullah begann in der Tat ein zweiter Abschnitt in der so wechselvollen Geschichte der Bahai-Religion.

Bahaʾullāh wußte sich als der eigentliche Bewahrer und Vollender der Religion des Bab, dessen Zeitalter nach neunzehn Jahren (!) abgelaufen sei. Bahaʾullahs persönliches Schicksal weist eine Fülle von Parallelen zum Bab auf, so daß man in Bahai-Kreisen geradezu von einer „Zwillingsreligion" gesprochen hat, Der Märtyrertod blieb ihm aber erspart; ja, es scheint, daß der neue und zweite Stifter während seiner Verbannungszeit in Akka Hafterleichterung bekam, indem man ihm ein Haus zur Verfügung stellte, wo er Pilger empfangen konnte und vor allem seine große literarische Tätigkeit – die Abfassung von Gebeten, Kommentaren zum Koran und seine umfangreiche Korrespondenz – fortsetzen durfte. Hier konnte er auch das *Kitāb al-Aqdās* (persisch: Kitāb-i-Aqdās), das „Buch der Gesetze", das „Hochheiligste Buch", vollenden (1873), welches ethische und staatsrechtliche Abhandlungen enthält und seitdem der Glaubensgemeinde als Grundlage für die Lehre vom Weltfrieden und der Einheit der Menschheit dient. Es gilt als das Kernstück der Religion, das „Mutterbuch" (*umm al-kitāb*), auch einfach *al-Kitab,* „Das Buch", genannt und nimmt die gleiche Stelle ein, wie sie dem Koran im Islam zukommt: Es gibt praktisch-theologische Richtlinien für die Gläubigen, regelt die Gebetszeiten, die Reinheits- und Fastenvorschriften sowie den Kult und die Feiertage und enthält somit die Grundlagen der Bahai-Religion. In § 99 wird das Kitab als Maßstab bezeichnet, an dem alles gemessen wird. Alle Bücher und Schriften der Welt seien nutzlos ohne das Kitab al-Aqdas, heißt es § 168.[14] Leider liegt bisher nur eine englische Übersetzung aus dem Arabischen vor, die anläßlich des hundertsten Todesjahres Bahaʾullahs (1992) der Öffentlichkeit vorgestellt wurde. Eine deutsche Fassung ist in Vorbereitung.[15]

Aus der Akka-Zeit stammen auch die berühmt gewordenen Sendschreiben „An die Könige und Herrscher der Welt" (Napoleon III., Zar Alexander II., Königin Victoria von England, Kaiser Wilhelm I., den Schah von Persien usw.) und die „Aufrufe an die religiösen Führer der Welt" (Pius IX., An die Geistlichkeit und die Anhänger der verschiedenen Religionen). In ihnen stellte sich Bahaʾullah als der Verheißene vor: „O Schar der Christen! Wir haben Uns euch schon zu einem früheren Zeitpunkt offenbart, und ihr habt Mich nicht erkannt ... Ihr erwähnt Mich und kennt Mich doch nicht. Ihr ruft Mich an, aber ihr achtet nicht auf Meine Offenbarung ... Zerreißt die Schleier ... und tretet dann in Meinem Namen ein in Mein Königreich. So befiehlt euch Er, der euch ewiges Leben wünscht ... Wahrlich, Er (Jesus) sagte: Folget Mir nach, und Ich will euch zu Menschenfischern machen. Am heutigen Tag jedoch sagen Wir: Folge Mir nach, auf daß Wir euch zu Lebensspendern der Menschheit machen."[16] Die Identifikation mit Jesus von Nazareth wird hier sehr deutlich; gleichzeitig aber wird von Bahaʾullah der Anspruch bekräftigt, über Jesus hinauszugehen und Vollender seiner Botschaft zu sein.

Als Bahaʾullah am 29. Mai 1892 in Bahji bei Akka eines natürlichen Todes starb, hinterließ er eine Gemeinde, deren Glauben ungebrochen und deren messianische Hoffnung vom Geist des Stifters erfüllt war, deren Mitglieder aber nach wie vor grausamen Verfolgungen ausgesetzt blieben.

II. Gegenwärtiges Erscheinungsbild

1. *Organisation*

a) *Die prophetische Sukzession*

Zunächst blieb die Leitung der Bahai-Gemeinde in den Händen der Familie Bahaʾullahs, war also durch Sukzession geregelt. *Abbas Effendi Abdul Baha,* „Diener der Herrlichkeit", der älteste Sohn Bahaʾullahs, folgte seinem Vater, dem er bereits in Akka als Sekretär gedient hatte. Er gilt bis zum heutigen Tage als ein Vorbild des Glaubens. Unter seiner Leitung begann die Bahai-Mission im Westen (1893/94 die ersten Anhänger in den USA, 1912 die Errichtung des „Hauses der Andacht" in Wilmette am Michigansee; 1907 Gründung einer Bahai-Gemeinde in Deutschland; erste Erfolge im Fernen Osten). 1908 wurde der von der osmanischen Regierung über die Familie Bahaʾullahs verhängte Hausarrest aufgehoben und 1909 in den Karmelbergen über Haifa ein Mausoleum für den Bab fertiggestellt, so daß der Leichnam des (ersten) Stifters beigesetzt werden konnte.

Inhaltlich orientierte sich Abdul Baha stärker als seine Vorgänger am Christentum, was einerseits die Öffnung zur westlichen Kultur, andererseits aber eine noch deutlichere Abgrenzung vom Islam zur Folge hatte. Als er, der schon zu Lebzeiten den Titel „Meister der Bahai-Religion" erhalten hatte, am 28. November 1921 starb und am folgenden Tage im Mausoleum des Bab beigesetzt wurde, nahm eine Ökumene aus Juden, Christen und Muslimen Anteil an seinem Tode und ehrte ihn in zahlreichen Beileidsbekundungen. Damit war – nach den Worten Shoghi Effendis – „das heroische Zeitalter" (gemeint ist die Zeit der Religionsgründung und der Konsolidierung) zu Ende.

b) *Der Hüter und sein Amt*

Shoghi Effendi, der „Hüter des Glaubens" (Valīy-i-Amruʾllāh), geboren am 1. März 1897, war der Enkel Abdul Bahas und von diesem zum Nachfolger bestimmt worden. Die Testamentseröffnung führte – möglicherweise durch abtrünnige Mitglieder verursacht – zu einer Reihe von Irritationen, als bekannt geworden war, daß Abdul Baha die Leitung der Religion nicht mehr nur einer Führungspersönlichkeit übertragen, sondern auf sogen. „Häuser der Gerechtigkeit" verteilt sehen wollte, welche aus mindestens neun Mitgliedern bestehen sollten. Die Bahai-Gemeinde ist zur Zeit dabei, durch Publikationen und in der Öffentlichkeitsarbeit den Vorwurf, bei dieser Umverteilung der Autorität habe es sich um eine bewußte Irreführung durch Shoghi Effendi gehandelt, zu entkräften. Durch Umsicht und Klugheit – und mit Unterstützung durch Bahiya Khanum, einer Schwester Abdul Bahas (gest. 1932), – gelang es Shoghi Effendi jedenfalls, seinen Führungsanspruch geltend zu machen und ihn in die Tat umzusetzen. Bis zu seinem Tode am 4. November 1957 leitete er als „Hüter des Glaubens" unangefochten die Bahai-Gemeinde.

Zugleich mit der Ausbreitung der Religion im Westen setzte sich die Distanzierung vom iranisch-islamischen Hintergrund, die bereits unter seinem Großvater begonnen hatte, fort.[17] Ihr folgte eine noch stärkere Öffnung zum Westen und damit zur christlichen Kultur.

Shoghi Effendis Wirken war durch eine rege literarische und organisatorische Tätigkeit geprägt: 1932 erschien eine offizielle Darstellung der Geschichte des Babismus und der Bahai-Religion unter dem Titel „Nabils Bericht", die fortan eine der wichtigsten Quellen der Religion werden sollte. 1944 legte er ein weiteres entwicklungsgeschichtliches Werk vor, das er „Gott geht vorüber" nannte. Es ist in die vier Perioden oder Zeitalter gegliedert, die mit den Namen des Bab, Bahaʾullahs, Abdul Bahas und dem „Beginn des gestaltenden Zeitalters des Bahai-Glaubens 1921–1944" verbunden ist. Im Vorwort heißt es dazu (S. XXIV): „Diese vier Abschnitte hängen untereinander eng zusammen und stellen aufeinanderfolgende Akte eines einzigen, in sich geschlossenen, wunderbaren und erhabenen Dramas dar, dessen verborgensten Sinn kein Intellekt ergründen, dessen Steigerung kein Auge auch nur schattenhaft wahrnehmen und dessen Abschluß kein Geist angemessen ahnen kann."

In den Jahren von 1951–1957 ernannte Shoghi Effendi 31 Bahai zu „Händen der Sache Gottes", die ihn bei seiner Missionstätigkeit unterstützen sollten. Diese „Hände" übernahmen zunächst auch nach seinem plötzlichen Tode am 4. November 1957 die Leitung der Weltgemeinschaft und übergaben sie am hundertsten Jahrestag der Ridvan-Proklamation (21. 4. 1963) an das „Universale Haus der Gerechtigkeit" in Haifa, das von den Nationalen Geistigen Räten in der ganzen Welt berufen wird.

c) Eine straffe Organisation

Der „Hüter des Glaubens" wurde das geistige und geistliche Oberhaupt der Bahai. Er besaß die Lehrautorität und hatte den Vorsitz im „Universalen Haus der Gerechtigkeit". Er bestimmte „weltweit die administrative und missionarische Tätigkeit der Gemeinden". Seine „hervorragendste Aufgabe ... besteht ... in dem ausschließlich ihm übertragenen Recht der Auslegung und Sinnfindung des geoffenbarten Wortes".[18] Shoghi Effendi kam das Charisma der Unfehlbarkeit zu; d. h., seine „autoritativen Auslegungen" bleiben „verbindlicher Bestandteil der Glaubenslehre und haben die gleiche Gültigkeit wie der offenbarte Text".[19] Oberster Grundsatz ist das Prinzip der Weisheit. „Der Gläubige hat ... das Recht, seine eigene Meinung zu den offenbarten Texten zu äußern. Autoritativ ist nur das offenbarte Wort."[20]

Die Jurisdiktionsgewalt liegt bei dem „Universalen Haus der Gerechtigkeit" (baytuʾl-adl), das für den ganzen Erdkreis zuständig ist. Im Kitab al-Aqdas hatte bereits Bahāʾullāh geschrieben: „Gott hat bestimmt, daß in jeder Stadt ein Haus der Gerechtigkeit entstehe, in dem sich die Ratsmitglieder entsprechend der Zahl bāha (= 9) versammeln sollen ... Sie müssen sich als Hirten betrachten, die Gott für alle, die auf Erden wohnen, bestimmt hat. Ihnen obliegt es, gemeinsam zu beraten und in seinem Auftrag das Wohl der Geschöpfe zu wahren und das zu veranlassen, was passend und schicklich ist."[21] Rechtsquelle ist die gesamte Offenbarung, insbesondere das im Kitab al-Aqdas von Bahaʾullah niedergeschriebene Gesetz. Damit bekommen die Verlautbarungen und Erlasse des „Universalen Hauses der Gerechtigkeit" autoritativen Charakter.[22] Nachdem mit dem Tode Shoghi Effendis das Hütertum erloschen ist, obliegt auch die Vollmacht der Lehre und Verkündigung dem „Universalen Haus der Gerechtigkeit". Damit hat allerdings auch eine Institutionalisierung der Religion und zugleich die Gefahr einer Ideologisierung des Bahai-Glaubens in Richtung eines „Gottesstaats" eingesetzt.

Die Organisation der Bahai funktioniert auf drei Ebenen: Auf der untersten Ebene steht der „Lokale Geistige Rat", dann folgt der „Nationale Geistige Rat" und schließlich das „Universale Haus der Gerechtigkeit". Im Jahre 1992 gab es weltweit 20 435 Lokale Geistige Räte und 1994 172 Nationale Geistige Räte.[23] Die Ratsmitglieder werden jährlich durch geheime Wahl bestimmt, ohne daß zuvor Vorschläge eingeholt werden. Außer den Räten gibt es seit 1968 die Continental Boards of Counsellors und die Bahai International Community, durch die die Bahai-Religion seit 1948 bei den Vereinten Nationen als Non-Governmental Organization akkreditiert ist und dort sehr engagierte Arbeit leistet. Die Statistik von 1994 nennt außerdem über 1300 Entwicklungsprojekte in der Dritten Welt, zu denen der Bau von Schulen (741), die Einrichtung von Alphabetisierungsprogrammen (203) und Umweltprojekten (670) sowie Frauen- und Jugendarbeit gehören. Seit 1975 gibt es eine Association for Bahai Studies, in denen sowohl historische wie theologische Forschungsarbeit geleistet werden kann.

In den letzten Jahrzehnten hat die Zahl der Gläubigen stark zugenommen, was u. a. auf die Friedensarbeit der Bahai zurückzuführen ist. Waren es in den fünfziger Jahren dieses Jahrhunderts nur etwa 200 000 Bahai, die vorwiegend im Iran lebten, so ist es seit etwa dreißig Jahren zu großen Missionserfolgen in West-Europa und in den USA gekommen. Seit dem

Ende der kommunistischen Ära, während der sämtliche Bahai-Aktivitäten verboten waren,[24] entstehen in den osteuropäischen Ländern jetzt zahlreiche Zentren, in denen man mit den Ideen der Religion vertraut gemacht werden kann.

Bedeutende Erfolge verzeichnet die Bahai-Mission übrigens in der Dritten Welt (Bolivien, Brasilien, Afrika, Indien, Pazifischer Raum), so daß man nicht zu Unrecht von einer „Dritte-Welt-Religion" gesprochen hat. Verboten sind die missionarischen Aktivitäten der Bahai in den islamischen Ländern, auch übrigens in liberalen islamischen Ländern wie Ägypten und Indonesien, die 1960 bzw. 1972 die Bahai-Missionsarbeit unter Strafe gestellt haben. Sowohl die inhaltliche Nähe zum schiitischen Islam wie auch der Anspruch des Bab und Baha'ullahs, eine Offenbarungsreligion zu verkündigen, die erst nach dem Propheten Muhammad entstanden ist, gelten den islamischen Behörden als Gotteslästerung. Heute zählt die Weltgemeinschaft etwa 5,5 Millionen Gläubige, von denen – wie M. Hutters Statistik zeigt[25] – etwa 40% in Indien und etwa 20% in Afrika beheimatet sein dürften. In den westlichen Ländern rechnet man mit etwa 250 000 Bahai.

2. *Glaubensinhalte und Glaubenspraxis*

a) Das Bekenntnis zu dem Einen Gott

Die vier Offenbarungsträger der Bahai-Religion und die von ihnen markierten Zeitalter sind gleichsam durch Stufen voneinander unterschieden: Die Erkenntnis des Bab ist sozusagen die Vorstufe für die Erkenntnis bzw. die Offenbarung Baha'ullahs (daher auch die Bezeichnung „Zwillingsoffenbarung"), und die Gabe der spirituellen Textauslegung, wie sie Shoghi Effendi zu eigen war, übertrifft oder ergänzt das Charisma seines Großvaters Abdul Baha, zumindest was die Organisation betrifft.

Dennoch ergeben sich gerade in der Theologie der Stifter erstaunliche Übereinstimmungen. So teilt Baha'ullah mit dem Bab nicht nur den strengen (islamischen) Monotheismus, sondern auch die Gottesvorstellung insgesamt. Für beide sind Gottes *Einheit* (*tawḥīd*) und *Einzigkeit* (*tafrīd*) die konstituierenden Merkmale Gottes. Das haben sie auch mit dem Islam gemeinsam, der sich dabei auf die 112. Koransure beruft: „Sprich: Er ist der Eine Gott, der ewige Gott. Er hat weder Kinder gezeugt, noch ist er (selber) gezeugt worden, und keiner kann sich mit ihm messen." In diesem Sinne heißt es in den hymnischen Bekenntnissen der „Ährenlese", einer von Shoghi Effendi zusammengestellten Auswahl aus den Schriften Baha'ullahs: „Er ist wahrlich eins und unteilbar, eins in Seinem Wesen, eins in Seinen Eigenschaften. Alles außer Ihm ist wie nichts, wenn es vor die strahlende Offenbarung nur eines Seiner Namen, vor die leiseste Andeutung Seiner Herrlichkeit gebracht wird – wieviel weniger, wenn es Seinem Selbst gegenübergestellt wird!"[26] Oder: „Betrachte den einen, wahren Gott als Einen, der anders als alles Geschaffene und unermeßlich darüber erhaben ist. Das ganze Weltall strahlt Seine Herrlichkeit wider, während Er selbst von Seinen Geschöpfen unabhängig ist und sie weit überragt."[27] „Er ist von Ewigkeit her. Keiner (ist) Seinesgleichen, kein Gefährte war Ihm je zugesellt oder kann Ihm jemals zugesellt werden. Kein Name ist mit Seinem Namen vergleichbar. Keine Feder kann Sein Wesen beschreiben, keine Zunge Seine Herrlichkeit schildern. Er bleibt immer über alle außer Ihm selbst unermeßlich erhaben."[28] Er ist der deus absconditus.

Gott ist die erste Ursache, das Absolute, der vollkommen Transzendente und im Grunde unerkennbar; denn „der Unterschied der Stufe (zwischen Mensch und Gott) ist ein Hindernis für die Erkenntnis; die niedrigere Stufe kann die höher stehende nicht verstehen. Wie könnte die erschaffene Wirklichkeit die Wirklichkeit des Schöpfers begreifen? Gott erkennen bedeutet also das Verstehen und die Erkenntnis seiner Eigenschaften, aber nicht seiner Wirklichkeit".[29]

Doch Gott tritt aus seiner Verborgenheit heraus, wenn er sein Schöpfungswort spricht und dann die bereits vorhandene Materie ins Sein ruft und damit zur Entfaltung bringt: „Jedes Wort, das aus dem Munde Gottes hervorgeht, ist mit solcher Kraft versehen, daß es jeder menschlichen Gestalt neues Leben einflößen kann ... Alle wunderbaren Werke, die ihr in dieser Welt seht", ruft Bahaʾullah aus, „sind durch das Wirken Seines höchsten, erhabensten Willens ... offenbart worden. Kaum ist dieses strahlende Wort geäußert, da bringen seine belebenden, in allem Erschaffenen wirkenden Kräfte die Mittel und Werkzeuge hervor, durch die solche Künste entstehen ... In künftigen Tagen werdet ihr wahrlich Dinge sehen, von denen ihr nie zuvor gehört habt. Jeder Buchstabe, der aus dem Munde Gottes hervorgeht, ist in Wahrheit ein Urbuchstabe, jedes von Ihm, dem Urquell göttlicher Offenbarung geäußerte Wort ist ein Urwort ... Wohl steht es um jene, die diese Wahrheit begreifen."[30]

Das Verhältnis Gottes zur Welt ist durch die *Emanation* bestimmt: Alle Geschöpfe gehen aus Gott hervor: „Das Hervorgehen durch Emanation", heißt es in Abdul Bahas Schrift „Beantwortete Fragen"[31], „gleicht dem Hervorkommen der Handlung vom Handelnden, der Schrift vom Schreiber. Die Schrift emaniert aus dem Schreiber, die Rede aus dem Redner, und in gleicher Weise emaniert der Menschengeist aus Gott." Aber: „Es ist nicht so, daß er aus Gott austritt – das heißt, kein Teil hat sich von der göttlichen Wirklichkeit gelöst, um in den menschlichen Körper einzugehen. Nein, wie die Rede aus dem Redner emaniert, so erscheint der Geist im Körper des Menschen. Das Hervorgehen durch Manifestation ist . . . wie das Hervorgehen des Baumes aus dem Samen des Baumes, oder das Entstehen der Blume aus dem Samen der Blume; denn es ist der Same selbst, der in Form der Zweige, Blätter und Blumen erscheint ..."

Die Bahai-Theologie bedient sich hier der neuplatonischen Philosophie, um den Gedanken der Emanation aus Gott deutlich zu machen. Andererseits legt sie Wert auf die Feststellung, daß sich bei den Emanationen im

Wesen Gottes nichts verändert. Diese Tatsache erklärt auch, warum die Bahai-Theologie keine Schöpfungstheologie im eigentlichen Sinne sein kann. Die Schöpfung ist vielmehr ewig wie Gott, und die Geschöpfe sind von Gott nicht aus dem Nichts geschaffen worden: „Sich eine Zeit vorzustellen, in der es überhaupt keine Geschöpfe gegeben habe, hieße die Göttlichkeit Gottes leugnen. Überdies kann völliges Nichtsein nicht zum Dasein werden. Wenn die Geschöpfe überhaupt nicht existiert hätten, wäre Dasein nicht ins Leben getreten" ... „Weil nun ... das göttliche Sein von aller Ewigkeit her besteht und immerwährend ist, d. h. weder Anfang noch Ende hat, darum hat sicherlich diese Welt des Daseins ... weder Anfang noch Ende."[32]

Die Schöpfung vollzog sich also so: Aus der Verbindung der Elemente ließ Gott die verschiedenen Geschöpfe und Formen entstehen. Das Leben auf der Erde existierte nicht von Anfang an, sondern entfaltete sich in Stufen. Es gibt fünf Stufen des Geistes: den Geist der Pflanze (Symbol: Wachstum), den Geist des Tieres (Symbol: Sinneswahrnehmung), den Geist des Menschen (Symbol: intellektuelle Befähigung), den Geist des Glaubens und der Erkenntnis einer höheren Wirklichkeit und den Heiligen Geist als Mittler zwischen Gott und seinen Geschöpfen, der sich in den Propheten manifestiert. Jede niedere Stufe ist gegenüber der nächst höheren ein Nichts: Gegenüber dem Dasein Gottes ist das Dasein der Geschöpfe maᶜdūm, Nichtsein.[33]

b) Das Denken in Zyklen

Die Geschichtstheologie bzw. die Prophetie der Bahai wird durch Zyklen bestimmt, die wie Spiralen aus der Vergangenheit in die Zukunft streben. Wie die Planeten die Sonne umkreisen, so ist auch die Weltgeschichte einem zyklischen Rhythmus unterworfen. Jeder Weltzyklus wird in sieben Welttage eingeteilt, an denen immer wieder ein neuer Prophet als Wiederkunft des vorangegangenen erscheint, – ein theologischer Gedanke, der sich auch bei den Stoikern und den Neuplatonikern und vor allem in der Lehre von den Zeitaltern (yuga) im Hinduismus findet. „So hat jeder Offenbarer einen Zyklus", schreibt Abdul Baha, „und während dieser Zeit werden Seine Gesetze und Anordungen ausgeführt und erfüllt. Wenn Sein Zyklus durch das Erscheinen eines neuen Offenbarers beendet wird, beginnt ein neuer Zyklus. Auf diese Weise beginnen, enden und erneuern sich die Zyklen, bis ein universaler Zyklus in der Welt vollendet wird."[34]

Abdul Baha unterscheidet zwischen „unabhängigen" und „abhängigen" Propheten, die die zyklisch verlaufende Heilsgeschichte bestimmen. Die „unabhängigen Propheten" gelten als „Manifestationen Gottes" (*mazahīr-i ilahīya*), auch „Spiegel Gottes" (*mirāt ᵓullāh*) genannt, und sind Mittler Gottes. Dazu gehören Abraham, Mose, Jesus, Muhammad, Krishna, Buddha, Zarathustra, der Bab und Bahaᵓullah. Sie alle haben heilige Schriften gebracht und sind die Stifter einer jeweils selbständigen Religion, die einen neuen Zyklus der Menschheit und damit eine neue historische Epoche einleitet. Jeder Prophet besaß die für seine Zeit angemessene und dem jeweiligen Menschengeschlecht verständliche Lehre, durch die er seine Epoche prägte: „Diese Sonnen der Wahrheit sind die alles umfassenden Manifestationen Gottes in den Welten seiner Attribute und Namen. Wie die sichtbare Sonne, die nach dem Ratschluß Gottes ... der Entwicklung aller irdischen Dinge dient: der Bäume, deren Früchte und Farben, der Gesteine auf der Erde und dessen, was in der Welt der Schöpfung sich erweist – ebenso rufen die göttlichen Leuchten durch ihre liebende Fürsorge ... die Bäume göttlicher Einheit, die Früchte seiner Einzigkeit, die Blätter der Loslösung, die Blüten der Erkenntnis und der Gewißheit ... ins Dasein und machen sie offenbar. So geschieht es, daß durch das Aufsteigen dieser Leuchten die Welt erneuert wird ... Unermeßlich hoch erhaben stehen die Propheten Gottes über dem Begriffsvermögen des Menschen, der sie gar nicht anders erkennen kann als durch sie selbst ...“[35] In diesem hymnischen Text wird die Lehre von der fortschreitenden Offenbarung, wie sie in der zyklischen Geschichtstheologie des Bahaitums zum Ausdruck gebracht wird, entwickelt. Jetzt aber ist sie an ihr Ende, zu ihrer Erfüllung gekommen; denn Baha'ullah ist die letzte der göttlichen Manifestationen. Er hat den Anspruch erhoben, die Erfüllung aller Verheißungen zu sein: für die Christen als der wiedergekommene Christus, für die Schiiten als Imam Husayn, der mit seinen 72 Märtyrergenossen, die auf dem Schlachtfeld von Kerbela (680) gefallen waren, ein messianisches Reich errichten werde, für die Buddhisten der zukünftige Buddha Maitreya, für die Zoroastrier der verheißene Schah Bahram.[36]

Den Stiftergestalten stehen die „abhängigen Propheten“ gegenüber, Männer wie Salomon, David, Jesaja, Hesekiel, Jeremia usw., die ihre „Macht“, ihr Charisma von den Religionsstiftern empfangen haben.

Wie in der hinduistischen Yuga-Lehre beginnt ein neuer Zyklus stets dann, wenn die Menschheit einen geistigen Tiefstand erreicht hat. Dann treten die Religionsstifter auf und bereichern sie mit einer neuen Offenbarung. Ihre Aufgabe besteht darin, neue Erkenntnisse in den vorangegangenen Zyklus einzubringen und ihn damit zu vervollkommnen. Auf diese Weise kommt es zu einer ständig fortschreitenden geistigen Entwicklung der Menschheit, zu einer Evolution. Die religiösen Wahrheiten einschließlich der Heiligen Schriften sind in sich relativ und zeitgebunden; aber gemeinsam bilden sie eine mystische Einheit: „Sobald eine neue Offenbarung kundgetan wird, erlischt der Gültigkeitsanspruch der ihr vorangegangenen Ausgießung. So war das Judentum mit dem Kommen Jesu abgetan, wie auch die Sendung Jesu mit dem Auftritt Muhammads abgeschlossen wurde. Und gleichermaßen ist das Bahaitum die Erfüllung des Islam und damit aller anderen Religionen, die somit ihren Anspruch auf Gültigkeit eingebüßt haben.“[37] Mit dem Erscheinen der Bahai-Stifter ist der adamitische Zyklus beendet, und der Bahai-Zyklus, der 500 000 Jahre dauern wird, hat begonnen.

Im Zusammenhang mit den Zyklen steht schließlich auch die Lehre vom *Bundesschluß* zwischen Gott und den Menschen. Dieser Bund existiert bereits seit ewigen Zeiten („Ewiges Bündnis") und besteht aus einem Vertrag (*mīṯāq*), der auf Liebe und Gerechtigkeit basiert. In ihm verheißt Gott den Menschen, sie durch erleuchtete Propheten zum ewigen Leben zu führen. Dabei wird sowohl das ewige Leben wie die ewige Verdammnis (die Hölle) symbolisch gedeutet, als Einheit mit Gott bzw. als Gottesferne. Doch obwohl sich mystische Auslegungen gerade im Zusammenhang mit eschatologischen Themen anbieten, verwahrt sich die Bahai-Theologie gegen eine symbiotische Verschmelzung des Menschen mit Gott, weil damit der Bündnischarakter zugunsten einer Unio Mystica aufgehoben werden könnte.

c) Die Bestimmung der Menschheit

Aus dem Verhältnis zwischen Gott und Mensch ergibt sich die Einheit des Menschengeschlechts; denn alle Menschen haben einen gemeinsamen Ursprung. Alle Menschen sind Geschöpfe des Einen Gottes, wie Tiere und Pflanzen auch. Was sie aber von diesen unterscheidet, ist die Fähigkeit des Denkens und der freien Entscheidung. Denn im Unterschied zum Islam sind nur unvermeidliche „Schicksale" wie Geburt und Tod prädestiniert, während Leid und Krankheit von den Menschen selbst bewältigt werden müssen. Schon im *Kitab al-Aqdas* spielt der individuelle Freiheitsbegriff eine wichtige Rolle (§ 122–125): Die sittliche Freiheit ist für Bahaʾullah das Fundament jeder Ethik. Ohne die Freiheit wäre ein eigenverantwortliches Handeln nicht möglich. Aber diese Freiheit ist nicht absolut, sondern an die Anerkennung der göttlichen Gebote gebunden, die ihrerseits wiederum durch das „Universale Haus der Gerechtigkeit" konkretisiert werden.[38]

Als *Ebenbild Gottes* ist der Mensch zur Gotteserkenntnis befähigt. Er bedarf aber dazu der Leitung durch die Propheten.

In der Lehre vom *Heil des Menschen,* der Soteriologie, geht es zunächst um die diesseitige Ganzheit von Leib und Seele, Denken und Handeln. In der Lehre *von den Letzten Dingen,* der Eschatologie, aber geht es um die Trennung von physischer Natur und geistiger Natur: Während die physische Natur beim Tode zerfällt und vergeht, bleibt die nicht-materielle geistige Natur, die mit Vernunft begabte Seele, die *nafs natiqa,* erhalten und gelangt zur Vollkommenheit dadurch, daß sie in der Gottesnähe ihre endgültige Heimat findet. Die Bahai-Eschatologie ist also dualistisch. Ausdrücklich wird die indische Lehre von der Reinkarnation und der Seelenwanderung verworfen, weil eine „Wiederholung und Rückkehr in die irdische Welt nicht zur Ursache der Vollkommenheit werden" kann.[39]

Das *Grundübel,* an dem die Menschheit „erkrankt" ist, ist nach Bahaʾullah die Uneinigkeit. Sie muß unbedingt überwunden werden, wenn die Menschheit in dieser von Technik und naturwissenschaftlichem Fortschritt beherrschten Welt eine Chance haben soll: „Die Welt liegt in Wehen, und ihre Erregung wächst von Tag zu Tag. Ihr Antlitz ist auf Eigensinn und

Unglauben gerichtet. Wenn die festgesetzte Stunde kommt, wird plötzlich erscheinen, was der Menschheit Glieder zittern macht. Dann und erst dann wird das göttliche Banner entfaltet, und die Nachtigall des Paradieses wird ihr Lied singen."[40] Um diesen neuen Zustand der Menschheit, die Einheit und den Frieden, zu erreichen, muß die alte zerstörerische Ordnung „aufgerollt" werden: „Bald", so erklärt Baha'ullah, „wird die heutige Ordnung aufgerollt und eine neue an ihrer Statt entfaltet werden."[41] Es ist dies eine der wenigen Stellen in der Bahai-Theologie, in denen das Problem der Sünde direkt angesprochen wird, ein Thema, das einer so „evolutionistisch" orientierten Theologie sonst fremd ist. „Sünde" – wenn man diesen Begriff überhaupt gebrauchen darf – drückt nach Bahai-Verständnis vielmehr einen Mangel aus: nämlich den Mangel an Einigkeit, den Mangel an Rechtschaffenheit, den Mangel an Sein.

Die Vision einer neuen Weltordnung beschreibt Shoghi Effendi so: „Die Einheit des Menschengeschlechts, wie sie Baha'ullah vorausschaut, umschließt die Begründung eines Weltgemeinwesens, in welchem alle Nationen, Rassen, Glaubensbekenntnisse und Klassen eng und dauerhaft vereint, die Selbständigkeit ihrer Staatsglieder und die persönliche Freiheit ... vollständig gesichert sind. Dieses Gemeinwesen muß ... aus einer Weltlegislative bestehen ... Es müssen Gesetze erlassen werden, die geeignet sind, alle Nöte zu befriedigen und die Beziehungen sämtlicher Rassen und Völker zu ordnen. Eine Weltexekutive, gestützt auf eine internationale Polizeitruppe, wird die Beschlüsse der Legislative ausführen ... Ein Weltschiedsgerichtshof wird seine bindende ... Entscheidung in sämtlichen Streitfragen erlassen ... Das Netzwerk eines alle verbindenden Weltverkehrssystems wird ersonnen werden, das den ganzen Erdball umspannt ... Eine Welthauptstadt wird als Nervenzentrum einer Weltzivilisation ... wirken. Eine Welthilfssprache wird entweder geschaffen oder unter den bestehenden Sprachen ausgewählt ..."[42] Eine Weltschrift, eine Weltliteratur, ein einheitliches Währungs-, Gewichts- und Maßsystem soll geschaffen werden. „In dieser Weltgemeinschaft werden Wissenschaft und Religion, die beiden gewaltigen Kräfte im menschlichen Leben, in Einklang gebracht, zusammenwirken und sich harmonisch entwickeln ... Nationale Rivalität, Haß und Machenschaften werden aufhören, und Feindseligkeiten und Vorurteile der Rassen werden durch Freundschaft, Verständigung und Zusammenarbeit ersetzt werden. Die Ursachen religiöser Zwistigkeiten werden für immer aus dem Weg geräumt werden ..."[43]

Das „Aufrollen" der alten Ordnung gehört zur fortschreitenden Entwicklung der Menschheit: „Eine ständig fortschreitende Kultur ist das Ziel der Erschaffung des Menschen", heißt es in einem Faltblatt, das die Vereinten Nationen, denen die Bahai in beratender Funktion angehören, im Jahre 1978 herausgegeben haben. „Wir glauben an die verwandelnde Kraft der Religion und beugen in Demut das Haupt vor unserem Schöpfer, der die Menschheit aus demselben Stamm erschaffen und den Menschen mit Verstand und Weisheit, edler Gesinnung und Unsterblichkeit ausgezeichnet hat."

d) Die Gleichberechtigung der Frau und die Gleichheit der Geschlechter

Voraussetzung für die Einheit der Menschheit ist die Gleichheit der Menschen untereinander, vor allem die Gleichheit der Geschlechter. Diese Forderung hat eine lange Tradition in der Bahai-Geschichte. Sie steht im Grunde schon am Anfang und ist seitdem Bestandteil der Verkündigung und Praxis.

Die *Gleichberechtigung und Hochschätzung der Frau* orientiert sich am Ideal der Dichterin und Märtyrerin Qurratuʾl-Ayn („Augentrost"), die später den Titel „Die Reine", *Tahirih,* erhielt. Sie gehörte seinerzeit als einzige Frau zu den vom Bab ausgewählten neunzehn „Buchstaben des Lebendigen". Auf der denkwürdigen Konferenz von Badasht (1848), die Bahaʾullah leitete, erschien sie zum Entsetzen der meisten Konferenzteilnehmer geschmückt und unverschleiert.[44] Einer der Orthodoxen war darüber so erregt, daß er sich die Kehle durchgeschnitten haben soll. Tahirih aber erhob sich, und mit fester Stimme rief sie die Teilnehmer zur Einigkeit auf. Wahrscheinlich wollte sie durch diese Provokation den Beginn einer neuen Epoche veranschaulichen, die eines Tages die Beschränkungen des Islam für nichtig erklären würde. Mit diesem Auftritt der Tahirih war zugleich deutlich geworden, daß die Religion des Bab nicht mehr mit dem Islam identisch war. Das bedeutete auch den Bruch mit der Scharia. Die Religion der Bahai hatte sich damit – also bereits 1848 – vom Islam getrennt.[45]

Das Verhalten dieser mutigen Frau hat die *Bahai-Ethik* maßgeblich geprägt. Von Abdul Baha ist der Ausspruch überliefert: „In der Vergangenheit wurde die Welt durch Gewalt regiert, und der Mann herrschte aufgrund seiner stärkeren ... körperlichen und verstandesmäßigen Eigenschaften über die Frau. Aber schon neigt sich die Waage. Gewalt verliert ihr Gewicht, und geistige Regsamkeit, Intuition und die geistigen Eigenschaften der Liebe und des Dienens, in welchen die Frau stark ist, gewinnen an Einfluß. Folglich wird das neue Zeitalter weniger männlich und mehr von den weiblichen Leitbildern durchdrungen sein, oder genauer gesagt, es wird ein Zeitalter sein, in dem die männlichen und weiblichen Elemente der Kultur besser ausgeglichen sein werden."[46]

Abdul Baha versteht das Beispiel der Tahirih, aber auch das von Maria Magdalena (!) als eine Aufforderung an die Frauen, ihr Leben gleichberechtigt mit den Männern zu gestalten: „Die Frauen müssen fortschrittlich gesinnt sein und zur Vervollkommnung der Menschheit ihre Kenntnisse über Wissenschaft, Literatur und Geschichte erweitern." Auf einer Versammlung der Frauenliga in London sagt er – vorausschauend – bereits 1913: „Binnen kurzem werden sie (die Frauen) zu ihrem Rechte kommen. Die Männer werden sehen, wie die Frauen ernsthaft und würdig an der Besserung des bürgerlichen und politischen Lebens arbeiten, wie sie sich dem Krieg widersetzen und Stimmrecht und gleiche Möglichkeiten fordern. Ich hoffe, daß ihr Frauen in allen Phasen des Lebens Fortschritte macht; dann werden eure Stirnen mit dem Diadem unvergänglichen Ruhmes gekrönt sein."[47] – Es gehört zweifellos zu den großen Verdiensten des Bab, Baha'ullahs und vor allem auch Abdul Bahas, die Gleichstellung von Mann und Frau zu einer Zeit gefordert und sogar verwirklicht zu haben, als in anderen Religionen und Weltanschauungen daran überhaupt noch nicht zu denken war.

Was den Schleier betrifft, dieses Kennzeichen der keuschen islamischen Frau, so scheint aber Baha'ullah den Bahai-Frauen, zumal in Persien und in den arabischen Ländern, zur Verschleierung geraten zu haben, damit sie vor Übergriffen fanatischer Moslems besser geschützt seien.

Der neue Einfluß der Frauen soll sich vor allem bei der *Erziehung der Kinder* bemerkbar machen. Beide Eltern sollten für eine gute Schulbildung sorgen. Erziehung sei vor allem Charakterbildung und erschöpfe sich nicht im Erlernen der üblichen Schulfächer. Es gehörten auch Religion und Kunst dazu: „Wissen ist wie ein Flügelpaar des Menschseins und wie eine Leiter zum Aufstieg ... Es sollen dies aber solche Wissenschaften sein, die dem Volke der Erde nützen, und nicht solche, die nur mit Worten beginnen und mit Worten endigen ..."[48] Hier haben die Frauen ganz besondere Aufgaben, die sie mit ihren Männern teilen sollen.

e) Der praktizierte Glaube

Die „Häuser der Andacht" sind ohne Schmuck und gleichen nur äußerlich den Kuppeln von Moscheen. Auch von einem ausgeprägten *religiösen Kult* kann man in der Bahai-Religion nicht sprechen. Das liegt vor allem daran, daß „die Umsetzung des Glaubens in das religiöse Leben zum Großteil im individuellen Bereich" begründet liegt, wie Manfred Hutter zu Recht vermutet.[49] Um kultische Formen – wie Segnungen, Exorzismen, einen Mysterienkult oder eine Sakramentenlehre, sowie „Initiationsriten", die etwa der Taufe, der Beschneidung, der Kommunion, der Konfirmation oder der Trauung entsprechen würden, – zu entwickeln, bedarf es einer fest gefügten Gemeinde, die den Mythus immer wieder in einen Ritus umsetzt und ihn dadurch lebendig erhält. Aber Rituale und Symbole (z. B. das Symbol des Lichts oder des Wassers) fehlen vollständig in den Bahai-Gottesdiensten. Einzig das sogenannte „Totengebet" könnte man als ein rituelles Element bezeichnen.

Selbst eine eigentliche *Gottesdienstordnung* fehlt. Die Gottesdienste sind liturgisch arm: Es werden lediglich Lesungen aus den Heiligen Schriften der Buchreligionen gehalten, die von verantwortlichen Laien vorgetragen werden und die ein eindrucksvolles Zeichen für gelebten *Synkretismus* darstellen. Auslegungen dieser Texte erfolgen nicht. Zuweilen werden während des Gottesdienstes in den jeweiligen Sprachen Loblieder gesungen, doch scheint man auch hier erst auf der Suche nach „liturgischen Formen" zu sein. Die Tatsache, daß man bisher keinen Zugang zu Ritualen und Symbolen gefunden hat, läßt die Bahai-Gottesdienste nüchtern und steril erscheinen. In ihnen spiegelt sich der starke Intellektualismus wider, der das Bahaitum zu einer „Religion der Oberschichten" gemacht hat.

Besonderer Wert wird in der religiösen Praxis aber auf die *Seelsorge* gelegt. Sie liegt sowohl auf örtlicher wie auf nationaler Ebene in den Händen von Beratern, die im Stile des Group Counseling arbeiten. Dabei legen die Bahai Wert auf die Feststellung, daß es sich bei der Diskussion der seelsorgerlichen Probleme um eine im besten Sinne „herrschaftsfreie Kommunikation", um die Praxis einer Art „Basis-Demokratie" handelt: Die Probleme werden von den Beratern gemeinsam mit dem Ratsuchenden diskutiert, und der Ratsuchende wird von ihnen seelsorgerlich begleitet, getröstet und getragen. In allgemeinen die Gemeinde betreffenden Fragen entscheidet bei der Suche nach einer Problemlösung schließlich der Mehrheitsbeschluß, der auch von Beratern mitgetragen wird, die bei der Abstimmung gegen den favorisierten Vorschlag gestimmt haben.

Bahaʾullah hatte ausdrücklich betont, daß es in seiner Religion „eines Priesters als Vermittler zwischen Gott und den Menschen nicht bedarf".[50] Für ihn stand die Pflege der Offenbarung, der göttlichen Inspiration an erster Stelle; es kann aber auch sein, daß er sich damit abermals von der islamischen Umma und ihren Autoritätsträgern, den Mullahs, absetzen wollte. Offenbar wollte er, daß die zentralen Pflichten, Gebet und Fasten, von jedem Gemeindeglied persönlich erfüllt würden.

Im *Gebet* verwenden die Bahai islamische Vorlagen, wenngleich ihnen nur drei Gebetszeiten (am Morgen, am Mittag, am Abend) als Lobpreisungen Gottes vorgeschrieben sind. Das kürzeste Gebet lautet: „Ich bezeuge, o Mein Gott, daß Du mich geschaffen hast, Dich zu erkennen und Dich anzubeten. Ich bezeuge in diesem Augenblick meine Ohnmacht und Deine Macht, meine Armut und Deinen Reichtum. Es ist kein anderer Gott außer Dir, dem Helfer in Gefahr, dem Selbstbestehenden."[51]

Die Gebetsrichtung, *qibla,* war zunächst die auf das Haus des Bab in Shiraz und ist nun das Grabmal des Bab in Haifa. Wie im Islam, so werden auch im Bahaitum vor jedem Gebet rituelle Waschungen durchgeführt.

Jedes „Haus der Andacht" besitzt Nebengebäude, in denen Tagungsstätten, Altenheime und andere soziale Einrichtungen untergebracht sind. Vorbildliche „Häuser der Andacht" sind die „Tempel" in Wilmette (USA), Kampala (Uganda), Langenhain bei Frankfurt am Main (eingeweiht 1964), Sidney (Australien) und die in Form einer riesigen Lotusblüte errichtete Kultstätte in Neu Delhi. Abdul Baha, der für seine Toleranz und Offenheit bekannt war, verfügte, daß die „Häuser der Andacht" Zentren der Einheit aller Religionen sein und daher auch allen Gläubigen zugänglich bleiben sollten.

Das religiöse Leben wird wesentlich durch den Bahai-Kalender bestimmt. Er richtet sich nach dem Bahai-Jahr, das aus dem Sonnenjahr zu 365 Tagen = 19 Monaten zu je 19 Tagen (einschließlich der Schalttage) besteht und am 21. März beginnt. Die Zeitrechnung setzt mit dem Jahr 1844 ein, dem Jahr der Erleuchtung und Offenbarung des Bab.[52]

Großen Wert messen die Bahai ihren *religiösen Festen* bei: So spielen die

Gedenktage der Stifter eine wichtige Rolle im Gemeindeleben, aber auch das Neujahrsfest Nawruz am 21. März und die zwölf Tage des Rid-van-Festes, das zur Erinnerung an die Erklärung Baha'ullahs als „universale Manifestation Gottes" (1863) begangen wird.

Die Feste haben einen Gemeinde stiftenden bzw. Gemeinde festigenden, aber auch einen geselligen Charakter: Sie dienen der Einheit der Gläubigen mit Gott und stellen zugleich die Bahai-Religion als Universalreligion der gesamten Menschheit dar. Um das deutlich zu machen, wird die Verkündigung auf alle Buchreligionen, besonders auf das Christentum und den Islam, ausgedehnt, wozu Gläubige aus allen Religionen eingeladen sind.

Eine Besonderheit bildet das sogen. „Neunzehntagefest", das am Ersten eines jeden Monats gefeiert wird und vom Bab selbst eingeführt worden sein soll. Die Teilnahme an diesem Fest ist ausschließlich Gemeindegliedern vorbehalten.

Merkwürdigerweise hat der Bab das islamische Ramadan-Fasten übernommen, aber es auf einen neunzehntägigen Bahai-Fastenmonat, den Monat Ala, reduziert, und Baha'ullāh hat diese Regelung in seinem Kitab al-Aqdas festgeschrieben. Dabei gelten die gleichen Regeln wie im islamischen Ramadan; aber wie in der Sufi-Mystik, so erhält auch im Bahai-Glauben das Fasten (*al-sawm*) eine spirituelle Dimension: Die physische Enthaltsamkeit ist nur sinnenfälliger Ausdruck für die Loslösung des Ich von den irdischen Dingen, Zeichen einer geistigen Freiheit, die hinter der materiellen Askese steht.

III. Verketzert und verfolgt

Die Entstehung und Ausbreitung der Bahai-Religion ist begleitet von zahlreichen Verfolgungen und unvorstellbaren Grausamkeiten, die die Gegner an den Gläubigen verübt haben, so daß man die Religionsgeschichte der Bahai geradezu als eine Passionsgeschichte bezeichnen könnte. Man fühlt sich an die Christenverfolgungen erinnert, wenn man die anderthalb Jahrhunderte der Bahai-Geschichte an sich vorüberziehen läßt. Die Verfolgungen begannen, als einige Anhänger des Bab die Gründung eines eigenen Babi-Staates erwogen, in welchem der Qa'im, der Mahdi, erscheinen sollte. Sie erreichten ihren Höhepunkt nach der Hinrichtung des Bab, als zwei jugendliche Fanatiker aus dem Kreis um Hazrat-i-Bab am 15. August 1852 einen Mordanschlag auf den jungen Shah, Nazir'ud-Din unternahmen und dabei scheiterten. Bei den daraufhin einsetzenden Verfolgungen in Persien, die zu den grausamsten in der Religionsgeschichte überhaupt gehören, fanden – wie bereits erwähnt – 20 000 Anhänger des Bab den Tod. Seitdem haben die Martyrien – von kurzen Unterbrechungen abgesehen – nicht aufgehört und dauern bis zum heutigen Tage unvermindert an. Auch die

Regierung des letzten Schahs von Persien bildete keine Ausnahme. Systematisch wurden die Bahai für alle nationalen Mißstände verantwortlich gemacht: Man beschuldigte sie der Attentate, der Revolutionen und der Hungersnöte im Lande.

Vor allem seit der „Islamischen Revolution" in den Jahren 1978/79 kommt es im Heimatland der Bahai-Religion zu immer neuen blutigen Ausschreitungen gegen die Gläubigen. 1979 erklärte Ayatollah Khomeini die Bahai für eine „bösartige" „politische Gruppe", der keine Religionsfreiheit zugestanden werden dürfe.[53] 1980/81 wurden die Mitglieder des Nationalen Geistigen Rates von den Revolutionsgarden festgenommen, in Scheinprozessen zum Tode verurteilt und hingerichtet. Am 17. März 1981 hat der Oberste Gerichtshof in Teheran die Mitgliedschaft in der Bahai-Religion als Kapitalverbrechen eingestuft, und seit 1983 sind im Iran alle Bahai-Aktivitäten verboten. Zwischen 1978 und 1985 wurden etwa zweihundert Gläubige hingerichtet, darunter Ärzte, Rechtsanwälte, Arbeiter und Angestellte. Ihre Leichen wurden verscharrt, ihre Angehörigen gefoltert, ihr Eigentum konfisziert, ihre Kultstätten dem Erdboden gleichgemacht oder profanen Zwecken zugeführt. Da die Bahai-Religion nicht zu den staatlich anerkannten Religionen gehört, gelten ihre Anhänger als Häretiker und Abtrünnige von der islamischen Staatsreligion. Noch 1991 hat das iranische Parlament unter Führung von Ayatollah Khameini ein Gesetz verabschiedet, das die religiöse und gesellschaftliche Diskriminierung gutheißt und praktisch die Verfolgungen seit 1978 sanktioniert.[54] Auch andere islamische Staaten haben sich dem iranischen „Vorbild" angeschlossen und die Duldung der Bahai-Religion aufgehoben.

Die „Dokumentation zur Verfolgung der Bahai im Iran"[55] zeigt, wo und wie die iranischen Bahai im täglichen Leben diskriminiert werden: Weil die Bahai-Religion keine „staatlich anerkannte Religion" ist und im Iran nur das islamische Rechtssystem Gültigkeit besitzt, werden Trauungen nicht anerkannt; damit sind die Bahai-Ehen für ungültig erklärt. Kinder aus diesen Ehen gelten als „unehelich". Da die Ehen ungültig sind, werden auch alle testamentarischen Vorkehrungen, die einen eventuellen Nachlaß regeln, automatisch ungültig; Kinder aus diesen Ehen erhalten keinen Personalausweis und keine Reisedokumente. Beisetzungen nach Bahai-Ritus sind vom Staat verboten worden; denn auch die Beerdigung darf im Iran nur nach islamischem Ritus durchgeführt werden. Ferner dürfen die Bahai keine Privatschulen unterhalten, und seit der „Islamischen Revolution" ist man dazu übergegangen, sie von den öffentlichen Schulen und Universitäten auszuschließen. Bewerbungen im öffentlichen Dienst werden grundsätzlich abgelehnt, berufliche Benachteiligungen, wie die Verweigerung von Beförderungen oder gar Entlassungen, sind an der Tagesordnung. Die Bahai sind im Iran ohne Grundrechte.

Die Weltöffentlichkeit ist aufgeschreckt, die internationalen Gremien geben Resolutionen ab (wie das Europaparlament am 10. April 1981), verurteilen die Verletzung der Menschenrechte und fordern den Schutz der

Bahai-Minderheit, aber die Aufrufe und Erklärungen sind bisher wirkungslos geblieben.

Wahrscheinlich sind sie deshalb wirkungslos, weil sie von westlich-säkularen Menschenrechtsvorstellungen ausgehen und die religionsgeschichtlichen Kontexte nicht ernst genug nehmen: Die Bahai-Religion ist ihrem Selbstverständnis entsprechend eine eigenständige, nach-islamische und nicht-islamische Weltreligion, und als solche sucht sie auch die Anerkennung in den islamischen, vorwiegend den schiitischen Staaten. Dort aber lehnt man diesen Anspruch als vermessen oder gar gotteslästerlich ab mit der Argumentation, daß mit dem Propheten Muhammad, dem „Siegel der Propheten", die Gottesoffenbarungen abgeschlossen seien und daher weder der Bab noch Bahaʾullah den Anspruch erheben dürfen, von Gott berufene Offenbarer zu sein. Daher sind eigene rituelle Handlungen, wie die Reduzierung der Gebetszeiten und die Änderung der Gebetsrichtung, unerlaubt, und eigene ethische Verhaltensweisen, wie bei der Trauung und Kindererziehung, verletzen nach islamischer Rechtsvorstellung die islamische Ethik. Im übrigen impliziere die Stiftung einer eigenen nach-islamischen Religion den Austritt aus der von Gott gestifteten Umma, der Gemeinschaft aller Muslime, aus der man nicht austreten kann, ohne Gott abzuschwören und zu lästern. Als Beispiel für die Gotteslästerung wird die Glaubens- und Grußformel *Allahu abha,* „Gott ist der sehr Glänzende", und der Ruf *Ya Bahaʾul abha,* „O Herrlichkeit der Herrlichkeiten", angeführt, Formeln, mit denen Bahaʾullah als der verheißene Heilsbringer gepriesen wird. Andererseits ist es gerade die Nähe zum Islam und die Herkunft aus dem Islam, die die neue Religion in den Augen vieler Muslime so suspekt, ja, bedrohlich erscheinen läßt.

IV. Eine „Weltreligion" oder nicht?

Das führt uns schließlich zu der Frage, ob die Bahai-Religion tatsächlich als eine neue Religionsstiftung angesehen werden kann. Die islamische Herkunft und die gemeinsamen Strukturen, der kulturelle Kontext und das phänotypische Erscheinungsbild scheinen dagegen zu sprechen. Danach müßte die Bahai-Religion als eine islamisch-synkretistische Sekte eingestuft werden, welche sich zumindest die Strukturen islamischen Denkens und Glaubens erhalten hat. Dieser Meinung war z. B. Hermann Roemer, der in seiner Dissertation „Die Bābī-Behāʾi", Potsdam 1912 (S. 175 ff.), forderte, man müsse der Bahai-Propaganda mit christlicher Mission begegnen. Andere Forscher wie Emanuel Kellerhals[56] und W. A. Visser't Hooft[57] sahen in der Bahai-Religion nur einen Synkretismus bzw. eine „erzwungene Synthese". Andererseits setzt sich heute seit Joachim Wach[58], Helmuth von Glasenapp[59] und Friedrich Heiler[60] immer stärker die Ansicht durch, daß es sich bei der Bahai-Religion um eine aus dem Islam hervorgegangene selbständige Glaubensform handele, die man ebensowenig den islamischen Sekten zurechnen könne, wie man den Islam eine christliche Sekte und das Christentum eine jüdische Sekte nennen könne. Einer ihrer schärfsten Kritiker, Francesco Ficicchia, bezeichnet sie als „jüngste Weltreligion“[61]. Und Manfred Hutter schreibt: „Es ist durchaus gerechtfertigt, hier von einer neuen Weltreligion zu sprechen.“[62] Ist sie das?

In der Tat trägt die Bahai-Religion alle Merkmale einer „Weltreligion“: Sie ist *universalistisch* orientiert und wendet sich an die gesamte Menschheit, sie bejaht den Pluralismus, und – das ist neu – sie gibt den anderen Religionen in ihrer Heilsgeschichte durch die sogenannten „Zyklen“ Raum und mißt den anderen Religionsstiftern eine relative heilsgeschichtliche Bedeutung zu. Sie erhebt andererseits einen *Absolutheitsanspruch,* indem sie Bahaʾullah als Heilsbringer und endgültigen Offenbarer bekennt, in dessen Namen sie in aller Welt Mission betreibt und die Einheit der Religionen als „das neue Paradigma“ für die gesamte Menschheit beschwört.[63]

Daß sie synkretistische Merkmale aufweist und in ihrer Theologie eklektizistisch verfährt, spricht nicht gegen ihren Anspruch, eine „Weltreligion“ zu sein. Indem sie die „kennzeichnenden Epitheta“ der Weltreligionen zu ihren eigenen macht, z. B. das Christentum als „Religion der Liebe“, das Judentum als „Religion der Gerechtigkeit“, den Islam als „Religion der unbedingten Hingabe“, den Buddhismus als „Religion der Loslösung“ und die Religion Zarathustras als „Religion der Reinheit“ bezeichnet und sie alle in der Religion Bahaʾullahs aufgehen läßt, entsteht natürlich so etwas wie eine „Synthese der Religionen“, vielleicht sogar eine „synthetische Religion“.

Hier ist in der Tat zu fragen: Ist die Bahai-Religion unter diesen Voraussetzungen noch als „Weltreligion“ zu bezeichnen? Erscheint sie nicht vielmehr als ein künstliches Gebilde, dem die unterschiedlichsten Elemente der Religionsgeschichte nach bestimmten Gesichtspunkten – z. B. der Zyklentheorie – oder entsprechend dem Zeitgeist – z. B. der Einheit des Menschengeschlechts – einverleibt werden und – dem Prinzip der fortschreitenden Offenbarung folgend – für heilsnotwendig erklärt werden? Sind die Offenbarungen und Inspirationen der beiden Stiftergestalten wirklich originär zu nennen, oder nehmen sie nicht vielmehr das auf, was anderen vor ihnen offenbart wurde?

Andererseits kann an der Offenbarungswirklichkeit als solcher kein Zweifel bestehen: Sowohl beim Bab wie bei Bahaʾullah handelt es sich um charismatisch hoch sensibilisierte Offenbarungsträger von ekstatischer Provenienz.

Im übrigen, sind nicht alle Religionen in der Welt in bestimmtem Sinne Synthesen, die sich einem langen Prozeß der Synkretisierung verdanken? Die „Religion der Einheit“, wie sie den Stiftern der Bahai-Religion vorgeschwebt hat, ist dabei nur einer von vielen Entwürfen, die die Religionsgeschichte hervorgebracht hat.

Die Bahai-Weltgemeinde

Statistische Zahlen

	Weltweit	Afrika	Amerika	Asien	Australasien	Europa
Nationale Geistige Räte (1994)	172	47	43	35	17	30
Örtliche Geistige Räte (1992)	20 435	5 904	5 391	7 419	876	845
Orte, in denen Bahai leben (1992)	120 046	33 270	27 470	51 119	4 094	4 093
Länder, in denen die Bahai-Religion vertreten ist (1993)						
– unabhängige Staaten	188	52	35	45	13	43
– abhängige Territorien oder Überseebesitzungen	45	5	17	3	13	7
Eingeborenenstämme, Rassen und ethnische Gruppen (1986)	2 112	1 250	340	250	250	22
Sprachen, in die Bahai-Literatur übersetzt wurde (1986)	802	266	172	174	110	80
Bahai-Verlage (1986)	30	4	9	9	2	12
Bahai-Entwicklungsprojekte (1992) (Schulen)	1 344	286	532	532	117	30

(Mit freundlicher Genehmigung des Nationalen Geistigen Rats der Bahai in Deutschland)

Maya Burger

HINDUISMUS

I. Grunddaten

„Hinduismus" ist ein Sammelbegriff (vgl. III.1), der die beeindruckend zahlreichen und unterschiedlichen religiösen Strömungen und Traditionen (nicht aber andere Religionen) des indischen Subkontinents von den Anfängen bis zur Gegenwart benennen soll. Insgesamt wird die Zahl der Hindus der Welt auf 750 Millionen geschätzt, wovon 650 Millionen in Indien leben.[1] Ungefähr 80 % des indischen Volkes (die Gesamtzahl des indischen Volkes wird bis zum Jahr 2000 auf fast eine Milliarde geschätzt) sind Hindus. Weitere Religionen in Indien sind: Islam 12 %, Christliche Konfessionen 4 %, Sikhismus 2 %, Jinismus 0,7 %, sowie andere Religionen 1,7 % (Parsis, Juden, Stammesreligionen, Religionslose).[2] Die verschiedenen Religionen verteilen sich unterschiedlich; man findet z. B. in den Staaten Kashmir, Bihar, Karnataka und Bengalen eine starke muslimische Bevölkerung, während man in Rajasthan und Gujarat mehr Jainas als anderswo und in Kerala mehr Christen findet.

Die Unterschiede der Traditionen oder Strömungen sind auch lokal und regional bedingt. Überdies ist das religiöse Leben in Indien bis heute sehr aktiv und produktiv; noch in unserer Zeit tauchen ständig neue Kulte und Tendenzen auf. Diese Pluralität zu fassen wird auch dadurch erschwert, daß der Hinduismus engstens mit seiner sozialen Organisationsform, dem sogenannten Kastensystem, verbunden ist, welches sich je nach Regionen und Sprachgebieten differenziert, die im großen und ganzen den Staaten des modernen Indien entsprechen. Die Karte (siehe S. 112) illustriert die Verteilung der wichtigsten Strömungen des Hinduismus, wie er heute gelebt wird, anhand der Pilgerorte und ihrer Hauptgottheit.

Der Hinduismus hat sich in Südostasien seit dem ersten Jahrhundert n. Chr. ausgebreitet, wo er durch Kontakte mit lokalen Traditionen neue Formen angenommen hat. Eine weitere Ausbreitung geschah seit dem 19. Jahrhundert durch Migration indischer Arbeiter nach Afrika, Mittel- und Südamerika (Trinidad/Tobago, Gyana/Surinam), Kanada und Fidji. Zahlreiche Hindu-Vereinigungen sind rund um die Welt etabliert (z. B. leben ungefähr 575 000 Hindus in Nordamerika und 500 000 in Großbritannien).[3]

Eine zahlenmäßige Aufteilung der Hindus in „konfessionelle" Richtungen (z. B. Viṣṇuismus, Śivaismus, Kṛṣṇa-Verehrer, Vedāntins, usw.) ist nicht möglich, erstens, weil hinter diesen Richtungen keine Institutionen mit

Heilige Stätten und Flüsse Indiens
(Modifiziert nach G. Deleury; 1991; Seite 77)

feststellbaren Mitgliederzahlen stehen, zweitens weil die Verehrung der einzelnen Götter oder Vorlieben für bestimmte metaphysische Positionen nicht exklusiv sind.

II. Geschichte von den Anfängen bis heute

Eine Betrachtung des Hinduismus gemäß seiner Geschichte ist eine nichthinduistische Perspektive. Die Inder sind weniger an der zeitlichen Abfolge von Entwicklungen und Epochen interessiert; sie betrachten die Zeit (Zeitpunkte und Perioden) eher unter dem Aspekt einer mythischen, metaphysischen Wertigkeit; es gibt heilvolle und ungünstige Zeiten; das Zeitbewußtsein insgesamt ist durch den Glauben an zyklisch wiederkehrende Zeitalter *(yuga)* und kosmische Perioden *(kalpa)* geprägt.

1. *Religionsgeschichte Indiens*

a) Quellenlage

Die Geschichte des Hinduismus fällt weitgehend zusammen mit der Geschichte der überlieferten Textquellen. Allerdings fehlen uns auf weite Strecken Daten und Dokumente, um eine genaue Geschichte (über drei Jahrtausende) aller Epochen und Schichten der indischen Gesellschaft schreiben zu können. Unsere Hauptquellen für die Kenntnisse der Religionen sind die – zum größten Teil auf Sanskrit abgefaßten – Texte der indischen Gelehrten, meistens Brahmanen, die durch ihr Denken ihre Religion geschaffen und kommentiert haben. Die Quellen des älteren Buddhismus und Jinismus (ab 3. Jh. v. Chr.) sowie viele Inschriften sind in mittelindischen Sprachen verfaßt; indirekt läßt sich auch aus den nichthinduistischen Quellen etwas über den Hinduismus entnehmen. Man muß in Nordindien bis ins 13. Jahrhundert warten, um auch religiöse Äußerungen in den Volkssprachen zu finden und somit etwas über die Glaubensstruktur der „unteren" Schichten der Gesellschaft (die aber eindeutig die Mehrzahl der Hindus sind) zu erfahren. Andere wichtige Kenntnisse über den Hinduismus stammen aus den Quellen der Archäologie, der Numismatik, der Epigraphie, den Reisebeschreibungen, den noch überlebenden mündlichen Traditionen und aus dem, was aus der heutigen ethnologischen Forschung für die ältere Zeit gefolgert werden kann.

Die Quellen der verschiedenen Epochen bezeichnen auch die wichtigsten Strömungen des Hinduismus. Durch Fremdherrschaft und Einwanderungen war der Hinduismus immer wieder neuen Impulsen ausgesetzt, die ihn verändert haben.

b) Archaische Religionen

Vor der Einwanderung der Arier spricht man von archaischen Religionen (wobei mit diesem Konzept kein Werturteil verbunden ist).[4] Der indische Subkontinent wird seit langem von Stammesgesellschaften bewohnt, die heute in Rückzugsgebiete verdrängt worden sind. Ihr Einfluß auf die Religionen der schriftlichen Tradition ist unbestritten. Seit R. Redfield spricht man von der „kleinen", der lokalen, folkloristischen, und der „großen", brahmanischen, schriftlichen, gelehrten Tradition.[5] Beide Traditionen leben eng beieinander und haben sich über die Jahrtausende hinweg gegenseitig tief beeinflußt. So wurden Elemente wie blutige Kulte, Possessionsphänomene, die Verehrung von Lokalitäten (Berge, Flüsse, Bäume, usw.) in die große Tradition aufgenommen. Auch einzelne Gottheiten der großen Tradition stammen aus der archaischen Welt, so z. B. Kṛṣṇa, ursprünglich eine Gottheit der Hirten, oder auch Śiva.

c) Vedische Epoche

Während der Zeit der Einwanderungen der Indoeuropäischen Stämme der Arier entstanden die Veden (ab 1500 v. Chr.). Sie wurden über Jahrtausende mündlich überliefert, bevor sie schriftlich fixiert wurden. Diese Hymnen waren für die Arier Mittelpunkt ihrer Religion und begleiteten vor allem ihre Opfer. Das vedische Korpus (Veden, Brāhmaṇas, Upanischaden) gilt als Offenbarung, eine Offenbarung, die von „Heiligen" *(ṛṣi)* „gehört" worden ist *(śruti)*. Diese Texte werden als die Garanten von Orthodoxie und als zeitlose Wahrheit angesehen. Die Veden gelten immer noch als eine absolute Autorität; die Berufung auf sie ist jedoch nur formal, da sehr wenig Leute diese Tradition wirklich kennen. Spätere Teile der Überlieferung werden als „Erinnerung" *(smṛti)* angesehen, d. h. als menschliche Versuche, die Wahrheiten der Offenbarung zu verstehen, auszulegen und weiterzuentwickeln.

Um die Zeit der Geburt des Jinismus und des Buddhismus (6./5. Jh. v. Chr.), entstehen zentrale Begriffe des Hinduismus, wie *karman* (vgl. 3.d), sowie Spekulationen des Yoga.

d) Epen und Śāstras

In gewissem Sinne eine Fortsetzung der vedischen Literatur bilden die Texte der sog. vedischen Hilfswissenschaften. Dazu gehört z. B. die Grammatik. Um das 5. Jh. wird die „Sprache der Götter", das Sanskrit, grammatikalisch fixiert, vor allem durch das Werk des größten Grammatikers Pāṇini. Auch die *dharma śāstras* beanspruchen, das Leben letztlich so zu regeln, daß das vedische Ritual den Mittelpunkt bildet. Das Gesetzbuch Manus *(Manusmṛti)* hat die Jurisprudenz der indischen Gesellschaft bis ins zwanzigste Jahrhundert hinein bestimmt.

In dieselbe Epoche gehören die klassischen Epen; sie bilden eine anonyme Literatur, die anfänglich mündlich überliefert worden ist und deren Abfassung sich über Jahrhunderte erstreckt hat (ca. 200 v. Chr.–400 n. Chr.).

Das Hauptthema des Mahābhārata ist der Krieg zwischen den Kauravas und den Pāṇḍavas, zwei Linien der Sippe des Bharata. Zwar sind die Pāṇḍavas am Ende die Sieger, aber die zurückgelassene Zerstörung ist so umfassend, daß man nicht eigentlich von einem Sieg reden kann, sondern direkt die Absurdität eines solchen Krieges vor Augen geführt bekommt.

Das Mahābhārata ist ein Werk, das in sich all die Strömungen seiner Entstehungsepochen enthält; es wird von den Hindus oft als eigentlicher Beginn der indischen Zivilisation angesehen. Es gilt heute noch als Schatzkammer des Hinduismus, da es Mythen, Legenden und Spekulationen aufgenommen hat, die die Hindus tief geprägt und beeinflußt haben. Außerdem enthält dieses Epos die Bhagavadgītā, die der meist kommentierte und gelesene Text des Hinduismus sein dürfte.

Das zweite klassische Epos, das Rāmāyaṇa, handelt vom Leben des gerechten Königs Rāma. Rāma ist nicht nur der gerechte König, er ist, bzw. wird im Verlauf der Überlieferung, auch Gott. Obwohl er meistens als eine Manifestation Viṣṇus aufgefaßt wird, gilt er vielen auch als höchster Gott. Nach einem Thronfolgestreit begibt sich Rāma, begleitet von seinem Bruder Lakṣmaṇa und seiner Frau Sītā, in die Verbannung. Sītā wird entführt, wonach die Suche, der Kampf um ihre Rückeroberung und schließlich der Sieg über den Dämonenkönig Rāvaṇa, beschrieben werden.

Dieses Epos bildet einen der wichtigsten kulturellen Faktoren der hinduistischen Welt. In ihm finden viele Inder bis heute Modelle für ihr Verhalten dargestellt.[6] Rāma erscheint als ein idealer Herrscher, die Inkarnation von Gerechtigkeit. Sein Bruder Lakṣmaṇa ist das Ideal brüderlicher Treue; Sītā ist die ideale, treue Frau; und Hanumān, der Verbündete Rāmas in Affengestalt, ein Symbol treuer Zuneigung. Im Bereich des volkstümlichen Hinduismus werden ihm selber ebenfalls göttliche Ehren zuteil (Tempel, *pūjā,* usw.). Rāma ist eine Gottheit, die heute als ein politisches Bild lebendig ist. Die indischen Nationalisten berufen sich auf ihn als Symbol der hinduistischen Gerechtigkeitsauffassung und möchten Rāmas Herrschaft *(Rāmarājya)* wiederherstellen.

e) Sechs philosophische Systeme (darśana)

Eine andere Literaturgattung, welche zeitlich auf die epische Epoche folgt, jedoch parallel mit dem purāṇischen Hinduismus sich entwickelt und einen anderen Aspekt der hinduistischen Geisteswelt thematisiert, sind die Texte, die den sechs philosophischen Systemen zugerechnet werden können: *Sāṃkhya, Yoga, Nyāya* (Logik), *Vaiśeṣika* (Kategorienlehre), *Mīmāṃsā* (Vedische Hermeneutik), *Vedānta.* Das dualistische System des Sāṃkhya hat das indische Denken (Medizin, Theologie, Mythologie) durch sein Klassifikationsschema der drei Grundqualitäten *(guṇa): sattva, rajas, tamas* beeinflußt.

Yoga ist außerhalb der sechs Systeme ein Oberbegriff für Techniken geworden, die je nach der Methode, die man anwendet, klassifiziert werden: durch Körperübungen *(haṭhayoga);* durch eine emotionale Liebesbeziehung *(bhaktiyoga);* durch Taten, die ohne Hoffnung auf Vergeltung oder Belohnung ausgeführt werden *(karmayoga),* durch Meditationstechniken *(rājayoga).* Vedānta („Ende des Veda") ist das für den jüngeren Hinduismus wichtigste System. Die Anhänger des Vedānta berufen sich auf drei Haupttexte, welche sie interpretieren (die Upanischaden, die Brahma-Sūtras, die Bhagavadgītā). Einige wichtige Repräsentanten sind Śaṅkara (8. Jh.), Rāmānuja (11. Jh.), Vallabha (15. Jh.). Die Neohinduisten (19./20. Jh.) können in einem allgemeinen Sinn als Vedāntins betrachtet werden.

f) Purāṇas

Eine nächste wichtige Quelle sind die *Purāṇas* („alte Kunde"): Es handelt sich nicht um historische Texte, vielmehr enthalten sie alles, was ein Hindu über Kosmogonien, Kosmologien, religiöse Gesetze, Riten, Yoga, Gottesliebe *(bhakti)* wissen muß. Man spricht von „purāṇischem Hinduismus", wo diese Inhalte im Vordergrund stehen und wo Mythologie und Legende gegenüber Philosophie überwiegen. Es ist weniger eine Epochenbezeichnung als eine typologische Klassifikation.

g) Āgama/Tantra

Für den Bereich des „sektarischen Hinduismus" ist eine weitere Gruppe von Texten die Hauptquelle, die Āgamas, auch Saṃhitās oder Tantras genannt. Es sind Texte, die eine Gottheit verehren (Viṣṇu, Śiva, Śakti). Sie belehren uns über richtiges Leben und Verhalten *(caryā),* Riten *(kriyā),* spirituelle Methoden (Yoga) und über Kosmos und Gott *(jñāna).* Zusammen mit den Purāṇas sind diese Texte die wichtigsten Quellen für die Regeln und Vorschriften, die die praktizierte Religion bestimmen.

Der Tantrismus hat den Hinduismus allgemein geprägt. Er integriert in seine Auffassungen sehr archaische Elemente wie die Kulte der Göttin, Yoga, sexuelle Riten, die Suche nach übernatürlichen Kräften. Auch hier findet man Elemente, die von reiner Magie bis zu den subtilsten Auffassungen reichen.[7]

h) Bhakti

Durch die Bhakti-Bewegung entstand eine neue Quelle unserer Kenntnis des Hinduismus, die Literatur in den Volkssprachen, deren Kenntnis vor allem für den Hinduismus in seiner heutigen Form unverzichtbar ist.[8]

Obwohl es sich hier um eine alte Tradition handelt, erlebt sie vom 7. Jahrhundert an eine spirituelle Erneuerung, die mit den Dichterheiligen aus Tamil Nadu (den Ālvārs, 8.–10. Jh.) anfängt und ihre Blütezeit zwischen dem 15. und 17. Jahrhundert erreicht. Ein maßgeblicher Text ist das *Bhāgavatapurāṇa* (9/10. Jh. ?), das in seinem 10. Buch (vor allem Kapitel 29–33) gefühlsbetonte Erfahrungen der Gottesliebe (hier zu Kṛṣṇa) der Hirtinnen *(gopī)* beschreibt. In der emotionellen *bhakti* zeigt der Gläubige alle Symptome einer sich völlig hingebenden Liebe. Wenn diese Liebe nicht zustande kommt, lebt er in der nostalgischen Suche nach Gott *(viraha,* Trennung). Sie ist eines der Hauptthemen der Dichter, die diese Art der *bhakti* beschreiben.

Durch die *bhakti* suchen die Gläubigen eine persönliche Liebesbeziehung zu Gott. Der Anhänger ist überzeugt, daß er am Leben und an der Natur Gottes teilhat. Hinter dieser Suche steht eine neue religiöse Einstellung, die den Menschen aller Kasten, ob Mann oder Frau, Zugang zur Religion verschaffen möchte.

Das Recht, sich über die Religion schriftlich auszudrücken, war lange Zeit den Brahmanen vorbehalten. Es bedurfte verschiedener revolutionärer Bewegungen, bis Leute aus niedrigen Kasten begannen, in dichterischer Form ihr Erlebnis des Göttlichen zu beschreiben. Auch die traditionellen Texte wurden in die Volkssprachen übersetzt und wurden dadurch den Leuten, die nicht Sanskrit sprachen, bekannt (so die Übersetzung der Bhagavadgītā ins Marathi durch Jñāneśvar im 12. Jh.). Daneben gab es Adaptationen alter Texte, z. B. die südindische Version des Rāmāyaṇa von Kampan (11./12. Jh.) in Tamil oder eine Adaptation des Rāmāyaṇa durch den Dichter Tulsīdās (im 7. Jh.) in der Sprache Avadhi.

Auch Frauen fanden den Mut, ihre Visionen darzustellen. Erhalten sind z. B. die Gedichte Mīrās, einer „verstoßenen" Prinzessin, die auf ihrem Wanderleben die Liebe zu ihrer Gottheit *(Kṛṣṇa)* besang. Ihre Gedichte werden in vielen modernen Gebetsveranstaltungen verwendet, meist gesungen.[9]

i) Islamische Eroberung und Kolonialzeit

Einen wichtigen Impuls erhielt der Hinduismus durch die Anwesenheit des Islam. Vom 13. bis zum 18. Jahrhundert wurde Indien von muslimischen Herrschern regiert.[10] Die einheimischen Quellen werden durch islamische Werke (meistens in Persisch), z. B. Reiseberichte (Al-Bīrūnī, 10. Jh.) u. a. erweitert.

Der islamische Einfluß hat nicht nur eine neue Religion geschaffen, den Sikhismus, sondern auch originelle Denker hervorgebracht. Der wichtigste von allen, der Mystiker und Reformator Kabīr (14./15. Jh.), war ein sarkastischer Dichter. Sein Anliegen war es, den Islam und den Hinduismus mit ihren inneren Widersprüchen zu konfrontieren. Letztlich lehnt er beide Religionen zugunsten einer selbsterlebten, erfahrenen Religion ab.

Der Kontakt mit der westlichen Welt (vor allem durch die britische Kolonisation von der Mitte des 18. Jh. bis zur Unabhängigkeit, 1947) hat Anstöße zu einer Neuorientierung des Hinduismus gegeben. Man subsumiert unter der Bezeichnung Neohinduismus jene Denker, die ihre Anschauungen im Kontakt mit dem Westen entwickelt haben. Sie interpretieren den Hinduismus im Lichte der neu aufgekommenen Werte (wie Gleichgewicht, soziale Gerechtigkeit, Demokratie), in der Begegnung mit dem Christentum (und seinem Religions- und Gottesbegriff) und den modernen Wissenschaften. Viele schreiben auf Englisch (Vivekananda, Sri Aurobindo, Gandhi). Wichtige Figuren sind: Rammohan Roy (1772–1833, Gründer des Brāhmo Samāj, einer 1828 gegründeten monotheistischen Reformbewegung), Bankim C. Chatterji (1838–1894), Dayananda Sarasvati (1824–1883, Gründer des Ārya Samāj, der sich nicht nur gegen den Einfluß des Westen wandte, sondern auch die Lasterhaftigkeiten des Hinduismus bloßstellte und die Veden als einzige Quelle der Wahrheit betrachtete), Swami Vivekananda (1862–1902), Sri Aurobindo (1872–1950), Rabindranath Tagore (1861–1941), Mahatma Gandhi (1869–1948), Sarvepalli Radhakrishnan (1888–1975).

Religionsgeschichtlich gesehen ist der Neohinduismus ein wichtiges Phänomen, da er dem Westen ein sehr einseitiges Bild Indiens vermittelt hat, das auch heute noch von vielen als repräsentativ angesehen wird und teilweise auch von der indischen Elite als ihr Selbstbild angenommen wurde.[11] Swami Vivekananda missionierte für den Hinduismus auf dem 1. Weltkongreß der Religionen in Chicago 1893. Seine Auffassung des Hinduismus kann als eine Form von Advaita Vedānta (Nicht-Dualismus, auch Geist-Monismus genannt) angesehen werden.

Ein anderer Vertreter des Hindutums war Mahatma Gandhi (1869–1948), der für sein Land das Ziel anstrebte, unabhängig und frei von der westlichen Kultur zu sein. Politische Unabhängigkeit wurde erreicht, Freiheit von westlichen Einflüssen gewiß nicht.

Seit der Unabhängigkeit (1947) ist die Religionsgeschichte Indiens beeinflußt durch das Nebeneinander von grundsätzlich gegensätzlichen Werten. Obwohl der freie indische Staat sich für eine progressive Modernisierung ausspricht, steht die Adaption einer demokratischen, säkularen Organisation konträr zur hinduistischen Weltauffassung und erscheint nicht selten als eine künstliche Aufpfropfung, die Ursache neuer und oft intensiver Konflikte ist. Während eine politische Elite, die oft im Westen erzogen wurde, die neuen Werte versteht, ist dies für die meisten Hindus nicht der Fall; für sie haben diese Werte keine Bedeutung, weder in ihrem Leben, noch in ihrer Weltanschauung.

Eine wichtige Informationsquelle und Zeugnis für diese neuen Spannungen ist die in allen Sprachen Indiens und auf Englisch geschriebene Prosaliteratur seit der Unabhängigkeit.[12]

Zwei Charakteristika der hinduistischen Religionsgeschichte verbinden die westliche und die brahmanische Zeit- und Geschichtsauffassung:

Es ist ein Charakteristikum des Hinduismus, daß er keinen Bruch mit der Vergangenheit vollzieht oder wünscht, sondern daß er das Neue der jeweiligen Gegenwart dem Alten hinzufügt. Man nimmt von der Tradition, was man braucht und was wichtig erscheint, und integriert es im Neuen. Dies dürfte eines der wichtigsten Merkmale der hinduistischen Gesellschaft und ihrer Denkform sein und der Grund für ihre Vielschichtigkeit und ihren Sinn für Kontinuität.

Der Brahmanismus hat der Gesellschaft und Religion (die im brahmanischen Sinn ja grundsätzlich zusammenhängen) eine gewisse Orientierung gegeben, indem er die Brahmanen als Repräsentanten und Ideal an die Spitze stellte. Deshalb streben die anderen Gruppierungen der indischen Gesellschaft die Imitation oder Integrierung des brahmanischen (sanskritischen) Modells an. Dieser Prozeß ist heute unter dem Namen Sanskritisierung bekannt. Der indische Anthropologe M. N. Srinivas hat versucht, mit diesem Begriff die Geschichte zu erklären, weil er den Zusammehang von Brahmanismus und seiner einheitlichen Ideologie mit der lokalen spezifischen Tradition zu erfassen erlaubt.[13] Bei diesem Prozeß handelt es sich in erster Linie um die Absorption archaischer Kulte und Orte, die hinduisiert und unter brahmanische Obhut gestellt werden. Dieser Prozeß vollzieht sich auf jeder Ebene der Gesellschaft; so wechseln z. B. Kasten ihren Status, indem sie ihre Lebensgewohnheiten denen der oberen Kasten anpassen.

III. Gegenwärtiges Erscheinungsbild

1. Definition des Hinduismus

Der Ausdruck „Hinduismus" ist problematisch:[14] Von der Wortbedeutung her heißt Hinduismus nichts anderes als „Indertum". Als Bezeichnung für eine Religion wurde er von Außenstehenden eingeführt und heute auch von den Indern übernommen. Außerdem kann dieser Ausdruck irreführend sein, weil er an eine einheitliche homogene Realität denken läßt. In Wirklichkeit ist er ein Oberbegriff, der die unterschiedlichsten Strömungen und Traditionen Indiens zusammenfaßt.

Auf diese Vielfalt hinzuweisen sollte aber nicht in eine neue Irreführung münden, die vergessen macht, wieviel diese unterschiedlichen Traditionen dennoch gemeinsam haben. Es besteht ein subtiles Zusammenspiel von Vielheit und Einheit, und diese Spannung ist bis ins tägliche Leben spürbar. So können trotz der großen Diversität einige Merkmale des Hinduismus hervorgehoben werden. Wichtig ist in diesem Zusammenhang, was die Hindus selber sagen.

Eine hinduistische Bezeichnung für den Hinduismus ist *sanātana dharma*. Das Wort *dharma* (Wurzel *dhṛ*-„tragen"), obwohl vielfach für unübersetzbar gehalten, bezeichnet von seinem etymologischen Ursprung her „das, was trägt", und zwar in allen Bereichen, vom Kosmischen bis zum Sozialen.

Das Wort bezeichnet die Ordnung der Gesellschaft, die universelle Kraft, wie auch die Ordnung des individuellen Lebens. Diese umfaßt das ganze Leben und die ganze Lebensanschauung, Moral, Kult, Sitte, Bräuche, usw. In ihr gibt es keine Trennung zwischen allgemeinem und religiösem Leben. In Indien hat diese Überzeugung von der Einheit des Lebens bis vor kurzem gegolten.

Dharma bezeichnet überdies die Wahrheit, die ewig *(sanātana)* ist. Hiermit ist die Kernidee verbunden, daß man zwar Ordnungsstrukturen allgemein anerkennt, aber gleichzeitig versucht, sich von den Fesseln der geschichtlichen Bedingtheiten zu befreien. Die Tendenz, sich von phänomenalen und geschichtlichen Bedingungen loszulösen, beschäftigt auf irgendeine Weise die ganze Gesellschaft und ihre unterschiedlichen Traditionen.

Eine andere, westliche Art, den Hinduismus zu definieren, spricht von einer Gruppe von Religionen mit jeweils einer dominierenden Gottheit, z. B. *Kṛṣṇa, Viṣṇu, Śiva,* die Göttin. Man denkt also an so etwas wie verschiedene „Sekten" mit einem gemeinsamen Nenner. Der Begriff „Sekte" ist jedoch irreführend, weil zwar jede Tradition ihre eigenen Dogmen besitzt, jedoch keine die andere offiziell ausschließt.

Es hat auch Versuche gegeben (vorwiegend von hinduistischer Seite), den Hinduismus durch „Glaubenswahrheiten" zu definieren, wie z. B. die Anerkennung der Autorität des Veda.

Schließlich läßt sich zwar nicht der Hinduismus, aber die Zugehörigkeit zu ihm bestimmen: Man ist Hindu durch die Geburt. Das Hineingeborensein in eine Kaste verleiht Standort, Status und Identität (alles, was durch *dharma* definiert wird). Durch diese Identität kennt ein jeder seine Rolle und seine Möglichkeiten im Leben.

Alles, was wir hier aufzählten, sind Elemente für Interpretationen des Hinduismus. Die einzelnen Aspekte und die verschiedenen Elemente des religiösen Lebens haben alle ihre spezifischen Namen, aber die Religion als konzeptuelles System hat keinen Namen.

Im allgemeinen ist unser Bild Indiens von der brahmanischen Sicht geprägt. Sie bietet uns ein einheitliches Bild des Hinduismus, in dem die Brahmanen im Mittelpunkt stehen. Sie sehen die Schöpfung als ein geregeltes Ganzes, als Verwirklichung einer kosmischen Ordnung, die Ewigkeit garantiert. Wechsel, wo er erscheint, ist nur Illusion. Die ganze Welt hat eine sakrale Dimension zum Grund und Hintergrund der vergänglichen Phänomene.[15] Die vedische Offenbarung ist das universelle Bezugssystem; weil man unvermeidlich zu ihm Stellung beziehen muß, verleiht es allen Werten des Hinduismus Sinn und Gewicht. Es gibt keine fortschreitende Geschichte; der Angelpunkt aller Spekulationen ist das Unvergängliche. Man wendet sich von der Vorstellung eines zeitlich linear fortschreitenden Prozesses mit einem Bezugspunkt in der Vergangenheit ab und zieht einen unendlichen, außerzeitlichen Bezugspunkt vor.[16] Dadurch wird das System letztlich unangreifbar und unwiderlegbar. Ein berühmter Schriftsteller des

20. Jahrhunderts formuliert es so: „Um äußeren Fortschritt in der Welt waren wir nie bemüht, da uns im Innern das Meer der Unsterblichkeit umfing. Was soll das Materielle, wo es um Einklang mit der ew'gen Seele ging? Was soll eine Laterne dem, der lotusgleich nur vor der Sonne Licht erblüht?" (Maithilisharana Gupta, *Bhārata-bhāratī,* 1912, 1.60).

Die brahmanischen Texte, Ideologien, metaphysischen Spekulationen bilden *eine* Art von Hinduismus; aber daneben gibt es auch die Volkstraditionen, die mündlichen Überlieferungen mit ihren eigenen Auffassungen. Was man auf der Ebene der Volkstradition findet, ist sehr verschieden von solchen „orthodoxen", metaphysischen oder esoterischen Theorien. Für die Mehrheit der Hindus der „kleinen Tradition", der ländlichen, dörflichen Religion, spielen metaphysische Bezugsrahmen und Erklärungen keine Rolle; bei den Riten der kleinen Tradition hat der Brahmane kein Recht mitzuwirken.

2. Die Organisationsstruktur des Hinduismus

Die wichtigste und zugleich originellste Struktur des Hinduismus ist das „Kastensystem". Unendlich viel ist über dieses System geschrieben worden, jedoch bleibt die Frage offen, wann und wie dieses System wirklich entstand und wie es sich über die Jahrhunderte verändert hat. Aus der Sicht der brahmanischen Ideologie ist der Fall klar: Das soziale System ist Ausdruck einer religiösen Wahrheit: Der Mensch wird in die Kaste geboren, für die ihn sein vorhergehendes Leben bestimmt hat. Die alten Texte sprechen von einer Einteilung der Menschen in vier Kategorien *(varṇa).* In einem Hymnus des Rigveda (10,90) entspringen die Brahmanen (die Gelehrten) bei der Aufteilung des Ur-Menschen *(puruṣa)* aus dem Gesicht, die *Kṣatriya* (die Krieger) aus den Armen, die *Vaiśya* (die Kaufleute) aus den Beinen und die *Śūdras* (die Diener) aus seinen Füßen. In der *Manusmṛti* wird jedem eine spezifische Arbeit aufgetragen (1.87–91).[17]

Etwas von dieser Ideologie und Aufteilung in *varṇas* ist tief in der indischen Gesellschaft verwurzelt, obwohl diese Aufteilung als solche in der Realität nicht vorkommt. Auf der Ebene der sozialen Realität findet man nicht *varṇa,* sondern die Einteilung in Jāti. Eine Jāti ist eine endogame Gruppe von Leuten, denen Eigenschaften wie Beruf, sozialer Rang, Lebensregeln, Sprache (sie gehören auch oft einem Sprachgebiet an), kulinarische Gewohnheiten, Glauben, Gottheit und Ursprungsmythos gemeinsam sind. Es handelt sich um eine kulturelle Einheit innerhalb der Gesellschaft, die ihren Mitgliedern eine präzise Identität gibt und unter den Mitgliedern eine Solidarität herstellt, die nicht in Frage gestellt werden kann. Solche Jātis gibt es Tausende, und sie formen soziologisch gesehen wichtige Beziehungsstrukturen, die sich über ganze Regionen ausdehnen. Die vielen Jātis können zwar in die Suprastruktur der *varṇas* eingeordnet werden, aber dies ist ziemlich unexakt. Obwohl das soziale System irgendwie durch die

Ideologie der *varṇas* bestimmt ist, formt sich dieses auch immer auf unabhängige Weise.

Das wichtigste Element des Jātisystems ist eine Hierarchie, die auf einer Idee der Reinheit beruht, wobei es sich nicht um eine natürliche, sondern eine rituelle Reinheit handelt. Dazu kommt eine gegenseitige Abhängigkeit der verschiedenen Kasten, die hierarchisierte Beziehungen zueinander haben. Die Abhängigkeit ist größer bei jenen, die einen unentbehrlichen Beruf ausüben, wie z. B. die Brahmanen im Ritual oder die Unberührbaren, die unreine Arbeit verrichten. Der Brahmane kann nur rein bleiben oder werden, weil ihm jemand hilft. Er braucht jemanden, der sich um unreine Aktivitäten kümmert (wie Reinigen, Rasieren, Geburt und Tod). Er hängt auch wirtschaftlich von den anderen ab, da er für seine Kenntnisse bezahlt wird, traditionell in Naturalien. Die kosmische Ordnung, *dharma*, ist sehr verletzbar und immer der Unordnung ausgesetzt. Die Harmonie zu bewahren wäre im Idealfall die Aufgabe des Brahmanen. Sein Leben gilt als um so schwieriger, da er ja mehr als andere einem hohen Ideal entsprechen sollte. Sein persönlicher Kasten-*dharma (svadharma)* ist mit den meisten Regeln und Einschränkungen verbunden.

Der Fortbestand des Jātisystems über Jahrhunderte hinweg beruht nicht zuletzt darauf, daß das System durch präzise Verhaltungsregeln das Leben der verschiedenen Gemeinschaften reguliert und somit das Zusammenleben verschiedener Rassen und sehr unterschiedlicher kultureller Milieus garantiert. Mit den hierarchisierten Verhaltensvorschriften und der strengen sozialen Form, die unbedingt eingehalten werden muß, geht eine gewisse innere Freiheit einher. Der Hindu braucht sich im allgemeinen seine gesellschaftliche Identität nicht zu verschaffen, sie ist ihm vorgegeben. Innerlich frei ist er auch auf der Ebene des Glaubens, der Ideen, der Phantasie und der Emotionen. Es ist dieser Freiheitsspielraum, der dem ganzen System seine Fähigkeit verleiht, Neues aufzunehmen und zu verarbeiten. Der sozialen Ordnung, in der das Individuum (im Sinne demokratisch austauschbarer Rollen) nicht existiert, steht der Stand der Entsager *(saṃnyāsins)* gegenüber, die, frei von allen Zwängen der Gesellschaft, das endgültige Ziel des Lebens anstreben, d. h. aus jedem System ausbrechen, sozial oder zeitlich, um die Kette der Wiedergeburten zu brechen. Die Geschichte ist äußerlich die Geschichte des Kollektivs der Jāti; die soziale Ordnung läßt Raum für eine Suche, die nur innerlich ist, individuell und persönlich (vgl. III.4).

3. *Glaubensstruktur*

a) Lehre

Der Hinduismus hat keinen Gründer, keine Dogmen, keinen Anfang und kennt auch kein Ende. Die unvergänglichen Weisheiten sind von Weisen

„gehört" worden und werden in jeder Epoche immer wieder aktualisiert. Die Stelle der Lehre nimmt einerseits das Verhalten (Ritus und soziale Normen) ein, anderseits die religiöse, spirituelle, mystische Erfahrung. Das vielleicht erste Dokument für solche Erfahrungen sind die Upanischaden. Die Denker der Upanischaden waren erstaunt über die Unbeständigkeit des Lebens, den vergänglichen und flüchtigen Charakter der Welt und des Menschen. Im Gegensatz zur vedischen Zeit, wo das Ritual die Aufmerksamkeit gefangenhielt, wendet sich in den Upanischaden die Aufmerksamkeit nach innen. Die Denker suchten zu erforschen, ob nicht hinter diesem ewigen Werden eine beständige Einheit wäre, eine Realität der Realität. Was wandelbar, vergänglich und flüchtig ist, kann nicht wirklich sein. Die wahre Wirklichkeit ist nicht durch die drei Zeitstufen (Vergangenheit, Gegenwart, Zukunft) eingeschränkt, welche das Wachbewußtsein determinieren; sie ist ewig. Die Māṇḍūkya Upaniṣad unterscheidet vier Stufen des Bewußtseins: Wachzustand, Traum, Tiefschlaf und eine „Vierte" undifferenzierbarer Selbsterfahrung. Diese Bewußtseinsstufen sind nicht intellektuelle Spekulationen, sondern werden eindeutig erlebt und erfahren. *Brahman,* das universelle Prinzip, ist mit dem *ātman*, dem individuellen Prinzip, identisch; sie sind eines Wesens. Die Überzeugung dieser Identität hat viele spätere Anschauungen und Ansichten beeinflußt. Sie gewährt eine nichtfragmentarische Vision der Welt, die man in den komplementären Gegensätzen innerhalb des Hinduismus wiederfindet.

Die hinduistische Denkstruktur ist grundsätzlich binär, wobei die Gegenüberstellung von rein und unrein am deutlichsten sein dürfte, da sie die Gesellschaft und das Leben vieler reguliert. Unreinheit ist Teil der wichtigsten Momente des Lebens (wie Geburt, Tod, usw.) Alles, was den Körper verläßt, wird als unrein eingestuft. Alles, was Essen, Schlafen und Kontakte betrifft, ist mit der Möglichkeit von Unreinheit verbunden. Reinheit wird angestrebt, ist aber unendlich schwierig. Nur das Göttliche oder die höchste Gottheit ist wirklich rein. Das göttliche Absolute ist Bewußtsein ohne Objekt; im Menschen ist es das höchste Bewußtsein, das reine Subjekt *(ātman, jīva, puruṣa).*[18] Nach gewissen Schulen sind das reine göttliche und das menschliche Bewußtsein identisch. Für andere sind sie unterschieden, aber von gleicher Essenz.

Die philosophisch-metaphysische Frage, die sich daran anschließt, ist, wie das transzendente, formlose Absolute mit unserer täglichen Welt verbunden sein kann. Die Antworten darauf sind wieder sehr unterschiedlich, z. B. monistisch bei Śaṅkara (7./8. Jh.), theistisch bei Rāmānuja (11. Jh.).

Das Universum wird als ein unteilbares Ganzes von Wechselbeziehungen gesehen, zu dem der Mensch gehört. Es ist durch eine zyklische, unendliche Bewegung bestimmt, die in Etappen vom Unmanifestierten zum Manifestierten führt und alle Gegensatzpaare hervorbringt (Geist/Materie, Leben/Tod, Objekt/Subjekt), durch die die Welt bestimmt ist. Sie sind keine getrennten, unterschiedlichen Wesenheiten, sondern gegensätzliche und komplementäre Manifestationen einer Ganzheit und haben eine veränderliche und vergängliche Natur. Was in der manifestierten Welt erscheint, ist bereits im Unmanifestierten enthalten. Dies ist nur eine Art, eine im Hinduismus allgemeine Erkenntnis auszudrücken, daß nämlich, was im Mikrokosmos erscheint, auch im Makrokosmos existiert und umgekehrt.

In der religiösen Praxis will ein Mensch, der sich auf dem spirituellen Weg befindet, die grundsätzliche menschliche Unreinheit entfernen, um zum reinen Bewußtsein zu gelangen. Dieses Bemühen ist der eine Weg zur Befreiung *(mukti)*. Die Schritte und Methoden, die zu diesem Ziel führen, sind in den Systemen des Yoga entwickelt worden. Andererseits ist man in Indien in vielen Bereichen der Religion „verdienst-orientiert": Man bemüht sich, damit dieses Leben hier und jetzt und die nächsten Leben besser und schöner gelebt werden können *(bhukti)*.

Eine in diesem Zusammenhang wichtige und verbreitete Auffassung ist, daß das Göttliche sich materialisieren kann und sich daher in Bildern oder Naturerscheinungen (Bäumen, Wasser, Bergen, u. a.) immer wieder reproduziert. Das Absolute, wie auch der persönliche Gott, kann in Dingen oder Tieren repräsentiert sein. Gott lebt in den religiösen Bildern. Daneben kann die Gottheit, vor allem nach der viṣṇuitischen Theologie, auch wirklich Gestalt annehmen und als *avatāra* auf die Erde herabsteigen. Jeder *avatāra* hat seinen mythologischen Kontext. Die manifeste Gottheit (auch in Tierform) kämpft gegen die Unordnung und hilft dem Menschen, den *dharma* zu erhalten oder wieder zu finden. Für den Frommen kommt Er als Antwort auf sein Flehen und seine innige Liebe zu ihm. Der Gläubige richtet all seine Hoffnung und sein Erlösungstreben auf diesen Gott. Gottes Interaktion mit der Welt wird – keineswegs nur metaphorisch – als Spiel *(līlā)* verstanden. Die Gottheit ist völlig frei und handelt durch diese Freiheit, ohne irgendwelches Interesse, aus Spiel und reiner Freude.

b) Gottesvorstellungen und Mythos

Im täglichen Leben der Mehrzahl der Hindus ist nicht die Metaphysik der philosophischen Lehrgebäude relevant, sondern die Verehrung eines persönlichen Gottes, auch wenn sie hinter der Vielzahl der Götter eine grundsätzliche absolute Einheit akzeptieren und sogar manchmal erleben.

Durch die Vielheit der Götter ist die Welt der Mythologie in Texten wie den Purāṇas sehr reichgestaltig. Jede Gottheit wird mit zahlreichen Geschichten ausgestattet; ebenso kennt jeder heilige Ort und Tempel seine Geschichten und Legenden *(māhātmyas)*. Diese Vielfalt der Mythologie und die Vielzahl der Versionen eines Mythos zeigen uns erneut, wie wenig der Hinduismus die Tradition fixiert hat, denn keine der vielen Versionen wird als die einzig richtige angesehen.

Die sogenannten „Sekten" entstehen dadurch, daß sie sich zu einer Hauptgottheit bekennen. Auch wenn ein Gläubiger sich eher zu der einen oder anderen Tradition bekennt, heißt dies nicht, daß er die anderen Gottheiten ausschließt. Man verehrt auch meistens nicht nur einen Gott, sondern mehrere. Daher von Toleranz zu reden, ist jedoch nicht richtig, da jeder Anhänger einer Tradition gleichzeitig davon überzeugt ist, daß seine Auffassung die richtige ist. Im Normalfall allerdings ist es ihm gleich, was der Anhänger einer anderen Tradition glaubt.

Die Göttin

In den vorarischen Religionen waren wahrscheinlich die Kulte weiblicher Gottheiten dominierend (Verehrung der Muttergöttin). Dies ist trotz der Sanskritisierung der indischen Gesellschaft (die Arier verehren vorwiegend männliche Gottheiten) in den Kulten der Göttinnen und weiblichen Dorfgottheiten erhalten geblieben. Jedes indische Dorf kennt unter unterschiedlichen Namen mindestens eine Göttin. Die verbreitetste Form der Göttin ist Maheśāsuramardinī (die Dämonenbüffeltöterin), ein Aspekt von Durgā. Nach dem Devīmāhātmya[19] entsteht diese Göttin in ihrer kosmischen Form aus dem Zorn aller großen Götter. Sie bekommt die Aufgabe, die Welt von einem fürchterlichen Dämon zu befreien und erhält die Attribute und Waffen der Götter. Sie kann so grundsätzlich mit jedem Gott verbunden werden und ist auch die Energie *(śakti)* aller Götter, welche Form oder welchen Namen sie auch immer annimmt. Ihre Göttlichkeit ist vollständig und uneingeschränkt, auch wenn sie mit einem Gott verbunden ist. Die Göttin spielt eine ebenso wichtige Rolle wie die zwei sog. Hauptgötter, *Viṣṇu* und *Śiva*. In einem gewissen Sinne und nach gewissen Traditionen ist jede manifeste Form des Göttlichen ein Aspekt des Weiblichen.

Hauptgöttinnen, die heute verehrt werden, sind: Lakṣmī, die Göttin, welche Glück und Segen ins Haus bringt; Sarasvatī, die Göttin, welche die Kunst und das Lehren behütet; Durgā *(Maheśāsuramardinī)* und ihre Form als Kālī, die Göttin, welche die Aufhebung von Leben und Tod in sich verkörpert; die unzähligen Dorfgöttinnen mit ihren lokalen Namen.

Die Dorfgöttinnen zeichnen sich durch einen ambivalenten Charakter aus; Śītalamātā z. B., die Göttin der Pocken, kann die Krankheit bringen, sie kann aber auch davor schützen.

Gaṇeśa

Der Gott mit dem Elephantenkopf ist einer der meistverehrten Götter. Viele Mythen beschreiben seine Geburt, ohne daß man wirklich weiß, woher dieser Gott eigentlich stammt. Er wird als Sohn von Śiva und Pārvatī betrachtet, ist aber ohne Śivas Mitwirkung entstanden. Er gilt als die Gottheit, welche die Hürden des Lebens beseitigen kann. Gaṇeśa wird immer angerufen, wenn man eine Aufgabe beginnt; er soll Erfolg bringen. Er ist aber auch der Gott, der die Fesseln, die an die phänomenale Welt binden, löst. Im 20. Jahrhundert wurde er ein Symbol des Freiheitskampfes gegen die Engländer im Staate Maharashtra, wo er mehr als anderswo verehrt wird.

Śiva

Śiva hat unterschiedliche Erscheinungsbilder; er ist zugleich der gütigste wie auch der furchterregendste Gott:

Als *Yogin* ist Śiva der Meister der Askese *(tapas)* (und daher auch oft der Gott der Asketen), dessen Funktion theologisch gesehen die Befreiung *(mukti)* ist. Er wird in ithyphallischer Position (= mit aufgerecktem Glied) dargestellt, ist der Herr über jegliche Lust und hält seinen Samen zurück, was seine mächtige Askese verstärkt. In der Mythologie lebt er als Außenseiter in den Höhen des Himalaya, oder er begibt sich auf Verbrennungsplätze, wo er makabre Tänze tanzt. Sein Benehmen wird als unsozial gekennzeichnet. Er trägt um die Hüfte ein Tigerfell, und sein Körper ist oft mit Asche beschmiert. Er ist der Herr und Meister über den Tod und die Zeit im allgemeinen.

Die Ikonographie stellt Śiva oft als Tänzer dar, der in seinem Tanz kosmische Dimensionen repräsentiert. Śiva tanzt die Welt und ihre Rhythmen, ihre Entstehung und ihren Untergang. Die Tanzpositionen dienen den Śivaanhängern als Meditationsmittel. Durch die Betrachtung der Ikone nehmen sie deren Symbolgestalt in sich auf. Z. B. erinnert der Ton seiner Trommel, die er in der Hand schwenkt, daran, daß er die Welt durch Entfaltung entstehen läßt; das Feuer, das Śiva umrahmt, erinnert an den Scheiterhaufen, an den Tod und das Ende eines Weltzyklus, d. h. an Śivas Funktion, die Zerstörung der Welt durch Rückführung des Universums in den unentfalteten Urzustand herbeizuführen; sein tanzend erhobener Fuß bedeutet, daß Śiva die geistige Freiheit gibt.

Als Gatte tritt Śiva auf, da er in einer seiner Formen die Tochter des Himalaya, Pārvatī, geheiratet und mit ihr eine Familie gegründet hat. Gaṇeśa und Kārttikeya sind ihrer beider Söhne.

Śiva wird vor allem in Form des *liṅga* (Phallussymbol) verehrt. Das *liṅga* repräsentiert in erster Linie das höchste Wesen, das sich in diesem Kennzeichen manifestiert („Kennzeichen" ist die Bedeutung des Wortes *liṅga*). Meist ist es in die weibliche Gegenform *(yoni)* eingefügt, und beide zusammen sind das Symbol für die Ganzheit der Welt und für die Einheit der zwei konstitutiven Prinzipien der geschaffenen Welt, *puruṣa* und *prakṛti*, das Unveränderliche und das Dynamische. Die Weisheit, die sich in diesem Gottbild ausdrückt, ist über ganz Indien verbreitet; *liṅgas/yonis* sind millionenfach aufgestellt.

Viṣṇu

Viṣṇu wird mit Diskus, Schneckenmuschel, Lotus und Keule als Attributen dargestellt oder in Form einer seiner Inkarnationen (*avatāra;* heutzutage spricht man von 10 *avatāras*), wobei die Inkarnationen als Kṛṣṇa und Rāma am häufigsten vorkommen (vgl. III, 3.a). Je nach Mythos und Funktion wird Viṣṇu auch unter anderen Namen verehrt, z. B. *Nārāyaṇa, Hari, Vāsu-*

deva; auf lokaler Ebene kennt man ihn z. B. als *Jagannātha* in Orissa und *Viṭobha* in Maharashtra.

Viṣṇu bildet zusammen mit Śiva und Brahmā (dessen Verehrung in Indien fast verschwunden ist) die *Trimūrti* („Dreigestalt") von Göttern, die die kosmischen Funktionen des Erschaffens *(Brahmā),* Erhaltens *(Viṣṇu)* und Zerstörens *(Śiva)* verkörpern.

c) Kult

Der Hinduismus kennt keine Trennung zwischen der göttlichen und der menschlichen Welt. Der Kult aktualisiert fortwährend die Wechselbeziehung und Korrespondenz zwischen diesen Bereichen. Im Kult kann man der Gottheit direkt begegnen. Die unzähligen Reproduktionen der Gottheiten (Bilder, Statuen, etc.) werden nicht als tot angesehen; durch einen Ritus werden sie „belebt" und erlauben eine direkte Begegnung mit der Gottheit. Der Hindu geht zum Tempel, um den Gott zu „schauen" *(darśana).* Bei der Gottesbegegnung handelt es sich also nicht nur um eine geistige Übung, sondern die Sinnesorgane und der ganze Körper spielen mit. Speziell durch die Augen, durch die Anschauung, erlebt der Gläubige das Göttliche direkt. Für die Hindus ist das Götterbild nicht ein Objekt, an dem sich der Blick festhält, sondern eine Linse, durch die der Blick, die Schau auf das Göttliche gelenkt wird.[20] Die Gläubigen begeben sich zu festen Zeiten zur „Anschauung" in den Tempel und offerieren dem Gott u. a. Blumen und Nahrung als Opfergabe. Sie bekommen diese nach der Segnung als *prasāda* zurück, d. h. als eine spezielle Gnade, die man dann mit den anderen Gläubigen teilt.

Pūjā

Allgemein ist die *pūjā* heute die verbreitetste Form von Ritus. Es handelt sich um die Verehrung einer Gottheit, kann sich aber auch auf eine Person oder auf Ritualobjekte richten, da beide das Göttliche repräsentieren können. Die *pūjā* wird sowohl zu Hause wie auch im Tempel ausgeführt.

Zur Ausführung der *pūjā* muß der Offiziant absolut rein, „gottgleich" sein; diese Reinheit wird auch von den *pūjā*-Gegenständen verlangt. Jede *pūjā* enthält mehrere „Dienstleistungen" *(upacāras).* Traditionell gibt es 16 Bestandteile eines *pūjā*-Ritus. Dazu gehören z. B. Ablutionen, Begrüßungszeremonien, das Umschreiten, Speisung, Opfergaben, ein kreisförmiges Schwenken von Lichtern *(ārtī).*[21]

Die *pūjā* wird oft begleitet von der Rezitation von Gebets- oder Meditationsformeln *(mantras),* die eine spezifische Kraft enthalten und ausüben. Mantras sind oft von Gesten *(mudrā),* manchmal von Atemtechniken begleitet, die die Kraft der Mantras verstärken.

Das wichtigste und verbreitetste Mantra ist OṂ, eine mystische Silbe, die am Anfang religiöser Rezitation steht und die auf spiritueller Ebene als die Zusammenfassung des Hinduismus gilt. Seit den Upanischaden wird immer wieder über diese Silbe und ihre Bedeutung spekuliert, wobei man z. B. erfährt, daß es sich um einen Matrix-Klang, die originäre Vibration, den absoluten Anfang aller kreativen Prozesse, handle.

Feste

Die Feste in Indien werden nicht überall auf dieselbe Art und Weise gefeiert, und es werden nicht überall dieselben Feste gefeiert. Die Jahreszeiten verleihen den Festen einen gewissen Gefühlswert, der die Wahl von Musik, Gebeten, Kleidung und Nahrung bestimmt.

Die Daten der Feste werden nach dem sehr komplexen Kalender bestimmt. Dieser Kalender ist eine Mischung von Sonnen- und Mondkalender. Die Feste und die wichtigen Daten richten sich nach dem monatlichen Zyklus des Mondes. Man zählt in Nordindien meist von Neumond zu Neumond. Das ganze Leben wird von einer theokosmischen Zeit regiert; Zeitpunkt und Perioden werden danach unterschieden, ob sie günstig oder ungünstig sind.[22] Der Astrologe, d. h. der Brahmane, wird immer wieder benötigt, um die Daten zu bestimmen und einen guten Ablauf der Dinge zu garantieren.

Einige wichtige Anlässe des liturgischen Jahres seien hier als Beispiele angegeben: Das Fest von Kṛṣṇas Geburt wird am achten Tag der dunklen Hälfte des Monats *śrāvaṇa* (August/September) gefeiert. Die Erinnerung an seine Geburt und wie er wunderbar vor einem bösen König errettet und in die Obhut des Bauernvolkes von Gokula gebracht wurde, wird in der Nacht mit Gesängen *(bhajana)* gefeiert. Diese Singgemeinschaften sind ein wichtiger Bestandteil der *bhakti* und erlauben allen Gläubigen, mit den Mythen und heiligen Texten in Berührung zu kommen. Am nächsten Tag feiern die Kinder dieses Fest, indem die Jungen als Kṛṣṇa und die Mädchen als Rādhā, seine Geliebte, verkleidet werden. So spielen sie den ganzen Tag die Gottheiten und erleben einen Tag lang die Mythologien des Gottes Kṛṣṇa in seiner spielerischen, kindlichen Form.

Im Monat *aśvina* (September/Oktober) wird das Fest der „9 Nächte" *(navarātri)* gefeiert. Es ist der Göttin *(śakti)* unter verschiedenen Aspekten gewidmet. Die Göttin Durgā wird mit Blutopfern besänftigt. Am 10. Tag schließt sich das Fest an, das den Sieg Rāmas über den Dämon Rāvaṇa kommemoriert *(daśaharā)*.

Am Neumondtag von *kārttika* (Oktober/November) feiert man das Fest der Lichter *(dīpāvalī)*, welches der Göttin Lakṣmī und dem Gaṇeśa gewidmet ist. Man hofft, Erfolg und Glück in jedes Heim zu bringen.

Im Frühling (Februar/März) feiert man Holi, meistens dem Gott Kṛṣṇa oder *Kāma* (Gott der Liebe) gewidmet. Während dieses Festes herrscht große Ausgelassenheit, die strengen sozialen Schranken gelten als aufgehoben. Man bewirft und beschmiert sich mit Farben und gefärbtem Wasser.

Die großen (und kleinen) Tempel Indiens kennen auch ein Jahresfest des Tempels *(utsava),* während dessen die Hauptgottheit des Tempels einer großen Menschenmenge gezeigt oder herumgeführt wird. Diese Feste sind für die Gläubigen oft Anlaß zu langen Pilgerfahrten *(yātrā)*, und sie haben häufig auch einen wirtschaftlichen Aspekt. So z. B. die Puṣkaramelā in Rajasthan, die zugleich jährlicher Viehmarkt und heiliges Fest zu Ehren des Gottes Brahmā ist.

Sakramente

Zahlreiche sakramentale Riten *(saṃskāras)* gliedern das Leben der Hindus: In der Kindheit sind Geburt, Namensgebung, erstes Essen, erstes Haarschneiden usw. Ereignisse, die mit Festen und Riten verknüpft sind und immer noch durch traditionelle Bräuche begangen werden (Rezitation vedischer Verse; Pilgerfahrten usw.).

In der Jugend werden die Knaben der obersten Schicht (meistens nur noch die Brahmanen) durch die Initiation *(upanayana)* in die *dharma*-Gesellschaft aufgenommen. Traditionell kam der Knabe zwölf Jahre lang in die Obhut eines Lehrers, der ihn religiös erzog. Dies ist heute meist verkürzt auf die Übergabe der heiligen Schnur, was das Recht symbolisiert, den Veda zu rezitieren; nur dies macht den Jungen für die Heirat bereit.

Die Heirat ist einer der wichtigsten Riten. Die Heirat ist besonders für das Mädchen ein entscheidender Schritt, ist sie ja bis dahin nicht als Frau angesehen, sondern einer Dienerin *(śūdra)* gleichgestellt. Die Heirat ist Anlaß für ein großes Fest und legt die Beziehungen innerhalb der Jāti fest.

Mehrere Riten umrahmen den Tod. Normalerweise wird der Tote verbrannt. Die Kremation symbolisiert durch die Rückführung des Körpers in die Elemente den Weg von diesem Leben zu einem nächsten. Nur die untersten Kasten haben kein Recht auf dieses Ritual; sie werden begraben. Der Verbrennungsplatz liegt nach Möglichkeit an einem Fluß. Der älteste Sohn muß den Scheiterhaufen anzünden; die Asche möchte man an einem besonders heiligen Ort in den Fluß geben, um so dem Verstorbenen gute Chancen für die zukünftigen Leben zu sichern.

Die Auffassungen über das Seelenleben nach dem Tode sind sehr unterschiedlich. Wenn die Seele den Körper verlassen hat, sucht sie in einem Zwischenzustand (als *preta*) nach einem neuen Wohnsitz. Die Brahmanen pflegen Ahnenspenden, um dem Toten Einlaß in die Welt der Ahnen zu sichern.

Tīrtha – Pilgerorte und Pilgerfahrten

Auf ganz Indien verteilt sind unzählige heilige Stätten. Die meisten sind Stätten, die der Göttin, dem Śiva (in Form des *liṅga),* dem Viṣṇu und seinen 10 Hauptavatāras, Gaṇeśa, oder Hanuman gewidmet sind (vgl. Karte S. 112).

Die indische Bezeichnung für Wallfahrtsorte ist *tīrtha,* was „Furt" bedeutet und also die Idee eines Überganges ausdrückt. Die Überquerung von einem Ufer zum anderen symbolisiert den Übergang von einer alltäglich unreinen Art des Seins zu einer reineren, von einem Leben in ein anderes. Auch Pilgerorte sind besondere Hierophanien. Der sakrale Charakter des Pilgerorts übermittelt etwas von dieser Sakralität und göttlichen Kraft; sein Einfluß auf Leben und Wiedergeburt bringt den Pilger näher ans Ziel der gesuchten Reinheit.

Pilgerschaft ist ein wichtiges Merkmal des praktizierten Hinduismus. Sie bildet auch ein Kommunikationsmittel zwischen den verschiedenen Strömungen/Sekten, die an den Pilgerorten ihre Ideen austauschen und erneuern. Die Geographie Indiens selber kann sakral-mythisch betrachtet werden: Ein Mythos erzählt von der Zerstückelung des Körpers der Satī (Gemahlin des Śiva). Jeder Körperteil ergab einen Pilgerort (52 oder mehr Stätten, je nach Tradition); so wird z. B. die Zunge der Göttin in Kalkutta verehrt.

Die Motive für Pilgerfahrten sind unterschiedlich. Der Hauptgrund ist die Erlangung von Verdiensten *(puṇya).* Man pilgert, um Fehler *(pāpa)* aufzuheben, oder gemäß einer Kastenkonvention. Es gibt aber auch all die alltäglicheren Gründe, z. B. bei Frauen, die Kinder (vor allem einen Sohn) wünschen; oder man wünscht sich eine gute Ernte oder geschäftlichen Erfolg.

Am Pilgerort wird der Pilger vom lokalen Priester *(paṇḍa)* geführt. Die Aufgaben des Pilgers bestehen u. a. in Bad, Verehrung der verschiedenen Gottheiten und Opferspenden.

Der Hinduismus würdigt auch die geistige Pilgerfahrt *(mānasatīrtha),* die nach gewissen Texten sogar am höchsten eingeschätzt wird. Nach dieser Auffassung nützt alles Baden, Pilgern usw. nichts, wenn der Geist nicht rein ist. Die spirituellen Werte werden höhergeschätzt als die physischen. Die Pilgerfahrt kann sich so innerlich vollziehen. Im Mahābhārata wird gesagt: „Sich immer kontrollierend, soll man im geistigen *tīrtha* baden, im Wasser der Wahrhaftigkeit, tief, klar und rein, mit Wellen der Selbstkontrolle. Wer die Wahrheit kennt, frei ist von Egoismus, den nennt man einen vorzüglichen *tīrtha.*"[23] Eine heilige Person kann also auch ein *tīrtha* sein.

Heilige Männer

Wer auf Pilgerfahrt geht, wird ohne Zweifel auf eine große Zahl „religiöser Figuren" stoßen. So findet man die brahmanischen Weltentsager *(saṃnyāsin),* die sich ganz dem Ziel der Erlösung widmen; oder *sādhus* (andere Entsager), die das gleiche Ziel befolgen, aber von irgendeiner Kaste stammen können.

Die höchstverehrte Person ist aber ohne Zweifel der Guru, der Lehrer. Das Erlernen jeder Lebenskunst erfordert einen Lehrer. Der Guru wird als heilige Person anerkannt, in der das Göttliche präsent ist, und der dem Schüler erlaubt, die Wahrheit direkt zu erfahren. In der Bhakti-Tradition wird der Führer einer „Sekte" oft als Repräsentant Gottes dargestellt, der die Gläubigen in ihrem spirituellen Suchen leitet.

Auch die Institution des Lehrers kann mißbraucht werden (Privilegien). Es gibt daher auch Sucher, die von einem „inneren Guru" sprechen. Hierzu sagt der Dichter Kabīr, daß die einzige wahre Offenbarung das Wort ist *(śabda),* welches der wahre Meister *(sadguru)* im Innersten *(antari)* ausspricht. Dieser Sadguru ist niemand anders als Gott.

d) Leben nach der Religion – karman

Der indische Ausdruck für jedes Tun ist *karman;* durch die Theorie des „*karman*-Zusammenhangs" werden alle Handlungen in religiöser Perspektive gesehen; *dharma* und *sva-dharma* (vgl. III.1. und 2.) definieren das Tun der Menschen im gesellschaftlichen Kontext (Jāti) als „Pflicht", die jedem durch seine Geburt aufgetragen ist.

In den frühesten Quellen bezeichnet *karman* die rituelle Tat. Der Begriff setzt sich dann nach und nach durch als zentraler Begriff einer ethischen Theorie der Vergeltung der menschlichen Taten. Jede Aktion ist Ursache von anderen Dingen und Handlungen, die folgen; und sie ist selber Wirkung einer Ursache, die vorher war. Das *karman* definiert, was dem Menschen an Bedingungen und Bedingtheiten für sein Leben vorgegeben ist.

Das *karman* bestimmt aber auch die Möglichkeiten der Aufhebung der Bedingtheit, damit der Mensch sich ein besseres, neues Leben erarbeiten oder gar aus dem Zyklus der Wiedergeburten herauskommen kann. Dies kann dadurch erreicht werden, daß man richtig handelt, daß man z. B. seine Aufgaben (Kastenbestimmung) richtig ausführt. Diese Aufgaben nehmen hier einen moralischen Sinn an.

Richtiges Verhalten heißt, daß man die Tradition und die Vorschriften der Vorfahren respektiert. Es sind die Handlungen, die zeigen, daß man Hindu ist (auch wenn sie auf eine ganz mechanische Weise erledigt werden). Ein Hindu wird für seine Fehler im Bereich der sozialen Aufgaben *(dharma)* exkommuniziert, nicht für seinen Glauben. Beim Hinduismus handelt es sich somit um eine Orthopraxie und nicht um eine Orthodoxie. Man findet oft innerhalb einer Familie Anhänger unterschiedlicher Götter, was erlaubt ist, solange man die Kastenregeln befolgt.

Dennoch unterliegt diesem Gesetz nicht alles, was der Mensch ist, denn es heißt auch, daß der Mensch sein wahres Selbst, den *ātman,* in sich trägt, welcher ewig und über die physikalischen und ethischen Gesetze erhaben ist. Durch den *ātman* kann sich der Mensch von allen existentiellen Einschränkungen und dem leidvollen Zyklus der Wiedergeburt *(saṃsāra)* befreien.

Die Ethik, die einer solchen Sicht zugrunde liegt, ist im einzelnen nicht verallgemeinerbar, aber sie geht davon aus, daß jeder Mensch das Ziel hat, seine göttliche Natur zu entdecken und zu erfahren (zu wissen genügt nicht, sie muß erfahren werden).

Auf die populären Ebene spielt *karman* nicht so sehr für die Individuen, sondern für die Gruppe eine wichtige Rolle; der Mythos sieht die Gruppe (Jāti) und ihr Schicksal durch das Verhalten, die Tat eines Vorfahren bestimmt. Vor allem jene Jātis, die einen spezifischen Beruf ausüben, wie z. B. die Handwerker, kennen eine Gründergestalt für ihre Jāti und ihren Beruf, die ihnen erklärt, wie und wo ihr Beruf aufgekommen ist und wie die Jāti dementsprechend leben muß.

In der religiösen Praxis auf der Dorfebene bauen die Menschen ihre Beziehung zur göttlichen Welt im täglichen Leben durch eine Kombination von Zauber, Magie, sog. Aberglauben und Religion auf. Das meiste von dem, was man im täglichen Leben unternimmt, wird im Namen einer Gottheit oder unter dem Schutz und der Anrufung eines Heiligen oder einer übernatürlichen Kraft getan. Der Bauer z. B. verziert seinen Traktor mit göttlichen Bildern, beweihräuchert und schmückt ihn mit Blumen am Morgen, um sich einen erfolgreichen Tag zu sichern. Kinder tragen Amulette, die sie vor dem bösen Blick schützen sollen, usw. Die Leute leben mit dem Bewußtsein, daß es etwas gibt, das heilig und größer ist als sie. In diesem Zusammenhang spielen die Gottheiten ihre Rolle als Schutzmächte. Es ist wichtig, in Harmonie mit diesen Gottheiten zu leben.

Durch richtiges Verhalten will man die Gunst der Götter erlangen und ihren Zorn vermeiden. Auch soll der Einfluß von Geistern und böswilligen Menschen (und ihren magischen Kräften) damit abgewendet werden. Neben den Gottheiten glaubt man auch an niedrige Kreaturen wie Feen, Geister, Gnome usw., die das Leben beeinflussen können (vgl. III.3.b). In diesem Zusammenhang ist der Kenner der Riten, der Astrologe, d. h. wieder der Brahmane des Dorfes, die wichtigste Figur, da er durch seine Kenntnisse den gewünschten Frieden vermitteln kann.

Die größte Sorge der Menschen ist es, unangenehme Ereignisse von sich fernzuhalten, indem sie die Hilfe der Götter anrufen. Dazu beschäftigt man sich nicht mit Fragen der Wiedergeburt.[24] Auf Dorfebene in Nordindien z. B. wird allgemein angenommen, daß sündige Taten *(pāpam karman)* zur Hölle führen *(naraka),* während positive Taten und Verdienste *(puṇyam karman)* in die Götterwelt führen *(devaloka).* Die Frage der Wiedergeburt *(punarjanman)* ist hier nicht wichtig.

4. *Probleme angesichts der Moderne*

Eines der interessantesten Phänomene, die man in den letzten Jahren in Indien beobachten konnte, ist die progressive „Dekontextualisierung" der religiösen und der gesellschaftlichen Phänomene. Noch bis vor kurzem war das religiös bestimmte gesellschaftliche Leben in seinen sozialen Kontext eingeschrieben und in der Tradition beheimatet. Die Bewegung der Modernität verläuft in Richtung auf eine Loslösung von diesem Kontext.

a) Religion und Politik

Die traditionelle Dorforganisation suchte soziale Gerechtigkeit nicht in der Gleichheit, sondern sie regelte Differenzen durch hierarchische und komplementäre Beziehungen. Mit der Einführung einer demokratischen Regierung im ganzen Lande wurde das traditionelle System der Jāti zerstört.[25] Trotzdem bleibt ein starkes Jāti-Bewußtsein ein Hauptelement religiös definierter sozialer Identität. Die Jāti begründet die Solidarität einer in sich geschlossenen Gruppe, die ihre eigenen Interessen gegen andere Gruppen verteidigt. Dies geschieht im Rahmen von Beziehungen, die durch Wettbewerb statt Komplementarität geprägt sind, was Spannungen und Kämpfe erzeugt. Die Jātis sind keineswegs verschwunden, sondern sind sehr aktiv und die eigentlichen Motoren des heutigen Wandels.

Ein anderes Problem der letzten Jahrzehnte sind die aufkommenden fundamentalistischen Bewegungen und Unabhängigkeitsbestrebungen unter Hindus, Sikhs und Moslems:

Seit den 60er Jahren zeigen sich fundamentalistische Strömungen, geleitet durch politische Gruppen wie der Vishva Hindu Parishad („Welt-Hindu-Rat"), die sogar missionarische Ziele verfolgen. Seit den 80er Jahren reagieren Verfechter des Hinduismus als Staatsreligion (wie Karan Singh mit seinem Virat Hindu Samaj, „Große-Hindu-Gesellschaft") gegen den aufkommenden Integrismus und Proselytismus der Moslems im Lande. Man kämpft z. B. für die „Reinigung" des Hinduismus von seinen Mißständen (Kastenkonflikte) und gegen die Moslems. Man versucht, konvertierte Hindus wieder für den Hinduismus zurückzugewinnen. Daß die Moslems innerhalb Indiens teilweise ihre islamischen Gesetze beibehalten (z. B. für die Heirat), wird von den Hindus schlecht aufgenommen. Sporadisch brechen Kämpfe zwischen den beiden Gemeinschaften aus. Extremistische Bewegungen wie der „Shiv Sena" („*Śivas* Armee") in Maharashtra verlangen eine Zwangskonversion der Moslems zum Hinduismus oder ihre Deportation nach Pakistan.

Die Sikhs lebten bis vor kurzem friedlich neben den Hindus; seit ihrer Forderung nach einem unabhängigen Staat hat sich dies aber grundsätzlich geändert. Regelmäßige Zusammenstöße zwischen den religiösen Gemeinschaften sind noch heftiger geworden, seit Indira Gandhi 1984 den Goldenen Tempel (Hauptsymbol der Sikhreligion) stürmen ließ, worauf die Sikhs mit ihrer Ermordung reagierten.

b) Ausbreitung in den Westen

Die Neohinduisten haben ein Bild des Hinduismus verbreitet, nach dem er vom allgemeinen Bestreben nach Reform bestimmt wird (vgl. II.1.i): Der Hinduismus sei durch die Fremdherrschaft der Dekadenz verfallen. Man sucht, den „authentischen" Hinduismus wieder hervorzuholen. So hat sich z. B. weithin der Eindruck verbreitet, daß der Vedānta die wahre und höchste Form des Hinduismus ausdrücke. Diese Religionsform beansprucht, eine universelle Religion zu sein. Der Vedānta, vor allem die Upanischaden, vermittelten einen mystischen Grund, der allen Religionen zu Grunde liege. Diese universelle Tendenz bestimmt die Beziehung des Hinduismus zum Westen. Die Vertreter neuer Religionsformen, allgemein unter dem Titel „New-Age" zusammengefaßt, haben durch die Übernahme hinduistischer Ideen diesen Eindruck verstärkt.

In diesem Jahrhundert hat der Hinduismus auch eine missionarische Tendenz entwickelt, wie sie der ältere Hinduismus nicht kannte. Viele indische Sekten (Traditionen mit einem spirituellen Meister) haben sich im Westen ausgebreitet: z. B. TM (Transzendentale Meditation), Sahaja Yoga, ISKCON (Hare Krishna Bewegung), die Nirmala Devi Mataji Bewegung, die Rajneesh Bewegung.

c) Religion und Technik

Ein Beispiel für den Konflikt zwischen Religion und Technik (und somit für einen anderen Aspekt der Dekontextualisierung) ist der Bau von Staudämmen an heiligen Flüssen wie der Narmada. Der Bau ist unter der einheimischen Bevölkerung seit Jahren umstritten (Demonstrationen, Hungerstreiks). Sie opponiert gegen die Umsiedlung von über 100 000 Ureinwohnern *(ādivāsī)* ebenso wie gegen die Zerstörung uralter heiliger Symbole zugunsten eines sog. Nutzbaus, dessen Nutzen ihnen zweifelhaft ist.

d) Religion und Kultur/Kunst

Die Überlieferung hinduistischer Werte wird durch zwei moderne Medien übernommen, den Film und die „Comics".

Die Filmindustrie hat in Indien riesige Ausmaße angenommen (über 800 Filme im Jahr). Sie dürfte zur Zeit für die Verbreitung von Werten und Glaubensstrukturen das wichtigste Medium sein. Als die ersten Filme mit indischen Themen gedreht wurden, waren dies mythologische und religiöse Themen. Dieses Medium hat auch versucht, die neuen Werte, die durch den Kontakt mit dem Westen aufgekommen waren, intensiv zu propagieren, z. B. Emanzipation der Frau, Kritik der Kaste und vor allem der Stellung der Unberührbaren. Durch solches Herausgreifen einzelner Gegebenheiten – die sich auch verändern lassen – wird der ganzheitliche Zusammenhang, in dem diese Gegebenheiten für indisches Bewußtsein ihren Platz haben, aufgelöst.

Die Hauptthemen der heutigen Filme sind die Probleme der Großfamilie (Zerfall), Kasten- und Religionskonflikte und eine ständig zunehmende Gewalttätigkeit in Familie und Öffentlichkeit, vor allem gegenüber der Frau.

Ein zweites Medium beim Versuch einer „Modernisierung des Hinduismus" sind die „Comics". Alle wichtigen traditionellen Mythen, die Leben aller Heiligen und die Gestalten der wichtigsten Götter werden in diesen Geschichten bildlich dargestellt und mit Texten versehen. Die Verbreitung dieser „Comics" ist enorm und ihr Inhalt so vielfältig wie die mythologischen Themen. Sie vermitteln eine religiöse Erziehung, die allen zugänglich ist und grundsätzlich Mythen und Legenden aus allen Bereichen des Hinduismus umfaßt.

IV. Fazit und kurze Einschätzung der möglichen Entwicklungen in der Zukunft

Nach Meinung der Brahmanen wird in der Zukunft zwar alles schlechter, aber nach traditioneller Sicht eröffnet sie am ehesten die Möglichkeit für spirituelle Verwirklichung. Diese wird aber, so glaubt man, außerhalb der Gesellschaft geschehen. Man schaut auf die Probleme der Moderne und ihrer Veränderungen mit einer gewissen Gelassenheit und Resignation und verläßt sich auf eine garantierte, vorbestimmte Wiederkehr einer besseren Zeit.

Für den Außenstehenden ist es ein Ding der Unmöglichkeit, etwas über die Zukunft des Hinduismus zu sagen. Für die unmittelbare Zukunft kann man vielleicht drei teilweise gegenläufige Entwicklungen erwarten: Auf der einen Seite eine Öffnung des Hinduismus gegenüber anderen Religionen, mit einer Ambition auf Universalismus und nach Dialog; auf der anderen Seite eine Tendenz zum Integrismus und zur Reinigung des Hinduismus von allen äußeren Einflüssen; gleichzeitig ein Weiterleben der jahrtausendealten Tradition, symbolisiert durch die Entsager, die der Gesellschaft den Rücken kehren und die zeitlosen Erfahrungen des Hinduismus auch in unserem Zeitalter leben (z. B. Ramana Maharshi).

Monika Horstmann

DER SIKHISMUS

I. Grunddaten

Stifter: Nānak, 15.–16. Jh.; *Region:* Panjab (Nord-Indien bzw. Pakistan); *Nomenklatur:* Sikhismus = „Lehre der Sikhs"; einheimische Bezeichnung meist *gurmat,* „Lehre des Gurūs (d. i. Nānak)"; Anhänger des Sikhismus: Sikh = „Schüler, Jünger (d. h. von Gurū Nānak)"; *Verbreitungsgebiet:* Indien, hauptsächlich Nordindien; außerhalb Nordindiens hauptsächlich Großbritannien und Nordamerika, aber auch andere Regionen mit indischen Minderheiten, z. B. Kenia, Südafrika, Australien, Neuseeland; *Zahlen:* in Indien über 13 Millionen (Stand der Volkszählung von 1981); außerhalb Indiens nur Schätzungen möglich (2–3 Millionen?); Konversionen möglich, im Falle Nicht-Indischstämmiger jedoch vernachlässigenswerte Ausnahme.

Die 10 Gurūs der Sikhs: (1) Nānak, Lebenszeit 1469–1539; bei allen folgenden Gurūs ist die Amtszeit angegeben; (2) Angad, 1539–1552, (3) Amar Dās, 1552–1574; (4) Rām Dās, 1574–1581, (5) Arjan, 1581–1606, (6) Har Gobind, 1606–1644 (7) Hari Rāi, 1644–1661, (8) Har Kriśan, 1661–1664, (9) Tegh Bahādur, 1664–1675, (10) Gobind Singh, 1675–1708.

II. Geschichte

1. Geschichtliche und religiöse Voraussetzungen

Nordindien hatte zur Gründungszeit des Sikhismus im 15. Jahrhundert bereits seit mehreren Jahrhunderten unter der Oberherrschaft muslimischer Dynastien gestanden. Im Jahre 1526 wurde dann die Mogul-Dynastie begründet, die ihr Kaiserreich über den größten Teil des indischen Subkontinents ausdehnte. Dies Reich zerfiel im 18. Jahrhundert. Der Sikhismus steht auf der Grundlage der indischen Bhakti-Bewegung (s. S. 138), entfaltete sich jedoch in einem gemischt indo-muslimischen Umfeld, welches zur Nuancierung des Glaubenssystems beitrug.

Im Gefolge der muslimischen Herrscher waren Angehörige verschiedener Ethnien und geistiger Strömungen der islamischen Welt auf den indischen Subkontinent zugewandert. In der indischen Bevölkerung fand der

Sufismus, die islamische Mystik, besonderen Anklang. Er wies Konvergenzen mit der genuin indischen Religiosität der Bhakti auf, und zwar inhaltlich ebenso wie in seiner gesellschaftlichen Einbettung. Der Islam wurde im Laufe der Zeit auch von Teilen der indischen Bevölkerung angenommen. Solche Gruppen, oft aus Handwerkern und niederen Hindu-Kasten rekrutiert, bewahrten auch als Muslime ihre indischen Traditionen. Sie waren in ihrer sozialen Stellung vergleichbar mit Kreisen, welche in der fraglichen Zeit die Hindu-Tradition durch neue, volkssprachlich artikulierte Bhakti-Bewegungen bereicherten. Oft waren es Angehörige von Handwerker- oder unteren Dienstleistungskasten, die im provinzstädtischen Milieu des indo-muslimischen Nordindiens einen religiösen Aufbruch herbeiführten, welcher sich rasch in die ländlichen Gebiete ausdehnte. Führende Vertreter der mittelalterlichen Bhakti kamen jedoch auch aus mittleren oder höheren Kasten, so auch Gurū Nānak.

Zwei religiöse Strömungen im damaligen Panjab waren bei der Ausbildung der Bhakti, wie sie in der Lehre Nānaks repräsentiert ist, wichtig. Einerseits war da das Sufitum, die islamische Mystik. Der damals wohl berühmteste Sufi-Meister war der Chishtī-Mystiker Shai<u>kh</u> Farīd ud-Dīn Ganj-i Shekar aus Pākpaṭṭan (12.–13. Jh.), unter dessen Namen auch Dichtungen in den *Ādi-Granth* Eingang gefunden haben. Die Sufi-*khānaqāhs* waren Stätten der Inkulturation des mystischen Islams im Volk. Es waren dies die Zentren des Sufis, in denen unter der Leitung eines *shai<u>kh</u>s,* Meisters, seine Anhänger mit ihm strenger mystischer Observanz pflegten und gleichzeitig den Reisenden Unterkunft boten. Sie waren Orte der intensiven Begegnung zwischen Hinduismus und Islam.

Große Verbreitung hatte damals andererseits auch die Bewegung der Nāth-Yogīs (Bezeichnung auch „Kanphaṭā–Yogīs"). Ihr Yoga heißt der Haṭhayoga, „Yoga der Beharrlichkeit". Er ist durch Atemzügelung sowie durch Körperdisziplinierung und -reinigung gekennzeichnet, die zur Erlösung verhelfen sollen. Śiva Ādi*nāth* (daher *Nāth*-Yogīs) ist für diese Yogīs das Höchste Selbst, außer dem nichts ist. Sein kreativ-kinetischer Aspekt ist seine (weibliche) „Kraft", *śakti,* die sich in die Schöpfung entfaltet. Śiva ist *śakti,* aber im transzendenten Sinne nur reines Sein. Die entfaltete Welt ist dem Kreislauf von Werden und Vergehen verhaftet. Nur die Zurückführung des Entfalteten in das reine Sein Śivas kann diesen Kreislauf zum Stillstand bringen. Das Gegenteil von Evolution ist die Involution der Welt. Die mikrokosmischen Phänomene werden als Entsprechung der makrokosmischen angesehen, denn der Makrokosmos wird in Indien seit altersher oft als menschliche Gestalt symbolisiert. Der Körper des Menschen ist daher identisch mit dem Makrokosmos. Mit Hilfe der yogischen Praxis erlangt der Yogī die Todlosigkeit, indem er in sich *śakti* und Śiva zur Einheit bringt. Das yogische Vereinigungsgeschehen wird beschrieben als begleitet von allen Arten von Erlebnissen des Fühlens, Schmeckens, Schauens und Hörens der sich anbahnenden einen Wirklichkeit. Alles was ist, ist im Körper; alle religiöse Verwirklichung geschieht im Körper; der Yogī selbst bewirkt seine Vollendung durch körperlich-physisch-psychische Disziplin *(yoga)*. Wegen der ihnen zugeschriebenen übernatürlichen Fähigkeiten und ihrer exzentrisch-rigoristischen Praktiken wurden die Nāths verehrt, bewundert und gefürchtet. Von manchen Kreisen wurden sie auch strikt abgelehnt, ohne daß diese sich dem allgegenwärtigen Einfluß der Bewegung entziehen konnten, aus sozialen aber auch aus inhaltlichen Gründen.

Schärfste Kontrahenten der Nāths waren die Vertreter der Bhakti. Das Wort *bhakti* heißt „Anteilnahme, Hingabe" und bezieht sich auf die wechselseitige Beziehung von Mensch und Gott. Gott gewährt aus freier Gnade dem Gläubigen Vereinigung mit ihm. Im gegebenen Zusammenhang ist besonders die Bhakti der Sants (*sant,* „seiend [im Sinne des Wahren Seins]; fromm") zu berücksichtigen, die seit dem 14. Jahrhundert in Nordindien große Verbreitung gefunden hatte. Die Lehre der Bhakti besagt grundsätzlich, daß der Mensch nichts zu seinem Heil vermag, sondern ganz auf die Gnade Gottes angewiesen ist. Ihm nützen nicht die Riten der Orthodoxie, nicht der Yoga und nicht die philosophischen Anstrengungen der religiösen Denker, denn Gott selbst muß sich dem Menschen zuwenden. Das Gnadenkonzept hatte zur Folge, daß auch Niedrigkastige und Frauen Zugang zum Heil erhielten. Die Sants betrachteten die Bemühungen der Nāths als wertlos, wenn nicht als lächerlich. Sie verneinten im Gegensatz zu manchen anderen Bhakti-Richtungen, daß sich Gott in körperlicher Form oder durch seine göttliche Gegenwart im Bild darstelle. Gott, letztlich wesensgleich mit der Seele, offenbart sich nach den Vorstellungen der Sants dem Gläubigen in dessen Innerem in der mystischen Vereinigung, die umschrieben wird mit der göttlichen Schau oder dem Hören des nicht-physikalisch bedingten Tons. Dadurch, daß die Sants ihre Praxis nur auf das Innere richten, ergeben sich erhebliche Konvergenzen mit Vorstellungen der Nāths. Das Ziel des Bhakti-Frommen, des Bhaktas (*bhakta,* „hingegeben, fromm"), ist das gnadenhafte Teilhaben an Gott.

Wenn auch der Bhakta ganz abhängig ist von der göttlichen Gnade, so führt ihn doch der Guru. Jedenfalls gilt dies für die in Gemeinden vergesellschaftete Form der Bhakti. Bei denjenigen Sants, die zu Stiftern von Bhakti-Gemeinschaften wurden, stellt sich dies oft anders dar. Sie verstanden sich oder wurden von ihren Anhängern als Menschen verstanden, die direkte göttliche Offenbarung empfangen hatten. Der Guru der Stifter war der *satguru,* der Wahre Guru, nämlich Gott selbst.

Die Frömmigkeitspraxis der Sants hat zum Ziel, den Frommen für die mystische Vereinigung zu konditionieren. Die Vergegenwärtigung Gottes wird mittels des *ein-bildenden* Gottgedenkens, vorzüglich im Gebet des Gottesnamens, angestrebt. Man nennt dies *nām-smaraṇ,* „Namen-Gedenken". Es ist eine Gebetspraxis, die zu zunehmender Versenkung führt, zur Ablösung von der physikalisch bedingten Tongestalt des Namens und hin zur Erfahrung Gottes, der sich im sogenannten „Unangeschlagenen Ton" *(anāhat-nād)* offenbart. Das zweite unabdingbare Merkmal der Bhakti-Praxis ist der Lobpreis Gottes durch Gesang (meist Gemeindegesang) und Verkündigung, genannt *bhajan*. Die Bhajan-Tradition, die von den Sant-Meistern, religiösen Sängern und Gemeinden getragen wurde, verbreitete sich in ganz Nordindien.

2. *Der Stifter des Sikhismus und die Gurūs der Sikhs*

Der Stifter des Sikhismus war Nānak. Die Nachfolgerschaft Nānaks nannte sich, bevor spezifischere Termini Platz griffen, zunächst nur Nānak-Panth, „Pfad Nānaks", bzw. Nānak-Panthīs, „die auf dem Pfade Nānaks wandeln". Nānak wurde 1469 in Talvaṇḍī, dem heutigen Nankānā Sāhib in der pakistanischen Provinz Panjab, geboren und starb 1539 in Kartārpur, einem Ort im Amritsar-Distrikt des heutigen indischen Bundesstaates Panjab. Der Titel „Gurū", den alle zehn Oberhäupter der Sikhs trugen, wird seinem Namen vorangestellt. Nānak gehörte zur Bedī-Unterkaste der Khatrīs. Die Khatrīs der Zeit waren u. a. tätig im Geschäftsleben und in der Verwaltung. Nānak, der verheiratet und Vater zweier Kinder war, stand als junger Mann als Verwalter des Speicherhauses in staatlichen Diensten in Sultānpur, einer Steuerbezirkshauptstadt. Er stammte aus einer Hindukaste, die Zugang zu Karrieren in der Bürokratie hatte, und war nach Bildung und Tätigkeit Teil der indo-muslimischen Bürokratie und ihres kulturellen Umfeldes.

Während er in Sultānpur lebte, hatte Nānak das Erlebnis seiner mystischen Konversion. Von da an widmete er sich in reger Reisetätigkeit der religiösen Verkündigung und besuchte so weite Teile Nordindiens. Ungefähr um 1520 wurde er in Kartārpur, wo er auch starb, ansässig. Hier bildete sich die erste stabile Lokalgemeinde um ihn. Nānak verfügte, daß sein Jünger Lahaṇā, ebenfalls ein Khatrī, und nicht einer seiner Söhne seine Nachfolge antreten sollte. Er wurde unter dem Gurū-Namen Angad der Zweite Gurū der Sikhs (1539–1552). Der Gurū *par excellence* ist Nānak selbst. Seine Nachfolger verstanden sich als Sachwalter seines Vermächtnisses. Dies kommt am klarsten darin zum Ausdruck, daß ihre Dichtungen unter dem Verfassernamen Nānak laufen und ihre Identität in der heiligen Schrift der Sikhs nur durch bestimmte Sigla im Eingang zu ihren Werken angegeben wird.

Der dritte Gurū, Amar Dās, war bereits 73 Jahre, als er das Amt antrat. Unter ihm (1552–1574) gewann die Sikh-Gemeinde wachsende organisatorische und in Symbolen greifbare Identität. Man nimmt an, daß in seiner Zeit das System der Provinz (*mañjī*)-Einteilung der Gemeinde eingeführt wurde, deren Vorsteher dem Gurū verantwortlich waren.

Amar Dās gestaltete Goindvāl, seinen Heimatort und nachmaligen Amtssitz, zu einem frühen Pilgerort der Sikhs. Ferner scheint er die *langar-s* institutionalisiert zu haben. Hierunter versteht man die Gemeinschaftsspeisungen auf dem Tempelareal, bei denen alle Kasten gemeinschaftlich das

Mahl einnehmen, wodurch im religiösen Kontext das Tabu bezüglich der Eßgemeinschaft zwischen den Kasten suspendiert wird. Ebenfalls für die Zeit von Amar Dās wird die Einführung typischer Sikh-Feiertage angenommen, die auf Hindu-Festtage fielen. An ihnen versammelten sich die Sikhs und unterstrichen damit ihre Gruppenzugehörigkeit. Gurū Amar Dās begann offenbar mit der Kompilation des *Ādi-Granth*.

Gurū Rām Dās (1574–1581) war der Schwiegersohn von Amar Dās. Er wurde zum eigentlichen Gründer des nachmaligen Amritsar, „Nektarteich", dem Zentrum der Sikhs, in welchem unter seinem Amtsnachfolger der Harimandir gebaut wurde, der allgemein als „Goldener Tempel" bekannt ist.

Gurū Arjan (1581–1606) war der Sohn von Rām Dās, und seither blieb die Gurū-Nachfolge in der Khatrī-Familie der Soḍhī. Arjan entwickelte eine lebhafte missionarische Reisetätigkeit. In seiner Zeit begann der Zustrom von Jāṭs, kriegerischen Bauern, die im Panjab dominierten, in den Panth, was in der Folge das Gesicht der Gemeinschaft prägen sollte. Unter Arjan wurde der Goldene Tempel errichtet (ab 1589). Er führte auch die erste Redaktion des *Ādi-Granth* durch. Unter ungeklärten Umständen starb Arjan 1606 im Gewahrsam der Moguln. Die Sikhs sehen in ihm ihren ersten Märtyrer im Behauptungsstreben ihrer Gemeinschaft gegen die Muslim-Herrschaft.

Mit dem sechsten Gurū, Hargobind (1606–1644), begann die Militarisierung der Sikhs. Er initiierte die Zwei-Schwerter-Lehre, genannt *mīrī-pīrī,* „geistliche und zeitliche Macht". Sichtbares Symbol dieses Wandels wurde der Akāl Takhat, das Bauwerk, welches, von Hargobind veranlaßt, gegenüber dem goldenen Tempel in Amritsar aufgeführt wurde und Ausdruck der zeitlichen Macht der Sikhs ist. Wesentlich vorangetrieben wurde die Militarisierung der Sikhs dadurch, daß in der Gemeinschaft die Gruppe der Jāṭs einflußreich wurde, die nun ihre eigene kriegerische Tradition in den Panth einbrachten.

Im Laufe der Jahre kontrollierten die Sikhs auch Lokalterritorien. Dies führte gesteigert zu Konflikten mit den Moguln. Diese wurden auch verschärft durch die orthodox-islamische Haltung, mit der der Mogulstaat sich unter Aurangzeb Nicht-Muslimen gegenüber durchsetzte. Der siebente und der achte Gurū der Sikhs konnten aus unterschiedlichen Gründen keine richtungweisende Kraft entfalten. Unter dem neunten Gurū, Tegh Bahādur (Amtsantritt 1664), erreichten die Feindseligkeiten zwischen den Moguln und den Sikhs einen Höhepunkt. Der Gurū wurde 1675 in Delhi hingerichtet.

Gurū Gobind Singh (1675–1708) wurde der zehnte und letzte der menschlichen Gurūs. Er gründete 1699 in Ānandpur Sāhib den Khālsā, die Bruderschaft der Sikhs, deren Identität und Ethik *(rahit)* sich in einem langen Prozeß, der bis in die Gegenwart währen sollte, herauskristallisierte. Das Wort *khālsā* bedeutet „Land, welches unmittelbar der Krone untersteht" und auch „rein" (abgeleitet von arab. *khāliṣa*). Eigentlich ist es ein

Begriff aus der Steuerverwaltung. Im gegebenen Zusammenhang ist damit das Kernland der Sikhs gemeint. Es steht im Gegensatz zu den bereits erwähnten *mañjī-s,* die durch *masand-s,* Deputierte, in Beziehung zum Gurū standen. Diese losere Form der Provinzialorganisation drohte damals in ihrer Bindung an das Zentrum zu erschlaffen. Örtliche Einheiten verselbständigten sich. Der Khālsā wurde als Kristallisationskern von Loyalität und Behauptungwillen der Sikhs geschaffen. Damit markieren die Ereignisse um das Jahr 1699 einen manifesten Unterschied zwischen dem harten Kern, dem Khālsā, und den anderen Anhängern des Panth. Die Position des Khālsā und sein Führungsanspruch wurden insbesondere seit den 20er Jahren des 20. Jahrhunderts im Zuge reformerischer Bemühungen klar, wobei die Art, wie man sich die Sikh-Vergangenheit aneignete, naturgemäß durch die Gegenwartsdebatten bestimmt war.

Die Sikh-Tradition stellt die Ereignisse des Jahres 1699 so dar, daß bei der Gründung des Khālsā fünf Männer in einer fiktiven Bluttaufe initiiert worden seien. Sie werden die „fünf Geliebten" *(pañj piāre)* genannt. Es waren die fünf Helden, die bereit gewesen waren, ihren Kopf für den Khālsā zu opfern, denn Gurū Gobind Singh trat mit einem nach dem anderen hinter einen Vorhang, hinter dem er sie angeblich enthauptete und vor den er jedesmal mit blutigem Schwert wieder hinaustrat. Als der fünfte Glaubensheld sich in dieser Weise hingegeben hatte, offenbarte der Gurū, daß sie alle noch lebten und statt ihrer Ziegen geköpft worden waren. Diese Schwerttaufe, *khaṇḍe kī pāhul,* wurde im Khālsā durch einen Taufritus symbolisch verewigt, den man *amritpāhul,* „Nektartaufe", nennt (s. V. 2.). Auch die Namengebung, die im *Khālsā* typisch ist, nämlich daß jeder männliche Sikh bei der Taufe den Namen Singh, „Löwe", und jeder weibliche Sikh den Namen Kaur, „Prinzessin", erhält, soll der Tradition nach von Gobind Singh eingeführt worden sein. Ferner sollen schon damals die fünf besonderen Merkmale des Khālsā eingeführt (s. III. Symbole) und bestimmte Verhaltensnormen festgelegt worden sein. Es ist anzunehmen, daß diese Elemente, die sich wohl im wesentlichen aus Jāṭ-Traditionen erklären lassen, sich erst über die Zeit hin entwickelten (s. Thiel-Horstmann, 1992, S. 130).

Gurū Gobind Singhs vier Söhne waren alle zu seinen Lebzeiten umgekommen. Das schloß die Weitergabe des Amtes in der Familie aus. Gobind Singh vervollständigte den *Ādi-Granth* durch die Werke seines Vaters, Tegh Bahādur, und setzte nun ihn, die heilige Schrift, in das Amt des Gurūs ein. Wegen dieser Funktion trägt die Schrift auch den Titel *(Sirī) Gurū Granth Sāhib(jī).*

Nach dem Tod Kaiser Aurangzebs (1658–1707) trat ein rascher Verfall des Mogulreiches ein. Zu den Regionalmächten, die in das entstandene Machtvakuum drängten, gehörten auch die Sikhs. Das 18. Jahrhundert war im Panjab bestimmt von bäuerlich-militanten Protestbewegungen und von den Kämpfen gegen die Moguln und gegen die Afghanen. Zwei Ereignisse prägten für die Zukunft die Sikh-Muslim-Beziehung, nämlich die Entweihung des Goldenen Tempels durch die Mogul-Soldaten 1746 und das Massaker an den Sikhs im Jahre 1767 während einer der zahlreichen Afghanen-Invasionen. Die afghanische Kontrolle über den Panjab blieb instabil, so daß sich lokale Sikh-Mächte behaupten konnten. Im Jahre 1799 gewann der Sikh-Fürst Ranjit Singh die Herrschaft über Lahaur und schuf in der Folge ein panjabisches Reich (freilich keinen theokratischen Sikh-Staat), der nach seinem Tode 1839 rasch zerfiel und eine Beute der britischen Kolonialmacht wurde, die den Panjab nach zwei Kriegen (1845–46 und 1848–49) annektierte. Das heroische 18. Jahrhundert hat für das Selbstverständnis der Sikhs auch in der Moderne größte Bedeutung. Auseinandersetzungen in der Gegenwart werden daher nicht selten als Kampf einer Sikh-Nation gegen Fremdherrschaft interpretiert.

3. Die Sikhs und die Konsolidierung des Khālsā in der Moderne

Als Reaktion auf die Kolonialherrschaft brachen in Indien allenthalben Elitenbewegungen auf, die eine neue kulturelle und politische Identität suchten. Der koloniale Umbruch machte sich in allen Lebensbereichen bemerkbar. Wirtschaftlich kam es zwar zu einem großen Aufschwung, aber seine Ergebnisse wurden für den Export ausgebeutet. Die Kleinbauern wurden von diesem Aufschwung ganz übergangen. Durch die Einführung neuer Formen von Landbesitzrecht und Landsteuerveranlagung wurden die ärmsten Bevölkerungsschichten benachteiligt. Weder konnten sie Landbesitz erwerben, noch, wenn sie etwas Land besaßen, die unerbittlich starren Steuerforderungen erfüllen. Die alten Sikh-Eliten arrangierten sich zur Erhaltung ihrer Einkünfte mit den Briten. Dies war besonders seit dem großen Aufstand des Jahres 1857 der Fall, nach dem die Briten sich auf konservative Kräfte zu stützen bemüht waren, und dies waren die Fürsten und Großgrundbesitzer.

Mit den Engländern kam die englische Bildung in den Panjab, die zur Startbedingung für berufliches Fortkommen wurde. Mit ihnen kamen, seit 1835, auch die Missionare. Im Jahre 1921 wurden im Panjab 300000 Christen gezählt. Dies stellte für Sikhs ebenso wie für Hindus eine Herausforderung dar.

Die Sikhs wurden von den Briten wegen ihrer militärischen Fähigkeiten geschätzt und, überwiegend in der Armee, gefördert. Die Engländer identifizierten sie mit den Khālsā-Sikhs, die als sichtbarstes Merkmal neben den anderen Merkmalen des Khālsā das nicht geschnittene Haupt- und Barthaar aufweisen. Die Verbindung des Khālsā mit der Kolonialmacht führte zu einem Ansteigen der Sikhs-Zahlen (1881: 8% der Bevölkerung des Panjab; 1931: 13%) durch tatsächliche Neuzugänge ebenso wie durch die wachsende Neigung, eine klare Sikh-Identität zu artikulieren, die dem sozialen Fortkommen förderlich sein konnte.

Der Goldene Tempel unterstand der Kontrolle der Briten. Die Verwaltung der historischen *gurdvārā-s* war im Laufe der Zeit in die Hand von geistlichen Amtsträgern geraten, den *mahant-s.* Sie hatten ihr Amt und den damit verbundenen Besitz als eine auf ihren jeweiligen Nachfolger vererbbare Pfründe inne. Dies Gewohnheitsrecht wurde in britischer Zeit zum Rechtstitel. Das erzeugte erbitterten Widerstand auf seiten des Khālsā, der sich gegen die Veruntreuung des Tempelbesitzes und die Macht der *mahants* wehrte, und bildete einen gewichtigen Punkt im Reformprogramm, welches der Khālsā auszuarbeiten begann. Die *mahants* sollten abgesetzt, der Kultus wieder in Einklang mit der Sikh-Lehre gebracht und die Tempel dem Khālsā unterstellt werden. Reformbemühungen wurden auch noch aus anderer Richtung angeregt. Seit Ende des 19. Jahrhunderts hatte sich in Nordindien der Ārya Samāj ausgebreitet, eine reformerisch orientierte revivalistische Hindu-Bewegung. Sie propagierte eine moderne Hindu-Identität durch Rückgriff auf den Veda und unter Ablegung aller späteren, angeblich verderbten religiösen und sozialen Anlagerungen. Der Panjab zeigte sich solchen Zielen zunächst aufgeschlossen. Andererseits hatte der Gründer des Ārya Samāj in krasser Weise den etablierten Hinduismus und andere indische Glaubenssysteme als Aberglauben diffamiert, und dies erzeugte erbitterte Frontstellung sowohl bei Hindus wie bei Sikhs. Sowohl die Sikhs wie der Ārya Samāj übten durch Erziehungsinstitutionen, in die auch die Mädchenbildung einbezogen war, große Anziehungskraft aus, was die Konkurrenz verstärkte. Als sich der Ārya Samāj 1893 spaltete, bezog sein militanter Flügel gesteigert Position gegen die Sikhs. Es hatten sich, u. a. vom Ārya Samāj angeregt und in Opposition zu ihm, reformerische Gesellschaften des traditionellen Hinduismus gebildet, die nun ihrerseits eine eigene Wesensneubestimmung unter bewahrenden und gleichzeitig reformerischen Gesichtspunkten suchten. Sie hießen Hindū Sabhās, „Hindu-Gesellschaften", und schossen allenthalben wie Pilze aus dem Boden. Das Ende des 19. Jahrhunderts stellte den Höhepunkt religiöser Kontroversen im Panjab dar, bei welchen die Khālsā-Sikhs ihrerseits durch Reform-Gesellschaften mitwirkten. Sie traten ab 1873 in großer Zahl ins Leben und trugen die Bezeichnung Singh Sabhā, d. h. „Singh-Gesellschaft". Sie hatten innere Reform und die Ausschaltung des Einflusses von christlichen Missionen und Ārya Samāj zum Ziel. Im Zuge der Formulierung ihrer Wesenbestimmung setzten sich die Sikhs zudem immer deutlicher auch von einer allgemeinen Hindu-Zugehörigkeit ab. Ab 1893 wurden die einzelnen Singh Sabhās in Dachgesellschaften (Khālsā Dīvān) zusammengefaßt, und diese wiederum wurden 1902 im Chief Khalsa Diwan als der Spitzenorganisation zusammengeführt.

1898 wurde im Gefolge eines Rechtsstreits, in dem es darum ging, ob Erbstreitigkeiten im Falle eines Sikh-Erblassers nach dem Hindu-Personenrecht entschieden werden können, von den Khālsā-Sikhs ausdrücklich ihre eigenständige Sikh-Identität bekräftigt. Dies geschah im selben Jahr in exemplarischer Weise in der Schrift *Ham hindū nahīṃ,* „Wir sind keine Hindus", von Bhāī Kahn Singh Nābhā. Die Sikhs begannen nun auch,

Rekonversionsriten für abständige Sikhs einzuführen. Die Anregung für diese Neuerung kam von vergleichbaren Riten des Ārya Samāj.

Auch begannen sich neue Grenzen der Gruppenloyalität unter den Sikhs selbst abzuzeichnen. Waren bisher die Khālsā-Sikhs, die Großgrundbesitzer und die britisch-protegierten Udāsī-*mahant-s* die loyalen Parteigänger der Briten gewesen, so spalteten sich nun die alten Gruppierungen durch ein nationalistisches Ferment, welches durch die neue intellektuelle Mittelschicht vermittelt wurde. Mit dem erst isolierten Ziel, die Udāsī-*mahant-s* abzusetzen, wurden vor allem ab 1905 die Akālīs aktiv. Akālīs (eigentlich „Anhänger Akāls", d. h. Gottes, der den Namen Akāl Purakh, „Ewige Wesenheit", trägt) waren im 18. und 19. Jahrhundert die heldenhaften Sikh-Soldaten gewesen. Aus den Akālīs der Gegenwart ging 1920 der Akālī Dal, die Khālsā-Partei, hervor. Die Akālīs gründeten das Akali Gurdwara Committee, welches sich erfolgreich den Reformen der Sikh-Tempel verschrieb. Mit der Gründung des Akālī Dal wurde das Gurdwara Committee 1920 institutionell neu als Shiromani Gurdwara Parbandhak Committee (SGPC) begründet. 1923 wurden die *mahant-s* abgesetzt, und seither untersteht die Verwaltung der historischen *gurdvārā-s* dem SGPC, welches sich zur höchsten Institution im Khālsā entwickelte.

Die Khālsā-Konsolidierung wurde auch von außen her gefördert. Im 20. Jahrhundert wanderten Sikhs vermehrt aus. Bei ihrer Einwanderung in die USA und Kanada stießen sie auf Diskriminierung. Besonders verschärft wurde die Situation dadurch, daß die ersten Auswanderer aus dem ländlichen Milieu oder der unteren Mittelschicht kamen und daher große Schwierigkeiten hatten, sich den neuen Lebensbedingugnen anzupassen. Dies führte zu radikaler Identitätsartikulation, deren Sprachrohr die Ghadar-Partei wurde, nach dem von einem reichen kalifornischen Sikh finanzierten Blatt namens *Ghadar,* „Revolution". Sie unterstützte ideologisch und finanziell Sikh-Bewegungen im Panjab. Die Einwirkung der Auslandssikhs auf die politischen und kulturellen Bemühungen der Sikhs in ihrer Heimat ist seither als ein sehr wesentlicher, gleichzeitig auch komplexer Faktor anzusehen.

Trotz der voranschreitenden Khālsā-Konsolidierung als selbstbewußter Repräsentantin der Sikhismus blieben die Gruppierungen innerhalb der Sikh-Gemeinschaft weiter mannigfaltig. Die Konsolidierung des Khālsā wurde jedoch auch durch die politischen Umstände der Zeit gefördert. Nachdem die Muslime nach einer entsprechenden Verfassungsreform mit Erfolg separate Wählerschaften gefordert hatten, um bei Wahlen nicht gegenüber der Hindu-Majorität ins Hintertreffen zu geraten, taten dies auch die Sikhs. Ihrer Forderung wurde 1918 stattgegeben. Sei dieser Zeit lag die politische Arbeit der Sikhs im wesentlichen beim Khālsā.

Die Unabhängigkeit Britisch-Indiens und seine Aufteilung in Pakistan und Indien brachte die Teilung des Panjab mit sich. Es kam zum Massenexodus der Muslime nach Pakistan bzw. der Hindus nach Indien. Die Neuordnung der indischen Bundesstaaten führte nach einer zunächst seit

1948 anderen Gebietsaufteilung 1956 zur Gründung eines großen indischen Bundesstaates Panjab mit einer Panjabi- und einer Hindi-Zone. Die Forderungen nach einem Sikh-Gebiet waren nie verstummt und bildeten auch weiterhin einen Zankapfel. 1960 begannen Forderungen des Akālī Dal nach einem „einsprachigen Panjabi-Staat" an Gewicht zuzunehmen. Dabei wurden die Sikhs als ein Volkskörper mit „theo-politischem Status" präsentiert und die Zentralregierung Indiens beschuldigt, sie habe die Absicht, die Sikh-Nation in eine bloße Menge individueller Staatsbürger zu atomisieren. Dies war eine Argumentationsweise, die dem säkular verfaßten indischen Staatsmodell widersprach und daher völlig unannehmbar war, auch weil sie Signalwirkung für andere sensible Regionen haben konnte. So wurde die sich nun anbahnende neue Staatenordnung ganz unter das Sprachenprinzip gestellt. 1966 fand nach langen Agitationen und Unruhen die territoriale Neuordnung in einen panjabi-sprachigen Staat Panjab, einen hindi-sprachigen Staat Haryana sowie den bereits bestehenden Staat Himachal Pradesh statt. Freilich hatte der neue Panjab nur eine schwache Sikh-Mehrheit, und auch der Wahlerfolg des Akālī Dal zwischen 1967 und 1980 war nur mäßig (30% der Stimmen). Der Akālī Dal macht sich zunehmend stark als „voll autorisierter Vertreter der Sikh-Nation", wie er 1973 in seiner Ānandpur-Erklärung verlautbarte, in der u. a. auch territoriale Veränderungen zugunsten der Sikhs sowie die Ausdehnung der Jurisdiktion des Khālsā auf Sikh-Tempel außerhalb des Panjab gefordert wurden.

Um 1980 wurden lautere separatistische Töne angeschlagen. In diesem Jahr formierte sich der National Council for Khalistan. Ein naturalisierter US-Sikh, Ganga Singh Dhillon, stellte in diesem Jahr bei der Sikh Educational Conference das Konzept einer separaten Sikh-Nation namens Khalistan vor. Die Konferenz verabschiedete die Resolution, sie werde für die Identität und die Nation der Sikhs kämpfen. Das SGPC distanzierte sich zwar hiervon, erklärte aber 1981 seinerseits, die Sikhs stellten eine eigene Nation dar, und forderte die Umsetzung der Forderungen der Ānandpur-Erklärung. Der Sikh-Separatismus nahm zu. Der Akālī Dal unterstützte den „gerechten Kampf", in anderer Übersetzung „religiösen Kampf" *(dharam yuddh)*, für die Verwirklichung der Ānandpur-Erklärung. Die Auseinandersetzungen mit der Zentralregierung verschärften sich, und die Akālīs waren gespalten in einen moderaten Flügel um Sant Longoval und einen radikalen um Sant Jarnail Singh Bhindranvale. Letzterer hatte sich schließlich mit Munition und Truppen im Goldenen Tempel verschanzt. Im Juni 1984 stürmten Regierungstruppen das Heiligtum. Es kam zu großen Verwüstungen und zur Zerstörung des Akāl Takhat. Bei dieser Entweihung des Goldenen Tempels kamen merhrere tausend Menschen um. Die Eskalation und die Verwandlung des Goldenen Tempels zu einem Waffendepot durch Sant Jarnail Singh Bhindranvale war unter den Augen der von Indira Gandhi geführten Zentralregierung vonstatten gegangen. Es war ein von ihr gebilligtes und ausgenutztes Spiel mit dem Feuer. Das Gewährenlassen und spätere Ausschalten des Radikalenführers hätte das Ansehen der regierenden Kongreßpartei als Retterin des Friedens und gleichzeitig die Unfähigkeit des Akālī Dal, der Krise Herr zu werden, vor Augen führen sollen. Die Entwicklungen nahmen aber einen so dramatischen Verlauf, daß sich die Strategie Frau Gandhis gegen sie wandte. Sie wurde nach der Operation Blue Star von ihren Sikh-Leibwächtern erschossen. Danach brach in Delhi ein wohl gelenktes Massaker gegen Sikhs los. Die Entweihung des Goldenen Tempels und das blutige Nachspiel sowie die zunehmende Aufklärung der Rolle von Frau Gandhi bei der Förderung der Separatisten führte zu einer tiefen Entfremdung der Sikhs von der Zentralregierung. Jedoch blieb den Khalistan-Forderungen eine nachhaltige Unterstützung im Panjab versagt, denn die kulturelle und wirtschaftliche Einbettung des Panjab in die Indische Union sind Realitäten, an denen der Separatismus zerbricht. Auch kosteten ihre Terroraktionen die Radikalen etwaige breitere Sympathien. Hingegen hatten die separatistischen Bestrebungen bei manchen Auslandssikhs zu teilweise euphorischen Reaktionen geführt, sahen sie doch in ihnen einen begrüßenswerten Beitrag zur Bekräftigung der Sikh-Identität. In jeder Hinsicht aber haben die Ereignisse der 80er Jahre eine Reflexion der Sikhs über ihre Tradition und ihre Werte belebt.

4. Bildungswesen

Die Sikhs kamen erstmals 1849 mit dem westlichen Erziehungswesen in Berührung. Es waren in erster Linie die Singh Sabhās, die, da sie für Reformen eintraten, zum Ferment bei der Annahme westlicher Bildung durch die Sikhs wurden. Die Konkurrenz des Ārya Samāj wirkte auch auf diesem Sektor motivierend. Ab 1892 wurde mit Schulgründungen viel für die Jungen- und Mädchenbildung getan. Zwei bedeutende Universitäten des Panjab mit international angesehenen Gelehrten sind Sikh-Gründungen, nämlich die Punjabi University, Patiala, und die Guru Nanak Dev University, Amritsar.

Daneben bestehen weiter fort die Sikh-Seminare *(taksāl)*, an denen eine religiöse Ausbildung erteilt wird. In der altehrwürdigen Tradition dieser Art stand auch Sant Jarnail Singh Bhindranvale, der Protagonist der Ereignisse des Jahres 1984, der jedoch gleichzeitig ideologisch durch das Gedankengut der Sikh-Studentenföderation bestimmt war, die eine radikale Selbstbehauptung ihres Sikhtums propagierte.

Im Bildungswesen wie in allen anderen Bereichen ist die Situation der indischen Sikhs nicht mehr losgelöst von den Auslandssikhs zu betrachten. Beide Gruppen sind Empfangende und Gebende, und es herrscht zwischen ihnen ein reger Austausch im wirtschaftlichen, kulturellen und personellen Bereich. Die Auslandssikhs generell pflegen ihren Glauben im Ritus und in den kulturellen und sozialen Aktivitäten, die sich in den bald entstandenen *gurdvārā-s* ihrer neuen Lebenswelt abspielen. Da der Sikhismus kein

Priesteramt kennt, waren es immer einzelne Familien oder später Gruppen, die durch gemeinsame regionale Herkunft oder Kaste gekennzeichnet waren, die die Initiative zur religiösen Betätigung ergriffen. Ein Exemplar des *Ādi-Granth* und die Lesung daraus, das gemeinsame Verrichten von Gebeten und Riten führen rasch zur Bildung von Sikh-Gemeinden. Die Auslandssikhs in den USA und in Kanada haben insbesondere seit den Krisen der 80er Jahre große Bemühungen angestellt, ihr Sikhtum zu definieren und zu bewahren, indem sie in Schulen und Kurse investiert haben, um ihre Kinder im ererbten Glauben zu stärken. Ferner haben sie an namhaften Universitäten das Studium des Sikhismus durch die Stiftung von Studiengängen gefördert. Hierbei kommt es zu einer anregenden Spannung, die aus der Begegnung von Bekennertum mit distanzierten wissenschaftlichen Bemühungen erwächst.

5. Gesellschaftliche Fragen der Gegenwart

Die Lehre der Gurūs hat den Sikhs ihre Standortbestimmung in der modernen Gesellschaft erleichtert. Der Sikhismus lehrt eine religiös begründete Gleichwertigkeit aller Menschen. Hierbei wird freilich nicht die Spannung im Verhältnis zur gesellschaftlichen Wirklichkeit seit der Anfangszeit des Panth aufgehoben.

Zu dieser gesellschaftlichen Wirklichkeit gehört das Kastenwesen. Unter der Rücksicht der Erlösungsfähigkeit und im religiösen Vollzug sind die Kastenregeln suspendiert; sie gelten jedoch nach wie vor bei der Heirat. Hier beobachten die Sikhs die Kastenendogamie ebenso wie die Hindus. Die Kastenzugehörigkeit und die kulturelle Tradition der jeweiligen Kaste haben das Verhalten der Sikhs in der Geschichte nachhaltig geprägt. Die dominanten bäuerlichen Jāṭs standen gegenüber den zahlenmäßig viel geringeren traditionell städtischen Khatrīs und Aroṛās, die beide dem Panth viele Intellektuelle stellten. Diesen beiden wiederum stehen gegenüber die zahlreichen Dienstleistungskasten einerseits und die Unberührbaren andererseits. Ohne diese gesellschaftlichen Differenzierungen gäbe es nicht das Bild des heutigen Panths und die immer offene Debatte um die authentische Sikh-Identität. Die Sikhs sind in der Gegenwart dadurch hervorgetreten, daß sie ganzen Gruppen von Unberührbaren Aufnahme in ihrer Gemeinschaft gewährt haben, was sich aus religiös-egalitären Prinzipien erklären läßt, die sich mit politischen Motiven mischen.

Ähnliches wie für die Einstellung zur Kaste gilt für die Gleichwertigkeit der Geschlechter, die bei den Sikhs religiös fundiert ist, aber in der gesellschaftlichen Wirklichkeit des indischen Subkontinents unerfüllt ist. Umgekehrt steht jedoch fest, daß der Panth keinen religiösen Vorwand für die Diskriminierung von Kaste oder Geschlecht bietet, und diese Gewißheit hat den Panth immer wieder zu sozialen Reformen befähigt.

III. Glaubensvorstellungen

Die Lehre Gurū Nānaks erschließt sich im wesentlichen bereits in denjenigen Texten des Ādi-Granth (= AG), die die Sikhs in ihrer Liturgie verwenden. Der knappe Einleitungsteil des *Japujī* (AG 1–8) wird seit Bhāī Gurdās (s. IV.) das *Mūlmantra,* „Grundformel" oder „Grundgebet", genannt. Er enthält die Kernaussagen über das Gottesbild. Der Text lautet übersetzt:

Ein Gott, sein Name ist Wahrheit, er ist der Schöpfer, er ist die Höchste Wesenheit, bei ihm ist keine Angst, bei ihm ist keine Feindschaft, seine Gestalt ist zeitlos, er stammt aus keinem Schoß, er ist aus sich selbst – durch des Gurūs Gnade [wird er erkannt].

Die Wendung „Ein Gott" wird im Originaltext tatsächlich durch die Ziffer 1 mit dem folgenden Symbol, welches *Oaṃkāru* gesprochen wird, ausgedrückt. *Oaṃkāru* bezeichnet das Höchste Wesen, das ewig ungeteilt und unveränderlich alles ist, aus dem alles kommt und das alles erschafft. Da der Gläubige eine persönliche Beziehung zu ihm hat, die von Liebe und Gnadenbedürftigkeit geprägt ist, erscheint für den Terminus die Übersetzung mit „Gott" angemessen.

„Sein Name ist Wahrheit." Die äußerste Annäherung an das Wesen Gottes, deren der Mensch fähig ist, geschieht in der Gebetsversenkung in seinen Namen. Daher liegt auch im Gebet des Namens, im „Namen-Gedenken" *(nām-simaraṇ),* die Essenz der Frömmigkeitspraxis. Die lautliche Gestalt des Gottesnamens ist vorzugsweise *Hari* oder *Rām.* Dies sind nicht die bekannten Namen Viṣṇus, sondern Signifikatoren des Gestaltlosen. Für Nānak selbst galt *Harinām* (= der Name Hari), als *Mūlmantra.* Das Wesen Gottes ist Wahrheit. Sie ist unveränderlich und ewig. Daher ist alles außer Gott im letzten Sinne Nicht-Wahrheit, denn es ist veränderlich und endlich. Hieraus folgt eine doppelte Bewertung der Welt (s. u.) „Er ist der Schöpfer, er ist die Höchste Wesenheit": Gott ist jenseits aller Gestaltung und doch für alles Gestaltete verantwortlich. Er ist Schöpfer und gleichzeitig als Höchste Wesenheit von nicht-handelnder Transzendenz. Die Immanenz und Transzendenz Gottes werden in einem der Symbole für seine gnadenhafte Zuwendung vereint. Es ist *nadar,* der „Blick" Gottes. Schauen ist einerseits das nichteingreifende Beobachten, andererseits auch das Schauen nach dem Rechten, die tätige und bergende Sorge Gottes für die Welt. „Bei ihm ist keine Angst": Angst ist die Angst vor der Todverfallenheit und mit Gottes Wesen unvereinbar. „Bei ihm ist keine Feindschaft": In der Einheit Gottes ist Feindschaft unmöglich, denn sie setzt als solche Zweiheit voraus. „Seine Gestalt ist zeitlos": Vor dem Hintergrund ererbter Vorstellungen ist eine „zeitlose Gestalt" ein Widerspruch in sich, aber als scheinbarer Widerspruch verweist er auf die Unerfaßlichkeit des göttlichen Wesens. „Gestalt" ist in der indischen Tradition die gestaltete Erscheinung des Wesens Gottes, z. B. in einem Götterbild oder auch im Heiligen. Gestalt ist aber begrenzt und zeitlich, Gott hingegen zeitlos. „Zeitlos" ist im Indischen gleichbedeutend mit „todlos". „Er stammt aus keinem Schoß, er ist aus sich selbst": Gott ist ohne Beginn und Ende und aus sich selbst. Die letzte Wendung des *Mūlmantra* lautet wörtlich „in der Gnade des Gurūs" oder „durch die Gnade des Gurūs". Nur durch die Gnade kann das Wesen Gottes erfahren werden. Gnadenspender ist der Gurū, bei Nānak ein Wort, welches als Synonym für *satgurū,* „wahrer Gurū", gelten kann. Der wahre Gurū ist Gott selbst. In diesem Sinne besagt die Wendung, daß nur Gott selbst durch seine gnadenhafte Offenbarung im Innern des Gläubigen die Gotterkenntnis entfachen kann. Allerdings ist die Wendung im Sikhismus auch so verstanden worden, daß das Wesen Gottes durch die Vermittlung eines menschlichen Gurūs, nämlich Nānaks und seiner Nachfolger, erfahren werden kann.

Die Welt ist anfangs- und endlos. Wenn man nicht der erlösenden Gnade Gottes teilhaftig wird, verharrt man in ihr im Kreislauf immer neuer Wiedergeburten und Wiedertode. Jede Existenz ist endlich. Daher ist es nicht erstrebenswert, durch gutes *karma* in eine möglichst gute oder langlebige Existenz (z. B. als Himmelsbewohner) zu gelangen. Die Welt ist von Gott, außer dem nichts ist. Er lenkt die Welt nach der von ihm gesetzten kosmischen Ordnung, die Nānak als *hukam* bezeichnete, eigentlich „Befehl". Auch das Negative ist in ihr beschlossen. Die Welt ist falsch, jedoch nur insofern sie als getrennt von Gott betrachtet wird. Die fälschliche Erfahrung der Verschiedenheit der Welt von Gott ist jedoch gleichfalls in Gott selbst begründet, und zwar in seiner *māyā,* seiner schöpferischen Kraft, die gleichzeitig sein wahres Wesen verhüllt. Die Welterfahrung verleitet den Menschen, sich in der empirischen Pluralität zu verstricken und diese für wahr zu halten.

Die menschliche Existenz hat ein Doppelgesicht. Sie ist das große Geschenk, denn nur der Mensch ist fähig, seine Erlösungsbedürftigkeit zu erkennen und sich entsprechend zu verhalten. Die menschliche Existenzform gilt daher als die höchste und seltenste unter allen anderen. Das menschliche Leben ist jedoch auch dem Morast der Welt preisgegeben, in den ihn seine Leidenschaften unentrinnbar hineinzuziehen drohen, und es ist von der Todesgewißheit überschattet. Der Mensch wird durch sein Herz an die Welt gefesselt. Gurū Nānak benutzt das Wort *man.* Hierunter versteht man in der indischen Tradition den psychisch-mentalen Apparat des Menschen (nicht seine ewige Seele, denn diese ist nicht-handelnd, wenn auch potentiell verhüllt von den Befleckungen durch die Welt). Das Herz des Weltmenschen ist charakterisiert durch sein „Ichgefühl", *haumai,* wörtl. „Ich-ich". Er bildet sich ein, selbst unabhängig etwas darzustellen und bewirken zu können. Er verzehrt sich in Begehren und Leiden. Der Weltmensch ist *manmukh,* „seinem Herzen folgend". Der Fromme dagegen ist *gurmukh,* er folgt dem Gurū, d. h. Gott. Um die Hinwendung zu Gott vollziehen zu können, kann sich der Gläubige zwar durch seine Frömmigkeitspraxis vorbereiten, indem er sich in Gottgedenken und Lobpreis Gottes übt und Gutes tut. Die Gnade Gottes aber bleibt radikal frei. Die Fähigkeit, *bhakti,* „Hingabe an Gott", zu üben und die Offenbarung Gottes sind dadurch unbeeinflußbar. Die Größe Gottes ist es jedoch gerade, sich des Niedrigsten und Unwürdigsten zu erbarmen, wie es vielmals in den Texten beschworen wird. Die Seele des Menschen ist an sich rein und wesensgleich mit Gott. Der Gläubige möchte sie durch seine Glaubenspraxis vom Makel der Welt befreien, obwohl ihn dies nicht der Gnadenangewiesenheit überhebt. Aber seine *bhakti* kehrt ihn fort von der Welt zu Gott hin. Der Fromme ist „gottgefärbt" und nicht mehr weltbefleckt. Die Vereinigung mit Gott, die dieser durch Gnade gewährt, nennt Nānak *sahaj,* „eingeboren" (lat. *unigenitus*). Darunter ist die Ureinheit oder die Eingeborenheit von Gott und Seele zu verstehen. Der Begriff heißt auch „spontan, leicht", denn die Vereinigung vollzieht sich letztlich als spontaner Akt Gottes am Menschen. Die Vereinigung mit Gott ist erst im Tode endgültig irreversibel. Die noch verkörperte Seele ist getrennt von ihm und sehnt sich nach der Vereinigung. So entsteht ein negativer Gottesbeweis: Das Leiden des Gläubigen in der Gottgetrenntheit wird zum Beweis der Existenz Gottes.

Die Vereinigung mit Gott wird metaphorisch u. a. als Verschmelzen, Empfangen der Schau Gottes und als Hören seines Wortes (*sabad,* „Ton, Wort" bzw. *anāhad sabad,* „unangeschlagener Ton") ausgedrückt. Dies Hören ist nicht physikalisch bedingt, sondern ist der im Inneren des Menschen erklingende Ton der göttlichen Selbstoffenbarung. Mit dieser Vorstellung steht jedoch die Gebetspraxis in Zusammenhang. Das Gebet *(jap),* vor allem das Gebet des Namens Gottes, soll vom Gläubigen zunehmend verinnerlicht gestaltet werden, bis es essenzhaft nur noch die eingeborene göttliche Wahrheit ist.

Da Gottes Gande frei ist, sind Stand, Kaste, Geschlecht oder verdienstliches Handeln keine Indikatoren für die Erlösungsfähigkeit. Auch der Zugang zur orthodoxen Tradition vergrößert die Erlösungschancen nicht. Daher sind „reine" Kasten ebenso wie die Niedrigkastigen und Unberührbaren erlösungsbedürftig und erlösungsfähig. Hiermit bezieht Nānak aus Glaubensgründen Position gegen die üblichen Vorstellungen, nach denen nur drei Stände der indischen Gesellschaft und nur deren Männer Zugang zur orthodoxen Überlieferung haben sollen, während Niedrigkastige und Frauen ausschließlich darin ihr Heil – und das heißt: die Gelegenheit zur Wiedergeburt in besserer Existenz – suchen können, daß sie den Hochkastigen bzw. ihren Männern dienen. Diese glaubensbedingte Kritik an orthodoxen Vorstellungen ist nicht als gesellschaftsreformerische Intention des Stifters zu verstehen, sie ist aber in der geschichtlichen Rezeption mehr oder weniger latent Potential für derartige Intentionen geworden.

Spezielle ethische Normen sind ausdrücklich vom Khālsā festgelegt worden. Sie betreffen die äußeren Merkmale der Khālsā-Sikhs (s. u. Symbole), ebenso wie bestimmte Verbote, vor allem bezüglich jedweder Ausführung der üblichen Hindu-Riten. Es herrscht ferner Rauchverbot, Drogenverbot, ferner das Gebot, nur Fleisch von Tieren zu verzehren, welchen der Kopf mit einem Schlag vom Rumpf getrennt wurde. Vorgeschrieben ist die Monogamie, verboten der Geschlechtsverkehr mit Muslimen. Schließlich wird

PANJAB

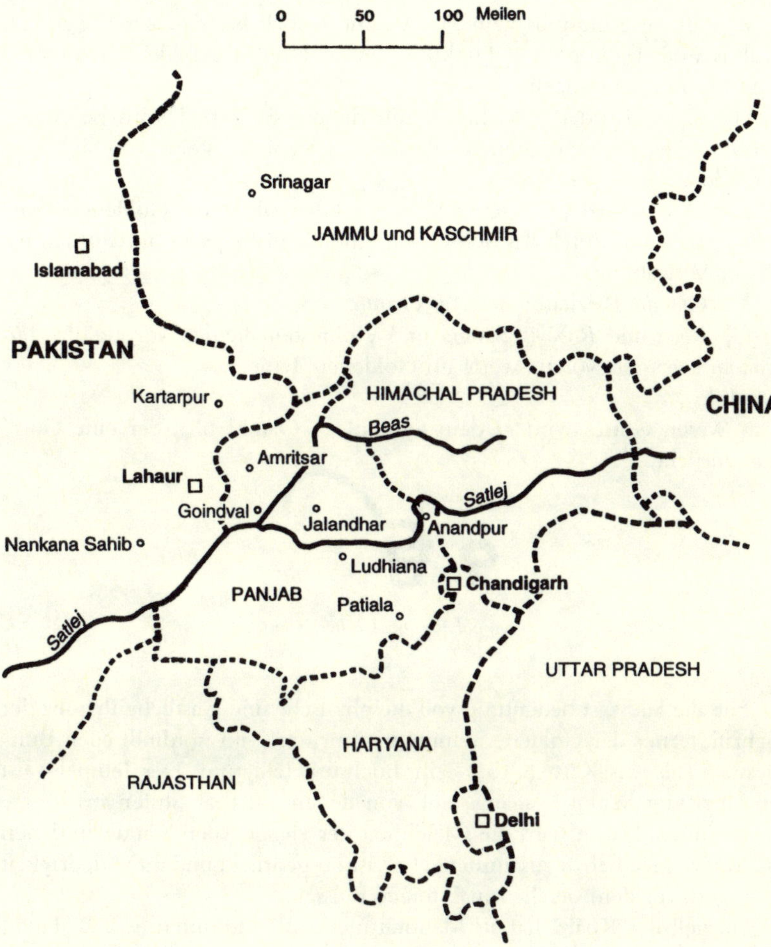
0
50
100 Meilen
Srinagar
JAMMU und KASCHMIR
Islamabad
PAKISTAN
Kartarpur
HIMACHAL PRADESH
CHINA
Beas
Amritsar
Lahaur
Satlej
Goindval
Jalandhar
Anandpur
Nankana Sahib
Ludhiana
Chandigarh
PANJAB
Patiala
Satlej
UTTAR PRADESH
HARYANA
RAJASTHAN
Delhi

ausdrücklich das Verbot formuliert, weibliche Neugeborene zu töten, was sich auf ein Grundübel bezieht, das durch die hohen Mitgiftforderungen, die zur Verarmung von Familien über Generationen hin führen können, bedingt ist.

Es gibt im Sikhismus kein Priesteramt, jedoch hat sich zur Pflege von Kultus und Tradition ein Funktionsspezialistentum gebildet. Zu nennen sind die Bezeichnungen:

(1) *Bhāī* („Bruder"): Männern mit diesem Ehrentitel wird besondere Frömmigkeit zugeschrieben. Sie finden sich oft als Vorsteher von Sikh-Gemeinden.

(2) *Giānī* (wörtl. „Gelehrter"): Bis zur Übernahme des Goldenen Tempels in Amritsar durch das SGPC war eine Giānī-Sippe verantwortlich für dessen Verwaltung.

(3) *Granthī:* Rezitator des *Ādi-Granth.*

(4) *Rāgīs* und *Rabābīs:* Sänger und Violinisten, die den Vortrag des *Ādi-Granth* besorgen, vorzugsweise im Goldenen Tempel.

Symbole

Das Wesen Gottes wird in dem Symbol „1 Oaṃkāru", „der eine Gott" ausgedrückt.

Symbol für die Einheit Gottes

Für alle Sikhs ist bedeutungsvoll die physische und geistliche Präsenz der Schrift, ferner der Goldene Tempel in Amritsar – im nordindischen Bundesstaat *Panjab* (s. Karte S. 151) –, ihr höchstes Heiligtum . Der Tempel weist an allen vier Seiten Eingänge auf, von denen ein paar Stufen ins Innere hinabführen. Damit wird die Gleichheit der vier sozialen Stände, in denen die Kastengesellschaft zusammengefaßt ist, ausgedrückt und ihre Niedrigkeit vor Gott, vor dem sie alle hinabsteigen müssen.

Speziell der Khālsā hat als Identitätsmerkmale die unten (s. V. 2, Taufe) genannten „5 Ks", die jedoch nicht so sehr religiöse Sinnvermittler sind, als daß die Gruppenidentität der Khālsā-Sikhs betonen. Der Khālsā hat ein Waffenemblem.

Symbol des Khālsā. Dargestellt ist ein doppelschneidiges Schwert vor einem stählernen Wurfring, flankiert von zwei Dolchen.

Schrifttum

1. *Der Ādi-Granth (AG)*

Die heilige Schrift der Sikhs ist der *Ādi-Granth*, „das anfängliche od. originale Buch". Da er die Nachfolge des zehnten und letzten menschlichen Gurūs der Sikhs antrat, heißt er im Sprachgebrauch der Sikhs selbst auch der *Ādi Srī Gurū Sāhibjī,* abgekürzt *Gurū Granth.* Die ursprüngliche Redaktion des Materials, welches dem AG zugrunde liegt, wurde nach der Überlieferung in den Jahren 1603–04 unter der Leitung von Gurū Arjan vorgenommen. Hauptquelle hierfür war Material, das Gurū Amar Dās in Goindvāl in zwei Bänden zusammengetragen hatte (daher Goindvāl-*pothī-s* oder auch Mohan-*pothī-s).* Die heute Standardversion, die in allen *gurdvārā-s* als *Gurū Granth* verehrt und benutzt wird, ist die im Druck 1430 Seiten umfassende Damdamā-Rezension, so genannt nach dem Ort, an welchem Gurū Gobind Singh 1705 die Abschlußfassung des AG vorgenommen haben soll, wobei er ihr noch die Werke Tegh Bahādurs und möglicherweise eine seiner Kompositionen einverleibte. Die Seitenzählung der gedruckten Fassung der Damdamā-Rezension ist standardisiert, so daß auf der ganzen Welt alle Exemplare, ungeachtet ihres Formats, identisch sind.

Die Sprache der Werke des AG ist, bedingt durch Textschichtung nach verschiedenen Zeiten und Autoren, ein Konglomerat aus Panjabi, West-Hindi und Braj Bhāṣā. Die Basis dieses Konglomerats ist die auf dem westlichen Hindi beruhende *Sadhukkaṛī,* „Sprache der Sadhus (Mönche)". Hierbei handelt es sich um das in eine poetische orale Tradition eingebettete literarische Idiom von Religiosen, welches in bestimmten Singtraditionen weitergegeben wurde. Geschrieben ist der AG in der Gurmukhi-Schrift, deren Entwicklung Gurū Aṅgad zugeschrieben wird. Wegen ihrer festen Verbindung mit dem AG genießt sie religiöses Prestige. Panjabi in Gurmukhi-Schrift wurde daher zum religiösen Symbol und in Gegensatz zu Hindi (in Nāgarī-Schrift) gestellt. Daher flossen in den Debatten um eine „Sikh-Nation" sprachliche und religiöse Argumentationsweisen zusammen.

Die Texte des AG werden, mit Ausnahme des *Japujī,* gesungen. Der Aufbau des Textes folgt im wesentlichen musikalischen Gesichtspunkten, da die Seiten 14 bis 1353 das Material unter *Rāga*-Kapiteln anordnen. Ein *rāga* ist das Tonmaterial für ein Musikstück. Innerhalb dieser *Rāga*-Kapitel herrscht dann wiederum ein kanonisierter Aufbau nach der Reihenfolge der Gurūs und nach bestimmten Genres. Am Ende der *Rāga*-Kapitel stehen die Werke der „Bhagats", das sind die Nicht-Sikh-Heiligen, zu denen vor allem andere Sants sowie der Sufi Shaikh Farīd ud-Dīn zählen. Die Seiten 1 bis 13 enthalten eine Zusammenstellung liturgischer Texte, die anderswo im AG noch unter ihren entsprechenden *rāgas* vorkommen. Die Seiten 1353 bis 1430 enthalten vermischte Werke.

2. *Der Dasam Granth*

Nächst dem AG gilt der *Dasam Granth,* „Das zehnte Buch", das Gurū Gobind Singh zugeschrieben wird, als heilige Schrift. Es ist ein umfangreiches Werk, das eine Vielzahl von Genres umfaßt und bei dem es eher unwahrscheinlich ist, daß Gobind Singh sein alleiniger Autor war. Bestimmte Teile des *Dasam Granth* sind in die Liturgie der Sikhs eingegangen. Die Nihang-Sikhs (s. VI.) beziehen sich besonders auf den *Dasam Granth.*

3. *Hagiographie*

Die hagiographische Literatur der Sikhs ist von großer Bedeutung, denn sie ist ein Spiegel der Identitätskonstitution innerhalb der Glaubensgemeinschaft im Laufe der Zeiten ebenso wie Orientierungshilfe für je neue Identitätskonstitution. Die Hagiographie legt nach dem Verständnis der Sikhs Zeugnis ab für die beispielhaften Taten der Gurūs. Dies geht schon aus ihrer Genrebezeichnung *janam-sākhī,* „Lebenszeugnis", für die Hagiographie um Nānak hervor. Die *janam-sākhī-s* sind aus volkstümlichen Quellen der Erzählliteratur hervorgegangen, die auch in den *tazkira-s* der Sufis vorhanden sind, und sie sind sicherlich durch deren Existenz mitangeregt worden. Der Anfang der hagiographischen Tradition muß bereits im mündlichen Erzählgut aus der Zeit Nānaks gesucht werden, während benennbare Traditionen sich erst ab dem 16./17. Jahrhundert greifen lassen. Zwar beschäftigt sich die Hagiographie mit allen Gurūs, aber sie hat zwei Pole, Gurū Nānak und Gurū Gobind Singh. Nānak ist das Inbild friedvoller Weisheit, Gobind Singh das Inbild des Heldentums. Zwischen diesen beiden Polen bewegt sich das Selbstverständnis des Sikhismus durch die Jahrhunderte. Weisheit und Tapferkeit sind wie Register im Verhalten von Individuen und ganzen Gruppen in der Herausforderung durch geschichtliche Situationen. Die Hagiographie hat immer wieder für den Zusammenhalt des Panth gesorgt durch Ausformulierung von dessen Rolle, wie sie sich im Heiligen exemplarisch darstellte.

Die im *gurdvārā* benutzten heiligen Texte sind der AG und die Dichtungen von Bhāī Gurdās sowie Bhāī Nandlāl. Bhāī Gurdās war ein Zeitgenosse der Gurūs 3 bis 6, der ein eigenes dichterisches Œuvre hervorbrachte und in Gurū Arjans Auftrag das Manuskript der ersten Rezension des AG schrieb. Nandlāl war eng mit Gobind Singh verbunden und starb 1712.

V. Liturgie, Riten und Feste der Sikhs

Liturgieverwendung und Riten sind nur für den Khālsā verbindlich geregelt, und zwar im Kompendium der Khālsā-Ethik, dem *Sikh Rahit Maryādā*. Daher geht die folgende Darstellung nur auf diese Regeln ein.

1. Liturgie

Die Liturgie der Sikhs besteht zum einen aus Texten, die von Nānak und den Nachfolger-Gurūs verfaßt wurden. Diese Texte stehen im AG auf den ersten dreizehn Seiten. Neben dem AG nehmen Texte Gurū Gobind Singhs breiten Raum in der Alltags- und Festliturgie des Khālsā ein. Hinzu treten weitere Gebetstexte, vor allem die *Ardās,* die die Lobpreisung des zehnten Gurūs, die Feier des Triumphs des Panth und die Bitte um Segen und Vergebung enthält. Charakteristisch ist für dies Gebet, daß in ihm refrainartig der Gebetsruf *Vāhigurū*, eigentlich „Heil dem Gurū", vorkommt, der sich aber zu einer Bezeichnung für Gott entwickelt hat.

Man soll den religiösen Tag zwischen drei und sechs Uhr mit der Morgenandacht beginnen, ihn bei Sonnenuntergang mit der Abendandacht fortsetzen und beim Schlafengehen mit dem *Sohilā*, dem „Freudenlied, Hochzeitslied", beenden. Letzteres spricht vom Tod im Bilde der himmlischen Hochzeit und äußert die Sehnsucht nach der Vereinigung mit Gott und die Bitte um Schutz.

Die Schrift wird im Goldenen Tempel täglich und von den Gläubigen nach Bedarf zum Gewinnen von Losungen benutzt. Derjenige Text, der beim willkürlichen Aufschlagen der Schrift oben links erscheint, gibt die Losung für den Tag oder für besondere Entscheidungssituationen her.

Die Schrift wird behandelt wie ein lebender Gurū. Bei den elaborierten Zeremonien des Goldenen Tempels beispielsweise wird sie abends auf ein Ruhebett (im Akāl Takhat) gebettet und morgens von den Granthīs (s. S. 152) in feierlicher Prozession wieder in den Tempel gebracht. Den ganzen Tag über wird im Goldenen Tempel aus dem AG zum Lobe Gottes gesungen. Auch der gewöhnliche Sikh wird den AG mit Ehrerbietung behandeln, z. B. die Schrift eingehüllt verwahren. Eine besondere Form, die Schrift zu Gehör zu bringen, ist der *akhaṇḍ-pāṭh*, die ununterbrochene Lesung des AG von Anfang bis Ende. Dieser Brauch ist in *gurdvārā-s* zu beobachten, im Goldenen Tempel stets. Er ist ganz allgemein Bestandteil festlicher Anlässe, auch in der Familie, besonders empfohlen nach einer Bestattung.

2. Riten

Sikhs, die sich nicht dem Khālsā zurechnen, werden die Lebensübergangsriten (Taufe, Geburt, Hochzeit, Bestattung) nur zum Teil in der unten beschriebenen Weise feiern. Dies ist offenkundig bei den Bestattungsriten, aber umgekehrt hat sich auch außerhalb des Khālsā die Gestaltung der Hochzeit nach dem Khālsā-Ritus durchgesetzt. Die Riten sind in ihrer Mehrzahl in Auseinandersetzung mit Hindu-Riten konzipiert, die sie bewußt aufgreifen und umwerten, was die distinkte Khālsā-Identität unterstreicht.

a) Taufe

Das Urbild der Taufe ist die Schwerttaufe *(khaṇḍe kī pāhul)*, d. h. die symbolische Bluttaufe der Märtyrer, die Gurū Gobind Singh am Baisākhī-Tag des Jahres 1699 bei der Gründung des Khālsā an den „fünf geliebten" *(pañj piāre)* treuen Gefolgsleuten vollzog. Nach diesem Urbild ist die Taufe, die nun den Namen *amṛt kī pāhul* oder *amṛt saṃskār,* „Taufe mit dem Nektar der Unsterblichkeit" bzw. „Sakrament des Nektars der Unsterblichkeit", trägt, geschaffen worden. Die Taufe wird nach dem Aufschlagen des AG von den *pañj piāre* vollzogen, fünf Männern, die als Gemeindebeauftragte handeln und die damit den *pañj piāre* Gurū Gobind Singhs nachleben. Damit ist jede Taufe die Wiederholung der ersten Bluttaufe und Symbol der Hingabe an den Khālsā. Der *amṛt* wird von diesen Beauftragten zubereitet, indem diese in einem Eisengefäß mit dem Schwert *(khaṇḍā)* Kandis in Wasser verrühren. Bei dieser wegen der Länge der Taufliturgie etwa zwei Stunden währenden Vorbereitung rezitiert ein sechster Mann aus dem AG, und zwar Kernpassagen aus der Liturgie. Der Initiand (männlich oder weiblich; in Khālsā-Familien meist unter 14 Jahren; bei Bekehrten auch im Erwachsenenalter) spricht vor dem Empfang des Taufnektars, den er trinkt und der fünfmal über ihn gesprenkelt wird, die Khālsā-Formel *vāhigurū kā khālsā, sirī vāhigurū kī fatah*, „Der Khālsā Gottes, Sieg dem Khālsā Gottes!". Wenn mehrere die Taufe empfangen, so trinken sie alle aus dem einen eisernen Nektargefäß, und dies tut anschließend auch die Gemeinde, Ausdruck der Aufhebung der Kastenschranken zwischen Khālsā-Sikhs. Der Initiand ist ausgestattet mit den „5 Ks", den fünf Abzeichen des Khālsā. Diese sind *kes* „das ungeschnittene Haar", *kanghā,* „der kleine Kamm zum Ordnen des Haars (von männlichen Sikhs meist unter dem Turban in die Frisur gesteckt)", *kaṛā,* „Armreif aus Stahl", *kirpān,* „Dolch" und *kacchā,* „shortähnliche Hosen". Sofern es sich nicht um schon in den Khālsā Geborene handelt, erhalten männliche Neophythen nun erst den Namen Singh, „Löwe", und weibliche den Namen Kaur, „Prinzessin". Nach der Taufe rezitieren die *pañj piāre* das *Mūlmantra* (s. S. 148), respondiert von der Gemeinde. Sodann wird der Verhaltenskodex für ein Khālsā-Mitglied zu Gehör gebracht. Den Schluß der Zeremonie bilden die Rezitation der

Ardās, die Verlesung einer Losung aus dem AG und der gemeinsame Verzehr des *kaṛāh parśād*, der sakramentalen Speise, durch die Gemeinde.

Das Abfallen vom Khālsā kann durch eine Neuinitiation geheilt werden.

b) Eheschließung

Der Eheschließungsritus heißt *ānand karaj,* „Ritus der Glückseligkeit". In der heute vorliegenden Form wurde er erst 1909 verabschiedet. Die Eheschließung findet am Morgen und vor dem AG statt. Die eigentliche Trauung ist eingebettet in Hymnen, Lesungen und Erläuterungen, die dazu dienen, das Wesen der Sikh-Ehe zu verdeutlichen. Das Brautpaar tut seine Bereitschaft zur Eheschließung durch Verneigen vor dem AG kund. Es verknüpft sodann die Schals, die jeder der Partner trägt, als Zeichen des Bundes miteinander. Ein *rāgī* (s. S. 152) singt den Hochzeitshymnus *(lāvāṃ),* der von Gurū Rām Dās verfaßt wurde. Der vierstrophige Hymnus beschreibt den Stufenweg der gläubigen Seele zu ihrem himmlischen Bräutigam. Dieser Stufenweg vollzieht sich symbolisch, indem das Brautpaar die Schrift viermal im Uhrzeigersinn umwandelt, je einmal zu jeder Strophe des Hymnus. Der Ritus stellt damit in den Mittelpunkt die himmlische Hochzeit des Gläubigen, deren Abbild die irdische Hochzeit ist. Die Symbolik der himmlischen Hochzeit ist im übrigen das Band, welches den Ritus von Eheschließung und Tod zusammenhält, denn auch er wird als himmlische Hochzeit verstanden.

c) Bestattung

Der Tote wird verbrannt und seine Asche in der Regel in einem Fluß beigesetzt. Insoweit ist der Bestattungsbrauch von Sikhs und Hindus identisch. Bei Khālsā-Sikhs soll der gewaschene Leichnam mit den 5 Ks ausgestattet sein. Während der Einäscherung wird das Abendgebet der Sikhs, der *Sohilā,* gesungen, ferner ein Hymnus Gurū Arjans, genannt „Perle der Glückseligkeit" oder, nach alternativer Übersetzungsmöglichkeit, „Glückseligkeit des Herzens", und es wird die *Ardās* gebetet. Der Tod wird als erhofftes Ende der Wiedergeburten und als Aufgehen in Gott verstanden, was in allen liturgischen Texten zum Ausdruck kommt. Nach der Einäscherung ist es üblich, mit der ununterbrochenen Lesung des AG zu beginnen. Diese wird jedoch üblicherweise über zehn Tage verteilt, den Zeitraum, über den Hindus nach einem Todesfall in der Familie tabuiert und damit vom normalen sozialen Umgang ausgeschlossen sind. Eine Tabuierung aber existiert bei den Sikhs gerade nicht. Sie haben den hinduistischen Schwellenritus des Todes umgedeutet in einen Vollendungsritus. Daß bei ihnen die Tabuierung durch den Sterbefall gefallen ist, wird dadurch augenfällig gemacht, daß die Leidtragenden und die Trauergäste vor der Verabschiedung gemeinsam die sakramentale Speise, *kaṛāh parśād,* verzehren.

3. Feste

a) *Baisākhī,* gefeiert am 13. April, ist der panjabische Neujahrstag und der Tag, an dem Gurū Gobind Singh 1699 den Khālsā gründete.

b) *Divālī,* gefeiert am zweiten Tag der hellen Hälfte des Mondmonats Kārtik (Oktober–November). Es ist bei den Hindus das Lichterfest, an welchem die Befreiung der Welt von den Dämonen gefeiert wird. Bei den Sikhs steht im Mittelpunkt des Festes Gurū Hargobind, der an diesem Tage aus dem kaiserlichen Gefängnis freigelassen worden sein und gleichzeitig zweiundfünfzig Hindu-Fürsten zur Freiheit verholfen haben soll.

c) *Holā Mohallā,* gefeiert in der hellen Hälfte des Mondmonats Phālgun (Februar–März). Das Fest ist die Sikh-Variante des Holī-Festes der Hindus, bei denen es ein ausgelassenes Frühlingsfest ist, an dem alle gesellschaftlichen Beschränkungen außer Kraft gesetzt werden. Nach der Tradition wurde es von Gurū Gobind Singh im Jahre 1700 in Ānandpur Sāhib initiiert. An ihm sollte die militärische Bereitschaft der Sikhs manifestiert werden. Es ist ein Fest, bei dem in Ānandpur Sāhib die Nihang-Sikhs (s. S. 159f.) bei Gelegenheit einer großen Prozession ihre Waffenkünste darstellen und aus dem *Dasam Granth* Gurū Gobind Singhs Texte rezitieren, die auf das Waffentragen bezogen sind. Damit unterstreicht das Fest die kriegerische Tradition des Khālsā. Karnevalistische Jahrmarktselemente hat auch das umgedeutete Holī-Fest der Sikhs.

Die Geburtstage der Gurūs und das Martyrium Gurū Arjans sind weitere Feste. Schließlich wird an den heiligen Stätten, an denen sich diese zugetragen hatten, weiterer Ereignisse aus der Geschichte des Panth gedacht.

VI. Differenzierungen innerhalb des Panth

Die geschichtliche Entwicklung hat zur Dominanz des Khālsā geführt. Das Shiromani Gurdwara Parbandhak Committee (SGPC) erhebt als einzige Sikh-Körperschaft den Anspruch, verbindliche Autorität in Lehr- und Praxisfragen auszuüben. Der Verhaltenskodex des Khālsā, der *Sikh Rahit Maryādā,* wurde nach jahrzehntelangen Beratungen 1950 verabschiedet und erstmals veröffentlicht. In ihm wird definiert, was ein Sikh sei (nach McLeod, 1989, S. 95):

> A Sikh is any person who believes in Akal Purakh; in the ten Gurus (Guru Nanak to Guru Gobind Singh), in the Sri Guru Granth Sahib, other writings of the ten Gurus, and their teachings; in the Khalsa initiation ceremony instituted by the tenth Guru; and who does not believe in any other system of religious doctrine.

Damit werden die übrigen Gruppierungen im Panth nicht vollends ausgegrenzt. Als Apostaten werden ausdrücklich nur die abgefallenen getauften

Khālsā-Sikhs angesehen. Der Abfall dokumentiert sich in unmittelbar sichtbarer Weise in der Haartracht, nämlich dem geschnittenen Haar, aber natürlich auch in anderen Vergehen. Zur Wiederaufnahme von Apostaten ist eine Reinigungszeremonie und Neutaufe vorgesehen.

Im weiteren Panth ist jedoch der Anspruch des SGPC auf Alleinvertretung der Sikhs nicht unumstritten. Für manche Sikhs ist die Treue zum AG das allein entscheidende Zugehörigkeitsmerkmal. Die Uneinigkeit in dieser Frage ist seit der Sikh-Krise der 80er Jahre verstärkt zum Thema geworden, wobei die Auslandssikhs ihr Gewicht erheblich in die Waagschale werfen. Während ihrer äußerlichen Akkommodation an den Westen wurde für sie die Frage nach ihrer Identität immer akuter. Es traten Bemühungen zutage, sich zum Sikhtum auch organisatorisch und äußerlich zu bekennen. Dies führte zu vermehrter Sympathie für den Khālsā. Sikh-Intellektuelle beziehen gegenüber dem SGPC-Anspruch mitunter eine distanzierte Haltung, denn sie stellen eher die Treue zum AG in den Mittelpunkt. So bleibt ein Widerspruch zwischen der Khālsā-Identität und dem Sikhtum der übrigen Sikhs bestehen. Die Khālsā-Sikhs nennen die nicht durch Taufe und sichtbare Merkmale kenntlichen Sikhs *sahajdhārī*. Das Wort hat verschiedene Bedeutungen, die direkten Bezug zur Identitätsfrage haben. Es heißt (1) „jemand, der *sahaj* besitzt", (2) „jemand, der es leicht angehen läßt" und (3) „jemand, der den leichten Weg geht". Mit der ersten Bedeutung können sich die Betroffenen sehr wohl identifizieren, denn *sahaj* („spontan, eingeboren") ist das Wesen der mystischen Offenbarung (s. S. 150). In diesem Sinne unterstreicht das Wort den Anspruch auf unmittelbaren Zugang zum Heil. Die Bedeutungen (2) und (3) hingegen spiegeln die Sicht des Khālsā wider. Sie qualifizieren die Ungetauften als noch nicht voll herangereifte bzw. laue Aspiranten. Die Sahajdhārīs repräsentieren eine Strömung innerhalb des Panth, der den Stil der Gemeinschaft aus der Vor-Khālsā-Zeit weiterführt. Nānak-Panthī, eine Bezeichnung, die im Census of India 1891 amtlich eingeführt wurde, ist daher eine andere mögliche Benennung dieser Sikhs. Man faßt darunter zusammen die Gemeinde der Sikhs in einer Zeit, als der Jāṭ-Einfluß noch nicht institutionell wirksam war, nämlich im 16. und 17. Jahrhundert, sowie die Sikhs, die nicht Mitglieder des Khālsā oder einer anderen institutionalisierten Gruppe der Sikhs sind.

Der Sikhismus ist eine Laienreligion, aber es hat in ihm das asketische Element nicht gefehlt. Es ist noch in drei Gruppen wahrnehmbar, nämlich bei den Udāsīs, den Nirmalas und den Nihaṅgs. Erstere leiten ihren Ursprung von Sirī Cand, dem ältesten Sohn Nānaks, her, wenn auch ihr wirklicher Ursprung offenbleibt. Udāsīs und Nirmalas haben sich speziell um die religiöse Ausbildung der Sikhs bemüht, vor allem durch ihre in Amritsar und Damdamā betriebenen Seminare. Hieraus gingen *bhāī-s* und *granthī-s* hervor (s. S. 152). Die Lehre dieser beiden Gruppen ist beträchtlich vom hinduistischen Vedānta beeinflußt.

Die Nihaṅgs, auch Akālīs („Anhänger Akāls, d. i. Gottes") genannt, repräsentieren das in der Armee Mahārājā Ranjīt Singhs aktivistisch-militante

Element des Khālsā. Sie zeichnen sich durch eine eigene Tracht (besonderer Turban, blaue Kleidung, reiche Bewaffnung) aus und sind meist unverheiratet. Einen Teil des Jahres in „Lagern" lebend, betreiben sie Ackerbau, während sie in der übrigen Zeit umherschweifen. Sie verkörpern das in Indien häufiger anzutreffende Phänomen kriegerisch-monastischer Bruderschaften.

Die Nirankārīs („Anhänger, Nirankārs, d. h. des gestaltlosen Gottes") sind Mitglieder einer Reformgruppe, die von Bābā Dayāl aus Rawalpindi (gest. 1853) gegründet wurde. Sie verwerfen jeden äußeren Kultus und streben eine Rückkehr zum ausschließlichen *nām simaraṇ* („Praxis des Gottesgedenkens im verinnerlichten Gebet vor allem des Gottesnamens") an und anerkennen ausschließlich den AG als heiligen Text. Es zählen sich zu ihnen auch manche Sahajdhārīs und Hindus. Die Tätigkeit der Singh Sabhās führte dazu, daß die Nirankārīs mitunter auch die äußeren Abzeichen des Khālsā annahmen.

Schließlich sind zu nennen die Nāmdhārīs oder Kūkās („die allein den Namen Gottes sprechen" bzw. „Schreier", nach ihren ekstatischen Rufen). Gegründet von Bālak Singh, wurden sie seit 1862 von dessen Nachfolger Bābā Rām Singh bestimmend gestaltet. Sie waren eine millenarische Protestbewegung, die, hauptsächlich von Handwerkern und Jāṭs getragen, danach strebte, den Khālsā in seinen ursprünglichen reinen Zustand zurückzuversetzen. Sie agitierten im 19. Jahrhundert als militante Gruppe, sind heute aber eine unspektakuläre Gemeinschaft. Sie betonen die Lehre Gurū Gobind Singhs, der von ihnen als im Verein mit der Großen Göttin, Caṇḍī, wirkend gedacht wird. Die Nāmdhārīs glauben an die Fortsetzung der Gurū-Sukzession bis heute.

VII. Fazit

Der Sikhismus ist heute eine internationale Gemeinschaft, deren indische und im Ausland lebende Gruppen in geistigem, personellem und materiellem Austausch miteinander stehen. Obwohl heute das Khālsā-Element dominant hervortritt, hat sich der Sikhismus einen Reflexionspluralismus erhalten, mit dem das Glaubensfundament je neu gesucht wird. Trotz großer ethnisch-kastenmäßig bedingter und kultureller Variablen im Sikhtum haben die Sikh-Lehre und ihre lange und aktiv mit der Moderne geführten Auseinandersetzungen zu einer allgemein großen Anpassungsfähigkeit an gegenwärtige Bedingungen geführt.

*Michael Stausberg**

ZOROASTRISMUS

I. Grunddaten

Im Laufe ihrer jahrtausendealten Geschichte hat die im folgenden vorgestellte Religion, die nicht ohne Stolz und nicht ganz ohne Berechtigung von sich selbst behauptet, eine der ältesten Religionsgemeinschaften der Welt zu sein, mehrere Selbstbezeichnungen geführt. Die Verfasser der alten Ritualtexte und theologischen Schriften bezeichnen sie selbst als „die gute“ oder „die mazdaverehrende Religion“ (d. h. die Religion, die im Unterschied zu anderen Religionen den Gott Ahura Mazdā verehrt).

Die meisten Anhänger dieser ursprünglich iranischen Religion leben heutzutage in Indien, wo sie aufgrund ihrer persischen Herkunft „Parsis“ (= „Perser“) genannt werden. Die Religion dieser „Parsis“ wird daher mitunter „Parsismus“ genannt. Die „Parsis“ nennen ihre Religion heutzutage „Zoroastrismus“. Diese Bezeichnung geht auf eine griechische Namensform des altiranischen Eigennamens Zarathuštra zurück: Zoroaster (Ζωροάστρης). Der Name Zoroastrismus bezeichnet also jene Religion, die sich auf Zoroaster bzw. Zarathuštra beruft. Die Mitglieder dieser Religionsgemeinschaft nennen sich daher „Zoroastrier“ oder (nach der neupersischen Variante) „Zarthoštis“ (in Indien aber auch „Parsis“).

In demographischer Hinsicht ist der gegenwärtige Zoroastrismus eine bedeutungslose Größe: die Gesamtpopulation der Zoroastrier beläuft sich weltweit auf etwas über 100 000. Die meisten Zoroastrier (knapp 70 000) leben in Indien, und zwar zu mehr als 70 % in der westindischen Metropole Bombay. Der Anteil der Zoroastrier bzw. Parsis an der indischen Gesamtbevölkerung liegt bei ca. 0,01 %; selbst in Indien also sind sie eine verschwindend kleine Minderheit. Allein zwischen 1971 und 1981 ist die Anzahl der indischen Zoroastrier außerdem um 20 % zurückgegangen – und dieser Trend hält an! Ungefähr 2800 Zoroastrier leben in Pakistan. In

* Für die kritische Durchsicht einer früheren Fassung dieses Aufsatzes möchte ich meinem Freund Prof. Dr. Gregor Ahn (Heidelberg) herzlichen Dank aussprechen. Dem Cusanuswerk, dem Deutschen Akademischen Austauschdienst und der Alexander von Humboldt-Stiftung danke ich für die finanzielle Unterstützung einzelner Arbeitsabschnitte. Eine detaillierte Ausarbeitung des hier Skizzierten bietet mein Taschenbuch *Die Religion Zarathuštras: Gegenwart und Geschichte*, Stuttgart, Berlin, Köln 1996.

Iran, der historischen Heimat des Zoroastrismus, leben noch ca. 20 000 Anhänger der Religion Zarathustras.

Auf dem nordamerikanischen Kontinent (USA, Kanada) wohnen ca. 5–7000 Zoroastrier; in Westeuropa etwa 7000. Kleinere Gemeinden oder lose Gruppen gibt es in Australien, Hong Kong, Kenia und Südafrika.

Der Zoroastrismus gehört heutzutage zu den kleineren Religionsgemeinschaften der Erde. Die Zoroastrier leben überall in einem fremdreligiös geprägten kulturellen Umfeld, sie müssen ihre religiöse Identität daher stets gegenüber der jeweiligen Majoritätsreligion (Hinduismus, Islam, Christentum) und konkurrierenden Religionen (z. B. Bahai) behaupten.

Die quantitative Marginalität des Zoroastrismus in der Gegenwart entspricht nicht der geschichtlichen Bedeutung dieser Religion. Der Zoroastrismus war eine der wichtigsten Religionen der Antike und bis ins frühe siebte nachchristliche Jahrhundert sogar die dominierende religiöse Tradition Irans.

II. Geschichte

1. Zur älteren Geschichte des Zoroastrismus

„Zoroaster" (→ „Zoroastrismus") ist die wichtigste griechische Namensform des altiranischen Personennamens „Zarathuštra". Auch nach intensiven Forschungen hat die westliche Wissenschaft bislang noch keinen Konsens über Zarathuštras genaue Lebenszeit, den Ort und die Art seiner Tätigkeit erreicht. (Der historische Zarathustra hat mit Friedrich Nietzsches *Also sprach Zarathustra* so gut wie nichts gemeinsam).

a) Zarathustra und das Avesta

Historisch kommt der Name „Zarathuštra" erstmals in den fünf *Gathas* (Gesängen) vor, die spätestens im 8. vorchristlichen Jahrhundert im Osten des heutigen Iran entstanden sind. Diese so gut wie unübersetzbare Ritualpoesie konnte von der philologischen Forschung des 19. Jahrhunderts als der sprachgeschichtlich älteste Teil der Heiligen Schrift des Zoroastrismus, des *Avesta,* ermittelt werden.

Während dem orthodoxen Zoroastrismus Zarathuštra als der Autor des gesamten *Avesta* gilt, halten viele Zoroastrier es heutzutage mit dem mainstream der westlichen Wissenschaft, wenn sie annehmen, daß Zarathustra der Autor (nur) der *Gathas* gewesen sei. (Möglicherweise hält allerdings auch diese Annahme rigoroseren philologischen Kriterien nicht stand.)

Das historische Individuum Zarathuštra hat eine führende Rolle im Kult der Gatha-Gruppe gespielt; ihm werden besondere Beziehungen zur Götterwelt zugesprochen. In der Geschichte der nach ihm benannten Religion hat das Bedeutungsspektrum der Zarathuštra-Gestalt über die in den *Gathas* enthaltenen Aspekte eine Ausweitung erfahren. Die Zoroastrier verehren Zoroaster bzw. Zarathuštra als ihren „Propheten" bzw. „Religionsstifter", der die „gute mazdāverehrende Religion" und das *Avesta* direkt vom höchsten Gott (Ahura Mazda) empfangen habe. Im Laufe der Jahrtausende hat sich außerdem eine reiche Zarathuštra-Legende herausgebildet. Das imaginäre Porträt des „Propheten" ist eine der wichtigsten Devotionalien des modernen Zoroastrismus.

Im Pantheon der *Gathas* ragt eine Gottheit heraus: AhuraMazdā („weiser Meister"). Ahura Mazdā ist der „Gestalter" aller Dinge; er hat alles an seinen Platz gesetzt. Ahura Mazdā ist der bevorzugte Ansprechpartner der rituellen Kommunikation der *Gathas;* an ihn richten sich die Bitten der Gatha-Gruppe.

Neben Ahura Mazdā treten weitere Götter in Erscheinung, die eine Symbiose von Abstrakta und Individuen darstellen. Im Vergleich zu Ahura Mazdā werden diese Gottheiten jedoch seltener angerufen, sie sind passiver und gelten zum Teil als seine Kinder. Darüber hinaus gibt es andere göttliche Wesenheiten, die kaum personifiziert erscheinen.

Die *Gathas* unterscheiden zwei Gruppen von Menschen. Die einen handeln der „Ordnung" bzw. der Gottheit der Ordnung (Aṣ̌a) gemäß, d. h. sie handeln bzw. sind *aṣ̌āuuan* („Aṣ̌a-gemäß"). Die anderen Menschen werden als *drəguuaṇt* bezeichnet, d. h., sie folgen der Druj („Lüge"; „Un-Ordnung"), dem Gegenprinzip von Aṣ̌a. Alle Mitglieder der Gesellschaft müssen Stellung beziehen, ob sie sich Aṣ̌a oder Druj anschließen.

Das *Avesta* wird von der westlichen Forschung grob in zwei sprachgeschichtliche Phasen eingeteilt. Man unterscheidet ein „altavestisches" von einem „jungavestischen" Textkorpus. Zu den „altavestischen" Texten zählen neben den *Gathas* der *Yasna Haptanhāiti* („Siebenteilige Verehrung"), ein Ritualtext in Form einer Litanei, der mit einer Formel beginnt, die in den späteren Texten leitmotivisch wieder aufgegriffen wird: „gute Gedanken, gute Worte, gute Taten" *(humata, hūxta, huuaršta).* Zu den „altavestischen" Texten rechnet man außerdem zwei heutzutage noch als Gebete rezitierte Formeln, das *Ahuna Vairiia* und das *Airiiaman Išiia.*

Die „altavestischen" unterscheiden sich von den wesentlich zahlreicheren „jungavestischen" Texten nicht nur in sprachlicher Hinsicht; auch formale und inhaltliche Verschiebungen sind unübersehbar. Es gibt nun zum Teil sehr lange Hymnen, die individuelle Gottheiten preisen. Die „jungavestischen" Texte lassen außerdem den Versuch einer theologischen Systematisierung bzw. Schematisierung von Ideen, Begriffen und Göttern aus „altavestischer" Zeit erkennen. So entstehen z. B. die Göttergruppe der sieben Aməṣ̌ā Spəṇtas („Wojltätige Unsterbliche") mit Ahura Mazdā an der Spitze, eine schematisch ausdifferenzierte dualistische Theologie und Kosmologie, die dem obersten Gott Ahura Mazdā (mittelpersisch Ohrmazd) den obersten ungeschaffenen Gegen-Gott Angra Maniiu („der Böse Geist"; mittelpersisch Ahreman) entgegensetzt, sowie ein ausgefeiltes eschatologisches Konzept, das eine „Verklärung der Welt" *(frašō.kərəti)*, d. h. die Vernichtung Angra Maniius und der Mächte des Bösen, in Aussicht stellt.

Das Bekenntnis zur „mazdāverehrenden Religion" ist in den „jungavestischen" Texten eine Kampfansage an die Dämonen, die die Welt verunreinigen. Dabei spielen detaillierte Reinheitsvorschriften eine große Rolle, die im „Gesetz zur Verstoßung der Dämonen" *(Vidēvdād)* definiert werden. Als besonders stark dämonisch kontaminiert gelten Leichen und tote oder aus dem Körper tretende Materie (z. B. Atem, Speichel, Fäkalien, Sperma), menstruierende Frauen sowie eine *khrafstra* genannte Klasse von Lebewesen, zu denen die meisten Insekten und Reptilien zählen. Für den Umgang mit allen als potentiell „dämonisch" verseuchten Dingen bzw. Lebensbereichen (etwa bei Todesfällen oder während der Menstruation) werden präzise Verhaltensvorschriften definiert, die darauf abzielen, die Reinheit der Elemente (bes. des Feuers, des Wassers und der Erde) zu schützen.

b) Von den Achaimeniden zu den Sāsāniden

Die ostiranische avestische Religion scheint sich im Laufe der Jahrhunderte mehr und mehr nach Westen ausgebreitet zu haben. So erinnert die „avestische" Religion in mancher Hinsicht an die religiösen Verhältnisse zur Zeit der Achaimenidenkönige, die seit Kyros dem Großen († 530 v. Chr.) über den Iran herrschten und zeitweise sogar ein Weltreich regierten, das sich vom Indus im Osten bis nach Ägypten und Kleinasien im Westen erstreckte.

Auch zur Zeit der Herrschaft der Seleukiden (312/311–125 v. Chr.) und der Parther bzw. Arsakiden (ca. 140 v. Chr.–224 n. Chr.) wurde die iranische religiöse Tradition auf mehr oder weniger produktive Weise weitergeführt. Eine Blütezeit erlebte der Zoroastrismus bzw. die „mazdaverehrende Religion" während der Herrschaft der Dynastie der Sāsāniden. Wie sehr sich die zoroastrische Tradition immer noch an die Sāsānidenherrschaft gebunden sieht, zeigt sich daran, daß die noch heute in religiösen Kontexten gebräuchliche zoroastrische Zeitrechnung mit der Thronbesteigung des letzten Sāsānidenkönigs vor der arabischen Eroberung des Iran, Yazdgard III., im Jahre 631 n. Chr. beginnt (→ 1996 n. Chr. = 1335 n. Y.).

c) Nach der arabischen Eroberung und der Islamisierung des Iran: Das zoroastrische „Mittelalter"

Die arabischen Eroberer des Iran verfolgten zunächst nicht das Ziel einer Bekehrung aller Iraner zum Islam. Die Zahl der iranisch-zoroastrischen Konvertiten ist offenbar erst unter dem Kalifat der Abbasiden (ab 749/50 n. Chr.) sprunghaft angestiegen. Schon im Jahre 950 n. Chr. waren vermutlich ca 80% der Iraner zum Islam übergetreten.

Um die Mitte des 10. nachchristlichen Jahrhunderts war die kulturelle und religiöse Islamisierung des Iran so weit fortgeschirtten, daß die Zoroastrier endgültig von der Hoffnung auf eine Re-Zoroastrianisierung des Iran Abschied nehmen mußten. Dennoch waren gerade das neunte und das zehnte nachchristliche Jahrhundert eine in literarischer und religiöser Hinsicht produktive Phase des iranischen Zoroastrismus. Denn einer Gruppe von gebildeten Priestern ist es im Verlauf mehrerer Generationen gelungen, die religiöse Überlieferung des Zoroastrismus in einer Vielzahl von zum Teil sehr umfangreichen Texten, der sog. „Pahlavi-Literatur", schriftlich zu kodifizieren.

Die Geschichte der zoroastrischen Minderheit in Iran seit dem abbasidischen Kalifat bis ins späte 19. Jahrhundert ist kaum erforscht. Ihre Lage hat sich seit den Afghanen-Invasionen im 19. Jahrhundert dramatisch verschlechtert. Im Rahmen der allgemeinen Krise der iranischen Gesellschaft wurden die Zoroastrier verstärkt Opfer sozialer, kultureller und ökonomischer Marginalisierung sowie religiöser Diskriminierung. Die Stigmatisierung der Zoroastrier als unreine Feueranbeter hatte zur Konsequenz, daß sie (als Feueranbeter) weder ein Recht auf religiöse Tolerierung bzw. einen gesicherten Rechtsstatus überhaupt genossen, noch (als „unreine" Wesen) am allgemeinen sozialen Leben partizipieren konnten. Zoroastriern war es z. B. strikt verboten, Berufe auszuüben, die sie in direkten Kontakt mit Muslimen gebracht hätten.

Bis ins späte 19. Jahrhundert blieb den Zoroastriern daher nichts anderes übrig, als sich entweder zum Islam zu bekehren, oder sich in unzugängliche Gebiete mit mehr oder weniger exklusiv von Zoroastriern bewohnte Ortschaften zurückzuziehen. Im frühen 19. Jahrhundert war die zoroastrische Population Irans schließlich auf wenige Ortschaften in der kargen Gegend um Yazd und Kermān begrenzt.

d) Die Entstehung der „Parsi"-Gemeinde in Indien

In den ersten Jahrhunderten nach der arabischen Eroberung des Iran konstituierte sich im westindischen Gujarat eine stabile Zoroastriergemeinde.

Es gibt wenig Informationen über die frühe Geschichte dieser „Parsis" („Perser") in Indien. Im kulturellen Gedächtnis der Parsis ist ihre Ansiedlung in Indien als eine gezielte Flucht vor religiöser Unterdrückung seitens der iranischen Muslime präsent, wobei ihnen ein indischer Lokalfürst mit Namen Jādi Rana schließlich Asyl gewährt habe. Die Parsis pflegen hinsichtlich ihrer Emigration nach Indien ein Geschichtsbild, das die Vorstellung einer ethnischen Sonderstellung in der indischen Gesellschaft enthält: Sie verstehen sich als „iranische Inder", d. h. als eine Gruppe, die zwar in Indien lebt, sich genetisch letztlich aber nicht als Inder definiert. Daraus wiederum ergibt sich eine eigenartig enge Verbindung der ethnischen und religiösen Seite ihrer Identität: Die Mehrheit (auch der gegenwärtigen) Parsis betrachtet den Zoroastrismus als ihre geradezu genetisch vererbte (iranische) Religion.

Gleich ob in Indien, Iran, England oder Amerika: Viele Zoroastrier sehen sich als die eigentlichen Nachfahren der „Alten Perser“, während die iranischen Muslime oft kollektiv als arabische Invasoren wahrgenommen werden. Viele Zoroastrier betrachten ihre Religion als etwas, das „im Blut“ liegt.

Dennoch ist den Parsis bewußt, daß sie ihr religiöses Erbe nur unter den Bedingungen einer konsequenten Indisierung ihrer Lebensformen bewahren konnten: Die Parsi-Frauen tragen indische Kleider, ihre Küche ist stark indisch geprägt, und – um nur zwei Beispiele zu nennen – die *chalk* genannte Sitte, Türschwellen mit Kreidezeichnungen zu markieren, wurde ebenso von den Hindus übernommen wie zahlreiche Elemente der Parsi-Hochzeitsfeiern.

2. Die „Neuzeit“ der zoroastrischen Religionsgemeinschaft

Seit der britischen Kolonialherrschaft hat die zoroastrische Religionsgemeinschaft zunächst in Indien, dann aber auch in Iran, einen gravierenden Veränderungsprozeß durchlaufen, der beispielsweise zur Entstehung einer neuen zoroastrischen „Diaspora“ führte. Der sozialkulturelle Wandel der Gemeinschaft hat natürlich religiöse Veränderungen nach sich gezogen. Die „Neuzeit“ des Zoroastrismus ist unmittelbar verknüpft mit dem Aufstieg der Stadt Bombay zum dominierenden Wirtschaftszentrum des Subkontinents.

a) Bombay als Zentrum des „modernen“ Zoroastrismus

Im Laufe des 18. Jahrhunderts löste Bombay Surat als die führende Hafenstadt Westindiens ab. Parallel zu dieser Entwicklung zogen viele Parsis aus Surat, aber auch aus ländlichen Gebieten Gujarats nach Bombay. Diese Tendenz hält bis in die Gegenwart an. Die Parsis sind schon lange die urbanste Religionsgemeinschaft Indiens.

Die erste Wirtschaftsdomäne der Parsis in Bombay war der Schiffsbau. Später dominierten sie den (nicht zuletzt durch den Opiumschmuggel) äußerst lukrativen Ostasienhandel. Fast das ganze private Handelsaufkommen in Bombay wurde im 19. Jahrhundert von Parsis abgewickelt. Die einfließenden Gelder wurden in Grundbesitz und die Industrialisierung angelegt. Parsis waren nicht nur führend in der Entwicklung der ersten indigenen Banken, sondern auch Pioniere in der Textil- und Schwerindustrie. Noch heute sind der größte Industriekomplex Indiens sowie das größte Privatunternehmen Südasiens in Bombay ansässige Parsi-Firmen.

Zwar hat sich gegen Ende des 20. Jahrhunderts bei den Parsis die Überzeugung breitgemacht, daß die große Zeit der Gemeinschaft vorbei sei, daß es unaufhaltsam bergab gehe und daß die Gemeinschaft in Indien keine Zukunft habe – das motiviert viele junge Parsis zur Emigration in die „Diaspora“ –, die Parsis sind aber immer noch die mit Abstand wohlhabendste Religionsgemeinschaft Indiens. Dank der in der religiösen Tradition des Zoroastrismus immer hervorgehobenen und von den reichen Parsis auf beeindruckende Weise praktizierten Tugend der Wohltätigkeit („charity") verfügt die Gemeinschaft außerdem über ein enges Netz an sozialen Institutionen, das die Versorgung der Gemeinschaft mit billigem und hervorragendem Wohnraum, medizinischen Diensten, Bibliotheken etc. regelt. Gerade die Parsi-Wohnkolonien (Baugs), die wie Oasen in der hektischen Stadt wirken, stärken den sozialen Zusammenhang der Gemeinschaft ganz entscheidend.

Keine andere Gemeinschaft Indiens hat einen derart engen Kulturkontakt zu den britischen Kolonisatoren gepflegt wie die Parsis, die von der britischen Herrschaft zu profitieren wußten. Gerade die Mittelklasse-Parsis haben z. B. die neuen Möglichkeiten ergriffen, die sich im 19. Jahrhundert aus dem Aufbau eines europäischen Bildungssystems eröffneten. Dadurch haben sie sich neue Berufsfelder erschlossen: In Journalismus, Politik, Medizin, im Rechtswesen, aber auch in der Textil- und Stahlindustrie waren Leute mit westlicher Bildung gefragt. Auf all diesen Gebieten haben sich Parsis große Verdienste erworben.

Die westliche Bildung ist nicht ohne Folgen für das geschichtliche Selbstverständnis der Parsis geblieben: Im humanistischen Bildungskanon der neuen Bildungsanstalten nahm die Geschichte der Achaimeniden einen festen Platz ein. Dadurch eröffnete sich den Parsis die Möglichkeit, sich als direkte Nachfahren dieser „Alten Perser" zu verstehen. In der Folge erlebte die Symbolsprache der achaimenidischen Architektur eine gewisse Renaissance bei den indischen Zoroastriern. In diesem historischen Zusammenhang ist die aus der achaimenidischen Architektur bekannt Figur des bärtigen Mannes in der Flügelscheibe zum Symbol des Zoroastrismus schlechthin geworden.

Auch heutzutage noch wird in der Parsi-Gemeinschaft großes Gewicht auf Bildung gelegt. Der Bildungsstandard bei den in Bombay lebenden Parsis ist so hoch wie bei keiner anderen Religionsgemeinschaft der Stadt. Laut einer 1983 veröffentlichten demographischen Studie liegt die Analphabetismusrate der Parsi-Population im Großraum Bombay bei nur knapp 2%!

Schon früh waren sich die Parsi-Reformer einig, daß auch die Mädchen und Frauen am neueinsetzenden Bildungsprozeß teilhaben sollten. Das führte zur Emanzipation der Frauen von traditionellen Rollenmustern und zu ihrer zunehmenden Berufstätigkeit. Mehr als 70% der 25–30 Jahre alten Parsi-Frauen sind heutzutage berufstätig (im Vergleich zu 12% der weiblichen nichtzoroastrischen Bevölkerung Bombays!). Das wiederum trägt möglicherweise dazu bei, daß immer weniger Frauen und diese außerdem immer seltener und immer später heiraten. Zusammen mit der andauernden Emigration von Parsis nach Übersee (vgl. u. 4.d) liegt hierin einer der Hauptgründe für die negative und von den Parsis selbst als extrem bedrohlich empfundene demographische Entwicklung der Gemeinschaft (vgl. o. I.).

Die Berufstätigkeit der Frauen und ihre urbane Lebens- bzw. Wohnsituation bringt sie überdies in Konflikt mit der Vorschrift, sich während der

Menstruation in einen separaten Raum zurückzuziehen, wo sie strikt jeden physischen Kontakt mit Feuer, Wasser, der Erde und Mitmenschen zu vermeiden hatten. (Zum theologischen Hintergrund vgl. oben II.1.a). Obwohl diese extremen Vorschriften praktisch mit den Anforderungen der modernen Arbeitswelt nicht in Einklang zu bringen sind, vermeiden es die meisten Frauen z. B. während ihrer Periode, einen Feuertempel zu betreten oder an Bestattungsriten teilzunehmen.

Gar nicht einmal zu Unrecht sind die Parsis stolz auf die vielen herausragenden Leistungen, die einzelne Mitglieder ihrer Religionsgemeinschaft auf fast allen Gebieten der säkularen Kultur (Wirtschaft, Politik, Kunst, Literatur, Musik, Sport etc.) im Laufe der letzten 150 Jahre vollbracht haben. Die „Erfolgsgeschichte" der Parsis in Indien wird mit einer Legende in Verbindung gebracht, die das elitäre Selbstverständnis der Gemeinschaft auf den Punkt bringt: Als die Zoroastrier an der indischen Küste um Asyl baten (vgl. oben II.1.d), soll der lokale Fürst dieses Ansinnen zunächst abgelehnt haben. Um zu verdeutlichen, daß sein Land schon zu voll sei und keine Flüchtlinge aufnehmen könne, zeigte er den Asylsuchenden ein bis an den Rand gefülltes Glas Milch. Der zoroastrische Unterhändler soll jedoch geistesgegenwärtig reagiert haben, indem er einfach einen Löffel voll Zucker in das volle Milchglas schüttete. Das ist der Beitrag, den die Flüchtlinge leisten wollten und an dem sich die Parsis auch heutzutage noch messen: Zucker und Milch der indischen Gesellschaft zu sein.

b) Die Zoroastrier in Pakistan

Mit der politischen Teilung des Subkontinents in die Staaten Indien und Pakistan im Jahre 1947 hat sich vor allem für die Parsis, die sich in den Gebieten angesiedelt hatten, die an Pakistan fielen, die Lebenswelt entscheidend verändert. Denn Pakistan ist ein dezidiert islamischer Staat, der Nicht-Muslimen nur eine begrenzte Partizipation am öffentlichen Leben ermöglicht. Die überwiegende Mehrheit der Zoroastrier wohnt in der Greoßstadt Karachi. Wie die anderen Zoroastriergemeinden, die von Geschäftsleuten dominiert werden, sind auch die Karachi-Parsis eher traditionalistisch ausgerichtet. Viele Zoroastrier sahen in Pakistan aus verschiedenen Gründen keine Zukunft und sind in westliche Staaten emigriert.

Die pakistanischen Parsis haben der sie umgebenden Kultur weitgehend die Assimilation verweigert. Gegenläufige Entwicklungen sind 1979 durch die Hadoot-Verordnungen unterlaufen worden, die u. a. festlegen, daß Zeugenaussagen von Nicht-Muslimen vor Gericht de facto irrelevant sind. Ein wichtiger Faktor der Abschottung der Parsis von der Merhheit des Landes besteht darin, daß Ehen zwischen Zoroastriern und Muslimen praktisch unmöglich sind. Die Politik der Parsis in Pakistan zielte daher nicht auf ihre politisch-kulturelle Mitbestimmung, sondern verfolgt (weitgehend erfolgreich) das Ziel einer Sicherung der juridischen, ökonomischen und religiösen Autonomie der Gemeinschaft. Außerdem ist es den Parsis in

Karachi ähnlich wie ihren Mitgläubigen in Bombay gelungen, ein engmaschiges soziales Netz zu stricken, das den Parsis exklusiven Wohnraum, medizinische Versorgung und gute Bildungsanstalten zur Verfügung stellt. Auf die religiöse Hyperdetermination ihrer Umwelt reagieren die pakistanischen Parsis durch ein ebenso theoretisches wie praktisches Bekenntnis zu ihrer eigenen Religion.

c) Der iranische Zoroastrismus im 20. Jahrhundert

Schon gegen Ende des 18. Jahrhunderts wurde den Parsis die äußerst unbefriedigende Lebenssituation der iranischen Zoroastrier bewußt. In den frühen 1850er Jahren wurde schließlich in Bombay eine „Gesellschaft zur Verbesserung der Bedingungen der Zoroastrier in Persien“ gegründet. Als Repräsentant dieser Gesellschaft war Manekji Limji Hātaria († 1890) in den folgenden Jahrzehnten in Iran tätig. Im Jahre 1882 erwirkte Manekji schließlich die Abschaffung der Kopfsteuer (arab. *ǧizya*), deren Belastung die ökonomischen Lebensbedingungen der iranischen Zoroastrier dramatisch eingeschränkt hatte.

Unter der Leitung von Manekji Limji Hātaria wurde die „Verbesserungs-Gesellschaft“ zum entscheidenden Instrumentarium der Modernisierung der iranischen Zoroastriergemeinschaft. Manekji ließ neue Leitungsinstanzen der iranischen Zoroastrier gründen, zu deren Aufgaben die Aufsicht über das seit 1857 aufgebaute Schulsystem gehörte, das sich weitgehend an westliche Vorbilder anlehnte und eine Grundlage für den wirtschaftlichen und sozialen Erfolg späterer Generationen darstellte.

Manekji unterstützte überdies aktiv die Migration von Zoroastriern nach Teheran, dem neuen sozioökonomischen Zentrum des iranischen Zoroastrismus im 20. Jahrhundert. Inzwischen wohnt ungefähr die Hälfte aller iranischen Zoroastrier in der Hauptstadt.

Nach der Tätigkeit der „Verbesserungs-Gesellschaft“ markiert die Konstitutionelle Revolution (1906–1909) einen Einschnitt in der Geschichte der iranischen Zoroastrier. Die neue Verfassung garantierte erstmals die weitgehende rechtliche Gleichstellung der Minderheiten. Den iranischen Zoroastriern wurden zivile Grundrechte gewährt: Sie konnten vor Gericht als Zeugen auftreten, Morde an Zoroastriern mußten fortan geahndet werden etc. Im Zuge der Konstitutionellen Revolution entstand außerdem die Teheraner Vereinigung der Zoroastrier (Anjoman-i Zartoštīān), die der Repräsentation der Zoroastrier gegenüber staatlichen Organen diente und die relevante Rechtsbehörde der Teheraner Zoroastrier wurde.

Nach der Machtübernahme durch Rezā Shah Pahlavī erlebte die wirtschaftlich florierende Zoroastriergemeinschaft eine zuvor schier undenkbare soziokulturelle und juristische Anerkennung im Iran. Zoroastrischen Bauern und Händlern wurden z. B. die gleichen Rechte eingeräumt wie ihren muslimischen Kollegen. Besonders das Iranisierungsprogramm der Pahlavī-Könige führte zu einer neuen Integration der Zoroastrier in die kulturelle Identität des Landes. Die zunehmende Anerkennung der Zoroastrier als Repräsentanten der vorislamischen Hochkultur des Iran verschaffte der zoroastrischen Religion neuen Respekt und löste die frühere Wahrnehmung des Zoroastrismus als eines abergläubischen Feuerkults ab. Der ökonomische Wohlstand der Zoroastrier sowie das hohe kulturelle und religiöse Ansehen, das die Zoroastrier im Teheran der 1960er und 70er Jahre genossen, haben sogar zu der völlig neuen Konstellation geführt, daß Muslime sich zum Zoroastrismus bekehren wollten.

Über Veränderungen in der iranischen Zoroastriergemeinschaft seit der Revolution von 1978/79 liegen noch keine Untersuchungen vor. Zwar zirkulierten im Winter 1978/79 Forderungen nach einer Hinrichtung der Juden, Christen und Zoroastrier, und eine „Guerilla"-Gruppe drang in einen Teheraner Feuertempel ein, wo das Zarathustra-Porträt gegen ein Bild Khomeinis ausgetauscht wurde; letztlich ging die revolutionäre Gewalt aber glücklicherweise weitgehend an den Teheraner Zoroastriern vorbei. In Yazd und Kermān hingegen kam es zu mehreren Übergriffen auf Zoroastrier; hier wurden zwischenzeitlich alte Diskriminierungsmethoden wiederbelebt. Zwar sind die Zoroastrier in Artikel 14 der Verfassung der Islamischen Republik Iran als religiöse Minderheit anerkannt; das schützt sie aber nicht vor zahlreichen sozialen Benachteiligungen, die viele Zoroastrier zur Emigration bewegt haben.

Das aufgeheizte religiöse Klima in Iran stimulierte deutlich das Interesse der Zoroastrier an ihrer eigenen Religion. Da es unverheirateten Paaren nicht erlaubt ist, gemeinsam ein Restaurant zu besuchen, haben religiöse Veranstaltungen auch in jüngster Vergangenheit Konjunktur: Sie bieten ein Forum des sozialen Umgangs besonders für die Jugendlichen.

Als ca. 1983/84 die Unzufriedenheit der iranischen Bevölkerung mit den neuen politischen, kulturellen und ökonomischen Konstellationen zunahm, verbesserten sich gerade in Yazd und Kermān auch wieder die Beziehungen zwischen Muslimen und Zoroastriern. Einige Muslime erhoffen sich die Rückkehr zu einer „iranischen" Kultur, die nicht zuletzt von den Zoroastriern symbolisch repräsentiert wird.

d) Der „Diaspora"-Zoroastrismus

Die Veränderung der Lebensformen der Bombay-Parsis (vgl. II.2.a) führte geradezu automatisch zu ihrer Migration nach Übersee. Die wichtigsten Migrationsmotive waren und sind immer noch die Suche nach ökonomischen bzw. beruflichen Möglichkeiten sowie – damit verbunden – der Wunsch, eine hervorragende Ausbildung zu erhalten. Seit den 1960er Jahren ist es aus politischen Gründen neben der kontinuierlichen Auswanderung von indischen Parsis zu einer erneuten Migration von „Diaspora"-Zoroastriern in andere „Diaspora"-Gebiete gekommen („Doppelmigration"). Der „Diaspora"-Zoroastrismus ist inzwischen ein einigermaßen komplexes Gebilde.

Seit den 1970er Jahren sind viele iranische Zoroastrier (zum Teil über Indien) in den Westen ausgewandert. Das neue Zusammenleben der zuvor jahrhundertelang in unterschiedlichen kulturellen Kontexten agierenden Irani- und Parsi-Zoroastrier hat sich in der „Diaspora“ als nicht unproblematisch erwiesen. Das ist nicht verwunderlich, wenn man die gravierenden kulturellen Unterschiede (z. B. sprachlicher oder kulinarischer Art) zwischen den beiden Gruppierungen bedenkt. Auch auf religiösem Gebiet gibt es Differenzen zwischen Parsis und Iranis, die aus dem jeweils verschiedenen kulturellen Umfeld der beiden Gemeinschaften resultieren. Während die iranischen Zoroastrier vor dem Hintergrund des Islam den Akzent auf die Worte ihres Propheten – Zarathuštra – setzen und gewisse Vorbehalte gegenüber dem Priestertum hegen, legen die Parsis in Übereinstimmung mit ihrem hinduistischen Umfeld großes Gewicht auf Rituale. Während ein frommer Parsi-Zoroastrier als Zeichen seines Glaubens sich stets mit dem heiligen Gürtel *(kustī)* und dem heiligen Hemd *(sudra)* bekleidet, trägt ein Irani-Zoroastrier diese symbolischen Kleidungsstücke (vgl. unten III.2.) vorwiegend bei rituellen Anlässen. Das genügt einigen Parsis, um den Iranis schlechthin den zoroastrischen Glauben abzusprechen. Für die Iranis hingegen hat sich der Parsi-Zoroastrismus viel zu sehr dem Hinduismus angeglichen. Beide religiöse Gruppierungen erkennen praktisch nur die religiöse Autorität ihrer eigenen Priester an. Zwar sind bereits im 19. Jahrhundert iranische Zoroastrier nach Indien emigriert. Im Unterschied zu den Parsis haben die Iranis jedoch keine eigenen „Diaspora“-Länder erschlossen.

Hong Kong

Aufgrund der dominierenden Stellung der Parsis im Ostasien-Handel (vgl. oben II.2.a) ließen sich bereits seit dem Ende des 18. Jahrhunderts einzelne Parsis an den Küsten der Chinesischen Meere nieder. Seit der Mitte des 19. Jahrhunderts haben sich in China Parsi-Gemeinschaften etabliert.

Nach der kommunistischen Revolution in China wurden alle Parsis des Landes verwiesen. Einige Zoroastrier schlossen sich der Gemeinschaft in Hong Kong an, wo heutzutage ca. 150 Zoroastrier leben. Der Wohlstand der Hong Kong-Parsis erlaubt es ihnen nach wie vor, einen Priester aus Indien zu beschäftigen. Die konservative Gemeinde, die über einen eigenen Gebetsraum und einen Friedhof verfügt, besteht fast ausschließlich aus Geschäftsleuten.

Yemen und Ostafrika

Die Handelsaktivitäten der Parsis führten eine Parsi-Familie bereits Anfang des 19. Jahrhunderts ins yemenitische Aden. Die Parsi-Gemeinschaft in Aden ist im Laufe der Zeit auf ca. 250 Personen angewachsen. Die Entstehung der marxistisch orientierten Volksrepublik Südjemen im Jahre 1967 hat die Parsis allerdings zur Aufgabe dieses Standorts bewogen.

Über Aden hinaus haben einige Parsis bereits im 19. Jahrhundert an der Küste Ostafrikas Fuß gefaßt. Eine wichtige Gemeinde etablierte sich auf Sansibar. Während bzw. nach der Revolution (1964) sind fast alle Parsis nach England geflüchtet.

Seit ca. 1870 leben Parsi-Siedler in Kenia. Nach den Afrikanisierungskampagnen der 1960er Jahre sind nur noch ca. 100 Zoroastrier in Kenia verblieben. Da die afrikanischen Zoroastrier weder mit ihren weißen noch mit ihren schwarzen Mitbürgern einen ausgeprägten Umgang pflegen, ist es kaum zu kulturellen und religiösen Assimilationsprozessen gekommen.

England

Um die Mitte des 19. Jahrhunderts kam es zu längerfristigen Aufenthalten von Parsis in Großbritannien. Bereits im Jahre 1861 wurde eine Vereinigung gegründet, die sich um die Belange der Zoroastrier in Europa kümmern sollte. (Nach mehreren Namensänderungen heißt die Vereinigung seit 1979 Zoroastrian Trust Funds of Europe Inc. [ZTFE]). Vorrangiges Ziel war zunächst die Verwaltung eines 1862 erworbenen Friedhofs. Erst zu Beginn dieses Jahrhunderts weitete die Vereinigung ihre Aktivitäten in sozialer und religiöser Hinsicht aus.

Durch den hauptsächlich politisch bedingten Zustrom von Parsis aus Indien, Pakistan, Ostafrika und Iran ist die Zahl der in England lebenden Zoroastrier seit dem 2. Weltkrieg von ca. 200 auf ca. 6000 gestiegen, wovon knapp 5000 im Großraum London wohnen. Durch die komplizierte demographische Zusammensetzung fließen in der Londoner Zoroastriergemeinde ganz unterschiedliche kulturelle und auch religiöse Traditionen zusammen. Das hat zu nicht unerheblichen Spannungen geführt.

Um sich von anderen Immigrantengruppen aus Südasien („Asiaten“) und dem Mittleren Osten („Arabern“) abzugrenzen, betonen die britischen Zoroastrier, daß sie Nachfahren der „Alten Perser“ seien. Im Gegensatz zu ihren amerikanischen Mit-Zoroastriern betrachten erstaunlich viele britische Zoroastrier England nicht als ihre Heimat. In empirischen Untersuchungen zeigte sich eine negative Haltung gegenüber der Mehrheitsbevölkerung. Dennoch sind Akkulturationsprozesse (auch im Bereich der Religion) unübersehbar.

USA und Kanada

Bis zur Mitte der 1960er Jahre lebten in den USA knapp 300 Zoroastrier, und zwar zumeist Studenten oder Leute mit gefragten Berufen. Die Zentren der zoroastrischen Immigranten waren zunächst Montreal, Vancouver und Chicago, dann folgten Toronto, New York, Los Angeles und Houston. Heutzutage leben ca. 5–7000 Zoroastrier in den USA und Kanada. In 16 Städten gibt es zoroastrische Vereinigungen, wovon 5 Vereinigungen sogar über ein eigenes „Gemeindezentrum“ verfügen. Die einzelnen Vereinigungen sind seit 1987 in einem Dachverband, der Federation of Zoroastrian

Associations of North America (FEZANA), organisiert. Nicht wenige Zoroastrier wohnen allerdings auch fernab von zoroastrischen „Zentren". Gerade auf dem nordamerikanischen Kontinent haben die Unterschiede zwischen Irani- und Parsi-Zoroastriern (vgl. oben II.2.d) zu heftigen Spannungen geführt.

Die heterogene Charakter des amerikanischen Zoroastrismus resultiert aus einer Vielzahl von Faktoren wie z. B. Herkunft, Altersstruktur und berufliche Zusammensetzung der jeweiligen Gemeinschaft. Daher gibt es markante soziale, aber auch religiöse Unterschiede zwischen den verschiedenen amerikanischen Zoroastrier-Gemeinschaften.

Die Frage, was das Eigentliche ihrer Identität ausmache, wird von fast jedem einzelnen amerikanischer Zoroastrier anders beantwortet. Eine spezifisch amerikanisch-zoroastrische Identität wird sich vermutlich – wenn überhaupt – erst im Laufe der nächsten ein bis zwei Generationen herauskristallisieren. Sollte es je einen solchen „Amero-Zoroastrismus" geben, so wird er wegen der grundlegend verschiedenen kulturellen Rahmenbedingungen mit Sicherheit anders aussehen als der britische, iranische und indische Zoroastrismus.

Australien

Zwar gab es bereits in den 1920er Jahren zoroastrische Immigranten in Australien, aber erst im Jahre 1971 wurde in Sydney eine zoroastrische Vereinigung gegründet, die 1986 ein Gemeindezentrum eröffnet hat. Seit 1994 steht den ca. 500 in Sydney lebenden Zoroastriern sogar ein eigener Feuertempel (Dar-e Mehr) zur Verfügung. In Melbourne wohnen weitere 200 Zoroastrier. Die Immigration nach Australien erfreut sich bei den Bombay-Parsis immer größerer Beliebtheit.

III. Der Zoroastrismus in und angesichts der Moderne

Seit dem 18. Jahrhundert haben sich Lebenswelt und Lebensformen der Zoroastrier fundamental gewandelt. Die Zoroastrier haben diese „Modernisierung" nicht nur passiv hingenommen, sondern aktiv vorangetrieben. Es versteht sich von selbst, daß dieser wirtschaftliche, soziale und kulturelle Wandel das religiöse System des Zoroastrismus nicht unberührt gelassen hat.

1. Veränderungen der religiösen Infrastruktur

Der Wohlstand, den die Parsis seit dem 18. Jahrhundert erworben haben (vgl. oben II.2.a), kam nicht zuletzt der religiösen Infrastruktur der indischen Zoroastrier-Gemeinschaft zugute. Das zeigt sich zum Beispiel an der Errichtung von „Türmen des Schweigens" und Feuertempeln. Außerhalb

Indiens ist es – dem jeweiligen historischen Umfeld und der Situation der verschiedenen Gemeinschaften entsprechend – zu parallelen oder divergierenden Entwicklungen gekommen.

a) „Türme des Schweigens" und Friedhöfe

Eine Leiche gilt einer zoroastrischen Tradition als ein Stück verunreinigter Materie. Der Akt dieser Verunreinigung besteht darin, daß der Leichendämon Nasu, ein Geschöpf des „Bösen Geistes", mit dem Tode vom Körper Besitz ergreift. Das hat ein Verbot von Erd- und Feuerbestattung zur Folge, da diese Bestattungsformen durch die von der Nasu infizierte Materie das jeweilige Element (Feuer oder Erde) beschmutzen. Demgegenüber ist es ein dringendes Gebot des Zoroastrismus, die Reinheit der religiös qualifizierten Elemente zu bewahren. Daher hat der Zoroastrismus einer Lösung den Vorzug gegeben, die die „Entsorgung" der Nasu-verseuchten Leichen den Aasgeiern überläßt. Die von den Tieren nicht verspeisten Knochen werden von der sengenden Sonne getrocknet und lösen sich rasch in Pulver auf.

Die eigentlich *daxme* („Grab"), von den britischen Kolonisatoren später etwas poetisch „Türme des Schweigens" genannten Bestattungsgelände werden in der Regel außerhalb der Ortschaften auf einem Hügel errichtet. Ein *daxme* ist ein rundes Gebäude aus Stein. Das Innere eines *daxme* darf nur von den Leichenträgern *(nasā-sālārs)* betreten werden, die die Leiche auf einer Eisenbahre in den nach oben offenen Innenraum der „Türme des Schweigens" hineintragen. Die Mauern des *daxme* umgeben eine runde, in drei Reihen eingeteilte Plattform, auf der die Leichen niedergelegt werden. In der Mitte der Plattform befindet sich ein Loch, damit das Regenwasser abfließen kann. Die abfließende Flüssigkeit wird durch eine Filteranlage nach außen geleitet, um zu verhindern, daß Knochenreste in die Erde gelangen.

Die Urbanisierung und der Wohlstand der Parsis führten dazu, daß im 18. und 19. Jahrhundert in Indien so viele „Türme des Schweigens" errichtet wurden wie wohl selten zuvor in der Geschichte des Zoroastrismus. Von ca. 120 *daxmes*, die es vermutlich je in Indien gab, wurden weit über 80% im Zeitraum von der Mitte des 18. bis ins frühe 20. Jahrhundert errichtet! Diese Infrastruktur kann in der Gegenwart kaum mehraufrecht erhalten werden.

In den Großstädten Surat und Bombay oder im pakistanischen Karachi befinden sich die ehemals abgelegenen Bestattungsanlagen inzwischen im Kernbereich der Stadt. Das hat nicht nur dazu geführt, daß die Population der Aasgeier geschrumpft ist und dadurch die Entsorgung der Leichen nicht mehr sichergestellt ist; aufgrund hoher Bebauung schien auch die Diskretion der „Türme" nicht mehr gewährleistet. Durch die Übernahme westlicher Verhaltens- und Wertvorstellungen wurde außerdem der Sinn dieser traditionellen Bestattungspraxis in Frage gestellt.

Besonders in diesem Jahrhundert ist daher unter den indischen Zoroastriern eine Kontroverse über die Vor- und Nachteile der skizzierten Bestattungsmethode entbrannt. Eine Beendigung dieses zum Teil auf recht phantasievolle Weise ausgefochtenen Streits ist nicht abzusehen. Viele indische Zoroastrier bevorzugen inzwischen den Gebrauch von Elektrokrematorien.

In Iran ist man auch während der islamischen Zeit der *daxme*-Methode gefolgt. Eine Abkehr von der alten Praxis hat sich zu Beginn des 20. Jahrhunderts vollzogen. Im Jahre 1937 wurde dem politischen Druck der iranischen Regierung nachgegeben und trotz des Protests der indischen Zoroastrier der erste zoroastrische Friedhof *(ārāmgāh)* Irans errichtet. In den 1970er Jahren gab es in Iran schließlich nur noch eine kleine Ortschaft bzw. Gemeinde, in der die traditionelle Leichenaussetzung in den „Türmen des Schweigens" praktiziert wurde.

Bei der Errichtung der Friedhöfe hat man den theologischen Hintergrund der traditionellen Bestattungsmethode nicht ganz aus den Augen verlieren wollen: Um die Verunreinigung der Erde zu vermeiden, wurden die einzelnen Gräber durch eine Betonschicht versiegelt. In anderen Aspekten hat man sich jedoch weit von der zoroastrischen Theologie entfernt. So werden die Leichen in Teheran z. B. nicht mehr durch konsekrierten Rinderurin (mittelpersisch *nērang,* parsigujarati *nīrang*), dem wichtigsten rituellen Purifikationsinstrument des Zoroastrismus, gereinigt, sondern nach muslimischer (und christlicher) Sitte mit Wasser. Das stellt in den Augen des traditionellen Zoroastrismus eine unakzeptable Verunreinigung des heiligen Elements des Wassers dar. Der gesellschaftliche Druck war jedoch in Iran offenbar zu groß, als daß theologische Bedenken relevant gewesen wären. Den „modernen" Zoroastriern scheint der Gebrauch von konsekriertem Rinderurin außerdem selbst antiquiert vorgekommen zu sein.

In den von christlich-okzidentalen Wertsystemen geprägten Ländern, in denen die „Diaspora"-Zoroastrier leben (vgl. oben II.2.d), war die Errichtung von „Türmen des Schweigens" von vornherein undenkbar. Die Migration in diese Länder impliziert(e) daher automatisch einen Verzicht auf die traditionelle Bestattungsmethode zugunsten von Erdbestattung oder Kremation.

b) Feuertempel, Festkalender und jashan-Rituale

Prinzipiell werden Im Zoroastrismus drei Kategorien von Feuertempeln unterschieden: Ātaš-Bahrām-, Ātaš-Ādarān- und Ātaš-Dādgāh-Tempel. Tempel der niederen Klassen können jedoch in einem Nebenraum oder -gebäude eines Ātaš-Bahrām-Tempels untergebracht sein. Während die Ātaš-Ādarān- und die Ātaš-Dādgāh-Tempel von jedem Priester verwaltet werden können, der die erforderliche Priesterinitiation durchlaufen hat (und den Titel Mobed führt), stehen den Ātaš-Bahrām-Tempeln Oberpriester vor, die den Titel Dastūr tragen. Im Iran spielt diese Hierarchie des Klerus praktisch keine Rolle mehr.

Bis ins 18. Jahrhundert verfügten die indischen Zoroastrier nur über einen einzigen Feuertempel der höchsten Kategorie (Ātaš Bahrām). Erst im Jahre 1765 wurde ein zweiter Ātaš-Bahrām-Tempel konsekriert. Zwischen 1783 und 1897 wurden sodann sehs weitere Ātaš Bahrām-Tempel errichter, davon nicht weniger als vier in Bombay.

Während langer Jahrhunderte begnügten sich die indischen Zoroastrier mit den heimischen Herdfeuern und dem einen zentralen Ātaš-Bahrām-Tempel. Erst seit dem 17. Jahrhundert scheint es darüber hinaus zur Errichtung von Tempeln gekommen zu sein, die mit einem permanent brennenden Feuer bestückt sind. Die Anzahl dieser Agīārī genannten Tempel ist im 19. Jahrhundert rapide angestiegen: Allein in Bombay gibt es mittlerweile mehr als 40 Agīārīs – nur fünf davon wurden im 20. Jahrhundert errichtet –; in ganz Indien sind es über 100. Die meisten Tempel sind Stiftungen reicher Parsis.

In Iran sind in den Jahrhunderten nach der arabischen Eroberung fast alle Feuertempel geschlossen oder in Moscheen verwandelt worden. Im Laufe der Zeit haben sich nur zwei Ātaš-Bahrām-Tempel halten können. Später wurden – in Yazd und in Teheran – zwei weitere Ātaš-Bahrām-Tempel konsekriert. Außerdem gibt es einige Ātaš-Ādarān- und Ātaš-Dādgāh-Tempel. In der „Diaspora" hingegen gibt es keine Ātaš-Bahrām-Tempel und nur wenige Tempel der beiden niederen Kategorien.

Fromme Parsi-Zoroastrier/innen sollten täglich den Feuertempel besuchen. (Für Nicht-Zoroastrier ist der Zutritt jedoch eingeschränkt!) Im Tempel finden zwar die Rituale der Priester, aber kein Gemeindekult im strengen Sinne statt. Wenn ein Laie einen Feuertempel besucht, so geschieht das vorwiegend, um dort zu beten und dem Feuer die Reverenz zu erweisen.

Zwei der drei zoroastrischen Kalender (vgl. unten III.4.) sehen zwölf Monate mit jeweils 30 Tagen vor. Die einzelnen Monate und Tage sind nach Gottheiten bzw. „Engeln" (vgl. unten III.5.) benannt. Am Ende des Jahres werden fünf Extratage eingefügt, um bei gleichbleibender Länge der einzelnen Monate auf die Zahl von 365 Tagen zu kommen. Diese fünf Extratage werden Gatha-Tage genannt (zu den *Gathas* s. oben II.1.a).

Die fünf Gāthā-Tage bilden zusammen mit den letzten fünf Tagen des letzten Monats das Fest der Toten bzw. der Totengeister, das – wie alle zoroastrischen Feste – einen durchaus fröhlichen Charakter hat: Man bereitet sich auf den Besuch der Ahnengeister vor, indem man sich schön kleidet und köstliche Speisen vorbereitet, um die Ahnen entsprechend zu bewirten. Das Ende dieses Totenfests wird durch ein weiteres Fest begangen: *khordād sāl,* das Fest von Zarathuštras Geburt.

Im Zoroastrismus gibt es zwei sich zum Teil ergänzende Festzyklen: [a] die sog. 7 *gahāmbārs* und [b] einen 8 Feste umfassenden Zyklus von fünf „kalendarischen" Festen, dem Geburts- und Todestag Zarathustras und dem „iranischen" Neujahrsfest *(Jamšēdi Nō Rūz)* zur Frühjahrstagundnachtgleiche (21. März). Die fünf „kalendarischen" Feste werden nach einer zu diesen Anlässen begangenen religiösen Zeremonie *jashan*-Feste genannt; sie werden dadurch markiert, daß der Name eines Tages mit dem Namen eines Monats zusammenfällt. So sind beispielsweise sowohl der 16. Tag als auch der 7. Monat der Gottheit bzw. dem „Engel" Mithra gewidmet. Dementsprechend wird an diesem Tag das Mithra-Fest begangen.

Der im Prinzip wichtigere Festzyklus besteht in den 7 *gahāmbārs,* der im „kalendarischen" Neujahrsfest *(Nō Rūz)* gipfelt, das auf den 1. Tag des 1. Monats fällt. Die *gahāmbārs* erstrecken sich über 5 Tage. Die *gahāmbār*-Feierlichkeiten finden auf zwei Ebenen statt: Einerseits werden im Tempel von den Priestern bestimmte, fest vorgeschriebene Rituale vollzogen, andererseits zelebrieren die Laien ein großes Gemeinschaftsfest. Viele der genannten traditionellen Feste werden von den Zoroastriern heutzutage kaum noch oder in stark vereinfachter Form gefeiert.

Wie oben ausgeführt, bleibt der Besuch im Tempel vom rituellen Ablauf her letztlich eine private Angelegenheit. Demgegenüber gibt es ein anderes Ritual, das eher als Gemeindekult zu beschreiben wäre: das *jashan*-Ritual, das sowohl in geschlossenen Räumen als auch unter freiem Himmel abgehalten werden kann. Zur Durchführung einer *jashan*-Zeremonie sind mindestens zwei Priester erforderlich. Das Zentrum des Rituals bildet das in einer Vase brennende und mit Sandelholz und Weihrauch genährte Feuer. (Wie auch bei anderen Feuer-Ritualen tragen die in Weiß gekleideten Priester ein lang herunterhängendes Tuch vor Mund und Nase, um das Feuer nicht durch ihren Atem zu verunreinigen). Auf verschiedenen Tabletts stehen außerdem Repräsentanten der sieben Schöpfungselemente bzw. der ihnen zugeordneten Aməša Spəṇtas. So werden beispielsweise die Pflanzen – die vierte Schöpfung (und zugleich die Gottheit Amərətāt) – von Blumen und Früchten repräsentiert. Bestimmt wird der Ablauf des Rituals einerseits von der Rezitation gewisser Texte auf Avestisch und Pahlavi sowie andererseits von gewissen nonverbalen Handlungen, die die Priester ausführen: So wird z. B. das Feuer genährt, die Priester berühren gewissen Gegenstände mit ihren Ritualzangen und tauschen untereinander die Blumen aus.

Die Laien können sich um das durch Tücher abgegrenzte, nur von Priestern zu betretende engere Ritualterritorium gruppieren und dadurch eine Art Gemeinde bilden, wobei sie eher von den durch das Ritual freigesetzten spirituellen Kräften profitieren als daß sie aktiv am Kultgeschehen teilnähmen.

Das sehr feierliche, mobile sowie multifunktionale *jashan*-Ritual erfüllt besonders gut die Bedürfnisse der „Diaspora". So werden soziale Zusammenkünfte von „Diaspora"-Zoroastriern gerne durch eine *jashan*-Zeremonie bereichert. Das Ritual verleiht den „profanen" Zusammenkünften einen religiösen Kontext und bestätigt auf diese Weise die (religiöse) Identität der Teilnehmer.

c) Die Krise des zoroastrischen Priestertums

Die sozialen Veränderungen der Parsi-Gemeinschaft und ihre Urbanisierung (vgl. oben II.2.a) haben trotz der vielen neuerrichteten Agīārīs (vgl. oben III.1.b) langfristig zu einer Krise des Priestertums geführt, deren Überwindung (noch) nicht in Sicht ist.

Die Funktion der zoroastrischen Priester ist fast ausschließlich auf ihre rituellen Tätigkeiten beschränkt. Der zoroastrische Priester ist kein Theologe, kein „Seelsorger" und auch kein Prediger, aber zur Durchführung bestimmter Rituale – Hochzeiten, Initiationen (vgl. unten III.2.), Bestattungsriten – auch außerhalb des Tempels unerläßlich.

Die Priester sind ökonomisch weitgehend von ihren Auftraggebern abhängig, d. h. von denjenigen, die [a] einen Tempel finanziell unterstützen, oder die [b] Priester mit der Verrichtung bestimmter Rituale (innerhalb oder außerhalb des Tempels) beauftragen. Die Bezahlung der Priester ist heutzutage eher schlecht.

Das zoroastrische Priestertum rekrutiert sich nicht durch religiöse Erfahrungen („Berufung"), sondern ist erblich; d. h., nur die Söhne von Priestern können selbst Priester werden. Bereits im 19. Jahrhundert aber haben viele gerade der begabtesten Priesternachkommen dem Beruf ihrer Väter den Rücken gekehrt. Diese Entwicklung hält bis heute an.

Mit dem *Avesta* (vgl. oben II.1.a) verfügt der Zoroastrismus über eine Heilige Schrift, und seit dem 19. Jahrhundert hat sich durch die neuen Technologien und die Bildung der Gemeinschaft bei den Laien die Benutzung von Gebetbüchern durchgesetzt. Im Priesterstand beharrt man prinzipiell noch auf der oralen Tradition. Der Hauptteil der schon im Knabenalter beginnenden Priesterausbildung besteht darin, die entsprechenden avestischen oder mitteliranischen Ritualtexte korrekt aus dem Gedächtnis rezitieren zu können. Dabei ist es letztlich sogar wichtiger, die Laute der Texte richtig hersagen zu können, als ihren Sinn zu verstehen. Das erklärt sich zum Teil daraus, daß den Lauten bestimmter avestischer Texte eine besondere geistige Kraft zugesprochen wird.

Die spezifischen Erfordernisse priesterlicher Ausbildung haben dazu geführt, daß die praktizierenden Priester weit hinter dem Bildungsniveau der übrigen Parsi-Gemeinschaft zurückgeblieben sind. Das hat ihnen bereits im 19. Jahrhundert den Spott der Laien eingebracht und ihre Ansprüche auf religiöse Autorität unterminiert. Nur wenige Priester, allen voran einige Dastūrs, jene Priester also, die den Ātaš-Bahrām-Tempeln vorstehen, sind hoch gebildet; ihr Wissen über den Zoroastrismus ist auch an westlichen Universitäten gefragt.

Nachdem der beklagenswerte Zustand des zoroastrischen Priestertums in Indien einer breiteren Öffentlichkeit zu Bewußtsein kam, wurde im Jahre 1985 eine Stiftung eingerichtet, die die geistigen und materiellen Lebensumstände der Priester heben sollte. Das ist zwar zum Teil geglückt, die strukturellen Probleme konnten jedoch m. E. noch nicht gelöst werden.

In Iran ist es zu einer parallelen Problemkonstellation gekommen. Wie in Bombay spielen auch in der Teheraner Zoroastrier-Gemeinschaft die Priester von Anfang an eine eher periphere Rolle. Da den Söhnen der Priester der Beruf ihrer Väter hinsichtlich Bezahlung und sozialem Status nicht weniger unattraktiv erschienen ist als ihren indischen Kollegen, kam es bereits in den 1960er Jahren zu großen Nachwuchsproblemen. Die Migration breiter Bevölkerungsschichten von der Provinz nach Teheran hatte auch für das Priestertum in den traditionellen Siedlungen fatale Folgen: Die Zahl der in Yazd tätigen Priester ist von den 1930er Jahren bis heute von angeblich über 200 auf weniger als 10 (!) gesunken.

Aufgrund der nur rudimentär vorhandenen Infrastruktur stellt sich die Lage des zoroastrischen Priestertums in der „Diaspora" anders dar als in den „alten Ländern". Es gibt nur wenige Feuertempel – und damit auch kaum dauerhafte Arbeitsmöglichkeiten für Vollzeitpriester. Daher können bestimmte Rituale gar nicht oder nur in veränderter Form durchgeführt werden, was auf Kritik durch die indischen Dastūrs stößt. Außerdem gibt es in der „Diaspora" keine organisierten Ausbildungsmöglichkeiten für Nachwuchspriester. Als problematisch hat sich in der „Diaspora" schließlich die Koexistenz von Irani- und Parsi-Priestern und deren faktische Konkurrenz erwiesen.

2. *Übergangs- und Reinigungsriten*

Wie in jeder Religion gibt es auch im Zoroastrismus eine Reihe von Übergangsriten, die die Wendepunkte der religiösen Biographie der „Religionsinsassen" (Geburt, Hochzeit, Tod etc.) rituell markieren.

Das entscheidende Übergangsritual, das einen Irani oder einen Parsi überhaupt erst zu einem Zoroastrier macht, ist das Initiationsritual, das in Iran *Ṣedra pushun* („das Anlegen des *sudra*") und in Indien *Navjote* („Neugeburt") genannt wird. Die meisten indischen Zoroastrier durchlaufen das Ritual im Alter von 7–11, während bei den Iranis der Zeitpunkt etwas später liegt (12–15 Jahre).

Der zentrale Akt der Initiationszeremonie besteht darin, daß der Initiand von den Priestern mit dem heiligen Gürtel *(kustī)* und dem heiligen Hemd *(sudra)* bekleidet wird. Das Tragen dieser beiden symbolischen Kleidungsstücke markiert die Zugehörigkeit eines Individuums zur zoroastristischen Religion; sie sind darüber hinaus zur Durchführung elementarer Rituale unerläßlich (s. unten).

Eigentlich sollte ein Zoroastrier immer mit *sudra* und *kustī* bekleidet sein. Unverzichtbar ist das Tragen von *sudra/kustī* jedoch bei der Teilnahme an zoroastrischen Ritalen. Das elementarste religiöse Ritual des Zoroastrismus ist das *pādyāb-kustī*-Ritual. Das *pādyāb* ist eine wenige Minuten in Anspruch nehmende Reinigungsprozedur. Bei der Durchführung des *pādyāb* bedeckt man sich den Kopf und wendet sich dem Licht zu. Nach der Rezitation einiger Gebetsformeln wäscht man sich die Unterarme, die Hände, das Gesicht, den Hals, die Unterschenkel und die Füße mit unkonsekriertem Rinderurin (pahlavi/parsigujarati: *gōmēz*) oder mit Wasser. Danach trocknet man die gewaschenen Körperteile mit einem sauberen Tuch ab.

Mit dem absolvierten *pādyāb* hat man den erforderlichen Zustand ritueller Reinheit erlangt, der es erlaubt, das keine zehn Minuten dauernde *kustī*-Ritual durchzuführen. Es besteht darin, daß der *kustī*-Gürtel auf bestimmte Weise ab- und wieder angeschnallt wird. Während des Ab- und Anschnallens werden vier bzw. fünf Gebete in avestischer und mittelpersischer Sprache rezitiert, wobei bestimmte Verse gestisch betont werden.

Das *pādyāb-kustī*-Ritual sollte jedem religiösen Akt vorangehen. So ist etwa vor dem Betreten des eigentlichen Tempelgebäudes das Absolvieren eines *pādyāb-kustī*-Rituals erforderlich. Der durch das *pādyāb-kustī*-Ritual erlangte Zustand ritueller Reinheit wird aber z. B. durch Urinieren hinfällig. Dementsprechend müßte das Ritual nach jedem Urinieren erneut durchgeführt werden. Diese Vorschrift wird heutzutage nur noch von Priestern und sehr orthodoxen Laien befolgt.

Neben dem *pādyāb-kustī*-Ritual gibt es im Zoroastrismus noch einige andere alte und wesentlich umfangreichere Reinigungsrituale. Die meisten dieser Rituale sind im Laufe des 19. und 20. Jahrhunderts nicht unerheblich vereinfacht worden.

3. Religiöse Fraktionen und notorische Querelen

Trotz seiner jahrtausendealten Geschichte hat es im Zoroastrismus zwar durchaus Dissenz in religiösen Fragen, anscheinend aber nie formale Schismen oder Häresien gegeben. Das ist bis heute so geblieben. Diese auf den ersten Blick erstaunliche Tatsache hängt nicht zuletzt damit zusammen, daß es im Zoroastrismus keine zentrale Institution gibt, der allgemein die religiöse oder juridische Autorität zugesprochen wird, Orthodoxie von Heterodoxie zu unterscheiden (vgl. auch unten III.5. u. IV.).

Die einzige formale Differenzierung des modernen Zoroastrismus besteht zwischen den Anhängern von drei Kalendern, den sog. Kadmis, Shenshais und Faslīs. Nach anfänglich aggressiven Rivalitäten besteht der einzige Unterschied zwischen den Gruppierungen heutzutage darin, daß die Anhänger der jeweiligen Fraktionen verschiedene Tempel besuchen. Alle zoroastrischen Migranten haben ihren jeweiligen Kalender mit in die „Diaspora" genommen. Über die Vereinheitlichung der verschiedenen Kalendersysteme wird zwar viel debattiert; eine Einigung scheint aber nicht in Reichweite zu sein.

Kleinere Erfolge christlicher Missionare sowie die Modernisierung der Lebenswelt der Zoroastrier, die mit den priesterlich-orthodoxen Weltdeutungssystemen des Zoroastrismus immer schwerer in Einklang zu bringen war, führten schon in der Mitte des 19. Jahrhunderts zu Reformbemühungen, die den Zoroastrismus von in den Augen eines westlich gebildeten Menschen nicht akzeptablen Elementen befreien und für die neue Elite wieder attraktiv machen sollten. So wurde bereits im Jahre 1851 eine Zoroastrische Reformgesellschaft (Rhānumāi Mazdayasnān Sabha) gegründet. Die sog. „Reformer" waren zunächst großteils westlich gebildete Laien. Erst später konnten einige Priester für die Ziele der Reformgruppe gewonnen werden. Die Ideen der Parsi-„Reformer" haben auch bei vielen iranischen Zoroastriern (besonders in Teheran) großen Anklang gefunden.

Die Partei der „Reformer" geht nicht zuletzt durch Rückgriff auf eine bis heute noch lebendige westliche Forschungstradition von der These aus, daß Zarathustra einen stark ethisch geprägten Monotheismus „gepredigt" habe. Als einzige authentische Quelle der wahren Lehre des Zoroastrismus gelten den Reformern die *Gathas,* die sie für „Predigten" ihres „Propheten" halten, während die religiöse Relevanz „jungavestischer" Texte, besonders des *Vidēvdād,* vehement abgelehnt wird. Die andere Partei, die sog. „Orthodoxie", hat zwar selber letztlich keine dezidierte Lehre entwickelt, sondern bekennt sich zur religiösen „Tradition". Erst in jüngster Zeit ist es zu „neo-traditionalistischen" bzw. „neo-orthodoxen" Trends gekommen. Die ideelle, durch kein reales Schisma vollzogene Spaltung der Zoroastrier in „Reformer" und „Orthodoxe" spiegelt sich in den zwei großen, inhaltlich nicht voneinander zu trennenden Streitfragen des Zoroastrismus im 20. Jahrhundert: [a] Mischehen und [b] Konversion.

Egal ob in Indien, Iran, Pakistan oder der westlichen „Diaspora": Nirgendwo wird es nur eine einzige zoroastrische Familie geben, in der nicht mindestens ein Familienmitglied einen nichtzoroastrischen Partner geheiratet hat. In Anbetracht des beinahe täglichen Umgangs mit Nichtzoroastriern ist diese Tatsache mehr als verständlich. Mischehen sind zwar eine soziale Realität im modernen Zoroastrismus, aber eine äußerst problematische. Denn es gibt keinen Konsens in der Frage, wie man mit dieser neuen Situation, die jahrhundertealte Selbstverständlichkeiten außer Kraft setzen könnte, umzugehen habe. Im Jahre 1969, als ein Priester in den USA gegen den Widerstand seiner indischen Kollegen die Heirat des Dirigenten und Parsi Zubin Mehta mit seiner christlichen Gattin nach zoroastrischem Ritus durchführte, ist es in dieser Frage zu beträchtlichen Spannungen im zoroastrischen Klerus gekommen.

Die bisherige Praxis im Falle von Mischehen verlief zumindest in Indien eindeutig zu Lasten der Frauen. „Ausheiratende" Frauen wurden wie Verräterinnen behandelt und praktisch exkommuniziert, während „ausheiratenden" Männern gegenüber eine gewisse Toleranz an den Tag gelegt wurde. Darüber hinaus hat sich die Praxis ausgebildet, daß die Initiation von Kindern eines „ausheiratenden" Mannes in den Zoroastrismus erlaubt wird, wohingegen den Kindern einer „ausheiratenden" Frau – also einer zroastrischen Mutter, die einen Nichtzoroastrier geheiratet hat – die Initiation in den Zoroastrismus verwehrt bleibt. Eine Frau, die „ausheiratet", wird damit automatisch exkommuniziert und für den demographischen Rückgang der Gemeinschaft verantwortlich gemacht. (Rigoros orthodoxe Kreise votieren hingegen dafür, daß die Kinder aller Mischehen nicht initiiert werden dürfen.) Nicht ohne Tragik ist außerdem die Konstellation, daß es der nichtzoroastrischen Ehefrau eines Zoroastriers nicht gestattet ist, an allen Teilen des zoroastrischen Bestattungsrituals teilzunehmen.

Im Vergleich mit den patriarchalischen Praktiken in Indien haben sich die iranischen Zoroastrier als pragmatischer erwiesen. Schon seit der Mitte des 20. Jahrhunderts haben die Widerstände gegenüber Mischehen deutlich abgenommen; Mischehen wurden 1968 sogar offiziell für zulässig erklärt. In der westlichen „Diaspora" gibt es unterschiedliche und zum Teil widersprüchliche Positionen zur Problematik der Mischehen. Statistisch drängt sich in der „Diaspora" der Eindruck auf, daß Mischehen vor allem von hochgebildeten Karriereüberfliegern eingegangen werden, die überdies nicht in einem zoroastrischen „Zentrum", sondern in der religionsgeographischen Peripherie leben.

In der nordamerikanischen „Diaspora" ist die Frage nach der Zulässigkeit von Konversionen bzw. – so der nordamerikanische Jargon – das Problem der „Akzeptanz" von übertrittswilligen Nicht-Zoroastriern fast noch umstrittener als die Frage nach dem Umgang mit Mischehen. Zwar gab und gibt es auch in Indien eine geradezu theologische Debatte um die Legitimität von Bekehrungen; für die Parsis ist allerdings das Problem der Mischehen wesentlich drängender.

Oft sind es weniger religiöse als soziale Motive, die die Diskussion bestimmen. Könnte eine Bekehrungswelle nicht den demographischen Rückgang der Parsi- bzw. Zoroastriergemeinschaft umkehren? Oder würde die Zulässigkeit von Konversionen nicht gerade jene anziehen, denen es nur darum geht, von den Sozialleistungen der Parsi-Gemeinschaft zu profitieren? Sind letztlich nicht alle Religionen gleichwertig? Gerade in Indien scheint die enge Zusammengehörigkeit von ethnischer und religiöser Identität einen Erfolg der Bekehrungsbefürworter zu verhindern. Sowohl die indischen als auch die iranischen Zoroastrier sehen sich nicht ohne Berechtigung als Opfer religiöser Bekehrungspraktiken seitens anderer Religionen (Islam und Christentum). Deshalb hat sich im Laufe der Zeit eine Art Grundkonsens herausgebildet, daß man selbst keine Konvertiten werben wolle. In Iran hat das Teheraner Anjoman sogar (vermutlich aus Angst davor, wütende Reaktionen zu provozieren) offiziell Gesuche von Muslimen abgelehnt, die sich zum Zoroastrismus bekehren wollten.

Wie eine Umfrage zeigte, sind im Unterschied zu den anderen Ländern in den USA und Kanada mehr als die Hälfte der befragten Zoroastrier für die „Akzeptanz" von Nichtzoroastriern. Hinter der Konversionsdebatte sind soziale Unterschiede unter den Zoroastriern sowie Differenzen zwischen Iranis und Parsis unverkennbar. Einen Kulminationspunkt erreichte die Debatte im Jahre 1983, als erstmals ein aus einer christlichen Familie stammender Amerikaner in den Zoroastrismus initiiert wurde. Anläßlich der Durchführung dieser für die Geschichte des Zoroastrismus epochalen Initiationszeremonie kam es zu schweren Spannungen zwischen den nordamerikanischen und den indischen Priestern einerseits sowie dem iranischen und dem indischen Klerus andererseits.

4. Zoroastrische „Theologien" im 20. Jahrhundert

Unter den Zoroastriern herrscht ein breites Spektrum an Meinungen über die Grundprinzipien ihrer Religion. Es gibt bislang noch keine empirischen Untersuchungen über einen etwaigen „dogmatischen" Grundkonsens der Zoroastrier, sei es in Indien oder Iran. Während man an westlichen Universitäten im Zoroastrismus zumeist den Prototyp einer „dualistischen" Religion sieht, dominiert nach meinen Beobachtungen bei den Zoroastriern eher die Tendenz, die monotheistische Vorrangstellung Ahura Mazdās hervorzuheben. Die anderen Gottheiten, von deren Wirken im *Avesta* berichtet wird (vgl. oben II.1.a), werden dieser monotheistischen Tendenz entsprechend heute in der Regel als „Engel" betrachtet. Als zentrale Komponente ihrer Religion betrachten die meisten Zoroastrier das Bemühen um Reinheit, das sich etwa im Streben nach Hygiene und Sauberkeit ausdrückt. Weiterhin wird der Zoroastrismus von den meisten Zoroastriern als eine genuin ehtische Religion verstanden, die das Bekenntnis zum Guten und den Kampf gegen das Böse verlange. Dabei wird die „altavestische" Formel „gute Gedanken, gute Worte, gute Taten" *(humata, hūxta, huuaršta)* gerne zum Inbegriff des Zoroastrismus stilisiert.

Der Zoroastrismus verfügt zwar über eine mehrere Jahrtausende umfassende theologische Tradition, nicht aber über eine normative Theologie. Dazu fehlt es nicht zuletzt am institutionellen Rahmen: Der Zoroastrismus kennt keine Institution, die etwa mit dem Papsttum, einem Konzil, einer Bischofskonferenz oder einer Synode vergleichbar wäre. Auch die zoroastrischen Priester werden in der Regel nicht theologisch geschult (vgl. oben III.1.c). Außerdem gibt es im Zoroastrismus nur einen sehr begrenzten Rahmen, in dem sich eine offene Diskussion über theologische Fragen abspielen könnte. So gibt es beispielsweise keine von Zoroastriern betriebene theologische Fachtzeitschrift im engeren Sinne. Statt dessen wird in den Rundbriefen der verschiedenen zoroastrischen Assoziationen und in einigen in Bombay erscheinenden Parsi-Zeitschriften (wie z. B. dem *Bombay Samachar,* dem *Jam-e Jamshed* oder dem Magazin *Parsiana*) gelegentlich über theologische Streitfragen diskutiert.

Trotz dieser Einschränkungen gibt es im Zoroastrismus einige gebildete Autoren, die im 20. Jahrhundert genuin „theologische" Entwürfe vorgelegt haben. Diese Konzepte sind zum Teil sogar nicht ohne Einfluß auf das theologische Bewußtsein größerer Kreise geblieben, auch wenn man nicht von theologischen Schulen sprechen kann. Zur Entstehung „moderner" zoroastrischer „Theologien" hat oftmals die Auseinandersetzung mit anderen religiösen Systemen wesentlich beigetragen (so wie auf der Ebene des Frömmigkeitslebens eine gewisse „synkretistische" Tendenz unübersehbar ist).

So waren besonders zur Zeit der britischen Kolonialherrschaft christlich-protestantische Interpretationen des Zoroastrismus gefragt. Zarathuštra wird dann beispielsweise wie ein biblischer Prophet dargestellt. Diese christlich-protestantische Tendenz wurde und wird bis heute dadurch gefördert, daß westliche Wissenschaftler vor allem angelsächsischer Provenienz, deren Zoroastrismus-Bild oft stark von christlichen Vorstellungen durchsetzt ist, geradezu als Lehrer zoroastrischer „Theologen" aufgetreten sind.

Andere zoroastrische Autoren haben sich, und zwar besonders seit der indischen Unabhängigkeit, hinduistischer Interpretationsmodelle bedient, um ihre eigene Religion zu beschreiben. Zarathuštra wird dann beispielsweise als ein Guru oder ein Avatara (= eine inkarnierte, „herabgestiegene" Gottheit) geschildert. Für einige andere zoroastrische „Theologen" hat sich die Theosophie, die unter den Parsi-Zoroastriern ohnehin zahlreiche Anhänger hatte, als ein produktives Instrumentarium zur Neuinterpretation ihrer eigenen Religion erwiesen.

Neben den genannten theologischen Tendenzen gibt es im gegenwärtigen Zoroastrismus eine recht lebendige esoterische Strömung, die sich Ilm-i Kshnoom („Pfad des Wissens") nennt. Die komplizierte Lehre bzw. Mythologie dieser Gruppe hat verschiedene theosophische Elemente aufgegriffen und mit Komponenten des traditionellen Zoroastrismus sowie einem exklusiven ethnischen Bewußtsein vereinigt.

Seit dem Jahre 1979 ist unter dem Namen Zoroastrian Studies (ZS) eine zoroastrische Revitalisierungsbewegung aktiv, deren Zentrum in Bombay liegt. Das Schwergewicht von ZS liegt in Programmen zur religiösen Bildung von Kindern und Jugendlichen.

In Teheran spielt sich die Diskussion über Religion seit den 1960er Jahren stark im institutionellen Rahmen von zoroastrischen Organisationen wie dem Frauenklub oder dem Jugendklub Fravahar ab. Fravahar hat im Laufe der Zeit ein eigenes religiöses Bildungssystem mit eigenen Absolventen und ein Zoroastrismus-Bild entwickelt, das sich hauptsächlich auf die *Gathas* (vgl. oben II.1.a) stützt und viele Komponenten des traditionellen Zoroastrismus als späteren Aberglauben ablehnt. Fravahar gibt ein eigenes monatlich erscheinendes Magazin heraus und betreibt eine eigene religiöse Buchhandlung. In vielen iranisch-zoroastrischen Institutionen sind bemerkenswerterweise Muslime als Referenten aufgetreten, die ihre zoroastrische Zuhörerschaft über den Zoroastrismus aufklärten.

In verschiedenen Zentren der „Diaspora" wird zum Teil eifrig über religiöse Fragen debattiert. Neben den großen Kontroversen (vgl. oben III.3.) wird der religiöse Diskurs besonders in der westlichen „Diaspora" von dem Motiv bestimmt, den Jugendlichen z. B. durch Broschüren oder Sonntagsschulen den Sinn der zoroastrischen Rituale und Mythen nahezubringen. Dabei greift man gerne auf allegorische Interpretationen zurück: So wird die Realexistenz eines bösen Prinzips etwa zugunsten der These einer abstrakten und allgemeinmenschlichen Neigung zum Bösen geleugnet. Gerade in jüngerer Vergangenheit scheinen jedoch etwa im Rahmen einer Suche nach den eigenen „Wurzeln" auch orthodoxe Autoritäten und Interpretationen in der „Diaspora" wieder an Gewicht zu gewinnen.

5. Organisationsstruktur des Zoroastrismus

Der Zoroastrismus verfügt zwar über eine ausgeprägte priesterliche Tradition und ein durch das Priestertum verwaltetes Ritualwesen, zumindest in den Zentren des modernen Zoroastrismus (Bombay, Teheran, „Diaspora"-Zentren wie London etc.) gibt es aber keine religiöse Organisationsform, die sich mit dem Begriff „Kirche" beschreiben ließe.

Die faktisch wichtigste Verwaltungsinstanz der Zoroastrier ist das im 17. Jahrhundert gegründete Bombay Parsi Panchayat (BPP). Die Autorität, die diese Institution heutzutage genießt, resultiert daraus, daß das BPP fast das gesamte Wohlfahrtsystem und die religiöse Infrastruktur der Parsi-Gemeinschaft in Bombay verwaltet.

Tendenziell neigen viele Parsi-Zoroastrier, die in die „Diaspora" emigriert sind, dazu, das BPP als die zoroastrische Zentralinstanz schlechthin zu betrachten. Dennoch artikuliert sich gerade in der „Diaspora" (bes. in England und Nordamerika) auch Kritik an der Politik des BPP, dessen Orientierung vielen „Diaspora"-Zoroastriern als zu einseitig an der Situation der indischen Zoroastrier orientiert erscheint.

Natürlich gibt es auch in vielen anderen indischen Städten, wo Parsis wohnen, zoroastrische Verwaltungsinstitutionen (Panchayats oder Anjomans). Diese wiederum haben sich 1971 zu einer Vereinigung zusammengeschlossen, die allerdings vom BPP dominiert wird.

Vor der Tätigkeit Manekji Limji Hātarias (vgl. oben II.2.c) wurden die nicht-religiösen Angelegenheiten der iranischen Zoroastriergemeinschaften von einem Ältestenrat oder einem „Bürgermeister" erledigt. Nach dem Vorbild des BPP hat Manekji kurz nach seiner Ankunft in Iran mehrere „Vereinigungen der Zoroastrier" (Anjoman-i Zartoštīān) gegründet. Durch die Migration zahlreicher Zoroastrier nach Teheran wurde der Teheraner Anjoman zur wichtigsten Verwaltungsinstitution des iranischen Zoroastrismus im 20. Jahrhundert.

In den größeren „Diaspora"-Gemeinden gibt es zoroastrische Assoziationen, die vorwiegend dazu dienen, Gemeindezentren zu verwalten oder kulturell-religiöse Aktivitäten zu organisieren. Seit einigen Jahrzehnten sind angesichts der weltweiten Diffusion der Zoroastrier und der daraus erwachsenden Probleme Stimmen laut geworden, die die Einrichtung einer zoroastrischen Zentralinstanz fordern. Aus diesen Bemühungen ist die 1977 gegründete World Zoroastrian Organization (WZO) mit Sitz in London hervorgegangen. Die WZO hat sich aber bislang nicht als fähig erwiesen, sich gegenüber dem BPP zu behaupten und eine neue globale Einheit der Zoroastrier zu realisieren. Derzeit ist außerdem die Gründung eines World Council of Zoroastrian Federations (WCZF) im Gespräch.

IV. Zukunftsaussichten

Die überwältigende Mehrheit der Zoroastrier beurteilt die Zukunftsaussichten ihrer jahrtausendealten Religion skeptisch. Wenn man sich die rapide sinkenden Zahlen gerade der indischen Zoroastriergemeinschaft vor Augen hält, ergibt sich tatsächlich ein recht düsteres Bild. Viele Parsis sind der Ansicht, daß die goldene Zeit der Religionsgemeinschaft der Vergangenheit angehört. Litaneiartig werden die Verdienste der großen Parsis des 19. und des frühen 20. Jahrhunderts aufgezählt und dem vermeintlichen Mittelmaß der Gegenwart gegenübergestellt. Oft wird die „Führung" der Gemeinschaft – wer immer das sei – für die Probleme der Gemeinschaft verantwortlich gemacht. Rufe nach neuen, starken und zentralen Institutionen werden laut. Eine Schlichtung der Kontroversen um die Legitimität von Mischehen und Konversionen ist ebensowenig in Sicht wie die Einführung eines einheitlichen Kalenders. Religiöse „Fundamentalismen" erweisen sich in jüngster Vergangenheit in Indien nicht weniger bedrohlich als in Iran, während die „säkularen" Kulturen in den „Diaspora"-Ländern auf ihre Weise religiöse Selbstverständlichkeiten aushöhlen.

Tatsächlich hat sich der Zoroastrismus seit dem 18. Jahrhundert mehrfach und in vielfacher Hinsicht fundamental gewandelt. Diese Wandlungsprozesse, die zu unübersehbaren Spannungen im Gefüge der religiösen Identität und Struktur der Religionsgemeinschaft geführt haben, sind noch lange nicht abgeschlossen. Der hohe Anspruch, den die Gemeinschaft an sich selbst richtet, der Stolz auf ihr kulturelles „Erbe", das Gespür für Innovationen und die Kreativität vieler Mitglieder der Religionsgemeinschaft sollten eigentlich keine Zweifel an der Überlebensfähigkeit dieser an sich so lebensbejahenden Religion lassen. Die Zoroastrier haben in Indien und Iran mehrfach bewiesen, daß sie durchaus in der Lage sind, durch kulturelle Assimilation von neuen Lebensumständen zu profitieren, ohne ihre Identität preiszugeben.

Neben Iran, Indien und Pakistan, also den sogenannten „alten Ländern", etablieren sich langsam, aber unverkennbar England und vor allem Nordamerika als neue Zentren des Zoroastrismus. Es wird daher nicht zuletzt darauf ankommen, daß es den Zoroastriern gelingt, in der „Diaspora" eine trag-, d. h. konsensfähige, sozioreligiöse Infrastruktur aufzubauen, die Iranis und Parsis gleichermaßen integriert.

Heinz Mürmel

BUDDHISMUS

I. Der Buddha

1. Allgemeines

Der Fürstensohn Siddhartha aus der Gautama-Familie wurde zum Stifter einer Weltreligion, die seit ihrem historischen Beginn vor nunmehr über 2500 Jahren die Kulturen und Gesellschaften großer Teile Asiens maßgeblich beeinflußte oder bestimmte und seit dem Beginn des 20. Jahrhunderts auch in Europa erste kleinere Gemeinden hervorbrachte. Diese Weltreligion, der Buddhismus, führt ihren Namen auf einen Hoheitstitel zurück, der ihren Stifter maßgeblich kennzeichnet: Buddha. Im allgemeinen wird dieser Titel als „der Erleuchtete", „der Erwachte" übersetzt. Es hat sich eingebürgert, daß mit jenem Titel die historische Person des Siddhartha Gautama, auch Sakyamuni, d. h. der „Weise aus dem Geschlecht der Sakyas", in Verbindung gebracht wird.

Dessen historische Ansetzung differiert je nach buddhistischen Traditionen bzw. der wissenschaftlichen Beurteilung der Quellen. Eine weit verbreitete Überzeugung setzt die Geburt des Siddhartha im Jahr 566 v. Chr. an. Als sein Todesjahr gilt dann das Jahr 486. Man wird jedoch davon ausgehen müssen, daß die exakten Daten nicht unumstritten festzulegen sind. In der Beurteilung der Zuverlässigkeit der biographischen Angaben in den buddhistischen Quellen unterscheiden sich buddhistische Traditionen einerseits sowie verschiedenste wissenschaftliche Positionen andererseits erheblich. Um auf letztere zurückzukommen: Von der Überzeugung, daß die überlieferten Quellen eigentlich, von den Ideen abgesehen, nichts von der Person des Buddha zuverlässig berichten, bis zu einer kommentarlosen Wiedergabe der zahlreichen Legenden finden sich breit gefächert verschiedenste Darstellungen. Die Problematik wird sich abschließend kaum klären lassen. Dies kann vernachlässigt werden, wenn man die Quellen, auch in deren „biographischen" Teilen, nicht in erster Linie als historische Berichte, sondern als „Illustrierung" buddhistischer Botschaften versteht. In diesem Sinne wird auf die mit dem Leben des Buddha verbundenen Berichte einzugehen sein.

Zunächst sei jedoch die Gattung Buddha kurz vorgestellt. Je nach buddhistischer Tradition werden damit entweder verschiedene „Personen" oder auch verschiedene „Arten" bezeichnet. Mit diesem Titel wird eine

Person oder Personengruppe bedacht, die sich dadurch auszeichnet, daß sie „erwacht" oder „erleuchtet" ist. In frühen Quellenschichten findet man zwei Arten von Buddhas: Pratyekabuddas und Sammasambuddhas. Als Pratyekabuddhas gelten nach dieser Überlieferung jene, die vollkommene Erleuchtung erlangt haben, aber darauf verzichten, ihre Einsichten „der Welt" mitzuteilen. Sammasambuddhas hingegen zeichnen sich dadurch aus, daß sie ihr erlangtes Wissen weitergeben. Zur letzten Kategorie gehört Gautama. Weitere Buddhakategorien, die jedoch vernachlässigt werden können, finden sich in frühen Quellen. Der Abschluß der Entwicklung von Buddhatypen ist in späten Mahayanatexten aufzufinden, wie etwa im Konzept des Adibuddha, der als „Urbuddha" gilt. Die ebenfalls mahayanistischen Dhyanibuddhas sind transzendentale Buddhas, die für bestimmte Repräsentationen stehen.

In der buddhistischen Tradition werden für die Buddhakategorie, in deren Reihe Gautama steht, Namenslisten verschiedener Buddhas überliefert, die jeweils zu einer bestimmten, legendarischen Periode gelehrt haben.

2. *„Das Leben des Buddha"*

Wie bereits erwähnt, läßt sich der historische Kern der Berichte vom Leben des Siddhartha, die ihrerseits als exemplarische Darlegungen aller Buddhaviten gelten, nur schwer bestimmen. Nach E. Lamotté könnte eine „Biographie" des Gautama Buddha etwa in der folgenden Weise nachgezeichnet werden:

Siddhartha wurde um 566 v. Chr. in der Nähe von Kapilavastu, im heutigen Nepal, in der Familie eines Landadeligen geboren. Nach einer sorgenfreien Jugend heiratete er mit 16 Jahren Yasodhara, die ihm seinen Sohn Rahula gebar. Im Alter von 29 Jahren verließ er den Palast und seine Familie, um eine Lösung für jene Fragen zu finden, die ihm als existenziell bedeutsam aufgegangen waren: die Probleme von Alter, Krankheit und Tod. Zunächst suchte er deren Lösung auf „traditionelle" Weise, indem er das Leben eines Bettelmönches führte. Meditationstechniken bzw. Yogaübungen und Askese führten jedoch zu keiner befriedigenden Antwort. Den entscheidenden Durchbruch erlebte er erst bei seiner Erleuchtung (bodhi) unter einem Feigenbaum. Dieser Akt, der ihn zum Buddha machte, habe sich in Bodh-Gaya abgespielt.

Drei Grunderkenntnisse hätten die entscheidende Rolle gespielt: a) die Erinnerung an frühere Existenzen, b) das Wissen um Geburt, Alter, Tod und Leid, c) die Gewißheit, die Ursache der leidhaften Existenz überwunden zu haben. Das in jener Nacht der Erleuchtung erkannte Grundgesetz aller Existenz (dharma) habe er fortan verkündet. Im Gazellenpark von Sarnath bei Benares habe er seine erste Predigt gehalten bzw. das Rad der Lehre in Bewegung versetzt. Im Mittelpunkt jener Predigt standen die sogenannten „Vier edlen Wahrheiten" (vgl. SN LVI,11). Damit habe seine

Lehrtätigkeit begonnen, die traditionell auf 45 Jahre angesetzt wird. Neben der Verkündung des dharma steht die Schaffung eines Mönchsordens (samgha), der für die Weitergabe der Lehrtradition von unverzichtbarer Bedeutung werden wird, im Mittelpunkt der Bemühungen des nunmehrigen Buddha. Zu diesen Zwecken bereiste Gautama das Gebiet des mittleren Ganges unermüdlich. Das Ende seiner Tätigkeit ereilt den Buddha bei Kusinagara, wo er erkrankte und verschied.

II. Zur Lehre des Buddha: Vom Grundgesetz aller Existenz (dharma)

Skizziert werden soll in den folgenden Passagen ein Gerüst jener Vorstellungen, die wesentliche Bestandteile der Verkündigung des Gautama Buddha ausmachten. Damit ist ein Ausgangspunkt und Grundzug buddhistischer Lehrentwicklung insgesamt vorgestellt. Es darf jedoch nicht übersehen werden, daß im Verlaufe der Diversifizierung der buddhistischen Systeme erhebliche Modifikationen und Spezifizierungen einen prominenten Platz einnehmen sollten. Diese sind keinesfalls immer in der ursprünglichen Botschaft erkennbar, auch wenn die jeweiligen Schulen oder Systeme eine Treue diesem Ausgangspunkt gegenüber unterstellen. Gerade in diesem Zusammenhang gelten die Worte von Max Müller aus seinen Cambridge-Vorlesungen von 1882 noch immer, der gestand, daß er ein „gelindes nervöses Zittern empfinde", wenn er einen Satz lese, der anfinge: „Alle Buddhisten ..." Was dann folge, sei nämlich regelmäßig falsch. Wenn man dieser Warnung Müllers eingedenk bleibt, mag folgendes Geltung beanspruchen.

Der Charakter der buddistischen Botschaft unterscheidet sich grundlegend von der Art Heilsverkündigung, wie sie uns bei Religionen vom Typ des Christentums oder des Islam begegnet. Es handelt sich im Kern um eine Art „Weltgesetz", dessen Wirkung sich unabhängig vom Erkenntnisstand aller Wesen einstellt, gewissermaßen nach Art der Naturgesetze. Wie es nun die Kenntnis der Wirkungsweise von Naturgesetzen gestattet, jene zum Nutzen der davon Betroffenen einzusetzen oder zumindest schädliche Auswirkungen bestimmter Konstellationen zu minimieren, so kann man den dharma als eine „Strategie zur Schadensvermeidung oder -minimierung" ansehen. Der quasi naturgesetzliche Charakter des dharma impliziert, daß er dem Wesen nach unwandelbar ist, d. h., daß alle Buddhas wesentlich dasselbe verkünden.

Einige zentrale Punkte seien kurz genannt und vorgestellt. Der Übersichtlichkeit der Darstellung halber sei auf Entwicklungen und Differenzierungen nicht eingegangen. Es sind die Positionen hinsichtlich des „Kreislaufes der Wiedergeburten" (Samsara), des Karma, der „Daseinsgruppen" (Skandha), des „Abhängigen Entstehens" (Pratityasamutpada), der

„Drei Daseinsmerkmale“ sowie des Heilszieles, des Nirvana, das nach der Erkenntnis der „Leidhaftigkeit allen Daseins“ alleiniger sinnvoller Ausweg bleibt.

1. Die Lehre

a) Der „Kreislauf der Wiedergeburten“ (Samsara)

Diese Idee knüpft an vorbuddhistische indische Vorstellungen an und kann für zwei Ebenen in Anspruch genommen werden. Zunächst beinhaltet dieser Vorstellungskomplex die Überzeugung, daß alle Wesen gemäß des von ihnen produzierten und angehäuften „Wirkungsquantums“ bzw. der „Tatenfolgen“ (karma) nach ihrem „Tod“ eine Wiedergeburt erlangen, die dem Charakter jener Taten adäquat ist. Vereinfacht ausgedrückt: Gutes Karma wird mit einer guten Wiedergeburt belohnt, schlechtes Karma hingegen mit einer schlechten. Wiedergeburten stellen sich in einer endlosen Kette so lange ein, wie Karma „produziert“ wird. Da die „Karmaprodukte“ nicht ihren „energetischen Wert“ verlieren können, sondern sich nur je verschieden „manifestieren“, verlieren sich Beginn und Ende dieser Abfolge im Unendlichen. Aus der Grunderkenntnis der prinzipiellen Leidhaftigkeit allen Daseins ergibt sich daraus die Unentrinnbarkeit aus der Leiderfahrung, mithin eine extrem belastende Prognose.

Auf einer zweiten Ebene kann der Samsara als „die ununterbrochene Kette der von Augenblick zu Augenblick beständig wechselnden, durch unabsehbare Zeiten hindurch sich aneinanderreihenden geistigen und körperlichen Daseinserscheinungen“ aufgefaßt werden.

b) Karma

Das Wort kann mit Wirken, Taten übersetzt werden, beinhaltet jedoch einen sehr ausdifferenzierten Komplex subtiler Vorstellungen. Grundlegend sind folgende Komponenten: Die Qualität des im Karmaprozeß angesammelten „energetischen Potentials“ bestimmt die Art der Wiedergeburt des „Karmasammlers“. D. h., ein durch die Tradition positiv bewertetes Karmaquantum führt zu einer besseren Wiedergeburt als negative Wirkungsmengen. Diese karmisch wirksam werdenden Energien können auf dreifache Weise ausgelöst werden: durch Gedanken, durch Worte oder durch Handlungen/Taten. Die Wirkung jenes dreifachen Auslösemechanismus stellt sich automatisch ein und bedarf keiner dritten handelnden Instanz (etwa in Form einer belohnenden oder bestrafenden Gottheit). Der Wirkungseintritt des produzierten Karma wird jedoch nicht nur als „im nächsten Leben“ oder in „späteren Leben reifend“ begriffen, sondern kann bereits als zu „diesen Lebzeiten reifend“ vorgestellt werden. Spätere dogmatische Entwicklungen beschäftigten sich mit weiteren Problemen wie z. B. der Reihenfolge des Wirkungseintrittes des Karma. – Es sei darauf hingewiesen, daß der Karmakonzeption im Zusammenhang mit den Vorstellungskreisen vom „Abhängigen Entstehen" bzw. der „Unpersönlichkeit des Daseins" nur eine relative Bedeutung zukommt.

c) Daseinsgruppen (Skandha)

Als solche werden jene Elementargruppen bezeichnet, die auf den ersten Blick eine Person oder ein Wesen zu konstituieren scheinen. Die Existenz der Personen löst sich, so die buddhistische Vorstellung, bei genauerer Untersuchung zunächst in fünf Daseinsgruppen auf, die nur oberflächlicher Beobachtung als eine eigenständige Größe, nämlich z. B. als ein bestimmter Mensch, erscheinen. Eine quasi mikroskopische Untersuchung des Objektes „Person" fördere die fünf Stränge zutage, die jenes konstituieren. Die fünf in Frage kommenden Grundstrukturen werden wie folgt charakterisiert: die Körperlichkeitsgruppe, die Empfindungsgruppe, die Wahrnehmungsgruppe, die Gruppe der (unbewußten) Einprägungen und die Erkennensgruppe. Alles, was uns als eine gegebene Person erscheint, sind in Wirklichkeit (es handelt sich dabei allerdings um eine vorläufige Wirklichkeit) Konfigurationen jener fünf Daseinsgruppen, deren Impulsqualität von der erworbenen Karmaqualität direkt abhängt. Beschriebe man jene Daseinsgruppen als Kurvenverläufe um eine gedachte Achse, deren Amplituden vom Karmaimpuls, je nachdem positiv oder negativ, abhängen, so erscheint bei unscharfer Betrachtungsweise der ständig oszillierenden Einheit der Eindruck eines Ganzen. Ein solcher karmagespeister Oszillationsprozeß der fünf Daseinsgruppen um eine gedachte Achse setzt sich fort, solange karmische Impulse „Wirkungselemente" freisetzen. D. h. mit anderen Worten: Was uns als Geburt, Leben oder Tod einer Person erscheint, sind eigentlich nur spezifische Skhandha-Konfigurationen.

Auch diese Konzeption der Auflösung der Person in Daseinsgruppen erfüllt im buddhistischen Denken eine besondere Funktion, nämlich die der Überwindung des Glaubens an eine etwa anzunehmende Größe Persönlichkeit. Dieser Vorstellungskreis darf aber ebenso wenig wie die Karmakonzeption losgelöst von den Komplexen „Abhängiges Entstehen" bzw. „Unpersönlichkeit des Daseins" gesehen werden, durch die seine Bedeutung ebenfalls relativiert wird.

Jedenfalls erlaubt diese Stufe der Einsicht eine fundamentale Erkenntnis, die für die „Heilserlangung" unverzichtbar ist: Beim Glauben an die „Existenz eines Ich" handelt es sich um eine reine Illusion. Im Samyutta-Nikaya findet sich der soeben dargestellte Sachverhalt plastisch dargestellt (V. 10):

> „Gleichwie bei Anhäufung der Teile
> Man da von einem Wagen spricht,
> Braucht man, sobald die Gruppen da sind,
> Den populären Namen 'Mensch'."[1]

d) Das „Abhängige Entstehen" (Pratityasamutpada)

Diese Idee gilt als für das Verständnis der spezifisch buddhistischen ontologischen, anthropologischen und soteriologischen Aussagen unverzichtbar. Die Kernaussagen weisen den bisher kurz vorgestellten Konzeptionen von Samsara, Karma und Skandhas einen relativen Platz im System zu. Obgleich dieser Lehrkomplex eine komplizierte historische Entwicklung aufweist, sei hier nur eine für das weitere Verständnis wichtige Grobcharakterisierung vorgenommen.

Eine Grundüberlegung dieses Konzeptes vom „Abhängigen Entstehen" ergibt sich aus der Überzeugung, daß allen scheinbar als eigenständige Größen existierenden Phänomenen, seien sie materieller oder geistiger Natur, keinerlei „Eigenexistenz" zukomme, sondern daß innerhalb der kausalen Kette des „Abhängigen Entstehens" fortwährend die Bedingungen benannt werden, von denen die nachfolgenden Existenzweisen abhängen. D. h., alle Existenz ist an bestimmte (Vor-)Bedingungen gebunden, deren Aufhebung die davon abhängigen Existenzformen „verunmöglicht". Diese Kette der Abhängigkeit aller Phänomene dient vor allem, zusammen mit der Lehre von der Unpersönlichkeit (oder: Substanzlosigkeit) allen Daseins, als theoretische Unterfütterung dafür, daß in der buddhistischen Tradition die „Existenz" von Entitäten als „Wahnvorstellung" angesehen wird. In ihrer aktuellen Ausgestaltung handelt es sich dabei um einen regressus ad infinitum, der ein jeweiliges Phänomen auf die notwendigen Bedingungen für seine Existenz zurückverweist.

Diese Kette der Abhängigkeit denkt man sich aus zwölf Einzelgliedern bestehend, wobei das vorangehende Glied jeweils die Existenzvoraussetzung für das nachfolgende ist. Diese Einzelglieder sind (Übersetzung nach Schneider, in Klammer diejenige Nyanatilokas): *Nichtwissen* (Unwissenheit), dieses bedingt *Einprägungen* (Karmaformationen), diese bedingen *Erkennen* oder *Bewußtsein,* dieses bedingt *Persönlichkeit* oder *Person* (körperlich wie geistig), dieses bedingt den *Bereich der sechs Sinne* (die sechs Grundlagen der geistigen Vorgänge), dieser bedingt *Berührung* (Bewußtseinseindruck), diese bedingt *Gefühl oder Empfindung* (Gefühl), dieses bedingt *„Durst"* (Begehren), dieser bedingt *„Ergreifen"* (Anhaften), dieses bedingt *Werden* (Werdeprozeß), dieses bedingt *Geburt* (Wiedergeburt), diese bedingt *Alter und Tod* (Altern und Sterben).

Für die buddhistische Soteriologie wird mithin wichtig, daß Alter und Tod, die als Metapher für den Leidprozeß allen Seins stehen, nicht dadurch aufgehoben werden können, daß diese Kette an beliebiger Stelle unterbrochen werden könnte, sondern daß es gilt, „bis zur Wurzel vorzudringen und diese auszumerzen", da bei Nichtbeseitigung einer Bedingung sich stets aufs neue gesetzmäßig Folgen ergeben. Letztlich kommt es also darauf an, durch die Einsicht in das wahre Wesen der Bedingtheit allen Seins das Nichtwissen zu beseitigen, den Wahn zu überwinden, der seinerseits schlußendlich immer in Tod und Leid mündet.

e) Die „Drei Daseinsmerkmale"

Sie haften unablöslich an dem Sein, das sich im Kreislauf der Wiedergeburten befindet und bestimmen dessen Wesen. Es sind dies: Vergänglichkeit, Leiden und Unpersönlichkeit. Die Einsicht in die Vergänglichkeit allen Daseins vermittelt einerseits, gewissermaßen auf der existenziellen Ebene, das Bewußtsein, daß ein Zustand dauerhafter Glückseligkeit unmöglich zu erlangen sei, da das Beständige allen Seins dessen sofortiges Vergehen ist. Damit wird andererseits bereits die ontologische Dimension mit angesprochen: nicht nur vergehen erstrebenswerte Daseinszustände unweigerlich, sondern jedes „Existieren" ist zugleich mit seinem Entstehen dem Vergehen verbunden. Die Leidhaftigkeit allen Daseins erfährt durch dessen Einbindung in einen endlosen Kreislauf von Wiedergeburten einen dramatischen Akzent. Dabei werden drei Arten von Leidhaftigkeit unterschieden. Sie kann entweder als körperliches oder geistiges Leiden erfahren werden; oder als ein Leid bestimmt sein, das mit dem immerwährenden Entstehen und Vergehen aller Daseinsgebilde gegeben ist; bzw. spezieller, durch die Tatsache, „daß alle angenehmen und glücklichen Gefühle infolge ihrer Vergänglichkeit den Keim des Leidens in sich tragen".

Ein wesentlicher Punkt buddhistischer Erkenntnis, der für die Soteriologie von entscheidender Bedeutung ist, besteht in der Einsicht, daß alle Gegebenheiten ohne irgendeinen Identitätskern sind, was mithin auch für den Hörer der Botschaft gilt. Dessen Annahme, daß es etwas gäbe, was mit „Ich", „Selbst" oder „Persönlichkeit" zu bezeichnen wäre, gilt als grundsätzliche Wahnvorstellung, die gewissermaßen alle weiteren mit sich führt. Die Einsicht in die wahre Natur aller Gegebenheiten, nämlich deren letztliche Leerhaftigkeit, ermöglicht erst jenes „Ufer zu erreichen", an dem der Wahn erloschen ist. Auf die Existenz der Wesen bezogen, hat diesen Tatbestand der große Kommentator des 5. Jahrhunderts, Buddhaghosa, wie folgt beschrieben:

> Bloß Leiden gibt es, doch kein Leidender ist da.
> Bloß Taten gibt es, doch kein Täter findet sich.
> Erlösung gibt es, doch nicht den erlösten Mann.
> Den Pfad gibt es, doch keinen Wandrer sieht man da."[2]

f) Nirvana

Weil alles Dasein unauflöslich von Leidhaftigkeit gekennzeichnet ist, erlischt diese Leidverbundenheit erst unter der Bedingung, daß der Kreislauf der Wiedergeburten zu einem Ende gelangt. Dieses Verlöschen, das Nirvana, zu erlangen, gelingt nur mittels Einsicht in das Wesen des Seins bzw. der damit verbundenen „Lebenshaltung". Dieser durch eine positive Beschreibung nicht zu bestimmende „Zustand" macht das buddhistische Heilsziel aus, welches sich durch diesen Charakter grundsätzlich von den Erlösungszielen anderer Religionen unterscheidet.

Der Weg, der zu diesem Ziel führt, konnte von den verschiedenen buddhistischen Schulen, aufgrund spezifisch sich entwickelnder Prämissen, recht unterschiedlich ausgestaltet werden. Im frühen Buddhismus wurde, in Konsequenz der Voraussetzungen, unter denen er angetreten war, als eine conditio sine qua non festgehalten, daß allein der Verzicht auf das Sammeln von Karma, von positiver wie negativer „Wirkungsenergie", das Verlöschen bewirken könne.

Schon bald unterschieden die buddhistischen Quellen zwei Arten von Nirvana. Die erste Art war erreicht, wenn es zu einem „völligen Erlöschen aller Leidenschaften" gekommen ist und vom Träger dieser Leidenschaften, gewissermaßen als aufgespeicherte Restenergie, allein die Skandhas noch bestehenbleiben. Ist auch deren „Energieladung" aufgebraucht, ist das endgültige Verlöschen auch dieser Daseinsgruppen erreicht. Dann bleibt kein Rest zurück, die vollständige Befreiung ist erlangt.

Die soeben kurz beschriebenen Elemente der buddhistischen Lehre lassen erkennen, daß es zwischen den Aussagen Spannungen gibt. Offensichtlich muß z. B. erklärt werden, wie die Aussage von einer „Existenz" der Daseinsgruppen mit dem Grundsatz von der wahnhaften Existenz allen Daseins zu vereinbaren sei. Ähnliche Probleme haben bereits in früher Zeit buddhistische „Scholastiker" oder auch Kommentatoren beschäftigt. Deren Debatten und Kontroversen können hier nicht nachgezeichnet werden; sie sind jedoch zum Teil intensiv ausgetragen worden und mündeten mitunter in die Errichtung neuer Lehrtraditionen und Schulen. Die erreichten Ergebnisse konnten erheblich voneinander differieren.

Bestimmte Spannungen im Konzept wurden indes auch anders gelöst. Da die endgültige Einsicht in die Unpersönlichkeit allen Seins – die kaum auf einen Schlag erreicht wird – einem jeden erhebliche Anstrengungen abverlangt, zerlegte man den Erkenntnisprozeß in einzelne Teilschritte mit „aufsteigender Wahrheitsrelevanz", die ihrerseits dem jeweiligen Begriffsvermögen der unterschiedlichen Hörerschaften adäquat waren.

Es sollte aber nicht vergessen werden: Im buddhistischen Kanon sind zahlreiche Belege zu finden, daß es dem Stifter keineswegs primär um eine theoretische Lösung der Daseinsprobleme ging, an der die späteren Dogmatiker so lebhaft interessiert waren. An das „Ufer der Erlösung" gelangt man auch, ohne z. B. zu wissen, ob die Welt ewig und unendlich ist (vgl. MN 63). Die allen zuteil werdende existenzielle Erfahrung von Leid, sei es in der Form von Alter, Krankheit und Tod, sei es auf andere Weise, veranlaßt den Buddha, seine Zuhörer aufzufordern, die „Grundlagen des heiligen Wandels" zu ergreifen und „den zur Vernichtung des Leidens führenden Pfad" zu betreten.

2. Der Weg zur Verwirklichung

Seit frühester Zeit wird in der buddhistischen Tradition dieser zum Erlösungsziel führende Weg als „Mittlerer Pfad" bezeichnet. Mittlerer Pfad deswegen, weil nach Ansicht des Buddha Extreme nicht zum Ziel führen. Als Extreme gelten ihm dabei einerseits „die Hingabe an die Lust der Sinnesfreuden", andererseits „die Hingabe an die Selbstpeinigung". Er verkündet weiter: „ohne diesen beiden Extremen ... zu folgen, ist ein mittlerer Pfad vom Vollendeten entdeckt worden, der Sehen bewirkt, Wissen bewirkt, zur Beruhigung, zur Einsicht, zur Erleuchtung, zum Erlöschen hinführt" (SN LVI,11).

Dieser „Mittlere Pfad" wird inhaltlich durch den sogenannten „Edlen Achtgliedrigen Weg" näher gekennzeichnet. Diese acht Glieder kann man im einzelnen wie folgt bezeichnen (Termini nach Schneider): rechte Sicht, rechte Gesinnung, rechte Rede, rechtes Handeln, rechte Lebensführung, rechtes Bemühen, rechte Achtsamkeit, rechte Konzentration. Gewöhnlich werden diese Glieder auf drei Komplexe aufgeteilt: *Sittlichkeit* (sila, mit den Gliedern rechte Rede, rechtes Handeln, rechter Lebenserwerb); *Sammlung* (samadhi, mit den Gliedern rechtes Bemühen, rechte Achtsamkeit, rechte Konzentration); *Wissen* (prajna, mit den Gliedern rechte Sicht und rechte Gesinnung).

Gemäß der Abfolge dieser drei Komplexe ist auch einer der wichtigsten Kommentare, der im 5. Jahrhundert abgefaßte Visuddhimagga (Der Weg zur Reinheit), aufgebaut worden. Diese „systematische Darstellung des Buddhismus" genießt in den Ländern des Theravadabuddhismus bis heute einen geradezu kanonischen Rang. Die Reihenfolge der drei Grundelemente entspricht sowohl praktischen Bedürfnissen als auch der Überlegung, daß erst mit dem Erreichen des vollen Wissens ein Abschied aus dem Kreislauf der Wiedergeburten erreicht werden kann. Unabdingbare Voraussetzung für den „Wandel auf dem Pfad" ist die stete Ausübung von Sittlichkeit, ganz gleich, welche weiteren Fähigkeiten erworben werden konnten. Erst wenn die Sittlichkeit gefestigt ist, soll, jedenfalls theoretisch, zum Erwerb der Fähigkeiten des Komplexes Sammlung übergegangen werden, der seinerseits Voraussetzung für den Erwerb von Wissen ist.

III. Organisation

1. Die Mönchsgemeinde (Samgha)

Wie auch auf anderen Feldern ergab sich im Laufe der langen Entwicklung des Buddhismus eine unterschiedliche Entwicklung hinsichtlich der Bedeutung der Mönchsgemeinde für den Erhalt der jeweiligen buddhistischen Tradition. Ohne jeden Zweifel war der Samgha für die Weitergabe der Lehre nach dem Tod des Buddha unerläßlich. Bereits zu seinen Lebzeiten hatte Gautama Anhänger, und später auch Anhängerinnen, um sich gesammelt und diesen mittels Vorschriften eine Organisationsstruktur vorgegeben, die weiter ausgebaut wurde.

Die Bedeutung der Mönchsgemeinde kann leicht an der sogenannten „Zufluchtsformel" abgelesen werden, mit der man sich als Buddhist ausweist. Diese dreimal gesprochene Formel lautet wie folgt:

> Zum Buddha nehme ich meine Zuflucht,
> Zur Lehre nehme ich meine Zuflucht,
> Zur Mönchsgemeinde nehme ich meine Zuflucht.

Nachdem der historische Buddha verloschen war, wurden die Mönche zum Träger, Vermittler und Bewahrer der Lehre, zu einem der „drei Juwelen" des Buddhismus. Dieser Gemeinde von Ordinierten stehen als zweite große Gruppierung die Laienanhänger gegenüber, auf deren Aufgabe später einzugehen sein wird.

Die Ordinierten ihrerseits zerfielen in die Gruppe der Mönche, die die sog. „höhere" Ordination (upasampada) erhalten hatten, die Bhiksus (Pali: Bhikkhus), sowie in die Gruppe der Novizen (sramanera; Pali: Samanera), die sich der pravrajya-Zeremonie (Pali: Pabbajja) unterzogen hatten.

Bestimmten Bevölkerungsgruppen (z. B. Unfreien, Kriminellen, bestimmten Kranken) war der Zutritt von vornherein versperrt. Nach einer gewissen Zeit als Novize konnte man bei dem Vorhandensein bestimmter Bedingungen (ein Alter von 20 Jahren, die Anwesenheit von mindestens 10 Mönchen mit gültiger Ordination; „außerhalb Indiens" später auf 5 reduziert) die Upasampada-Ordination vornehmen lassen und somit zum „Vollmönch" werden.

Der Eintritt in den Samgha bedeutete die Befolgung minutiös festgelegter Regeln, deren Einhaltung regelmäßig an den Uposatha-Tagen abgefragt wurde. Diese Regeln waren in verschiedene (8) Kategorien unterteilt, denen bei Übertretung abgestufte Sühnemaßnahmen entsprachen. Die erste Kategorie jenes Kataloges umfaßt vier Vergehen, „die jegliches Erlösungsstreben vereiteln" und zum zwangsläufigen Verlust des Mönchsstatus führen. Bei diesen vier schweren Vergehen handelt es sich um den Vollzug von Geschlechtsverkehr, das Nehmen von Nichtgegebenem, Töten bzw. zum Töten (auch Selbsttöten) veranlassen, sowie das Vorgeben, übermenschliche Fähigkeiten zu besitzen.

Der Mönch soll nur im Besitz von acht Bedarfsgegenständen sein. Es sind dies drei Roben (Ober- und Untergewand sowie ein Umhang), die Almosenschale, ein Gürtel, ein Rasiermesser zum Scheren der Haare, weiterhin Nadel, Sieb, Stab und Zahnstocher samt Behältnis. Als Nahrung dient ihm das auf dem Almosengang Erworbene (hier sind inzwischen bemerkenswerte Modifikationen eingetreten). Fleisch zu essen war den Mönchen erlaubt unter der Bedingung, daß das betreffende Tier nicht extra für sie geschlachtet worden sein durfte. Alle Nahrung ist bis Mittag einzunehmen, danach darf nur dasjenige zu sich genommen werden, was nicht als Nahrung klassifiziert worden ist. Während der Regenzeit soll sich der Mönch nicht auf Reisen begeben, um deren Ende, das zusammen mit den Laien gefeiert wurde, in einer festen Unterkunft abzuwarten. Viele weitere Bestimmungen, die praktisch das gesamte Leben betreffen, regeln den Tagesablauf der Ordinierten.

Eine hierarchische Struktur hat es im Samgha eine lange Zeit nicht gegeben. Gewisse Ordnungsprinzipien waren jedoch erforderlich. Neben dem unterschiedlichen Status als Novize oder als Mönch seien folgende Punkte angeführt: Jeder aufzunehmende Mönch erhielt einen Acarya bzw. einen Upadhyaya, der ihm gegenüber verschiedene „Lehrerfunktionen" wahrzunehmen hatte und denen gegenüber er seinerseits zu Leistungen verpflichtet war. Das Ordinationsalter bestimmte eine gewisse Rangfolge.

2. *Die Laienanhänger*

Die Stellung der Laienanhänger modifizeirte sich aufgrund von „inneren" Lehrentwicklungen wie durch den Einfluß der verschiedenen kulturellen Umfelder, auf die der Buddhismus besonders in jenen Länder traf, die später von der Mahayanavariante bestimmt sein sollten, erheblich. Dies konnte so weit gehen, daß Laien die entscheidende Rolle übernahmen. Im frühen Buddhismus war die ihnen zukommende Funktion im System des Buddhismus zwar unaufgebbar, für die inhaltliche Ausgestaltung der Lehre und deren Übermittlung kamen sie jedoch nicht in Frage. Dies blieb den Ordinierten vorbehalten. Die primäre Aufgabe der buddhistischen Laien bestand darin, die materielle und personelle Existenz des Samgha zu sichern. Dies geschah durch das Bereitstellen von Nahrung, Kleidung, Arznei, Wohnstätten u. ä. Des weiteren kamen aus dem Laienumfeld die zukünftigen Mönche und Nonnen, bzw. die Novizen, da Heirat sowie Kinderzeugung strengstens untersagt waren (dieser Grundsatz wurde später in bestimmten Schulen außer Wirkung gesetzt). Die dem Laien zugewiesenen buddhistischen Haupttugenden: Schenkungen (dana) an den Samgha vorzunehmen, sowie das Beachten bestimmter sittlicher Normen führte, gemäß dem Denksystem, im günstigsten Falle zu stetigem Ansammeln guten Karmas, was zwangsläufig ein Verlöschen aus dem Laienstand hinaus unmöglich machte. Dieser Konsequenz war man sich sehr bald bewußt.

Was die sittlichen Verpflichtungen der Laien angeht, so sind diese in komprimierter Form in fünf Grundregeln zusammengefaßt (die zugleich auch für die Ordinierten gelten). Es sind dies: Abstehen vom Töten irgendwelcher Lebewesen, vom Stehlen, von ungesetzlichem Geschlechtsverkehr, von Lügen und vom Genuß irgendwelcher Rauschmittel. Neben diesem Grundkatalog, der naturgemäß interpretationsfähig war, finden wir weitere Anleitungen zur Lebensführung. Stellvertretend für all jene Texte sei das

Sigalovadasutta (DN 29) erwähnt, das bis heute im Theravada einen überaus prominenten Rang einnimmt. Neben den Pflichten gegenüber Eltern, Kindern, Lehrern, Schülern, der Ehefrau, dem Mann, Freunden, Bediensteten, Mönchen usw. finden sich Aussagen hinsichtlich des Erhalts von Wohlstand, der Gefahren von Glücksspielen, schlechter Gesellschaft u. v. a. m.

IV. Zur Geschichte der buddhistischen Richtungen

1. *Der Theravada-Buddhismus*

a) Allgemeines

In der Geschichte des Theravada-Buddhismus, der für sich in Anspruch nimmt, die Lehre Gotama Buddhas besonders treu und unverändert zu übermitteln, kann die Mission Mahindas als ein wichtiges Datum angesehen werden. Sie brachte um die Mitte des 3. Jahrhunderts v. Chr. diese Lehrtradition nach Lanka, das für den Erhalt der Theravada-Richtung eine zentrale Rolle spielen sollte. Aus diesem Grunde soll weiter unten auf Sri Lanka besonders eingegangen werden.

Das gegenwärtige Verbreitungsgebiet des Theravada-Buddhismus umfaßt neben Sri Lanka vor allem Burma (Myanmar), Thailand, Laos und Kambodscha. Als einzige von allen Hinayanaschulen ist diese Richtung hier erhalten geblieben. Der Kanon des Theravada ist der im Pali abgefaßte Tipitaka. Aus der umfangreichen weiteren Literatur ragt vor allem Buddhaghosas Visuddhimagga, auf Lanka im 5. Jahrhundert geschrieben, heraus. Die Rolle der Mönche ist für die Weitergabe der Lehre konstitutiv: ohne den Samgha kann diese Tradition nicht erhalten werden. Die rechtlich gültige Existenz des Samgha hängt ihrerseits von einer strikten Befolgung des Vinaya (der Mönchsvorschriften) ab. Zweifel an dessen strikter bzw. angemessener Einhaltung haben in der Geschichte dieser Region immer wieder zu Samghareinigungen, Einführung neuer (von außen importierter) Ordinationslinien bzw. zum Zusammenbruch von Ordenslinien geführt. Die übergroße Mehrheit der Mönche gehörte und gehört zum Typ der „Dorfmönche", die im sozialen Leben als Lehrer, Prediger, Dienstleister für diverse Zeremonien und, durch die Entgegennahme von Unterstützungen, als Quelle für von Laien zu erwerbende Verdienste grundlegende Bedeutung erhielten. Im religiösen Leben einflußreich bleiben Züge der lokalen bzw. Hindutradition. Letztere vermochte dank ihres hohen zivilisatorischen Standards dem regionalen Buddhismus auch religiöse Institutionen zu vermitteln.

Zu Ende des 19. bzw Anfang des 20. Jahrhunderts kam es zu Erneuerungsbewegungen, die als Modernismus bezeichnet werden. Dieser kann durch folgende Elemente beschrieben werden: Betonung der Vereinbarkeit von Buddhismus mit den Ergebnissen moderner Naturwissenschaften, Zurückdrängung ritueller Elemente, gedeutet als Wiederbelebung des „ursprünglichen" Buddhismus, Stärkung des Laienelements, Betonung der Ethik sowie sozialer Verpflichtungen (bis hin zur Aufnahme marxistischer Terminologie), Hochschätzung einer auch westlich beeinflußten Erziehung, bewußte Eindämmung christlicher und „westlicher" Einflüsse, Betonung des nationalen Gedankens. Es gilt jedoch festzuhalten, daß der sog. buddhistische Modernismus nur eine Strömung, allerdings eine wichtige, im Ensemble buddhistischer Revitalisierungsbemühungen darstellt.

b) *Zum Theravada-Buddhismus auf dem Festland*

Der Theravada-Buddhismus („Lehre der Ordensälteren") auf dem asiatischen Festland sei anhand der Entwicklung auf dem Gebiet des heutige Staates Myanmar (Burma) beispielhaft kurz vorgestellt.

Die Einführung des Buddhismus in den burmesischen Raum wird oft mit der Regierungszeit Asokas (274/72–236/30) in Verbindung gebracht. Bis zur Einführung des Theravada unter König Anawratha (1044–1077) haben die Hinayanarichtung der Mulasarvastivadin und vor allem Mahayanaausprägungen das Erscheinungsbild geprägt. Die mit Zwangsmaßnahmen verbundene Einführung des Theravada nach der Eroberung der Hauptstadt des Mon-Reiches Thaton (1057) drängte heterodoxe Gruppen zurück. Im Jahre 1181 kam es erstmals zur Etablierung einer singhalesischen Ordinationstradition; eine Erscheinung, die periodisch immer wieder Bedeutung erlangen sollte. Die lankesische Mahaviharatradition wurde damit erstmals zum Maßstab von Orthodoxie bzw. Orthopraxie. Der Fall des oberburmesischen Pagan (1287) vor Kubilai Khan brachte auch über den Buddhismus eine schwere Krise, die jedoch überwunden wurde. Ein weiteres erwähnenswertes Ereignis stellt König Dhammacetis (1472–1492) Samghareinigung dar. Korruption, Verfall der Disziplin und verstärkte weltliche Aktivitäten sollen die Reinheit des Samgha bedroht haben. Auch dieser König bediente sich zur Re-Etablierung des Theravada der singhalesischen Mahavihara-Ordinationslinie. Diese 1476 eingeführte Linie hat sich letztlich bis heute erhalten, obwohl es später über Abhidhamma- und Vinayafragen zu Auseinandersetzungen kam. Letztere erfuhren in der Regierungszeit König Bodawpayas (1782–1819), der ein umstrittener Monarch war, eine abschließende Regelung. Besonders seit dem 17. Jahrhundert galten burmesische Mönche als Abhidhamma-Experten („Scholastiker", die sich besonders der Diskussion des dritten Kanonteils, des Abhidhamma, widmeten). Diesen Ruf haben sie sich bis in die Gegenwart zu erhalten gewußt.

Immer wieder in seiner Geschichte wurde das burmesische Mönchtum maßgeblich von politischen Entscheidungen betroffen. Neben den bereits erwähnten Samghareinigungen muß in dieser Hinsicht auf das Massaker an den niederburmesischen Talaing-Mönchen durch König Alaungpya

(1752–1760) verwiesen werden. Die britische Eroberung Unter- und Oberburmas (1826–1852 bzw. 1885) beeinflußte, wie auf Ceylon (s. d.), die Struktur des Buddhismus. Für den regionalen Buddhismus wichtig wurden die singhalesischen Gesandtschaften, die nun ihrerseits Ordinationstraditionen in Burma erneuerten. Die Gesandtschaft von 1800–1802 etablierte auf Lanka die Amarapura-Tradition und die von 1860–1861 die Ramanna-Tradition. Von erheblicher Bedeutung war das Konzil von 1868–1871 im noch unbesetzten Oberburma, das den Textbestand des Tipitaka (Dreikorb; kanonische Texte des Theravada) sicherte. König Mindon (1853–1878) ließ den fstgestellten Textumfang auf 729 Marmorplatten eingravieren und in Mandalay aufbewahren. Ein weiteres Konzil, das 6. nach Theravada-Zählung, fand 1956 in Rangoon statt.

Das burmesische Mönchtum, das traditionell zunächst auch nach der britischen Machtübernahme unpolitisch blieb, nahm schließlich mit vielen Vertretern bzw. Mönchsvereinen aktiv an der burmesischen Unabhängigkeitsbewegung Anteil. Laienbuddhisten formierten sich wie auf Lanka in der Young Men's Buddhist Association (1906), die sich auch als politische Bewegung verstand. Ideologische Aktivisten Burmas sollten Ende der vierziger Jahre die Ideen eines buddhistischen Sozialismus entwickeln, der zeitweilig Staatsideologie wurde. Im Jahre 1961 wurde der Buddhismus in Burma zur Staatsreligion erklärt.

Der Samgha formiert sich seit der Zeit Mindons in zwei Hauptrichtungen, der Sudhamma-Abteilung sowie der etwas jüngeren und strikteren Shwegyin-Abteilung, bzw. der Dvara-Abteilung, d. h. den Reform-Nikayas. Charakteristisch für das burmesische Mönchtum, im Gegensatz zur singhalesischen Tradition, ist die Tatsache, daß der männliche Bevölkerungsteil gewöhnlich eine Zeit im Kloster lebt.

Für die Volksreligiosität von erheblicher Bedeutung ist die Verehrung der Nats. Diese Gestalten werden in allen möglichen Lebenslagen angerufen und verehrt. Sie werden teils als „Schutzgeister", teils als „Geister der Verstorbenen", teils als „übernatürliche Wesen" („Schlangen") klassifiziert; auch nationale Heldengestalten haben Eingang in die Zahl der Nats gefunden.

c) Zum Buddhismus auf Lanka

Die Geschichte des Buddhismus auf Lanka ist nicht allein die Geschichte seines Theravada-Zweiges. Andere Buddhismen vermochten zeitweilig (etwa bis zum 12. Jahrhundert) als rivalisierende Strömungen einen gewissen Einfluß zu erlangen. In der Tradition der singhalesisch-buddhistischen Überlieferung beginnt die Geschichte des Buddhismus bereits lange vor Mahindas Mission. Der Buddha selbst soll Lanka dreimal besucht haben. Diese „Besuche" wurden zum Ausgangspunkt eines wirkungsvollen Mythos, der periodisch Eingang in die politische Ideologie fand: Buddha selbst habe dem buddhistischen Lanka aufgetragen, für den Schutz und Erhalt des Buddhismus Sorge zu tragen. Weitere bedeutungsträchtige Höhepunkte in der Geschichte betonen die spezielle Rolle Lankas: seine Missionierung durch Asokas Sohn sowie die erstmalige chriftliche Fixierung des Tipitaka im Aluvihara nahe von Matale (kurz nach 103 v. Chr. ?). Daß Buddhaghosa im 5. Jahrhundert aus Indien nach Lanka kam, belegt, daß Lanka ein wichtiges Zentrum buddhistischer Studien geworden war. Die „Orthodoxie" der Theravadaüberlieferung wurde im Laufe der Zeit an den Maßstäben des Mahavihara-Klosters von Anuradhapura gemessen, das als vom Missionar Mahinda gegründet gilt. Dieses Zentrum der Orthodoxie im alten Lanka konnte sich gegen alle konkurrierenden Zentren und mißgünstigen Herrscher durchsetzen. Zugleich galt es, gemäß dem legendarischen Auftrag des Buddhas, den Buddhismus überhaupt zu bewahren. Dies besonders gegen einen expansiven Druck aus Südindien, der seit dem 7. Jahrhundert wieder zunahm. Für Lanka und den Buddhismus wurden die Invasionen der indischen Cola (seit Mitte des 10. Jhs.) sowie deren Herrschaft (nach 1017) besonders folgenreich: Anuradhapura mußte aufgegeben werden, die Ordenslinien der Mönche verfielen, die Nonnenlinie starb aus. Der singhalesisch-buddhistischen Geschichtsschreibung gelten die Colas als Prototyp des buddhismusfeindlichen Tamilen. Es verfestigten sich bereits vorhandene ideologische antitamilische Muster (die sogenannte Dutthagamani-Ideologie der Mahavamsa-Tradition) als ein Strang im Repertoire des singhalesischen Buddhismus.

König Vijaya Bahu I (1055 bzw. 1070–1110) stellte sich der Aufgabe der nationalen und religiösen Erneuerung. Eine neue Ordinationstradition wurde aus dem Ausland, bei dieser Gelegenheit aus Burma, importiert, da sich nicht einmal mehr fünf Mönche mit gültiger Ordination fanden. Der Import von gültigen Ordinationslinien sollte sich später im Theravada-Raum noch mehrfach wiederholen.

König Parakrama Bahu I (1153–1186) mußte den Samgha erneut reinigen: Mönche hatten Frauen und Kinder. Bei dieser Gelegenheit erkannte er die Ansprüche des Mahavihara als Hüter der rechtmäßigen Tradition an. Die verschiedenen Mönchslinien wurden unter dessen Leitung vereinigt, das Land erlebte sein augusteisches Zeitalter. Unter Parakrama Bahus Nachfolgern zog wieder Instabilität ein, die südindische Invasoren erneut anzog. Nach 1255 mußte auch die neue Hauptstadt Polonnaruva unter diesem Druck aufgegeben werden. Nichtbuddhistische tamilische Kolonisten zogen in den Norden des Landes. Das 13. Jahrhundert sah ein tamilisches Königreich um Jaffna. Die kulturellen und religiösen Einflüsse aus Südindien verstärkten sich.

Der politische Niedergang der singhalesischen Reiche, begleitet von dem des Buddhismus, wurde irreversibel. Eine letzte ruhmvolle Periode bildete die Regierung Parakrama Bahus VI (1412–1467) von Kotte, der Lanka nochmals zu einigen suchte. Er förderte die Ausbildung der Mönche, unterstützte Klöster großzügig und überführte die Zahnreliquie, die als Symbol der legitimen Macht ein wechselvolles Schicksal mit vielen Ortsveränderungen erlebt hatte, nach Kotte. Gleichzeitig ist er für Hindueinflüsse offengewesen, wie Tempelbauten für Visnu, Siva u. a. Gottheiten belegen. Man kann von einer Zeit der verstärkten Symbiose sprechen.

Christliche Einflüsse erreichten Lanka seit dem Beginn der portugiesischen Herrschaft. 1505 ergaben sich erste Kontakte mit Kotte. Eine später recht erfolgreiche katholische Mission der Küstengebiete nahm damit ihren Anfang. Der Buddhismus behielt im Reich von Kandy noch lange ein „Rückzugsgebiet". Die Vertreibung der Portugiesen durch die Holländer ab 1638 leitete die Missionierung durch holländische Protestanten ein. Die Missionserfolge der Reformierten Kirche überdauerten das Ende der holländischen Kolonialperiode (1796) nur kurze Zeit. Eine bedeutendere protestantische Einflußnahme sollte während der britischen Herrschaft (Beginn 1798 in den Küstenprovinzen, im Hochland von Kandy 1815) erfolgen. 1805 etablierte sich die anglikanische London Missionary Society, 1812 die Baptist Mission und 1814 die wichtig werdende Wesleyan Missionary Society.

Im bis 1815 unabhängigen Reich von Kandy blieb dem Buddhismus seine traditionelle Rolle. Dort wurden bereits im 18. Jahrhundert Reform- und Revitalisierungsbestrebungen spürbar. Välivita Saranamkara (1698–1778) suchte die Mönche zu stärkerem Schriftstudium und Vinayabeachtung zu bewegen. Mit Hilfe von siamesischen (Thai-)Mönchen wurde im Juli 1753 eine neue Ordinationslinie errichtet, die bis heute als Siyam Nikaya erhalten ist. 1765 legte der König fest, daß die upasampada-Zeremonie nur noch im Malvatta- bzw. Asgiriya-Kloster von Kandy vorzunehmen sei. Da zur Ordination jedoch nur Mitglieder der höchsten Kaste, Goyigamas, zugelassen wurden, ergab sich mit der Zeit die Notwendigkeit der Einführung einer weiteren Ordinationslinie: 1803 wurde mit burmesischer Hilfe die Amarapura-Linie installiert, die allen Kasten offenstehen sollte. Die Mönche dieser Linie spielten für das Wiedererstarken des Buddhismus auch in den Küstenprovinzen eine bedeutende Rolle.

Mit der Eroberung des Hochlandes durch die Briten mußten die Verhältnisse neu geordnet werden. Die im März 1815 unterzeichnete Konvention von Kandy betraf auch religiöse Angelegenheiten. Der Buddhismus wurde formal (bis 1853) dem Schutz der englischen Krone unterstellt. Die anglikanische und die methodistische Mission machte aber, vor allem unter den Mittelschichten von Colombo, beträchtliche Fortschritte. Reformorientierte Mönche griffen zu Gegenmaßnahmen, besonders auf dem Bildungssektor. Die Gründung von Ausbildungsstätten wurde in Angriff genommen (1841 in Ratmalana). Die Neuentwicklungen reserviert gegenüberstehenden Hochlandmönche erfuhren 1847 durch die Übergabe der Verwaltung der Zahnreliquie (vollständig erst 1853) eine moralische Stärkung. Dem Aufstand von 1848 folgte zudem eine Phase zurückhaltenderer Religionspolitik. 1865 wurde, wiederum aus Burma, die dritte heute existierende Ordinationslinie eingeführt und als Ramanna-Nikaya etabliert. Buddhistische Mönche begannen im Februar 1865 eine Serie von Kontroversen mit methodistischen Missionaren, aus denen die sogenannte Panadura-Debatte von 1873 hervorsticht. Wortführer auf buddhistischer Seite wurde der Mönch Mohottiwatte Gunanada (1823–1890). Jener Debatte in Panadura wurde im Laufe der Zeit eine Signalwirkung für die buddhistische Sache zuerkannt. Die Errichtung von buddhistischen Bildungsanstalten dürfte letztlich mehr bewirkt haben als diese Debatte(n). 1873 wird der Vorläufer der späteren Vidyodaya-Hochschule von Hikkaduwe Sri Sumangala (1827–1911), dem unermüdlichen Reformer, gegründet. Ratmalana Dharmaloka Thera (1828–1887) folgt 1875 mit der Vidyalankara-Gründung, die 1959 ebenfalls zur Universität erhoben werden sollte.

Als im Mai 1880 Colonel Olcott, der „President-Founder" der Theosophical Society, in Galle landet, Buddhist wird und eine Kampagne zugunsten des Buddhismus startet, war die Erneuerung des Buddhismus bereits im Gange. Olcotts Beitrag, wie der anderer Theosophen, war vor allem moralisch wichtig. Zeitweilig in seinem Gefolge war David Hewavitarne (auch: Hewavitharana, 1864–1933), der später als Anagarika Dharmapala den Laienflügel der buddhistischen Erneuerungsbewegung maßgeblich bestimmte. Für diesen Flügel wurde die 1898 gegründete Young Men's Buddhist Association von Bedeutung. International wirkte der Anagarika („Hauslose") vor allem durch die Maha Bodhi Society (gegr. 1891). Dharmapala nimmt die Tradition der Engführung von Buddhismus und singhalesischer Nation wieder auf. Die von ihm 1906 initiierte Zeitung „Sinhala Bauddhaya" wird zum Sprachrohr der nationalen und buddhistischen Bewegung und belegt, nebenbei, die Trennung von Theosophie und buddhistischer Erneuerung.

Die Rolle der Laien bei der Erneuerung sollte den Widerspruch vor allem von traditionell geprägten Mönchskreisen hervorrufen, die ihnen, der Überlieferung folgend, jedes Mitwirkungsrecht absprachen. Reformmönche übten inzwischen eine Anziehungskraft auf Europäer aus. Einer von diesen, Nyanatiloka (1878–1957), aus Deutschland stammend, begründet 1911 die „Island Hermitage" bei Dodanduwa.

Im öffentlichen Bewußtsein der Mittelschichten bestimmender blieb jedoch die Laienbewegung, deren Mitglieder sich vor allem aus einer anglisierten Elite rekrutierten. Parallel zur buddhistischen Laienbewegung und mit jener eng verbunden entwickelten sich weitere Strömungen. Die dazu zählende Temperenzbewegung z. B. vermochte in besonderer Weise die moralische Überlegenheit des Buddhismus zu artikulieren.

Die Jahre nach dem 1. Weltkrieg sahen ein Wachstum der singhalesisch-buddhistischen Laienbewegung, die sich vor allem im Erziehungssektor und teilweise politisch engagierte. Parallel dazu formierte sich allmählich, besonders kurz vor der 1948 erfolgten Unabhängigkeit, die Bewegung der „politischen Mönche". Obwohl an Zahl eher begrenzt, sollten diese, vor allem nach der Formierung der linksorientierten Vidyalankara-Gruppe, an Einfluß im öffentlichen Leben gewinnen. Jene Gruppe hatte sich 1946 mit einer Deklaration breite Aufmerksamkeit verschafft. In der Erklärung hieß es u. a.: „We ... declare that it is nothing but fitting for bhikkhus to identify themselves with activities conducive to the welfare of our people - whether these activities be labelled politics or not ...“[3] Eine wichtige Stimme war diejenige Walpola Rahulas, dessen programmatisches Buch „Bhiksuvage Urumaya“ (1946; nach drei Wochen bereits vergriffen) eine enorme Wirkung zugunsten der „politischen Mönche“ auslösen sollte. Die Zeit vor 1956, den Feierlichkeiten anläßlich des Gedenkens an das Abscheiden des Buddha vor 2500 Jahren, verstärkte die Anstrengungen buddhistischer Aktivisten ganz allgemein. Der Anspruch, den Rechten der buddhistischen Mehrheit auch institutionell Ausdruck zu verleihen, war durch programmatische Erklärungen und Schriften vorbereitet worden und wurde besonders seit S. Bandaranaikes Regierungszeit (Premierminister ab 1956) zu einem Hauptthema der politischen Auseinandersetzung.

2. Der Mahayana-Buddhismus

a) Allgemeines

Etwa im 1. Jahrhundert v. Chr. wurden auf indischem Boden Entwicklungen innerhalb des Buddhismus vorbereitet, die schließlich in der Ausbildung des „Großen Fahrzeugs“ (Mahayana) gipfeln. Besonders die Richtung der Madhyamika-Schule um den großen Denker Nagarjuna (2. Hälfte des 2. Jh. n. Chr.) und die Yogacara-Schule sind als Wegbereiter zu nennen. „Großes Fahrzeug“ wird diese Richtung deshalb genannt, weil mittels seiner „Benutzung“ große Teile der Anhänger das „rettende Ufer“ erreichen.

Konzepte, daß durch den fortschreitenden Verfall in einer „Endzeit“ eine Erlösung durch „eigene Kraftanstrengungen“ immer unwahrscheinlicher werde, sowie die Grundüberzeugung, daß das „Mitleid“ des Buddha mit den in den Geburtenkreisläufen verhafteten Wesen dennoch eine Erlösung ermöglichen müsse, bewirkten mit der Zeit neue soteriologische Ansätze. In diesen wurden neue Buddhologien entwickelt, die u. a. zur Betonung der Rolle von Bodhisattvas führen. Dabei handelt es sich um Erleuchtungswesen (zukünftige Buddhas), die aus Mitleid auf ihr eigenes Ausscheiden aus dem Geburtenkreislauf zunächst verzichten, um anderen Wesen behilflich sein zu können. In diesen Systemen kommt es zu wichtigen Neuansätzen: Neue ontologische Grundpositionen halten Einzug, rituelle Elemente gewinnen an Bedeutung, die Rolle der Laien kann gestärkt werden. Diese Ansätze werden auf chinesischem und japanischem Boden, je nach Schulen spezifisch, weiterentwickelt. Der Mahayana-Buddhismus ist gegenwärtig in Ostasien (China, Japan, Korea) verbreitet, bzw. in jenen Regionen, die über einen großen Anteil chinesischer Einwanderer verfügen.

b) Zum chinesischen Buddhismus

Der Buddhismus erreichte über Mittelasien im 1. Jahrhundert n. Chr. China. Erst im 4. Jahrhundert zeigten sich stärkere Erfolge. Die Sinisierung des Buddhismus zeichnete sich jedoch dadurch aus, daß in erheblichem Umfang taoistisches Gut aufgenommen wurde. Durch Reisen gelehrter Mönche nach Indien (z. B. Fa-hsien im 5. Jh.) und daran anschließende Übersetzungsprojekte versuchte man diesen Faktor auszuschließen. Einen ersten Höhepunkt kaiserlicher Protektion erlebte der Buddhismus von der Wende des 5. zum 6. Jahrhundert, die allerdings auch auf eine „Domestikation" des Samgha zielte. In der Mitte des 8. Jahrhunderts schlug das günstige Klima um. Während der T'ang-Dynastie (618–907) kam es zu jener großen Verfolgung buddhistischer Mönche (842–845), die nur zwei Richtungen überwunden haben: die „Meditationsmönche" des Ch'an-Buddhismus (um 470 oder 520 von Bodhidharma nach China verpflanzt), sowie die sich um die Amitabhabuddha sammelnden Anhänger des „Reinen Landes" (Ching-t'u). Dabei dürfen diese beiden Schulen nicht als einander ausschließend angesehen werden. Ch'an- und „Reines Land"-Praktiken konnten innerhalb eines Klosters koexistieren. Einst bedeutende Gruppierungen, wie z. B. die T'ien-t'ai-Schule, waren seitdem ohne Einfluß.

Die Ch'an-Tradition spaltete sich in viele Linien auf. Als wichtige Zweige gelten der des Lin-chi (gest. 867) bzw. die Ts'ao-tung-Linie. Verschiedene meditative Methoden wurden entwickelt, um die Erleuchtung zu erlangen. In einigen Linien kam es zur Ablehnung aller schriftlichen Tradition. Ziel aller Anstrengungen war es, das plötzlich oder allmählich eintretende Erleuchtungserlebnis (wu) zu erreichen. Dies konnte als rationalem Denken bzw. nichtparadoxer Rede unzugänglich erklärt werden.

Die im Volk verbreitete Buddhismusvariante des „Reinen Landes" hatte breit entwickelte liturgische Handlungen für Amitabha-Buddha als ein zentrales Moment. Dessen Gelöbnis, nicht zu ruhen, bis alle Wesen erlöst sind, vertrauten die Anhänger. Der Glaube an die rettende Kraft dieses barmherzigen Buddha wurde zum Erlösungsweg. Das verehrende Aussprechen seines Namens reiche aus, um über die Wiedergeburt im „Westlichen Paradies" die Erlösung zu erlangen.

Im 11. und 12. Jahrhundert begann ein starker neokonfuzianischer Schub, der allmählich dazu führte, daß Gebildete als Reservoir für den Buddhismus ausfielen und jener in eine lange Stagnationsphase eintrat. Der chinesische Buddhismus vermochte und wollte den sich seit der Ming-Zeit (1368–1644) verstärkt auftretenden synkretistischen Tendenzen (Taoismus und Konfuzianismus speisen Elemente ein) keinen nennenswerten Widerstand entgegensetzen. Die Politik der „Konfuzianisierung" des Reiches wurde durch die Mandschu-Herrscher weiter forciert. Eine Bedeutung erlangten Geheimgesellschaften, von denen als bedeutendste die „Weißlotus-Gesellschaft" gilt, die messianische buddhistische Erwartungen im späten 18. Jahrhundert in Aufstände umsetzte. Während des T'ai-p'ing-Aufstandes (1850–1865) erlitten die Klöster, besonders deren Bibliotheken, unwiederbringliche Verluste. Nur zum Teil konnten diese durch aus Japan importiertes Schrifttum ausgeglichen werden.

Wie in anderen buddhistischen Regionen kam es um die Wende zum 20. Jahrhundert zu Revitalisierungsbestrebungen. Diese Bewegung umfaßte Mönche wie Laien. Internationale Kontakte, besonders zu Japan, sollten den einheimischen Buddhismus stärken. Die republikanische Regierung (1911) erwies sich jedoch dem „feudalen Aberglauben" gegenüber als nicht sonderlich gewogen. Dennoch hatte er sich eine beträchtliche institutionelle Stärke erworben. Erhebungen in den dreißiger Jahren gehen von 267.000 Tempeln und 738.000 Mönchen und Nonnen aus. Eine Anzahl von Autoren geht davon aus, daß ein beträchtlicher Prozentsatz dieser Ordinierten nur wenig buddhistisch gebildet sei. Die Jahre der japanischen Besetzung und die Errichtung der Volksrepublik erwiesen sich als dem Buddhismus nicht förderlich. Besonders die Kulturrevolution (1966–1969) brachte schwere Schäden für die buddhistischen Klöster.

c) Zum Buddhismus in Japan

Die Polarisierung der Erlösungsarten, die sich in China in den beiden Richtungen Ch'an und „Reines Land" niedergeschlagen hatte, sollte sich in Japan fortsetzen und weiterentwickeln. Die erste Kontaktaufnahme Japans mit dem Buddhismus soll 522 n. Chr. über eine koreanische Gesandtschaft stattgefunden haben. Als eigentlicher Wegbereiter gilt jedoch Prinz Shotoku (572–622). Nach zähen Widerständen erlebte der Buddhismus in der Nara-Zeit (710–784) eine erste Periode umfassenderer staatlicher Förderung. Sechs aus China importierte Schulen bestimmen das Bild: die Jojitsu- (625 eingeführt), die Sanron- (ebenfalls 625), die Hosso- (654), die Kusha- (658), die Kegon- (736) und die Ritsu-Schule (754).

Um auftretende Dekadenzerscheinungen und politische Ambitionen führender Mönche zu überwinden, wurde 794 die Hauptstadt nach Heian (heute Kyoto) verlegt und neue Richtungen aus China geholt. Die Tendaichule und die Shingonschule gelangten mit der Zeit zu erheblicher Bedeutung. Mit der Einführung dieser Richtungen sind die Namen zweier bedeutender Mönche verbunden. Saicho (767–822; mit postumem Namen Dengyo Daishi) etablierte nach seiner Rückkehr aus China die Tendai-Schule, die sich am Lotos-Sutra orientiert. Diesem Sutra wurde zuerkannt, das Wesen der Lehre Buddhas zu enthalten. Der von dieser Richtung vertretene Heilsweg ging von der Buddhanatur aller Lebensformen aus und war damit sehr inklusiv. Ein Element, das durch Vermittlung dieser Tradition bedeutend werden sollte, war die Wertschätzung intensiver Meditation. Von Tendai-Mönchen gingen bedeutende spirituelle und intellektuelle Impulse aus.

Kukai (744–835; postum Kobo Daishi) führte die Shingon-Schule ein. Diese „esoterische" Richtung mit einer reichen rituellen Ausstattung wurde in besonderer Weise zum Schutz höfischer bzw. staatlicher Einrichtungen beansprucht.

In der Kamakura-Periode (1185–1332) entstanden neue Buddhismen, die sich freilich auf traditionelle Elemente beriefen. Ein Wesenszug mag von „apokalyptischen" Verhältnissen am Ende der Heian-Zeit mitgeprägt worden sein. Einfache Erlösungstechniken galten für einige Richtungen als probate Mechanismen des Heilserwerbs.

Das System des „Reinen Landes" (Jodo) knüpfte an bereits vorhandene Elemente der Amidaverehrung an. Genku (1133–1212; postum Honen Shonin) stellte seit 1175 die Verehrung des Buddha-Namens Amida (Namu Amida Butsu) in das Zentrum seiner Lehre. Amidas rettende Kraft mache andere Mittel (ausgedehnte Rituale, Meditation) überflüssig. Dieser Weg war einfach und jederzeit begehbar. Für viele wurde er zum Mittel der Wahl. Heftige Reaktionen der etablierten Schule blieben jedoch nicht aus.

Einer von Honens Schülern, Shinran (1173–1262), verschärfte noch die dem Jodo innewohnenden Tendenzen. Das Prinzip der absoluten Abhängigkeit von Amida, der für alle das Heil schon erwirkt habe, wird zur grundlegenden Botschaft der „Wahren Schule des Reinen Landes" (1224; Jodo Shin bzw. Shin). Alle „Werke" der Anhänger seien nur noch Ausdruck der Dankbarkeit gegenüber der Gnadentat Amidas. Glaube an Amida und das daraus folgende Aussprechen oder „Gedenken" seines Namens lassen die Erlösung eintreten. Vor diesem Hintergrund wurde die Unterscheidung zwischen Mönch und Laie hinfällig. Nichtordinierte erhielten in dieser Rcihtung eine neue Qualität; das „Leben in der Welt" erlangte die gleiche Heilsfähigkeit. Dieses innerweltliche Heilsmodell gewann in den folgenden Jahrhunderten enorm an Anhängern.

Zu diesem Grundansatz im Widerspruch stehen die Zenrichtungen. In ihnen muß der Betroffene die Erlösungsleistung selbst erbringen. Die Mönche Eisai (1141–1214) und Dogen (1200–1253) etablierten die Zen-(chinesisch: Ch'an) Richtungen Rinzai (1191) bzw. Soto (1227) als eigenständige Schulen. Der Zen-Buddhismus entwickelte sich zu einem umfassenden Lebensweg: Kalligraphie, Garten- und Felskunst, die Teezeremonie, Poesie und Malerei wurden von seinem Geist durchtränkt und inspirierten die japanische Kultur.

Nichiren (1222–1282), der in sich den Patrioten, Heiligen und Propheten vereinte, schuf eine Richtung (1253), die nicht auf chinesische Vorbilder zurückgriff. Sein Lehrsystem wollte rechtes Verstehen von Buddhas Lehre mit politischen Zielen (Rettung Japans vor Khubilais Heeren, 1268) verknüpfen. Teilweise ausgesprochen intolerant gegenüber anderen Schulen, besonders dem „Reinen Land", kam Nichiren zur Überzeugung, daß alles Heil in der rechten Verehrung des Lotossutra liege. Ausgehend von der Überlegung, daß die Essenz dieses Sutra bereits in dessen Titel gegeben sei, wurde die Formel „namu myoho renge kyo" (Verehrung dem ehrwürdigen Lotossutra) zum einzig relevanten Mittel, das andere Methoden als falsch ausschloß. Forderungen nach Verbot oder physischer Vernichtung anderer Schulen waren eine logische Folge dieses Ansatzes.

Auch mit Waffengewalt wurde versucht, eine Lösung für eine breite Konfliktpalette zu finden. Unter späteren Unruhen ragen die Hokke-(Lotus-) Aufstände (besonders 1532–1536) heraus.

Die Tokugawa-Ära (1600–1867) brachte eine lange Periode der Konsolidierung jener Schulen, die sich behauptet hatten. Äußere Einflüsse auf Japan wurden (bis 1853) limitiert und kontrolliert. Die buddhistischen Tempel wurden zusammen mit den Shintoschreinen in das Verwaltungssystem des Landes integriert und einer Aufsicht durch Staatsbeamte unterzogen. Dieses System förderte, zusammen mit den sicheren Einkünften aus den Begräbnisriten, auch Korruption und Stagnation. Dennoch brachten auch die etablierten Systeme bedeutende Gestalten, wie den Rinzai-Reformer Hakuin (1685–1768), hervor. Von der staatlichen Privilegierung profitierte vor allem das „Reine Land". Neue Bewegungen wurden in den Untergrund gedrängt.

Mit der Meiji-Restauration beginnt für Japan eine neue Zeit, und für den Buddhismus, der eng mit dem Shogunat verbunden gewesen war, schmerzliche Erfahrungen. Die buddhistischen Tempel verlieren ihre Privilegien. Die Entflechtung von Shinto-System und Buddhismus, die beide eine enge Symbiose eingegangen waren, endet mit der Einsetzung des Shinto als Staatsreligion (1870). Es kam zu Akten der Zerstörung buddhistischer Einrichtungen (besonders 1871). Die bereits 1854 erzwungene Öffnung Japans für westliche (Waren und) Einflüsse bedeutete freilich auch ein Ende der Isolation des japanischen Buddhismus. Neue Entwicklungen bahnten sich besonders in den dreißiger Jahren dieses Jahrhunderts an.

Im Schoße einer Nichirengruppe kam es Ende der zwanziger Jahre zu Ansätzen, die 1937 zur Etablierung der Soka Kyoiku Gakkai führten. Die Weigerung, 1941 an obligatorischen Staat-Shinto-Zeremonien teilzunehmen, löste Repressionen aus. Die japanische Kapitulation von 1945 bedeutete in religiöser Hinsicht eine Liberalisierung, von der auch jene Gruppe profitierte. Nach dem Krieg konstituierte sich diese buddhistische Laienorganisation neu als Soka Gakkai (Gesellschaft zur Schaffung von Werten), die besonders von 1951 an eine stürmische Expansionsphase erlebte. Anfang der neunziger Jahre werden für sie bereits über 8 Millionen Mitglieder angegeben. Die Methoden ihrer Werbung und Auseinandersetzung mit anderen buddhistischen Richtungen, die als falsch verdammt wurden, galten als militant; ihren Führern warf man politischen Machthunger vor. Zu den Zielen der Gesellschaft, die auch in Nichirens Tradition stark innerweltlich gehalten sind, zählen körperliche Gesundheit, Erwerbung von Wohlstand, Bewahrung vor Unglück und Krankheit u. a. m. Persönliche und gesellschaftliche Probleme seien durch das Lotos-Sutra lösbar. Die 1964 gegründete Komeito (Partei für saubere Politik) gilt, trotz gegenseitiger offizieller Trennung (1970), als parteipolitischer Zweig der Soka Gakkai.

Eine weitere neobuddhistische Gruppe, die auf das Jahr 1938 zurückgeht, ist die Rissho Koseikai. Sie ist im Gegensatz zur Soka Gakkei wesentlich von Toleranz geprägt. Ende der achtziger Jahre soll sie über ca. 5 Millionen Mitglieder verfügt haben. Heilungswunder in ihrer Mitte bestimmen in starkem Maße ihr öffentliches Bild. Damit steht sie für eine erhebliche Zahl weiterer neuer religiöser Gruppen, die auch buddhistische Elemente (neben shintoistischen und christlichen) in ihre jeweilige Ideologie aufgenommen haben.

Statistische Angaben für 1986 lassen erkennen, daß die verschiedensten Buddhismen, wenigstens äußerlich, einen dominierenden Einfluß im japanischen Leben spielen: circa 80% der Gesamtbevölkerung verstehen sich als Buddhisten.

3. Der Buddhismus im Westen

Die Geschichte des Buddhismus als institutionalisierte Größe im Westen beginnt mit der Gründung einer buddhistischen Gemeinde in Leipzig: 1903 tritt der „Buddhistische Missionsverein für Deutschland", wesentlich auf Betreiben des Indologen Dr. Seidenstücker, ins Leben. Sympathisanten in Asien verfolgten diese Entwicklung mit einigen übertriebenen, Hoffnungen. So wird z. B. über dieses Ereignis wie folgt berichtet: „... we congratulate our German colleagues on the spirit and energy with which they are setting out upon their task of making Germany the home of the Good Law, from whence it may in time spread all through the West."[4] 1907 kommt es in London zur Gründung der „Buddhist Society of Great Britain and Ireland", deren erster Präsident der bedeutende Buddhologe T. W. Rhys Davids wurde.

Aber diese Institutionalisierung des Buddhismus im Westen fußte natürlich auf einer Vorgeschichte. Die noch bei aufgeklärten Geistern zur Wende des 19. Jahrhunderts, z. B. Kant, anzutreffende bemerkenswerte Unkenntnis selbst buddhistischer Grundzüge, aus dem Mangel an soliden Informationen leicht erklärbar, erfährt durch das erwachende Indieninteresse der Romantik einige Korrekturen. Wesentlich für die Kenntnis solider buddhistischer Informationen werden jedoch die Ergebnisse buddhologischer Forschungen. Stellvertretend müssen hier vor allem E. Burnouf (1801–1852) und H. Oldenberg (1854–1920) sowie T. W. Rhys Davids (1843–1922) genannt werden. Vor allem Oldenbergs „Buddha" (1881) wirkte breit (1906 mit bereits fünf Auflagen). Für dieses Interesse der deutschen intellektuellen Leserschaft dürfte vor allem eine weitere Quelle verantwortlich gemacht werden: der Einfluß Arthur Schopenhauers (1788–1860), dessen philosophische Grundanschauungen in die Nähe des Buddhismus gerückt worden waren.

Weitere Entwicklungen leisteten ebenfalls ihren Beitrag. Die 1875 in den USA gegründete Theosophical Society verlagerte ihren Schwerpunkt in „den Osten". Mindestens seit 1880, d. h. der Landung Olcotts in Ceylon und seinem Bekenntnis zum Buddhismus, wurde die Theosophical Society im „Westen“ zumindest zeitweise und partiell zum Wegbereiter buddhistischen Gutes, oder was man dafür hielt. Literarische Werke wie Arnolds „Light of Asia“ (1879; dt. 1891) sensibilisierten interessierte Kreise für den Buddhismus. Neben diesem unverbindlicheren Interesse bereiteten auch spezifischere Entwicklungen jene ersten Gemeindegründungen vor. 1881 etablierte sich in London die Pali Text Society, die von nun an solide Texte bereitstellte. Im gleichen Jahr erschien die erste Ausgabe eines buddhistischen Katechismus in Englisch (1887 in deutscher Übersetzung), verfaßt von Olcott, der später Gegenstand beißender buddhistischer Kritik wurde. 1888 stellte der Nestor der deutschen buddhistischen Bewegung, Friedrich Zimmermann (Subhadra Bhikshu), seinen buddhistischen Katechismus vor. Seit 1891 publizierte der umstrittene, aber eine ihm ergebene Anhängerschar um sich sammelnde Neumann (1865-1915) Übersetzungen buddhistischer Quellen.

Das Weltparlament der Religionen in Chicago von 1893 sah auch Buddhisten in seinen Reihen, so den Anagarika Dharmapala, der dort für den Buddhismus werben konnte. 1902 wurden die ersten Europäer, Allen Bennett McGregor (1872–1923) und bald darauf (1904) auch Anton Gueth (1878–1957), als Ananda Metteyya bzw. Nyanatiloka buddhistische Mönche.

Jener Hintergrund führte zu den ersten Gemeindegründungen in Deutschland und England. Die Übernahme des Buddhismus in Amerika war zunächst lange Zeit durch die Fortschreibung der Traditionen buddhistischer asiatischer Einwanderer bestimmt. Einen „weißen“ Buddhismus gab es ebenfalls nur in Rudimenten.

Die erste Phase von Gemeindebildungen wird vor allem durch die selektive Übernahme von Theravadatraditionen bestimmt, die von den Interessen der Rezepienten abhing. Bei allen Verdiensten dieser Kreise entstand so ein in bestimmtem Umfang nach der Interessenlage des zumeist intellektuellen Publikums konstruierter Buddhismus. Mitunter ergab sich eine Personalunion mit als nahestehend empfundenen Bewegungen, wie Monisten (P. Carus), Theosophen (besonders in England; in Deutschland gab es scharfe Abgrenzungsversuche gegen deren Einfluß), Vegetarier, Pazifisten, Tierfreunde u. ä. m.

Der Erste Weltkireg erwies sich als eine Zeit der Stagnation. In den zwanziger Jahren erwiesen sich in Deutschland vor allem Paul Dahlke (1865–1928, in Berlin Frohnau) und Georg Grimms „Altbuddhistische Gemeinde“ als deutsche Zentren. Erwähnt werden muß Martin Steinke (1882–1966; Tao Chün), der nach seiner Ordination in China (1933) und seiner Rückkehr nach Deutschland neue Elemente einführte. Nach der Machtübernahme der Nationalsozialisten 1933 gestalteten sich die Anstrengungen der buddhistischen Kreise immer schwieriger, und sie kamen Anfang der vierziger Jahre zu einem Stillstand.

Die britische Entwicklung wurde vor allem durch die Persönlichkeit

Chris Humphreys geprägt, der 1925 die „Buddhist Lodge of the Theosophical Society" gründet. Theravadaeinflüsse verbinden sich mit den Bemühungen, die Dharmapala während seiner Besuche unternahm und die 1926 in der Einrichtung des britischen Zweiges der Mahabodhi-Society eine gewisse Krönung erfuhren. Bemerkenswert ist, daß bereits in jener Zeit Versuche zur Schaffung eines „europäischen Fahrzeuges" in Angriff genommen wurden.

In den USA bereitete sich seit den vierziger Jahren eine Zenrezeption durch „weiße" Kreise vor. Diese Entwicklung wurde insofern auch für Europa folgenreich, als Impulse dieser neuen Buddhismusrezeption in den sechziger Jahren die jugendliche Protestbewegung mit beeinflußten und damit eine neue Phase der Auseinandersetzung mit buddhistischen Traditionen, diesmal am Zen orientiert, eröffnete.

Reinhard Emmerich

CHINESISCHE RELIGIONEN

I. Einleitung

Der Leser der folgenden Seiten sei zu Beginn auf zweierlei hingewiesen. Erstens gilt, im Gegensatz zu manch anderem Beitrag dieses Sammelbandes, meine Darstellung nicht einer, sondern mehreren Religionen; aber sie gilt auch nicht allen Religionen, die in China zu finden beziehungsweise dort schon so lange heimisch sind, daß sie ohne weiteres zu den traditionellen Religionen dieses Landes gezählt werden können. Das bedingt manche Lücke. Zweitens stellt sich die Frage, *was* China sei. Bekanntermaßen war das kaiserzeitliche China ein multiethnischer Staat, auch stand China jahrhundertelang, zuletzt während der Dynastie Qing (1644–1911), unter der Herrschaft nicht-chinesischer Herren. Abgesehen von diesem historischen Erbe ist überdies das gegenwärtige China politisch und wirtschaftlich, sozial und kulturell seit Jahrzehnten zerrissen – zu Volksrepublik und Republik China (Taiwan) kommen Hongkong und Singapur, auch große Gemeinden von Chinesen in Übersee. Viele Fragen bezüglich des religiösen Lebens in China aber hängen mit heutigen politischen Gegebenheiten zusammen. Über Jahrzehnte war das chinesische Festland, das ja doch meist mit „China" in eins gesetzt wird, verschlossen, noch heute ist Feldforschung dort kaum möglich. Dagegen boten und bieten Taiwan, auch Hongkong und die im Hinterland von Hongkong gelegenen New Territories dem Anthropologen gute Voraussetzungen für Feldforschungen, die alsdann die Grundlage für verallgemeinernde Aussagen bieten. Viele Aussagen über das moderne religiöse Leben Chinas sind also Verallgemeinerungen aus einer recht schmalen Basis heraus.

II. Staatskult und Konfuzianismus

1. *Staatskult*

Mit dem Ende des Kaiserreiches (1911) verschwand in China eine Form der Religion, die in der Sekundärliteratur meist als Staatskult bezeichnet wird, für die aber manchmal auch die irreführenden Namen konfuzianischer Staatskult oder schlicht Konfuzianismus zu finden sind. Irreführend sind diese Bezeichnungen vor allem deswegen, weil die meisten der Götter und übernatürlichen Mächte, denen im Staatskult geopfert und gehuldigt wurde, älter als der Konfuzianismus sind, älter auch als Konfuzius selbst. Archäologische Zeugnisse deuten darauf hin, daß schon mindestens ein halbes Jahrtausend vor Lebzeiten des Konfuzius (551–479) Gottheiten verehrt und beopfert wurden, die noch im Kult der letzten Dynastie, also drei Jahrtausende später, herausragende Positionen einnahmen.[1] Es ist also zunächst festzuhalten, daß der Staatskult Chinas auf die vorkonfuzianische Zeit zurückgeht; er ist in seinem Kern eine vor-kaiserzeitliche Institution, die aber während der Kaiserzeit (seit 221 v. Chr.) in ihren Grundzügen erhalten blieb und von Dynastie zu Dynastie nur wenig Veränderungen erfuhr.[2]

2. *Ist der Staatskult konfuzianisch?*

Unbesehen der genannten frühen Ursprünge gibt es Gründe, die dem Staatskult des alten China das häufige Beiwort konfuzianisch nicht ganz verwehren lassen. Sie liegen vor allem im Selbstverständnis derer, die den Riten und Opfern vorstanden bzw. diese ausrichteten, sodann in einem Teil der großen Gruppe der Beopferten, schließlich in einem der Orte, an denen der Staatskult vollzogen wurde. Damit sind drei Besonderheiten angesprochen: Erstens wurde der Kult nicht von einer eigenen Priesterklasse ausgerichtet, sondern vom Kaiser persönlich bzw., ihn auf lokaler Ebene vertretend, von Beamten, mithin von Personen, die ihrem Selbstverständnis nach Konfuzianer waren. Zweitens gehörten zum Staatskult Opfer an Konfuzius sowie nähere und fernere Schüler und Nachfolger von ihm, ohne daß freilich diese, noch der Meister selbst, jemals offiziell vergöttlicht worden wären. Drittens schließlich und eng mit dem zweiten Punkt zusammenhängend, wurden die Zeremonien und Opfer zu Ehren des Konfuzius und seiner großen Nachfolger in den bereits spätestens mit Beginn der Han-Dynastie (um 200 v. Chr.) nachweisbaren, am Ende der Kaiserzeit über das ganze Land verbreiteten *Konfuziustempeln* ausgerichtet. Es muß allerdings betont werden, daß diese „Tempel" eher den Charakter einer weltlichen Begegnungsstätte als den einer Kirche besaßen. Dies zeigt schon die Tatsache, daß die Chinesen selbst sie ohne expliziten Bezug auf Konfuzius als *wen miao*, Stätte oder Tempel der Kultur, bezeichneten. Wichtig ist also, mit anderen Worten, daß in Konfuzius nicht ein Gott, sondern eher ein Symbol der Kultur und eine Identifikationsfigur des (offiziellen) chinesischen Selbstverständnisses verehrt und beopfert wurde. Die folgenden Eingangsworte einer im späten 19. Jahrhundert unter Musikbegleitung vorgetragenen Hymne, mit der der Geist des Konfuzius zum Empfang der ihm vorbereiteten Opfer eingeladen werden sollte, veranschaulicht das:

„Groß bist Du, Konfuzius,
Der Du schon alles erkanntest und wußtest,
In einer Reihe mit Himmel und Erde stehst
Und zehntausend Geschlechtern Lehrer wurdest.“[3]

Von großer Sachlichkeit und Nüchternheit der Opfer sowie davon, daß in Konfuzius vor allem *der Lehrer Chinas* verehrt wurde, zeugt auch folgender Auszug aus einem um 1700 verbindlichen Gebet:

„Achtung! Die Wirkungskraft des Meisters kommt der von Himmel und Erde gleich, in Vergangenheit und Gegenwart ist sein Weg der hervorragendste. Er verfaßte die Sechs Schriften und bietet seit zehntausend Generationen die vorbildliche Regierungsweise für unseren Staat. Achtung! ... Respektvoll und die alten rituellen Vorschriften beachtend, haben wir vor Dir diese heiligen Opfergaben ausgebreitet, Tiere und Seide, süßen Wein, Hirse und andere Gaben. ... Geruhe sie anzunehmen.“[4]

Daß gerade die nüchterne Schlichtheit des Konfuziuskultes nicht geeignet war, religiöse Bedürfnisse breiter Schichten zu befriedigen, und dem Kult im Gegenteil eine gewisse Volksferne eigen war, zeigt etwa folgende Klage aus dem Ende des 19. Jahrhunderts:

„Obwohl in allen Präfekturen, Distrikten und Kreisen Tempel für Konfuzius errichtet sind, dürfen doch nur die Beamten und die Gelehrten dort opfern. Wer das nicht aushält, muß einige zehn Silberstücke herausgeben und einen Studenten der kaiserlichen Akademie unterstützen, damit er sich unter die Opfernden mischen kann. Die Bauern und die Alten aber können sich nur an den Tempeln herumtreiben und über die Mauern hineinspähen. Da sie von den Riten und der Musik nichts hören und nichts sehen und auch nicht verstehen, warum geopfert wird und warum sie allein nicht daran teilnehmen dürfen, sagen sie sich: ‚Ein Tempel für Konfuzius ist lediglich ein Platz für diejenigen, die die Macht haben.‘ – Da es sich aber so verhält, kann man nicht erwarten, daß diese Lehre noch praktiziert wird.“[5]

3. Staatskult und Herrschaftslegitimation

Die besagte Tatsache, daß der Kaiser selbst der oberste Ritenmeister des Staatskultes war, hängt auf das engste mit der grundlegenden und weitreichenden chinesischen Überzeugung zusammen, daß alles, was existiert, eine Einheit bildet und zu *einem* großen System vereint ist. In Übereinstimmung mit dieser Vorstellung hatten der Herrscher und seine Beamten die Funktion von Mittlern zwischen den Menschen und der Welt des Übernatürlichen. Bedeutsam für das Verständnis des Staatskultes ist ferner, daß nach chinesischer Theorie Herrschaft nur kraft eines vom Himmel verliehenen Mandats rechtmäßig und gleichzeitig de facto unangefochten ausgeübt werden konnte. Entsprechend dieser Vorstellung – die übrigens ebenfalls konfuzianisch genannt wird, wenngleich sie so alt wie die chinesische Geschichte zu sein scheint, lange vor Konfuzius wirkte und ebenso wie der Staatskult die ganze Kaiserzeit hindurch aufrechterhalten blieb – diente der Staatskult der Legitimierung der Dynastie: Es galt, intakte Beziehungen zwischen dem Herrscher und den wichtigsten übernatürlichen Mächten nachzuweisen sowie künftigen Beistand und Schutz der Herrschaft zu erbitten. Zwei weitere Funktionen des Staatskultes werden besonders durch C. K. Yang hervorgehoben, der vor fünfunddreißig Jahren eine epochale und bis heute grundlegende soziologische Studie zum religiösen Leben Chinas vorlegte. Yangs Interpretation nach sollte der zu Beginn des Frühlings und des Herbstes ausgerichtete Staatskult zur kulturellen Einheit des Reiches, das ja unterhalb der offiziellen Ebene von einem äußerst regen und regional heterogenen religiösen Leben geprägt war, beitragen; ferner war es nach Yang Ziel des Staatskultes, den gewöhnlichen Menschen zu suggerieren, daß die Staatsmacht, also der Kaiser und seine Vertreter, den Zyklus des Lebens und der Natur, dessen Beständigkeit sich ja gerade agrarische Gesellschaften so gerne versichern, unter Kontrolle habe.[6]

4. Wen begünstigt der Staatskult?

Im Mittelpunkt des Staatskultes stand das mit minuziös vorgeschriebenen Riten dargebrachte Opfer, und es war eine Vielzahl übernatürlicher Mächte, die in den Genuß von Opfern kamen. Thompson unterscheidet sie nach vier Gruppen: Die *großen Mächte der Natur,* nämlich Himmel und Erde, aber auch Berge, Flüsse, Wolken, Regen, Donner etc. Die *Schutzgeister des Staatsgebietes,* angefangen beim Schutzgott des ganzen Reiches bis hinab zu Schutzgöttern kleiner lokaler Einheiten. Der *Gott des Ackerbaus. Seelen von Verstorbenen:* Hierzu zählt Thompson zuvörderst die Ahnen des Kaisers, sodann Herrscher vergangener legitimer Dynastien, die großen Kulturheroen, Konfuzius und seine wichtigsten Schüler sowie große Staatsmänner der eigenen und früherer Dynastien. In die Gruppe der Seelen von Verstorbenen zählt Thompson aber auch Opfer zur Besänftigung unbefriedigter Geister und Seelen, auf daß sie kein Unheil stiften mögen.

Trotz der erwähnten grundsätzlichen Gleichförmigkeit des Staatskultes im Verlauf der chinesischen Geschichte läßt sich doch schon aus dem Gesagten ersehen, daß die Liste der durch den Kult Begünstigten prinzipiell offen war. So ist unmittelbar einsichtig, daß sich innerhalb der Gruppe der großen Staatsmänner, die in den Genuß von Opfern kamen, von Dynastie zu Dynastie, aber auch binnen einer Herrschaftsperiode, Schwankungen ergeben konnten, auch mögen lokale Besonderheiten hinzugekommen sein. Untersuchungen über diese wandelbaren Elemente innerhalb des grundsätzlich starren Staatskultes könnten interessante Aufschlüsse über das Herrschafts- und Religionsverständnis des kaiserzeitlichen China erbringen, sind aber noch kaum Gegenstand der Forschung. Neben dem Kreis der zu verehrenden großen Staatsmänner war aber auch der Kreis der Schutzgötter kleiner lokaler Einheiten offen. Ja es ist nachgerade eine Besonderheit des chinesischen Pantheons, von der später noch mehr die Rede sein wird, daß seine Götter nicht ein für allemal festgefügte Positionen innehaben, sondern daß die Ordnung unter ihnen stets in Bewegung ist, daß Rivalität herrscht und Karrieren gemacht werden, daß kleinere Lokalgottheiten durch einflußreiche, wirkmächtige Götter beiseite gedrängt werden können und daß solchermaßen erfolgreiche Götter (oder Göttinnen) allmählich in den Kreis der Mächte des Staatskultes aufrücken, nachdem sie im Volk bereits über eine längere Zeit religiöse Verehrung genossen haben. Über dieses interessante Phänomen gibt es eine wachsende Zahl von Untersuchungen, hier genüge ein kleiner Hinweis auf die wohl erfolgreichste chinesische Göttin überhaupt, nämlich Mazu, bekannt auch unter dem Namen Tianfei: Sie war vom gewöhnlichen Volk bereits über ein Jahrhundert lang als Göttin verehrt worden, bevor sie mit Beginn des 12. Jahrhunderts Aufnahme in den Staatskult fand. Auch danach machte sie noch große Karriere, wie u. a. an der großen Zahl von Tempelgründungen unter offiziellem Patronat und an der inflationären Aufblähung ihrer Ehrentitel bis zum Ende des Kaiserreiches ablesbar ist.

III. Chinesische Volksreligion

1. Begriff

Mit dem Begriff chinesische Volksreligion – er hat im Chinesischen kein Äquivalent, und die ihm am ehesten entsprechende Bezeichnung ist *bai shen,* „Verehrung der Götter“, – wird etwas sehr Weites bezeichent: „Eine lose Verschmelzung von religiösen Überzeugungen und Praktiken, Gottheiten und Kulten, Mythen und Werten, die Elemente der Ahnenverehrung und des Totenkultes, der Naturverehrung und des Animismus ebenso wie lokale Kulte, populären Daoismus, populären Buddhismus und Konfuzianismus einschließt.“[7] Dieses Charakteristikum macht Bezeichnungen wie „buddho-daoistische Volksreligion“ verständlich, erklärt auch, daß gelegentlich von der chinesischen Volksreligion als von einer Fusion der „drei Lehren“ Buddhismus, Konfuzianismus und Daoismus gesprochen wird.

2. Anhängerschaft und Verbreitung. Gibt es eine chinesische Religion?

Ebenso, wie sich der Begriff chinesische Volksreligion einer griffigen Definition entzieht, ist auch nicht klar zu bestimmen, wer denn als ihre Anhänger zu bezeichnen seien. Verallgemeinernd läßt sich immerhin sagen, daß der Gebildete des traditionellen China zu der Einstellung tendierte, daß in seiner Gesellschaft einer rationalen, agnostizistischen Elite (der sich der Gebildete selbst zuordnete) eine abergläubische Masse gegenüberstehe. Diese Auffassung der chinesischen Elite fand ihr adäquates Gegenstück in dem analytischen Konzept, das eine „große Tradition“ der Elite der „kleinen Tradition“ des Volkes kontrastierte und das in der Sinologie lange vorherrschte. Dem wiederum trat Maurice Freedman (1920–1975) vor nunmehr einem Vierteljahrhundert (1971) mit der Behauptung entgegen, es existiere *eine* chinesische Religion, zumindest müsse mit dieser Hypothese gearbeitet werden.[8] Damit stellte sich Freedman auf die Seite von C. K. Yang und in das Erbe von J. J. M. de Groot (1854–1921) und Marcel Granet (1884–1940): Der holländische Gelehrte de Groot, der mehrjährige Chinaerfahrung hatte, wollte in seinem sechsbändigen *The Religious System of China* [Leiden 1892–1919] zeigen, wie sich die chinesische Kultur „von oben nach unten“ entwickelte, wie religiöse Vorstellungen einer Elite im Laufe der Zeit popularisiert wurden. Ganz anders der Franzose Granet, der sich vor allem auf historische Texte stützte und diese mit Theorien Durckheims interpretierte: Er sah die religiösen und kulturellen Entwicklungen im frühen China im Gegensatz zu de Groot von unten nach oben verlaufen und wollte stets die bäuerlichen Ursprünge der Kultur der Elite in China zeigen. Nichtsdestoweniger stimmten nach Freedman die beiden Gelehrten doch in der grundsätzlichen Annahme überein, daß unbesehen sozialer Hierarchien in China weitgehende Übereinstimmungen an Ideen und Vorstellungen zu finden seien.

Mit seiner These, daß es *eine chinesische Religion* gäbe, eröffnete Freedman eine Diskussion, die auch heute noch nicht abgeschlossen ist. Man warf ihm vor, die extreme Heterogenität religiöser Traditionen, die (in Taiwan) auf lokaler Ebene zu beobachten sei, zu mißachten, und man hielt mit Verweis auf die lokale Vielfalt dafür, daß das von Freedman vorgeschlagene Konzept so abstrakt und allgemein sein müsse, daß es zur Analyse nicht mehr tauge. Gleichwohl sind die in Freedmans Vortrag von 1971 aufgebrachten Probleme noch heute aktuell, wie Catherine Bell 1989 in einem ausführlichen Rezensionsaufsatz zeigte.[9] Demnach lassen sich in neuerer Literatur bezüglich der das kulturelle Selbstverständnis Chinas eng berührenden Frage, wie sich die (religiöse) Kultur des Volkes zur (religiösen) Kultur der Elite verhalte, drei Positionen ausmachen: Eine Position insistiert auf kulturellen Unterschieden zwischen Elite und Volk und hält beide Traditionen für autonom. Eine weitere Position legt Nachdruck auf die kulturelle Einheit und betont das Gemeinsame der elitären und der volkstümlichen Kultur und Religion – Maurice Freedman selbst zählt hierzu, auch der schon mehrfach zitierte C. K. Yang. Die dritte Position wendet sich sowohl gegen die Annahme von a priori verschiedenen Schichten wie gegen die These, daß zwischen diesen verschiedenen Schichten bewußt und geplant vermittelt und somit eine Einheit hergestellt wird. Die Gesamtheit der Kultur sei demnach weder ein Korpus normativer Vorstellungen, noch sei es das unterschiedlichen sozialen Schichten Gemeinsame. Einheit in der Vielfalt, Vielfalt in der Einheit ist das, was hier betont wird. Zu den Vertretern dieser Position gehört vor allem James Watson, der immer wieder unterstreicht, daß die chinesische Kultur einerseits relativ homogen, andererseits von großer Vielfalt geprägt sei, und der großen Wert auf die Feststellung legt, daß der traditionelle chinesische Staat nicht versuchte, zu bestimmen, was orthodox sei. Dies sei den Kommunisten vorbehalten geblieben. Sowohl für die Gegenwart als auch für die Vergangenheit hat mithin die Frage für unentschieden zu gelten, wie weit in Fragen der Religion „Volk“ und „Elite“ konform gehen. Das hat nicht zuletzt damit zu tun, daß innerhalb der mit dem älteren China befaßten Sinologie die Erforschung der chinesischen Volkskultur, von historischer Anthropologie gar nicht zu reden, noch in den ersten Anfängen steckt.

Über das Gesagte hinausgehend und noch einmal an obige Ausführungen über Konfuzianismus und Religion erinnernd, scheint es mir jedenfalls wichtig festzuhalten, daß Gelehrte, die ihrem Ahn Konfuzius die Treue halten wollten, deutliche Worte des Meisters sowie frühe Aussagen über ihn zu bedenken hatten, die Konfuzius als Agnostiker beschreiben, wenigstens aber als Denker, der dem delphischen „Erkenne Dich selbst!“ Zuspruch erteilt hätte. So heißt es in einer Charakterisierung durch einen anonymen Schüler, daß Konfuzius weder über „Seltsamkeiten“ noch über „Götter“ gesprochen habe (*Lun yu* 7.21). Und Worte des Meisters wollen das belegen, etwa seine berühmten Antworten auf die Fragen, was er unter Weisheit verstehe, wie oder ob Geistern und Göttern zu dienen sei und was es mit dem Tod auf sich habe:

> „Sich um seine Pflichten gegenüber den Menschen zu kümmern, Geister und Götter zu respektieren, sich aber fern von ihnen halten – das kann als Weisheit gelten.“ (*Lun yu* 6.22)
>
> „Wenn einer den Menschen (Lebenden) noch nicht dienen kann, wie kann er dann Geistern dienen? . . . Wenn einer das Leben noch nicht kennt, wie sollte er da den Tod kennen?“ (*Lun yu* 11.12)

3. Alter und Tradition

Man nimmt an, daß die chinesische Volksreligion etwa seit dem 11. Jahrhundert die Form besitzt, die sie bis heute hat, wenigstens dort, wo weder die moderne westliche Welt einschließlich ihrer Religionen (besonders des Christentums), noch die religionsfeindliche Ideologie der Volksrepublik China der Tradition wesentlichen Abbruch tun konnten. Im allgemeinen gilt allerdings in der (neueren) Forschung die Ansicht, daß das chinesische religiöse Leben, wie überhaupt die „traditionelle Kultur“, eine große Resistenz gegenüber politischen, wirtschaftlichen und sozialen Umschwüngen besitze. Der Anthropologe James L. Watson sprach noch 1993 davon, daß wesentliche Konstituenten der chinesischen Kultur, womit er im besonderen Riten im Zusammenhang mit Geburt, Heirat und Tod meint, sich seit der späten Kaiserzeit, die er mit dem Aufblühen der vorletzten Dynastie, also mit dem 15. Jahrhundert ansetzt, bis heute nicht geändert hätten. Und zwar im kommunistischen wie im nichtkommunistischen China gleichermaßen.[10]

4. *Die jenseitige Welt*

a) *Die Toten und die Ahnen*

Ein unübersehbares Merkmal der chinesischen Kultur ist ihre Diesseitigkeit. Sie prägte auch die Einstellung gegenüber dem Tod. Der für Chinesen ideale Tod war und ist der Tod nach einem langen Leben, das gesegnet ist von materiellem Glück, Kindern und Kindeskindern (männlichen Geschlechts), der vorbereitete Tod im Kreis der Familie. Die komplizierten Trauer- und Bestattungsrituale können hier nicht einmal andeutungsweise beschrieben werden. Es genüge der abstrakte Hinweis, daß mannigfaltige Bedürfnisse der Toten zu berücksichtigen sind, die denen der Lebenden vergleichbar sind. In früheren Zeiten schlug sich das in Grabbeigaben nieder, heute darin, daß bei Begräbnissen papierne Repliken irdischen Wohlstandes – Geld, Häuser, Autos etc. – verbrannt werden. Auch nach dem Begräbnis herrscht zwischen Lebenden und Toten eine enge Gemeinschaft: Nach dem Tod wird ein Holztäfelchen des Verstorbenen, worin man seine „Hauchseele" *(hun)* eingeschlossen sieht, in den Hausaltar aufgenommen; dadurch geht der Tote in den Kreis der Ahnen ein. Dagegen muß die zweite der beiden Seelen des Menschen, nämlich die Körperseele *(po),* nach dem Tod hinabstiegen in die Hölle. In der Hölle – eher wäre von Fegefeuer zu reden – wird ihr die Rechnung über die zu Lebzeiten begangenen Taten aufgemacht, sodann ist die Strafe in einer der zehn Höllen abzubüßen, und schließlich wird die Reinkarnation festgelegt – wobei von der Wiedergeburt als ein leidendes Wesen in der Hölle bis zur Wiedergeburt als Gott ein breites Spektrum in Aussicht steht; gleichfalls in der Hölle und vor der Wiedergeburt wird der „Wein des Vergessens" gereicht, auf daß der Wiedergeborene ohne Erinnerung an Erlittenes sich in seinem neuen Leben frei für das Gute oder das Böse entscheiden kann.

Besagte Gemeinschaft zwischen Lebenden und Toten wird meist in Riten, die vor dem Hausalter vollzogen werden, gepflegt. (Eine Verbeugung des Brautpaares vor dem Hausaltar beispielsweise besiegelt die Ehe und ist gleichzeitig der einzige religiöse Anklang bei einer Heirat; ein Priester ist nicht vonnöten.) Einmal im Jahr, am Totengedenktag *Qing ming,* der immer auf den 5. April fällt, stehen hingegen allein die Toten kollektiv im Interesse der Lebenden. Dann werden die Gräber geordnet („gefegt") und – dem Rang des Toten entsprechende – Riten ausgerichtet sowie Opfer dargebracht, die von den Lebenden und den Toten gemeinsam verzehrt werden.

Es liegt im Interesse der Lebenden, den Verstorbenen eine „ordnungsgemäße" Bestattung zukommen zu lassen und sie auch posthum „ordnungsgemäß" zu behandeln. Denn nur solange die Toten wohlversorgt sind, zeigen sie sich als kooperative Ahnen und greifen nicht oder nur günstig in die Welt der Lebenden ein. Aber wehe, die Toten kommen nicht zur Ruhe, weil die Hinterbliebenen ihrer nicht gedenken oder sie nachlässig behandeln! Dann werden sie zu wütenden Dämonen, denen nur daran gelegen ist, Unheil über die zu bringen, die ihren Pflichten des Totengedenkens nicht nachkommen. Das sind in der Regel die Hinterbliebenen, aber es gibt auch Dämonen, die zu einer allgemeinen Gefahr werden können, und zwar vor allem Verstorbene, die keine Nachkommen hinterließen und folglich auf die Dienste und Opfer anderer angewiesen sind, sowie die Seelen gewaltsam Verstorbener, die auf Rache sinnen. Es läßt sich also der Grundsatz aufstellen, daß die Welt zwischen den Lebenden und den Toten dann intakt ist, wenn jeder Verstorbene (für eine probate Zeit) in den Genuß von Opfern und Verehrung kommt.[11]

b) Götter und Dämonen

Die chinesische Vorstellung sieht die Entstehung der Welt nicht als Schöpfungsakt, sondern als einen natürlichen Vorgang, und sie betrachtet alles, was zu dieser Welt gehört, eben auch die jenseitigen Mächte, als eine Einheit. „Wir sind alle in *einem* großen System vereint, und nichts steht außerhalb dieses Systems."[12] Das volksreligiöse Pantheon kennt sehr viele Götter, von denen die meisten vergöttlichte Menschen sind; mitunter werden selbst lebende Menschen als Götter verehrt, und zwar oft für herausragende menschliche Eigenschaften wie Mut, Stärke, Hilfsbereitschaft etc. Auch haben die Götter Namen und Biographien, manche werden sogar als Helden populärer Opern auf die Bühne gebracht. Man hat die Götter der chinesischen Volksreligion schon mit den Heiligen des Christentums verglichen, und tatsächlich teilen Heilige hier und Götter dort ihre menschliche Herkunft.[13] Auffälligerweise verfügen etliche chinesische Götter über Waffen und Truppen. Das ist indes nicht verwunderlich, denn den Göttern als Symbolen der Ordnung steht die Welt der Krankheit, Unheil und Unordnung bringenden Dämonen gegenüber, von denen schon die Rede war. Die meisten von ihnen sind, wie erwähnt, rastlose Tote, Seelen von Menschen also, die einen unrechten Tod starben oder nach ihrem Ableben nicht korrekt behandelt werden.

Ein häufig hervorgehobenes Charakteristikum der Welt der Götter und der Dämonen liegt darin, daß sie in ihrer Organisation der Bürokratie der Kaiserzeit gleicht. Innerhalb der jenseitigen Bürokratie gibt es keine festgefügte Hierarchie, insbesondere gibt es keine omnipotente Gottheit, wenngleich der Jadekaiser analog zum irdischen Kaiser als höchster Gott gilt. Nichtsdestoweniger sind die meisten Götter nur lokale Gottheiten, die keineswegs im gesamten chinesischen Kulturraum verehrt werden: „Die lokale Bevölkerung errichtete ihre eigenen Tempel, setzte eigene Götter ein, beging eigene Feste", schrieb der schon einmal zitierte Autor James Watson, die Volksreligion wirke auf Anhieb wie „kulturelle Anarchie".[14]

Dieser Befund sowie der obige Hinweis darauf, daß die meisten Götter vergöttlichte Menschen sind, legt die Frage nahe, welcher Voraussetzungen es denn bedürfe, damit ein Verstorbener vergöttlicht werde. Sie ist leider weder einfach noch eindeutig zu beantworten, auch ist hier zwischen

Theorie und Praxis zu unterscheiden. Die Theorie ist etwa festgelegt in dem während des 2. vorchristlichen Jahrhunderts kompilierten *Buch der Riten* (Kapitel „Ji fa"), einem konfuzianischen Klassiker. Demnach dürfen nur solche Personen in den Genuß von (offiziellen) Opfern kommen, also vergöttlicht werden, die sich in unterschiedlicher Weise für das Wohl ihres Volkes oder Staates verdient gemacht haben. Aber schon in der Song-Zeit (1127–1276), als die Volksreligion erst richtig greifbar wird, sieht man, daß einfache Leute, die – oft vorzeitig – durch Unfall oder Krankheit, auch im Krieg starben, vergöttlicht wurden.[15] Hoch interessant sind diesbezüglich auch Untersuchungen chinesischer Volksreligion im Taiwan der frühen 70er Jahre unseres Jahrhunderts: Es konnte beobachtet werden, daß in der taiwanesischen Praxis oft Personen vergöttlicht werden, die zu Lebzeiten am Rande der Gesellschaft existierten – fahrendes Volk, das nirgendwo zu Hause ist, Hausierer, Banditen, auch Soldaten, die traditionellerweise nicht für sehr respektabel gelten. Auch sah man, daß etwa für Gebeine, die ausgegraben oder durch Naturgewalten freigelegt wurden und nicht einem bestimmten Toten zuzuordnen waren, ein Schrein errichtet wurde, damit den Gebeinen eine Identität gegeben wurde – was indes seinerseits dazu führen konnte, daß ein Prozeß der Legendenbildung begann, der zur Vergöttlichung führte. Diese Beispiele dürfen freilich nicht so gedeutet werden, daß man in China besonderen Respekt vor unbekannten Toten, verstorbenen Banditen oder Hausierern habe. Sie lassen sich eher damit erklären, daß man Angst vor jedem unbefriedigten Geist hat und jeder unbekannte Tote eine potentielle Gefahr darstellt. Überspitzt formuliert lassen sich die Beobachtungen so zusammenfassen, daß es eine günstige Voraussetzung für die Vergöttlichung einer Person sei, erbenlos zu sterben. Denn, so gilt grundsätzlich, wenn jemand Erben hinterläßt, sind diese zur Ausrichtung der Ahnenopfer verpflichtet, während die Seele des Toten ihrerseits ausschließlich diesen Hinterbliebenen verpflichtet ist.[16]

5. Die Welt der Menschen

a) Gegenseitigkeit zwischen den Menschen und den jenseitigen Mächten

Ein immer wieder hervorgehobenes Kennzeichen der chinesischen Volksreligion ist die sehr pragmatische Grundhaltung der Menschen, die oft mit dem Begriff *Gegenseitigkeit* charakterisiert wird. Wer seiner Ahnen gedenkt und ihnen opfert, will Vergeltung dafür. Wer den Göttern gibt, tut das, auf daß ihm wiedergegeben werde; nicht „bloße Gläubigkeit" läßt ihn opfern, beten und Riten vollziehen, sondern die Hoffnung, daß ein durch ihn begünstigter Gott ihm bei der Erfüllung seiner Wünsche beistehe. Gleiches gilt, wie schon gesagt, für die Opfer, die böse Dämonen besänftigen sollen: Die Angst bringt sie hervor. Die Wünsche nun, die durch die Gläubigen – vielleicht wäre nach dem Gesagten besser von Opfernden zu sprechen –

an die Götter herangetragen werden, erstrecken sich gleichermaßen auf weltliche Ambitionen wie auf postmortale Hoffnungen. Der Wunsch auf eine gute Wiedergeburt und die schnelle Befreiung eines verstorbenen Angehörigen aus den Qualen der Hölle gehört dazu, auch rein weltliche materielle Ambitionen, wie der Wunsch nach Gesundheit, Reichtum oder harmonischem Familienleben, schulischem Erfolg, Kindersegen, leichter Geburt etc. Der nicht immer unmittelbar auf der Hand liegende religiöse Bezug solcher Hoffnungen ist oft mit etwas Phantasie leicht herzustellen, wenn man nur bedenkt, daß das ideale chinesische Leben ein Leben im familiären Verbund ist, ein langes Leben mit großer und materiell gesicherter Nachkommenschaft, die eine lange Verehrung der Ahnen sichert.

Die besagte utilitaristische Einstellung der Menschen zu ihren Göttern mag eine Ursache für die von manchen Beobachtern schon festgestellte Lässigkeit und familiäre Stimmung in chinesischen Tempeln sein. Sie geht sogar so weit, daß die Verehrung eines Gottes abgebrochen werden kann, wenn die ihm gewidmeten Ehrungen fruchtlos bleiben, daß andererseits mächtige Götter, die sich erkenntlich zeigen, indem sie die Wünsche der Opfernden erfüllen, große Karriere machen. Der bereits mehrfach zitierte amerikanische Religionshistoriker Alvin P. Cohen hat am Beispiel des Umgangs mit Regengöttern ein breites Spektrum von Möglichkeiten aufgewiesen, mit denen Chinesen während der Kaiserzeit die Götter zu beeinflussen versuchten. Es reichte vom einfachen Gebet oder dem mit einem den Göttern wohlgefälligen Verhalten einhergehenden Gebet über die Androhung des Selbstmordes des Opfernden und den tatsächlich begangenen Selbstmord, der natürlich zu Lasten des säumigen Gottes ging, bis hin zum offenen Zwang, ja zur Mißhandlung eines Gottes: Da wurden Ehentitel aberkannt, Tempel geschlossen und Götter an unwirtliche Orte verbannt, da konnte auch die Statue eines Regengottes der Sonne ausgesetzt werden, da wurden Götter geschlagen, sogar symbolisch vernichtet.[17] Auch dieses Charakteristikum verbindet die Götter des chinesischen Staatskultes mit christlichen Heiligen, die sich ihrerseits Feilschereien, Drohungen und Bestrafungen gefallen lassen müssen, wie wir nicht vergessen sollten.

Es besteht in der Forschung keine Einigkeit darüber, wie die Tatsache zu interpretieren sei, daß Göttern gegenüber Zwang angedroht und sogar ausgeführt werden kann. Zwei verbreitete Auffassungen seien hier angedeutet: Einer Theorie zufolge haben chinesische Herrscher Zwangsmaßnahmen gegenüber Göttern angeordnet, um „in den Augen einer abergläubischen Öffentlichkeit" zu demonstrieren, daß es ihnen obliege, über die Verehrung der Götter zu bestimmen.[18] Damit verwandt, aber doch nicht identisch, ist die Theorie, daß die jenseitige und die diesseitige Bürokratie nicht grundsätzlich voneinander getrennt seien, daß also folglich ein in der diesseitigen Bürokratie hochstehender Beamter einem in der jenseitigen Bürokratie niedrigeren Beamten befehlen könne: Wenn beispielsweise eine Trockenheit Teile einer Provinz heimsuche, dann „bittet" der Gouverneur nicht etwa die lokalen Regengötter um Regen, vielmehr „befiehlt" er ihnen so unzeremoniell wie möglich, ihrer Pflicht zu genügen und Regen zu senden.[19]

Jedenfalls ist sich der chinesische Gläubige bewußt, daß die Götter (sowie, nicht zu vergessen, die Dämonen und die Ahnen) nicht weniger auf ihn angewiesen sind, als er selbst ihnen ausgesetzt ist, daß Menschen und Götter einander gegenseitig bedürfen. Die Menschen bedürfen der Götter, weil sie ihnen Vorteile erwirken und Nachteile fernhalten können; die Götter andererseits brauchen die Menschen wenigstens aus zwei Gründen: Zum einen hat jeder Gott ein Interesse daran, in dem grundsätzlich offenen Pantheon einen guten Platz zu erhalten und nach Möglichkeit Karriere zu machen, Degradierung und Abstieg aber zu entgehen. Dafür muß er natürlich den höherrangigen Göttern den Nachweis erbringen können, daß er in der Welt der Menschen anerkannt ist, daß ihm, dem Wirkmächtigen, zahlreiche Stätten der Verehrung geweiht sind, reiche Opfer dargeboten, viele ehrende Titel zugeeignet werden. Darüber hinaus haben die Götter der chinesischen Volksreligion sehr menschliche Bedürfnisse, was angesichts der Vorstellung, daß die meisten von ihnen vergöttlichte Menschen sind, leicht verständlich ist: „Die Götter benötigen ebenso wie die Menschen Geld", schreibt Cohen etwa, auch erwähnt er, daß bei Festen Theater und Puppenspiele „zur Unterhaltung der Götter und der Gemeinde" zur Aufführung gelangen.[20]

b) Kontakte zwischen den Menschen und den jenseitigen Mächten

Die Gegenseitigkeit, von der gerade die Rede war, kommt auch darin zum Ausdruck, daß der wesentliche Kontakt zwischen Menschen und Göttern nicht im Gebet, sondern im Opfer stattfindet. Die Opfer stellen letztlich eine Art heilige Kommunion dar, denn es wird davon ausgegangen, daß der Beopferte die Essenz der ihm dargereichten – fleischlichen oder auch vegetarischen – Speisen nimmt und sie dadurch „heiligt", der Gläubige selbst aber ihre materiellen Teile verzehrt. Der mehrfach erwähnte chinesische Pragmatismus kennt übrigens verschiedene Methoden, mit denen eruierbar ist, wie ein Begünstigter auf die ihm dargebrachten Opfer reagiert, wie ja ohnehin Divination und der damit verbundene Versuch, die Zukunft günstig zu beeinflussen, in China von großer Bedeutung sind. Das beginnt bereis damit, daß man Glück zu evozieren versucht, indem man eine Teeschale mit den Schriftzeichen für „Glück" oder „gutes Gehalt" beschriftet, daß man Almanache nach guten und schlechten Tagen befragt, Wahrsager oder Physiognomen aufsucht etc.

Der Kontakt zwischen Menschen und jenseitigen Mächten findet also vor allem, wenngleich nicht ausschließlich, über das Opfer statt, und es sei nicht vergessen, daß auch den Seelen ruheloser Toten, vernachlässigten und heimatlosen Geistern Opfer dargebracht werden, auf daß sie kein Unheil stiften mögen. Aber nicht immer führt das zum Erfolg, nicht in jedem Fall bleibt Unheil aus. Dann wird man mitunter versuchen, ein Medium die

Ursache des Grolls von „ruhelosen Toten“ erkunden zu lassen, auf daß Abhilfe geschaffen werden kann. Auch bedarf es oft exorzistischer Methoden, die im wesentlichen darin bestehen, daß ein Priester von einem Gott einen Befehl erbittet, den er dann dem plagenden Dämon mündlich oder schriftlich mitteilt, auf daß dieser künftig kein Unheil mehr stifte. (Hier äußert sich deutlich die grundlegende Vorstellung von Befehl und Gehorsam, Überlegenheit und Unterordnung, die der diesseitigen und der jenseitigen Bürokratie gemeinsam ist.) Zu den exorzistischen Methoden gehört aber auch die Vertreibung der Dämonen mit Feuerwerkskörpern, Spiegeln, Schwertern oder der Rezitation philosophischer Schriften, die die geordnete Welt beschreiben, welche die Dämonen nicht ertragen.

Man beachte überdies, daß Medien auch im Kontakt zu Göttern eine wichtige Rolle spielen. Götter (sowie rezent verstorbene Menschen) können nämlich von sich aus Personen erwählen, ihnen ihren Willen offenbaren und niederschreiben lassen. Man kennt dieses Phänomen, das in den Offenbarungen des Daoismus eine enge Parallele besitzt und möglicherweise davon beeinflußt ist, seit spätestens dem 11. Jahrhundert, und es ist bis heute zu beobachten. Beachtenswert ist, daß die solchermaßen geoffenbarten Botschaften, die oft als Bücher publiziert werden, ebenso moralische wie lebenspraktische Empfehlungen geben, ja sie können sogar medizinische Rezepturen enthalten. – Damit sind aber zwei weitere Bereiche angesprochen, die mehrfach verknüpft sind, nämlich die Frage nach den sittlichen Werten der Volksreligion und der religiösen Unterweisung sowie die Frage ihrer Organisation.

6. *Sittliche Werte und religiöse Unterweisung*

Die chinesische Volksreligion, ja das chinesische religiöse Denken ganz allgemein, ist keineswegs moralisch neutral. Nicht anders als Judentum und Christentum lege auch die chinesische Volksreligion Wert auf Liebe, Ehrenhaftigkeit und Gerechtigkeit, schreibt Overmyer, der auch Beispiele dafür bietet, daß chinesische ethische Vorschriften im allgemeinen pragmatisch, konservativ und patriotisch sind, daß sie lehren, gute Taten würden letztlich belohnt, und die Menschen sollten mit ihrer sozialen Position zufrieden sein und die Regierung unterstützen.[21] So läßt sich etwa in populären religiösen Texten nachlesen, daß Beamte dem Volk Ordnung bringen sollten, Reiche werden zur Hilfsbereitschaft ermahnt, Gelehrte zum fleißigen Studium angehalten und dazu, die mit dem Studium oft einhergehenden Entbehrungen zu erdulden, Händlern wird die Pflicht zur Fairneß aufgetragen etc.[22] Doch wenngleich solcherlei Vorschriften für ein gesittetes Leben in religiösen Texten Ausdruck finden, so ist doch zu betonen, daß *die religiöse Unterweisung* in der chinesischen Volksreligion stets weniger eine Sache der Priester oder der Allgemeinheit war, auch keine Angelegenheit eines speziellen Religionsunterrichtes in den Schulen. Sie obliegt vielmehr besonders *der Familie,* und hier vor allem den Frauen. Freilich tragen auch die in Tempeln vertriebenen moralisierenden Traktate zur religiösen Unterweisung bei, während Theater- und Puppenspiele, die bei größeren Festen, etwa anläßlich des Geburtstags eines Gottes, in Tempeln zur Aufführung gelangen, neben der Unterhaltung nur sekundär der religiösen Unterweisung dienen können.

7. *Organisation der Volksreligion*

Wie bereits erwähnt, gibt es Besonderheiten, deretwegen man den Begriff „kulturelle Anarchie" zur Charakterisierung der chinesischen Volksreligion angewendet hat. Dazu zählen aber neben der enormen Quantität chinesischer Götter auch Besonderheiten der Organisation, und hier vor allem drei Tatsachen. Erstens kennt die Volksreligion nicht einen oder mehrere zentrale Texte, zweitens sind die Tempel in der Regel autonom und nicht Glied einer langen Kette, drittens entbehrt die Volksreligion einer hierarchisch geordneten Priesterschaft. Dieser letzte Punkt ist von besonderer Bedeutung: Im Gegensatz zu buddhistischen und daoistischen Anlagen wohnen bei Tempeln der chinesischen Volksreligion keine permanenten Kleriker. Die Pflege dieser Stätten, die in ihrer Größe von kleinen Schreinen am Wegesrand bis zu riesigen Arealen mit diversen Tempeln reichen, in denen Dutzende von Gottheiten verehrt werden, obliegt Hütern aus der Nachbarschaft; die finanzielle Verwaltung wird durch ein Nachbarschaftskomitee vorgenommen, das auch sonstige wichtige Entscheidungen trifft; bei besonderen Feierlichkeiten wird gelegentlich ein hochrangiger buddhistischer oder daoistischer Priester eingeladen, während die geringeren Riten durch eine Person ausgerichtet werden, die der Gott des betreffenden Tempels selbst in einem jährlichen Wechsel neu bestimmt. Den Vorstehern bei den Riten obliegt aber nicht die Pflicht zur Evangelisierung der Gemeinde oder zur seelsorgerischen Tätigkeit. Die Priester (man sollte eher von „Kultmeistern" sprechen) sind nicht nur desinteressiert an den Rollen des Predigers, Erziehers oder Seelsorgers; sie sind sogar, wie Arthur Wolf es einmal ausdrückte, darauf bedacht, ihr Wissen als „Berufsgeheimnis" zu wahren, mit, so Wolf, der Folge, daß innerhalb der chinesischen Volksreligion ganz unterschiedliche Sekten und Subsekten entstanden und daß sich zwischen den Vorstellungen der Priester und der Laien unüberbrückbare Gegensätze entwickelten.[23]

IV. Religiöser Daoismus

1. *Begriff*

Wenn man von „religiösem Daoismus" spricht, deutet man unmittelbar an, daß der Begriff Daoismus auch anders spezifiziert werden könnte. Tatsächlich wird im allgemeinen zwischen dem – älteren – philosophischen Daoismus (chin. *Dao jia,* jap. *Dôka*) und dem – jüngeren – religiösen Daoismus (chin. *Dao jiao,* jap. *Dôkyô*) unterschieden. Der erstere ist vor allem in den beiden Werken *Dao de jing* und *Zhuangzi* (4./3. Jh. v. Chr.) konzentriert, der letztere kennt keine zentralen Schriften. Überhaupt ist das Verhältnis zwischen dem philosophischen und dem religiösen Daoismus noch lange nicht bis in Feinheiten geklärt, und erst allmählich beginnt die Überzeugung Fuß zu fassen, daß der religiöse Daoismus „keine in Aberglauben abgesunkene ‚reine Philosophie'" ist.[24] Im folgenden hat ausschließlich vom religiösen Daoismus die Rede zu sein.

2. *Ursprung*

Die Anfänge der daoistischen Religion sind in die ersten Jahrhunderte n. Chr. zu datieren, als Laozi, der Patron des Daoismus, sowohl in breiten Kreisen des Volkes als auch in hohen gesellschaftlichen Schichten als Gott verehrt wurde. Allerdings war dies auch die Zeit der ersten Einflüsse des Buddhismus in China, und es gibt Belege dafür, daß Buddhismus und Daoismus damals nicht klar auseinandergehalten wurden. So ließ etwa im späten 1. Jahrhundert ein Bruder des damaligen Kaisers unterschiedslos Opfer an die daoistischen Patrone Huangdi und Laozi einerseits, Buddha andererseits ausrichten, und ein Jahrhundert später vollzog der Kaiser selbst solche Opfer. Dieses Ineinander von Daoismus und Buddhismus wird schon allein angesichts der Tatsache verständlich, daß die Übersetzer buddhistischer Werke aus Indien daoistisches Vokabular borgten. Mit dem Aufkommen des religiösen Daoismus begann somit eine Allianz zwischen dieser in China gewachsenen und der fremden, aus Indien beigebrachten Religion – eine spannungsreiche Allianz mit religiösen und wirtschaftlichen, politischen und sozialen Aspekten, die bis in die Neuzeit hinein immer wieder an den Kern der Identität Chinas rührte.

Ein grundlegendes daoistisches Argument, das in den buddho-daoistischen Auseinandersetzungen immer wieder gegen die Religion aus der Fremde vorgebracht wurde, ist schon früh greifbar: Bereits im 2. Jahrhundert n. Chr. muß in daoistischen Kreisen eine Theorie aufgekommen sein, der zufolge der Buddhismus im wesentlichen nichts weiter als die für die beschränkten Fähigkeiten der Barbaren reduzierte daoistische Lehre sei. Laozi selbst, so behauptet diese Theorie, habe sich nach langem Wirken in

China dereinst nach Westen begeben, um die Barbaren zu bekehren. Folglich sei einem Daoisten, ja einem Chinesen überhaupt, am Buddhismus nur das akzeptabel, was der Lehre des Laozi entspricht, der Rest sei barbarische Kultur und nicht wert, von China übernommen zu werden.

Nicht minder wichtig als die Begegnung des frühen Daoismus mit dem Buddhismus und ebenso folgenreich wie diese war indes die Tatsache, daß sich der Kult um den vergöttlichten Laozi und die sich daran rankenden Legenden in breiten Kreisen des Volkes messianistischen Heilserwartungen sektiererischer Bewegungen verband. Immerhin lebte man in einer Zeit des Umbruchs: Chinas erste große Kaiserdynastie ging gerade in die Knie, die folgenden Jahrhunderte staatlicher, politischer und sozialer Zerrissenheit kündigten sich an. Nicht zu Unrecht charakterisierte man das Milieu, in dem der religiöse Daoismus aufkam, als von einer „apokalyptischen Stimmung" (Seidel, S. 23) geprägt.

Bereits für das späte 2. und das frühe 3. Jahrhundert unterscheidet man zwei daoistische Sekten, nämlich die Sekte der „Himmelsmeister" *(Tian shi dao)* und die Sekte vom „Weg des höchsten Friedens" *(Tai ping dao)*: Die Sekte der Himmelsmeister geht auf Zhang Daoling (34?–156?) und dessen Enkel Zhang Lu zurück, genauer auf den theokratischen Staat in Westchina, den Zhang Lu unter Berufung auf seinen Großvater zwischen 186 und 216 n. Chr. betrieb. Ihren Namen trägt sie nach dem Titel ihrer Vorsteher; der erste und bekannteste Himmelsmeister war Zhang Daoling selbst, in dem oft der eigentliche Begründer des religiösen Daoismus gesehen wird:

„Im Jahre 142 n. Chr. ... erschien das personifizierte Tao, der ‚Allerhöchste Herr Lao', auf einem Berg in Szechuan (im Westen Chinas) einem Magier namens Chang Tao-ling, verlieh ihm den Titel ‚Himmelsmeister' (T'ien-shih) und schloß mit ihm einen neuen Bund ... Dieser Himmelsmeister Chang Tao-ling ist der Gründer der taoistischen Religion. Der Gott, der ihm erschien, war der im Volk zum höchsten Himmelsherrn erhobene Weise Lao-tzu, der hier eine fast messianische Rolle annimmt." (Seidel, S. 24 f.)

Die von Zhang Daoling begründete Sekte der Himmelsmeister entwickelte sich zu *der* wichtigsten daoistischen Tradition, und noch der heute amtierende 64. Himmelsmeister führt seine Genealogie auf Zhang Daoling zurück. Die daoistische Gemeinschaft, die sich unter Zhang Daolings Enkel Lu zusammenfand, hatte indes nicht nur ein religiöses, sondern auch ein politisches und ökonomisches Interesse. Das zeigte sich etwa darin, daß freies Essen für Bedürftige angestrebt wurde oder daß man durch eine Beteiligung an öffentlichen Arbeiten die Wiedergutmachung von Sünden erwirken zu können glaubte. Solche Überzeugungen und Ideale mögen zum großen Erfolg der Sekte beigetragen haben, ebenso wie ihr Aufruf, noch in einer Zeit des Umbruchs gesittet zu leben, „andere nicht zu betrügen und zu täuschen", wie es eine frühe Quelle (zitiert bei Seidel, S. 25 f.) schlicht sagt. Als weiteren Grund für den Erfolg betrachtet man die Tatsache, daß ihre Führer Krankheiten heilen konnten, wenn die Kranken ihre Sünden bekannten.

Das Überleben der Sekte der Himmelsmeister wird wohl zu Recht damit in Zusammenhang gesehen, daß Zhang Lu die Klugheit hatte, seinen Anspruch, ein weltlicher Herrscher zu sein, de facto aufzugeben, und zwar zugunsten von Cao Cao, dem mächtigsten unter den vielen Kriegsherrn und Glücksrittern des 3. Jahrhunderts. Weit weniger Erfolg war diesbezüglich der zeitgleichen Bewegung „Weg des Höchsten Friedens" *(Tai ping dao)* beschieden, die sich in Ostchina um einen Mann namens Zhang Jue (gest. 184) gruppierte. Auch sie hatte einen politischen Anspruch, ja sie inspirierte Chinas erste große religiös motivierte Erhebung, und sie führte zur Rebellion der Gelben Turbane, die das Ende der Han-Dynastie brachte. Grundsätze der Ideologie dieser daoistischen Bewegung scheinen in dem Werk „Leitfaden zum Höchsten Frieden" *(Tai ping jing)* dargelegt gewesen zu sein. Tatsächlich ist ein Werk dieses Titels überliefert, worin Wege aufgewiesen werden, wie ein Staat das Ideal des Höchsten Friedens erreichen kann und die Menschheit zu erlösen sei. Doch leidet dieser Text ebenso wie viele andere Texte der daoistischen Tradition daran, daß noch kein Nachweis darüber erbracht ist, wie alt er tatsächlich ist, was an ihm auf die Han-Zeit zurückführbar und was späterer Zusatz ist.

3. *Geschichte*

Die Geschichte des Daoismus ist äußerst verwickelt und selbst Spezialisten noch lange nicht ganz klar. Die folgenden Notizen mögen das andeuten: In der Wei-Dynastie, die zwischen 386 und 556 n. Chr. Teile von Chinas Norden beherrschte, wurde der Daoismus auf Betreiben eines prominenten Anhängers der Sekte der Himmelsmeister für kurze Zeit zur Staatsreligion, auch konnte ein offizielles Verbot des Buddhismus erwirkt werden, womit die erste von vielen Buddhistenverfolgungen in China einsetzte. Aber der politische Erfolg der Daoisten währte strenggenommen nur über die Herrschaftszeit eines einzigen Kaisers. Unter religionsgeschichtlichen Aspekten ist die folgende, sehr kurzlebige Zhou-Dynastie des Nordens (557–581) bedeutsam: Damals wurden auf kaiserliche Veranlassung mehrere große Debatten mit zum Teil Tausenden Teilnehmern über die Vorzüge des Buddhismus und des Daoismus geführt – Debatten, die schließlich zu einem *Verbot beider Religionen* führten.

Eine etwas andere Entwicklung als im Norden nahm der Daoismus im Süden Chinas, wo er in die Oberschicht eindrang und im 4. Jahrhundert die Sekte *Shang qing* („Höchste Klarheit") inspirierte – die erste Sekte, die sich in starkem Maße auf Texte berufen sollte, die einem Auserwählten in nächtlichen Visionen offenbart wurden. Man hat Shang qing als „Aristokratendaoismus" bezeichnet (Seidel, S. 33), und tatsächlich haftet ihm ein elitärer Charakter an: Er verzichtete auf jeden institutionalisierten Rahmen und legte Wert auf das individuelle Heil, das seine Anhänger vorwiegend durch Meditation zu erreichen suchten.

Auch eine weitere Sekte des Südens, *Ling bao* (frühes 5. Jahrhundert), stützte sich auf ein Korpus von Schriften, die als Offenbarungen ausgegeben wurden. Überdies strebte diese Sekte aber einen bewußten Synkretismus an, wobei sie nicht nur ältere daoistische Strömungen absorbierte, sondern auch Anleihen beim populären Buddhismus und bei lokalen volksreligiösen Anschauungen machte. Im Unterschied zu dem besagten „Aristokratendaoismus" legte die Ling-bao-Tradition keinen starken Wert auf die Meditation, ihr ging es vielmehr um kollektive Anliegen – ausgeklügelte Riten und eine reiche Liturgie standen im Vordergrund ihrer Bemühungen, „den Kosmos der Götter-, Menschen- und Geisterwelt wieder zu einen" (Seidel, S. 34). Die Sekte kam überdies, wie Seidel (S. 34) schreibt, in enge Berührung mit der Politik: „Affinität der taoistischen Riten mit dem Staatskult des Himmelssohnes kann man z. B. daran erkennen, daß die liturgischen Gewänder der taoistischen Priester (wie auch die Kleidung der taoistischen Götter) bezeichnenderweise der Beamten- und Hoftracht des Kaiserreiches nachgebildet waren."

Unter der Tang-Dynastie (618–906 n. Chr.), als der Norden und der Süden Chinas wieder politisch geeint waren, erfuhr der Daoismus eine starke kaiserliche Förderung. Das hing allerdings mehr mit politischen als mit religiösen Überlegungen zusammen. Das Kaiserhaus führte nämlich seine Genealogie auf den historischen Laozi zurück, und es versuchte, mit Verweis auf diese Beziehung seine Herrschaft zu legitimieren. Kaiser Xuanzong (712–756) persönlich verfaßte einen Kommentar zu Laozis *Dao de jing* (die Offenbarung heiliger Texte trat in der Tang-Zeit zugunsten eines Scholastizismus vorübergehend zurück), daoistische Schriften wurden in das für hohe Beamte prüfungsrelevante und also Karrieren eröffnende Curriculum aufgenommen, auf kaiserlichen Befehl wurden Schriften gesammelt, eine Kopie des *Dao de jing* gelangte nach Tibet, für den Herrscher von Kashmir wurde eine Übersetzung in Sanskrit angefertigt.

In der Song-Dynastie (960–1279 n. Chr.) gewährten zwei Kaiser dem Daoismus offizielle Anerkennung als Staatsreligion, nämlich Zhenzong (998–1022) und Huizong (1101–1125). Letzterer verfaßte, wie vor ihm bereits Xuanzong, einen Kommentar zum *Dao de jing* und machte auch erste Versuche, den Kanon zu drucken. In seine Zeit fällt das Auftauchen neuer offenbarter Schriften und die damit einhergehende Gründung neuer Sekten, ja der Kaiser selbst sollte zum Begründer einer daoistischen Schule *(Shen xiao)* werden. „Er tat dies in dem erfolglosen Versuch, die militärische Ohnmacht des Song-Reiches ... durch göttlichen Schutz auszugleichen." (Seidel, S. 40)

Der eben angesprochenen Song-Dynastie gelang es nur eineinhalb Jahrhunderte lang, ganz China in einer Hand zu haben; weitere eineinhalb Jahrhunderte (1126–1279) mußte sie sich mit der Herrschaft über das südliche China begnügen, während der Norden in Händen der fremden Khitan war. Diese Zeit aber bildete lediglich das Vorspiel für die Mongolen, die bald ganz China beherrschen sollten (Dynastie Yuan 1276–1368

n. Chr.). Unter den zur Zeit der Khitan und Mongolen aufgekommenen neuen daoistischen Zweigen war die Sekte *Quan zhen* von großer Bedeutung und Dauerhaftigkeit. Man kann im Namen der Sekte eine Chiffre für ihre wichtigste Forderung sehen: „Vollkommenheit bewahren" (quan zhen), d. h. ein Leben führen, das die bei Geburt mitgegebenen Potenzen nicht schädigt, sondern ihre Integrität anstrebt. Herausragende Merkmale der Sekte, die bereits in Legenden über ihren Gründer Wang Chongyang (1113–1170) faßbar werden, sind das zölibatäre Leben, das auf Buchwissen weitgehend verzichtende Hoffen auf plötzliche Erkenntnis, aber auch eine gewisse Mildtätigkeit. Ein weiteres Charakteristikum ist der starke Synkretismus, der die „drei Lehren" Konfuzianismus, Daoismus und Buddhismus zu vereinen suchte. So soll schon der Sektengründer ein Curriculum angeordnet haben, das neben daoistischen Schriften eine buddhistische Sutra und sogar den konfuzianischen Leitfaden der Kindespietät *(Xiao jing)* umschloß. Überdies ist die Sekte durch ihre Zurückweisung magischer Praktiken gekennzeichnet, während gerade die zeitgenössische kurzlebige *Taiyi*-Sekte sich durch ihre magischen Praktiken zur Heilung berühmt machte.

Die neben Quan zhen zweite große Sekte der Epoche Song-Yuan war indes *Zheng yi,* „Orthodoxe Einheit". Erste und weitreichende Unterschiede der beiden Zweige bestanden darin, daß die Zheng-yi-Tradition sich nicht dem Zölibat verpflichtete und daß bei ihr das Amt des – verheirateten – daoistischen Priesters vererbbar war. Die Anhänger der „Orthodoxen Einheit" bezogen sich auf das Erbe mehrerer älterer taoistischen Sekten, etwa *Shang qing* (4. Jh.), *Ling bao (5. Jh.) und Shen xiao* (12. Jh.); vor allem aber stellten sie sich in die Tradition der Sekte der Himmelsmeister, und ihre Patriarchen beanspruchten, vom ersten „Himmelsmeister" Zhang Daoling abzustammen. Tatsächlich ist der „Himmelsmeister" in dieser Sekte von zentraler Bedeutung, er ist eine Art *primus inter pares* unter den daoistischen Priestern, der aber nicht die Lehr- und Befehlsgewalt eines „Papstes" besitzt. Der 63. Himmelsmeister floh 1949 vom Festland nach Taiwan, heute amtiert dort der 64. Himmelsmeister. Die daoistische Tradition Zheng yi ist mit anderen Worten bis heute lebendig.

4. *Grundzüge*

a) Der wichtigste Patron des religiösen Daoismus ist Laozi, der sich Zhang Daoling offenbarte.

b) Als offenbart gelten auch zentrale Schriften des religiösen Daoismus, als Übersetzungen des schon immer vorhandenen göttlichen Wortes, das nur wenigen Auserwählten zugänglich ist und ihnen und ihrer Gefolgschaft zum Heil gereichen soll. (Man erinnere sich hier, daß auch in der Volksreligion den Medien als Mittlern göttlichen Willens eine große Bedeutung eigen ist.)

c) Überhaupt ist die Schriftlichkeit ein wichtiges Merkmal des religiösen Daoismus – in der Sekte der Himmelsmeister ist sie schon daran greifbar, daß, als Zeichen der Reue, Sündenbekenntnisse den Krankheiten schickenden Dämonen schriftlich mitgeteilt wurden, auf daß die Dämonen ihren schädlichen Einfluß unterlassen mögen. Es fügt sich hierzu, daß Daoisten das Abschreiben geheiligter Texte als eine verdienstvolle Tat galt. Das wiederum mag dazu beigetragen haben, daß der Kalligraphie unter all den traditionellen Künsten Chinas am ehesten das Beiwort daoistisch zukommt. Die große Rolle der Schriftlichkeit ist schließlich auch an der schieren Menge daoistischer Texte ablesbar: Der daoistische Kanon *(Dao zang)* umfaßt nicht weniger als 1120 Bände, deren einzelne Texte bei weitem noch nicht alle wissenschaftlich erschlossen wurden. Der Kanon ist nach einer schon im 5. Jahrhundert belegten Kategorie in „Drei Grotten" *(San dong)* unterteilt, die ihrerseits jeweils in zwölf Rubriken geordnet sind. Diese Rubriken deuten das breite Spektrum daoistischer Schriften an: Sie beginnen mit Offenbarungen und göttlichen Talismanen, führen über Exegesen, Verhaltensvorschriften und Rituale oder Techniken der Alchimie, Geomantik und Numerologie bis zu Hagiographien und Hymnen.[25]

d) Von Anfang an entwickelte sich der religiöse Daoismus in verschiedenen Sekten. Im allgemeinen heben die verschiedenen Sekten aber eher das Gemeinsame als das Trennende hervor, wie u. a. schon daran erkennbar ist, daß sich spätere Richtungen immer wieder auf ältere berufen.

e) Die Anfänge des religiösen Daoismus werden in engem Zusammenhang mit der politischen Krise der beiden ersten Jahrhunderte n. Chr. gesehen. Seither blieb das Verhältnis des Daoismus zum Staat und den Prätendenten der Macht immer spannungsvoll, es reichte vom religiös motivierten Widerstand gegen die politische Ordnung, wie erstmals im Aufstand der Gelben Turbane, bis zur Legitimation der politischen Ordnung durch Daoisten. Gleiches gilt für den Buddhismus: Auch aus buddhistischen Kreisen wurden Heilsversprechungen gemacht, auch der Buddhismus war den Herrschenden grundsätzlich immer gefährlich und wurde andererseits für die Legitimation der Herrschaft in Dienst genommen. Überhaupt ist zu sehen, daß der Staat ein großes Interesse an den Religionsgemeinschaften Buddhismus und Daoismus hatte. Man erkennt das neben vielem anderen schon daran, daß Streitgespräche zwischen Daoisten und Buddhisten nachgerade staatlicherseits verordnet wurden. Solche Anordnungen sind als ein Teil im Gefüge der staatlichen Kontrolle religiöser Aktivitäten zu betrachten, nicht anders als sogenannte Büros für religiöse Angelegenheiten, die in der Geschichte immer wieder belegbar sind und auch heute das religiöse Leben kontrollieren, wie unten noch zu zeigen sein wird.

f) Von Anfang an bestand ein vielschichtiges Verhältnis zwischen dem Daoismus als genuiner chinesischer Religion und dem aus Indien kommenden Buddhismus. Dabei ging es keineswegs immer zurückhaltend und ausschließlich sachbezogen zu, wie bereits der Titel einer antidaoistischen Polemik aus dem 6. Jahrhundert zu erkennen gibt: *Xiao dao lun,* „Gelächter über das Dao", oder, etwas freier, „Verspottung der Daoisten". Mit großem

Sarkasmus werden in dieser und in vergleichbaren Schriften von buddhistischer Warte aus daoistische Werte, Praktiken und Überzeugungen kritisiert. Da wird z. B. aufgezeigt, daß daoistische Schriften einander widersprechen oder der menschlichen Erfahrung zuwiderlaufen, da wird unterstellt, daß die Daoisten Geschichtsfälschung betrieben, daß sie buddhistische Sutren plagierten, daß ihre Ideale eine Bedrohung der gesellschaftlichen Werte darstellen etc.

g) Auffallend ist die Diesseitigkeit der „messianischen Heilsreligion" (Seidel) Daoismus, und auch hier darf man wieder an Ausführungen über die Volksreligion denken. Eine wesentliche Ausprägung erfährt sie in der Suche nach Langlebigkeit, welche die chinesische Tradition im allgemeinen, den Daoismus im besonderen auszeichnet. Nach daoistischer Ansicht stellt der Körper des Menschen einen Mikrokosmos dar, der in sich das ganze Universum einschließt. Langlebigkeit bzw. körperliche „Unsterblichkeit" wird, abstrakt betrachtet, dadurch erreicht, daß diese Einheit intakt gehalten wird. Die chinesische (daoistische) Tradition hat eine Reihe an Methoden entwickelt, die diesem Ziel dienen sollen. Verschiedene Formen der Meditation zählen ebenso dazu wie alchimistische Methoden (die allerdings schon mehr als einem Adepten auf der Suche nach Unsterblichkeit das Leben kosteten). Erst recht konnten Einschränkungen des alltäglichen Lebens in den Dienst der Langlebigkeit gestellt werden, Einschränkungen der Ernährung etwa, auch bestimmte Techniken des Atmens und der Gymnastik sowie ausgesuchte sexuelle Praktiken.[26]

h) Zu beachten ist gleichfalls, daß schon mit der Sekte der Himmelsmeister daoistische Adepten auf sittliche Werte verpflichtet wurden, selbst in esoterischen Zirkeln. Bereits in frühen Texten werden etwa Fleischgenuß und Blutopfer untersagt, auch werden unsoziale Eigenschaften wie Unzuverlässigkeit, Habgier, Hartherzigkeit und Schwatzhaftigkeit kritisiert, Schmähungen und Verwünschungen verboten, Unzucht getadelt. Viel später, seit dem 12./13. Jahrhundert, finden Traktate zur sittlichen Unterweisung weite Verbreitung, und noch heute legen Daoisten auf eine gesittete Lebensführung Wert. Dabei ist zu berücksichtigen, daß nach daoistischer Ansicht jedem Menschen bei Geburt eine bestimmte Anzahl an Jahren zugesprochen und für jede schlechte Tat im Gegenzug eine bestimmte Zahl an Jahren abgezogen wird, so daß die Verwirklichung des Ideals eines langen Lebens in praxi eng mit dem persönlichen Verhalten verknüpft ist. Überdies entwickelten Daoisten unter buddhistischem Einfluß die Idee eines Karma-bedingten posthumen Lebens und einer gleichfalls vom Karma abhängigen Wiedergeburt.

V. Zur Situation des religiösen Lebens in der Volksrepublik China

1. *Religionsfreiheit und staatliche Kontrolle*

Seit 1954 garantiert jede Verfassung der 1949 ausgerufenen Volksrepublik China Religionsfreiheit, doch „variierten Wortlaut wie auch Durchführung dieser Rechte im Laufe der Jahre“[27], auch versuchte die kommunistische Partei über das 1954 eingerichtete „Büro für religiöse Angelegenheiten“ erfolgreich, das religiöse Leben zu steuern. Mit Beginn der Kulturrevolution kam die grundsätzlich religionsfeindliche Haltung der Partei und der Regierung schließlich auf einen Höhepunkt: 1966 wurden „alle Religionen insgesamt verboten“ (MacInnis, S. 33). Erst zwei Jahre nach dem Tod Mao Zedongs (1893–1976) lockerte das Zentralkomitee der kommunistischen Partei die restriktive Religionspolitik, so daß ab Herbst 1979 „die ersten Kirchen, Moscheen und Tempel wiedereröffnet“ wurden (MacInnis, S. 39), „erneut auf Religionsfreiheit“ gesetzt wurde (MacInnis, S. 27). Auf eine nach wie vor begrenzte Freiheit indes, wie Artikel 36 der Verfassung der Volksrepublik China von 1982 bestimmt, wo einerseits jedem Bürger Glaubensfreiheit zugestanden und der Staat zum Schutz „normaler religiöser Tätigkeiten“ verpflichtet wird, wo gleichzeitig enge Grenzen für religiöse Aktivitäten und religiöse Organisationen gezogen werden.[28] Viel anschaulicher als der Gesetzestext ist allerdings eine gleichfalls 1982 an die Partei- und Regierungskader aller Ebenen ergangene Direktive des Zentralkomitees mit dem Titel „Die grundlegende Sicht und Politik in der Religionsfrage während der sozialistischen Periode unseres Landes“. Im folgenden einige Auszüge des in *Religion im heutigen China* (S. 41–63) übersetzten Dokumentes, das MacInnis als „die entscheidendste Erklärung über Religion und Religionspolitik, die jemals von der chinesischen kommunistischen Regierung abgegeben wurde“, betrachtet: Bereits in den ersten Sätzen gibt das in Sprache und Argumentation von spröder Sachlichkeit geprägte Dokument der Gewißheit Ausdruck, daß Religion „aus der Menschheitsgeschichte verschwinden“ werde (MacInnis, S. 43) und in der Volksrepublik China die „klassenbedingten Ursachen für die Existenz der Religion im Grunde genommen“ nicht mehr existieren (ebd.); andererseits, so gelte es zu bedenken, „lassen sich altes Denken und alte Gewohnheiten nicht in kurzer Zeit ausmerzen, da das Bewußtsein der Menschen hinter der sozialen Realität hinterherhinkt“ (ebd.), und keineswegs könne man religiöses Denken und Handeln mit Gewalt „wie im Handumdrehen auslöschen“ (MacInnis, S. 44). Selbstkritisch konzidiert das Zentralkomitee auch, daß seit Gründung der Volksrepublik China „unsere Partei in bezug auf die religiöse Frage einen Weg voller Widersprüche gegangen“ sei (MacInnis, S. 45) und in der Kulturrevolution eine in den späten 50er Jahren begonnene Feindschaft gegenüber Religiösem kulminiert habe. Dergleichen Fehler wie damals, als Menschen ohne Rücksicht auf ihre politische

Gesinnung und allein mit Verweis auf ihre religiöse Haltung als „Objekte der Diktatur" (MacInnis, S. 46) behandelt wurden, dürften nicht wiederholt werden; vielmehr gehe es „grundsätzlich darum, die Massen der Gläubigen und Nichtgläubigen so zu vereinen, daß sie ihren ganzen Willen und ihre Kraft dahingehend einsetzen, einen modernen, machtvollen, sozialistischen Staat aufzubauen" (MacInnis, S. 49).

In solchen Worten kommt klar das Ziel der seit den 80er Jahren bis heute herrschenden Religionspolitik zum Ausdruck: Die Religionspolitik steht im Dienst des Aufbaus und des Erhalts eines wirtschaftlich und politisch geeinten China – eines Reiches, das durch enorme zentrifugale Kräfte, nicht zuletzt religiöser Art, gefährdet ist. Dieses Ziel dürfe durch das Beharren auf einer ideologisch reinen, also konsequent religionsfeindlichen Politik nicht gefährdet werden. Ohne Zweifel sind sich aber Chinas Parteibonzen ihrer Gratwanderung zwischen politischem Utilitarismus und ideologischer Reinheit bewußt. Man beachte nur, daß die Direktive „die grundlegende Sicht und Politik in der Religionsfrage während der sozialistischen Periode unseres Landes" Mitgliedern der Partei ganz selbstverständlich verbietet, sich religiös zu betätigen: „Aus der Tatsache, daß unsere Partei eine Politik der Religionsfreiheit durchführt, folgt nicht, daß Mitglieder der kommunistischen Partei frei sind, einem religiösen Glauben zu folgen. Die Politik der Religionsfreiheit ist auf die Bürger unseres Landes ausgerichtet. Sie gilt nicht für Parteimitglieder." (MacInnis, S. 55)

Insgesamt trägt die schon angesprochene Mischung zwischen Freiheit und Kontrolle, die den Artikel 36 der Verfassung kennzeichnet, auch die Direktive des Zentralkomitees. Was nicht auszumerzen ist, das soll doch wenigstens kontrolliert, auch in Dienst genommen werden. „Alle normalen religiösen Aktivitäten ... sollen von den religiösen Organisationen und Gläubigen selber geleitet werden", heißt es vielversprechend (MacInnis, S. 53), doch dann folgt die Einschränkung: „Alle patriotischen religiösen Organisationen sollen der Führung der Partei und der Regierung unterliegen." (MacInnis, S. 54) Und auch das ist ein Teil der kontrollierten Religionsfreiheit, daß *Missionierung* in China verboten ist und jede Unterstützung der dort tätigen Weltreligionen durch das Ausland einem strengen Reglement unterliegt. Das wiederum hindert freilich nicht vor einem nüchternen, bisweilen kalt berechnenden Kalkül. So meldet die Zeitschrift *China Heute* etwa folgendes: „Bekannt ist ..., daß Christen in letzter Zeit zunehmend finanziell mißbraucht werden. So sind ... mehrfach Katholiken verhaftet und nur gegen Lösegeld freigelassen worden. Andererseits scheint die Regierung neuerdings *joint ventures* der Kirche mit ausländischen Geldgebern zu befürworten. Mancherorts treten Behörden sogar an die Gemeinden mit der Bitte heran, ausländische Geldgeber für Unternehmungen zu finden."[29]

2. Status von Religion in der Volksrepublik China

Die Verfassung der Volksrepublik China macht keine näheren Angaben dazu, ob die durch Artikel 36 garantierte Glaubensfreiheit sich auf alle oder nur einige Religionen erstrecke. Aufschlußreicher ist auch hier die gerade vorgestellte Direktive des Zentralkomitees der Kommunistischen Partei von 1982: „In China gibt es mehrere Religionen", heißt es dort (MacInnis, a. a. O., S. 44), und es werden sogleich Angaben über Alter und Zahl der Anhänger von den fünf Religionsgemeinschaften Buddhismus, Daoismus Katholizismus, Protestantismus und Islam gegeben. Demnach wären also, gemäß der Deutung der Direktive „die grundlegende Sicht und Politik in der Religionsfrage während der sozialistischen Periode unseres Landes", die Anhänger dieser fünf Religionen (Buddhismus, Daoismus, Katholizismus, Protestantismus und Islam) durch die Verfassung geschützt. Aber ein weiteres Dokument desselben Zentralkomitees, worin Religion und feudaler Aberglaube voneinander abgegrenzt werden sollen,[30] will unter Religion „hauptsächlich die Weltreligionen, wie Christentum, Islam, Buddhismus und dergleichen", verstehen, scheidet also den Daoismus als Religion aus.

Damit wird ein in der Religionspolitik Chinas sehr wichtiges Problem angesprochen, nämlich die Frage, wo die Grenzen zwischen Religion und Aberglauben sowie zwischen Religion und volkstümlichen Bräuchen liegen: Die schon mehrfach erwähnte Direktive des Zentralkomitees von 1982, die ja schließlich Kadern und Beamten eine Handhabe für den Alltag bieten soll, nennt Physiognomie, Wahrsagerei und Geomantik „abergläubische Praktiken", gegen die das Gesetz stehe. Und durch folgende Definition, die ebenfalls den Stempel des Zentralkomitees der kommunistischen Partei trägt, werden deutlich wesentliche Aspekte der Volksreligion als abergläubisch kritisiert: „Unter Aberglaube verstehen wir im allgemeinen die Mittel und Aktivitäten von Schamanen und Zauberern wie magische Medizin, magisches Wasser, Wahrsagerei, Vorhersagen der Zukunft, Unglücksvermeidung, Beten um Regen, Beten um Schwangerschaft, Dämonenaustreibung, Wahrsagen durch Physiognomie, das Lokalisieren von Plätzen für Häuser und Gräber durch Geomantik usw. All dies ist absurd und lächerlich. Keiner, der einige Grundkenntnisse besitzt, wird daran glauben." (MacInnis, S. 72)

Eng mit der hier angesprochenen Frage nach den Grenzen zwischen Religion und Aberglaube hängt die Frage zusammen, wer denn vernünftigerweise überhaupt einen Anspruch haben kann, religiös tätig zu sein. In der viele Nationalitäten einschließenden Volksrepublik China soll im besonderen den ethnischen Minderheiten Freiheit zur Ausübung ihrer Religionen zugestanden werden. Denn, so wird argumentiert, Religion und Bräuche mit (ursprünglich) religiösem Charakter lägen eben gewissermaßen im Wesen der ethnischen Minderheiten. Gegenüber der Han-Bevölkerung indes, den „eigentlichen Chinesen" also, seien andere Maßstäbe anzulegen. Hier nämlich, so die Direktive des Zentralkomitees, „gibt es im Grunde keinen

Zusammenhang der Volkszugehörigkeit mit der Zugehörigkeit zum Buddhismus, Daoismus, Katholizismus oder Protestantismus". (MacInnis, S. 57)

3. Schwierigkeiten der Forschung

Es gibt keine offiziellen absoluten Zahlen über die religiösen Aktivitäten in der Volksrepublik China, und selbst wenn es sie gäbe, müßte ihnen mit großer Skepsis begegnet werden, wie an einem einzigen Beispiel deutlich gemacht werden soll: Die Zahl der Katholiken sei zwischen 1949 und etwa 1980 von 2.7 auf 3 Millionen gestiegen, die der Protestanten von 700 000 auf 3 Millionen, behauptete das Zentralkomitee im Jahre 1982. Für 1991 aber melden Angaben aus Hongkong 3 600 000 Katholiken in der Volksrepublik China, für 1992 zählen dieselben Quellen ca. 10 Mio. Katholiken, für 1993 weiß man „nach neuesten Geheimdokumenten der KP Chinas" gar von 64 Millionen Protestanten und 12 Millionen Katholiken.[31]

Ganz unbhängig davon, wie groß die Zahl der Christen in China nun tatsächlich ist, ist es doch ratsam, jede offizielle Statistik aus der Volksrepublik China mit Mißtrauen zu beäugen. Denn mit jeder Information kann ja ein eminentes politisches Interesse verbunden sein, eine Demonstration der Toleranz etwa, eine Beschwichtigung ehtnischer Unruhen oder eine Beruhigung (möglicher) ausländischer Investoren. Auch dafür ein Beispiel, eine Meldung der FAZ vom 27. 4. 1993: Am Tag des Totengedenkens begab sich der Gouverneur der – nicht eben wohlhabenden – zentralchinesischen Provinz Shaanxi in Begleitung von Chinesen aus Taiwan und Hongkong zum Grab des legendären Gelben Kaisers, um dort seine Reverenz zu erweisen. Die Gäste aus der Fremde wußten das zu schätzen, sie spendeten insgesamt 1.75 Millionen Yuan (500 000 DM)!

Dem mißtrauischen Beobachter wird es auch als merkwürdig auffallen, wenn, wie jüngst geschehen, einer der namhaftesten Religionswissenschaftler Chinas in einer europäischen Fachzeitschrift sich in Lob darüber ergeht, daß es Gelehrte und Missionare aus dem Westen gewesen seien, die Ende des 19., Anfang des 20. Jahrhunderts die Chinesen lehrten, ihre eigenen Religionen systematisch zu erforschen. Und wenn er der Hoffnung Ausdruck verleiht, chinesische und westliche Gelehrte mögen künftig das Feld der Religionswissenschaft gemeinsam bestellen, während er gleichzeitig den Marxismus als „führende Ideologie und Methode" religiöser Forschung in der Volksrepublik China bezeichnet und begrüßt.[32] Erschwerend kommt hinzu, daß die Arbeitsmöglichkeiten der wenigen ausländischen Forscher in der Volksrepublik China keineswegs günstig sind – angewiesen auf Interviews mit offiziell genehmigten Partnern, die den Allgemeinplatz dem Detail vorziehen, wenn sie denn überhaupt Detailkenntnisse haben. So mußte etwa der schon öfter erwähnte Donald MacInnis beobachten (a. a. O., S. 28), daß selbst Gläubige kaum mehr als das wissen, „was in ihrer unmittelbaren religiösen Gruppe geschieht".

VI. Einschätzung der künftigen Entwicklung

Die künftige Entwicklung des religiösen Lebens in der Volksrepublik China ist nur äußerst schwer zu prognostizieren, allein schon deswegen, weil sie in hohem Maße von der offiziellen Religionspolitik abhängen dürfte, die ebenso unberechenbar ist wie andere Bereiche der Politik Chinas auch. Beachtenswert ist außerdem mindestens folgendes:

1. Die Tiefe der Religiosität und die Wichtigkeit der Religion für Chinesen ist nicht wirklich einschätzbar. Das berührt die – hier beiseite zu legende – Frage, wie religiös Chinesen überhaupt sind; es berührt des weiteren die Frage, wie die religionsfeindliche Politik der Volksrepublik China, insbesondere zur Zeit der Kulturrevolution, überhaupt wirkte. Trug sie, wie gewünscht, zur Ausmerzung der Religion bei oder förderte sie im Gegenteil sogar das, was sie unterdrücken wollte? Es gibt immerhin Anzeichen dafür, daß selbst Marxisten in China die strenge Religionsfeindlichkeit als letztlich doch religionsfördernd interpretieren,[33] aber auch westliche Beobachter sind beeindruckt von dem insgesamt konservativen religiösen Leben in der Volksrepublik China.

2. Ein weiteres Indiz daür, daß die religionsfeindliche Politik der vergangenen Jahrzehnte nicht die erwünschten Früchte trug, und gleichzeitig eine Erinnerung daran, daß traditionellerweise im volksreligiösen Pantheon vergöttlichte Menschen zu Hause sind, liefert Mao Zedong. Im Jahre seines hundertsten Geburtstages (1993) scheint eine bereits Jahre zuvor hier und da belegte Bewegung angeschwollen zu sein, die Beobachter als *Vergöttlichung Mao Zedongs* bezeichnen: Photographien Maos sah man besonders häufig in Personen- und Lastkraftwagen, wo sie dem Fahrer Glück bringen sollen, Halsketten mit Abbildungen Maos werden neben buddhistischen Symbolen oder Kruzifixen feilgeboten, es wurde beobachtet, daß Statuen Mao Zedongs in Hausaltären aufgestellt sind, daß Darstellungen Maos verehrt werden.

3. Ebenso wie Politiker und Parteibonzen in China, so tut sich auch der fremde Beobachter mit dem Ineinandergehen von Kult und Kommerz, Religion und Folklore schwer. Wenn beispielsweise gemeldet wird, daß im Januar 1993 binnen einer Woche über 200 000 Menschen „zur Begrüßung des Frühlings" den daoistischen Tempel Bai yun guan in Peking aufsuchten und an Feierlichkeiten teilnahmen, bei denen „es sich nicht nur um verschiedene folkloristische Veranstaltungen ..., sondern auch um religiöse daoistische Rituale" handelte,[34] dann wird niemand behaupten, die Besucher seien allesamt Daoisten gewesen, aber es wird auch keiner zu sagen wissen, wie viele „religiöse Daoisten" unter den Besuchern waren.

In engem Zusammenhng damit steht die Frage nach den Auswirkungen des Pilgertourismus, der seit einigen Jahren insbesondere zwischen Taiwan und der Volksrepublik China im Wachsen begriffen ist, ein Phänomen von zweifellos vielschichtiger Bedeutung:

„Die Schnelligkeit und Intensität, mit der von der Bevölkerung innerhalb weniger Jahre auf kultischer Ebene ... der lange unterbrochene Kontakt wiederhergestellt wurde, weisen nicht nur auf ein offensichtliches religiöses Bedürfnis der Menschen hin [,] sondern auch darauf, daß die chinesische Volksreligiosität über mehr innere Kohäsion, Kontinuität und Überlebenskraft verfügt, als bisweilen angenommen. Das integrative Potential der chinesischen religiösen Glaubensformen, der chinesischen Tempelkulte, etc. kann meiner Meinung nach jedoch derzeit nur schwer zuverlässig eingeschätzt werden."[35]

Thomas Immoos

SHINTO

I. Einführung

Shinto, d. h. Weg der Götter, umschreibt in vagen Begriffen die archaische Weltanschauung und das religiöse Brauchtum des japanischen Volkes, wie sie sich seit Urzeiten mit der Ausbildung der nationalen Identität auskristallisierten. Das bedeutet, daß die Erfassung seiner Gehalte und Kultformen sich zu orientieren hat an den Befunden der Frühgeschichte und der weitgehend ungelösten Frage nach der Herkunft des japanischen Volkes und nach verschiedenen Einwandererströmen aus Südasien und vom asiatischen Kontinent. Da schriftliche Dokumente in Japan selbst erst seit dem 8. Jahrhundert zur Verfügung stehen, ist man, abgesehen von spärlichen Hinweisen in chinesischen Berichten, in erster Linie auf archäologische Funde angewiesen, doch erlaubt auch die Analyse noch heute lebender Kultbräuche in ländlichen Regionen Rückschlüsse auf frühere Formen und auf das ihnen zugrundeliegende Weltbild, denn Japan beweist immer von neuem eine außerordentlich konservative Haltung in der Bewahrung seiner kulturellen und religiösen Traditionen. Nicht zuletzt lassen sich auch aus der klassischen Literatur Rückschlüsse auf altes Ritual ziehen; denn in der Sammlung der Zehntausend Lieder des „Manyoshu" (8. Jh.), in mittelalterlichen Romanzen und in Frühformen des Theaters findet man weit mehr Hinweise auf archaisches Ritual, als die zünftige Literaturwissenschaft bisher wahrgenommen hat. Wertvoll ist auch das Vergleichsmaterial der südlichen Inseln von Okinawa, weil hier der Buddhismus weniger tiefe Wurzeln schlug. Hier überleben sogar Formen eines weiblichen Priestertums (Noro) aus einem sonst weitgehend vergessenen Matriarchat.

1. *Die Anfänge*

Anscheinend wurde Japan eher spät besiedelt. Im Neolithikum tritt die Muttergöttin mit ihren Symbolen in Keramiken und Statuen in Erscheinung. Das Mana-Denken der Südsee-Insulaner hinterläßt Spuren im Brauchtum, wie auch der Analogiezauber der Naßfeldbauern, die aus Südasien den Reisbau einführten. Die Kultsymbole der schwertbewehrten Reitervölker aus den Steppen Zentral- und Nordasiens stehen in Zusammenhang mit Schamanenritualen. Man vermutet, daß ein Grundstock der

Bevölkerung Träger der neusteinzeitlichen Jomon-Kultur war, der spätere Einwanderer, die vermutlich nur in kleineren Gruppen das Inselland erreichten, absorbierte, ohne seine Identität wesentlich zu verändern.

Wenn hier am Rande der bewohnbaren Welt vielfältiges religiöses Brauchtum ineinanderströmte, bestand kaum ein Bedürfnis nach Definierung der Eigenart. Erst als der Weg Buddhas (Butsudo) sich in Japan ausbreitete (und mit dem mächtigen Einströmen der chinesischen Kultur auch die Mystik und Magie des Taoismus und die Ethik des Konfuzius rezipiert wurden), besann man sich auf die einheimischen Traditionen und prägte dafür den neuen Begriff Shinto. Das chinesische Wort Shin bezeichnet einen Gott oder Geist, und To steht für Tao, Weg, Urprinzip, Lehre.

2. *Wortprobleme*

Im Begriff „Shinto" steckt das chinesische Wort „Shen". Ein erster Versuch der Darstellung einer Theologie des Shinto von Professor Kenji[1] Ueda spricht Bedenken aus gegen die Übernahme dieses chinesischen Worts für den japanisch eigentlich gemeinten Begriff Kami, dessen Inhalte grundverschieden sind, weshalb die Gefahr irrtümlicher Projektionen gegeben sei. Der Chinese versteht unter Shen eine transzendente Wesenheit, die sich dem Zugriff des diskursiven Denkens entzieht. Konfuzius selbst spricht von Shen wiederholt in Wendungen, die eine Person bezeichnen, an die er ständig Gebete richtet, von deren Willen er sich wohlbeschützt fühlt, aber er wagt darüber keine näheren Aussagen.[2] Das japanische Wort Kami impliziert andere Gehalte. Schon Franz Xaver (Missionr der Jesuiten, 1506–1552) vermied aus guten Gründen die Übernahme dieses Wortes für den christlichen Gottesbegriff und zog das lateinische Deus vor. Die katholische Kirche der Neuzeit übernahm aus gleichen Gründen das in China neu geschaffene Wort Tenshu, Himmelsherr, bis in die Nachkriegszeit hinein. Erst nach Ende des Zweiten Weltkrieges nahm man an, daß der heutige Bewußtseinszustand die Verwendung von Kami für „Gott" auch in der Bibelübersetzung und im christlichen Kult rechtfertige. Trotzdem erhebt der amerikanische Theologe William Woodard die Forderung, zur Vermeidung von Mißverständnissen das Wort Kami als Fremdwort ins Englische aufzunehmen, genau wie Allah und Jahwe.[3]

3. *Kami*

Als Ausdruck für die Lebensorientierung und das Wertgefühl des japanischen Volkes gründet Shinto auf einer spezifischen Welterfahrung, eben der des „Kami". Mit Kami ist kein abstrakter Begriff gemeint, der ein Wesen bezeichnete, das ontologisch von allen anderen Wesen verschieden wäre. Kami konnotiert alle Wesen, die ein numinoses Erlebnis vermitteln, sei es ein heiliger Berg, ein Wasserfall, ein Kulturheroe oder jenseitige Wesenheiten. Das Attribut Kami kommt ihnen nicht zu als ontologische Kategorie, sondern weil sie von Menschen als ehrfurchtgebietend erlebt werden. In diesem Erlebnis offenbart sich etwas Göttliches in seiner Erscheinung vor den Menschen. Es inspiriert ein Gefühl, das Rudolf Otto als das Numinose, das Heilige definierte. Der Philosoph Keiji Nishitani vergleicht diese Urerfahrung mit dem, was Plato das wahre, wirkliche Sein nennt, das als Idee in den Phänomenen aufleuchte. Die wahre Wirklichkeit eines Wesens präsentiert sich als Macht, Kraft, Kreativität und in einer weiteren Entwicklung als Licht, Leben, Pneuma. Die Wesen, in denen solche Eigenschaften sich offenbaren, sind aber nicht Inkarnationen aus einer anderen Welt, sondern gehören völlig der Naturordnung an, deren wahre, authentische Wesenheit sie enthüllen. Die Selbstoffenbarung dieses Wesens und dessen Rezeption durch Person führen diese zur Bewußtwerdung ihrer eigenen Wesenheit.

In diesem Erlebnis wird die Zeit gleichsam aufgehoben. Diese Begegnung mit der wahren Natur fordert als Voraussetzung in der Tiefe des eigenen Wesens die Reinigung von Körper und Geist: Das wahre Herz, Magokoro, worin sich das den Kami gewidmete Leben erfüllt. Nach Nishitani wäre ein so interpretierter Shinto Ausdruck für eine universelle, fundamentale Erfahrung, die allen Religionen zugänglich ist. (Der Shinto aber betont, daß das Göttliche im Himmel und auf Erden in Erscheinung tritt, in allen Dingen, die existieren, vor allem aber auch im Menschen, der in der Welt lebt und an ihr arbeitet.)

Shinto nun als „Weg“ (to = tao = Weg) vollzieht sich als Prozeß in den wechselnden Substraten, die eine Seele, Mitama, aufnehmen können. Seele bedeutet hier eine mystische Kraft, die in Menschen, Tieren und Pflanzen, aber auch in materiellen Dingen und in der Landschaft sich niederlassen kann. Dadurch gewinnen diese Substrate Anteil am Göttlichen.

Wesentlich ist die Überzeugung, daß die gleiche geistige Lebensenergie, Musubi (creative evolution), Götter und Menschen und alle Naturphänomene durchströmt. Leben ist ein ewig verlaufender Prozeß von Werden und Vergehen, dem die Götter genauso unterworfen sind wie Mensch und Natur. Alle bedürfen der periodischen Erneuerung dieser Seelenkraft, denn auch die Götter sind begrenzte Wesen in ihrer Situierung an einen Ort (Berg, Insel) oder an einen Schrein, bzw. in der Reduzierung auf eine Funktion (Gott des Reisens, der Jagd, besonderer Handwerke etc.). Prinzipiell kann jeder Mensch, jeder Gegenstand, jedes Naturphänomen in die Kami-Sphäre erhoben werden; das ist aber nicht als Apotheose zu verstehen, sondern als Offenbarung der ursprünglichen Qualität, als Hierophanie.[4]

Shinto-Gelehrte betonen, daß der japanische Polytheismus sich deutlich abhebt von ähnlichen Traditionen in Griechenland oder in Indien, weil seine Götter wesentlich unsichtbar bleiben. Sie sind ursprünglich gar nicht in Menschengestalt inkarniert und auch nicht in Statuen und Bildern dargestellt. Wo ein Schrein errichtet wurde, waren sie, wie in der minoischen

Religion des alten Kreta, nicht in Idolen repräsentiert, sondern in Symbolen: Spiegel, Schwert, Edelstein etc. Ihre Offenbarung ist eher in Naturphänomenen erlebbar, vor allem aber an heiligen Orten; sie können aber auch von Menschen oder von Tieren Besitz ergreifen durch den Prozeß der Besessenheit.[5]

Der Ethnologe Keiji Iwata findet die nächste Verwandtschaft zu Shinto im Hinduismus, weil beide Religionen keinen Stifter kennen und ursprünglich auch keine allumfassende Organisation entwickelten. Beide umfassen Elemente des Volksglaubens aus verschiedenen Traditionen, wuchsen aus alten Kultbräuchen und beeinflussen über die religiöse Dimension hinaus die Gesellschaftsstruktur und das populäre Wertsystem.[6]

Wenn Jean Herbert 47 Vergleichpunkte zwischen Shinto und Hinduismus zusammenstellt, braucht man keineswegs seine Andeutung einer möglichen Diffusion von Indien in den Fernen Osten zu akzeptieren. Ähnlichkeiten mögen sich ergeben aus der Tatsache, daß der Mensch überall mit den gleichen Fragen von Leben und Tod, von Chaos und Kosmos etc. konfrontiert ist.[7] Michael Grant nennt mit Recht alle Mythen Dialekte einer einzigen Sprache, nämlich die Magna Charta unseres Universums.[8] Deshalb ist es nicht erstaunlich, daß George Sioris in einem Vortrag in der Asiatic Society of Japan zahlreiche Parallelen zwischen griechischen und japanischen Mythen anführen kann.[9]

4. Shinto und japanische Identität

Ein reiner Shinto ist kaum zu definieren, denn schon in den frühesten erfaßbaren Dokumenten schlugen sich kontinentale Einflüsse nieder. Shinto aber formt das Lebensgefühl und die soziale Struktur des Volkes, sein Wertsystem, sein Denken und Handeln, auch wenn seine Weltanschauung nie in formalen Begriffen definiert wurde. Im Shinto wurzelt die nationale Identität. Deshalb wagte Wilhelm Gundert die Aussage, Shinto sei der Glaube des japanischen Volkes an sich selbst.[10]

Gewiß lieferte der Konfuzianismus Prinzipien der Ethik und des Gesellschaftssystems und ein komplexes Modell für die politische Organisation des Staates. Gewiß regte der Buddhismus die Philosophie und mystische Spekulation an und trug zur Entfaltung der Künste bei, so daß sich dem japanischen Volk gerade in der Erfahrung des Schönen ein Fenster in die Transzendenz eröffnete; aber alle geistigen Importe schlugen nur Wurzeln, insofern sie sich in das shintoistische Lebensgefühl einfügten. Dem radikalen Inklusivismus des Shinto ist das Grundgesetz des japanischen Lebens, die Harmonisierung aller Gegensätze, zu verdanken. Revolution ist in diesem System nicht vorgesehen. Alles Adoptierte wird hier adaptiert, bis es u. U. sogar sein ursprüngliches Gesicht verliert. Diese Flexibilität ließ von seiten der Religion keinen Widerstand erstehen gegen die Modernisierung des Landes, in der Meiji-Zeit ebensowenig wie im 6. und 7. Jahrhundert während der Einführung der chinesischen Kultur. Dem Shinto ist zu verdanken, daß man von einem unwandelbaren Volk sprechen kann.[11] Auf diesem Sachverhalt gründet die Frage, ob und inwieweit Japan, trotz seiner modernistischen Fassade, tatsächlich einen modernen Staat und eine moderne Gesellschaft verwirklicht. Daran schließt sich die andere Frage, ob es sich bei diesem Brauchtum des Shinto wirklich um Religion handelt und nicht vielmehr um Folklore.[12]

Shinto ist heute relevant nur für Japaner. (Er ist keine missionarische Religion, der man durch Glaubensbekenntnis oder Bekehrung beitreten könnte, sondern man gehört ihm an durch Blutsbindung als Japaner. Er entsendet keine Missionare und kennt keine Märtyrer, die für eine absolute Wahrheit Zeugnis ablegen.) Heute ist von einem gefühlsmäßig in der Psyche verwurzelten Shinto kein Beitrag zum Weltethos zu erhoffen, wie Hans Küng ihn von den Religionen fordert. Im Gegenteil begründet und verstärkt Shinto jene introvertierten Traditionen in der japanischen Gesellschaft, die einer Internationalisierung widerstreben. Die Soziologin Chie Nakane arbeitet ihr Paradigma heraus in der Dichotomie von Innen (uchi) und Außen (soto), wonach das ganze Lebensgefühl in dem Maße durch die Stellung in der Gruppe determiniert wird (Großfamilie, Dorf, Firma, Staat), daß alle Gesetze und Verpflichtungen nur innerhalb der Gruppe Geltung beanspruchen. Was außen geschieht, ist keiner ethischen Wertung unterworfen, weshalb die „Bewältigung der Vergangenheit", die Sühne für die Kriegsverbrechen im Ausland, nicht als drängendes Problem empfunden werden. Aber auch der Gedanke der weltweiten Solidarität für die Entwicklungsländer und für die Armen ist in der zweitstärksten Wirtschaftsmacht der Welt keineswegs in das allgemeine Bewußtsein gedrungen. Ein allgemeines Liebesgebot kennt der Shinto nicht.[13]

II. Begriff

Shinto, d. h. „Weg der Götter", ist ein Sammelbegriff für die kaum definierten religiösen Riten und die ihnen zugrundeliegenden Vorstellungen und Lebenshaltungen des japanischen Volkes, wie sie sich seit Urzeiten ausbildeten. Ein Versuch der Umschreibung in dem Buch „Basic Terms of Shinto" schlägt folgende Begriffe vor: Verehrung der Götter, Lehre der Götter, Religion der Götter.[14] Tsunetsugu Muraoka zielt besser auf sein Wesen, wenn er definiert: Eine nationale Religion mit einer langen Geschichte, die im fernen Altertum einsetzt und bis heute andauert.[15] Er leitet das Wort aus taoistischen Anschauungen ab als Gesetz des Himmels und der Erde und findet gerade diesen Sinn in der frühesten Verwendung im konfuzianischen „Buch der Wandlungen" (I-Ching): „Wenn der göttliche Weg (Shen-Tao) des Himmels beachtet wird, unterliegen die vier Jahreszeiten keinem Wandel. Wenn der Weise seine Lehren in Übereinstimmung mit dem ‚Göttlichen Weg' verkündet, gehorcht alles unter dem Himmel."

Er stellt aber fest, daß die früheste Erwähnung dieses Wortes im „Nihongi" (japanische Annalen in chinesischer Sprache) im Kapitel über Kaiser Yômei schon einen Bedeutungswandel voraussetzt und den Gegensatz der einheimischen Kami-Riten zum neu eingeführten Buddhismus konnotiert.[16] Die Frage ist berechtigt, von wann an man in der Geschichte religiöse Phänomene feststellen kann, die auf einen „Ur-Shinto" hindeuten. Sicher ist, daß kein Stifter festzustellen ist, kein Kanon heiliger Schriften vorliegt, keine Autorität Lehrgehalte bindend festlegen kann. Shinto ist vielmehr die Grundlage des japanischen Lebensgefühls und der nationalen Identität. Sein archaisches Weltbild kann aus den Riten, vor allem der Schreinfeste (Matsuri), deduziert werden, aber ebenso aus dem sozialen Leben und Wertsystem des Volkes. Theoretische Abhandlungen liegen erst aus späteren Zeiten vor. (Robert Ellwood weist in seinem Werk „The Feast of Kingship" darauf hin, daß Shinto ein kompliziertes Gewebe von Einflüssen aus allen Japan benachbarten und sogar einigen weiter entfernten Kulturkreisen darstellt und Wesenheiten aus allen Jahrhunderten der Geschichte kristallisiert. Shinto widerspiegle daher den Genius des japanischen Volkes, die Assimilation des Fremden mit Wahrung der Vergangenheit und Konservierung der kulturellen Eigenart zu kombinieren. Der Prozeß setzt auch für ihn schon in der fernsten Vergangenheit ein.[17])

III. Geschichte

1. *Frühgeschichte*

Wieweit die Träger der neolithischen *Jomon-Kultur* (ca. 10000–300 v. Chr.) mit dem heutigen Volk oder eher mit den Ainu verwandt sind, bleibt immer noch eine offene Frage. Diese Jäger und Sammler hinterließen Tier-Figuren, besonders Eber und Reh, die auf Jagd-Zauber hindeuten, aber auch weibliche Figuren mit hervorgehobenen Genitalien und phallische Steinstäbe, die wohl von Fruchtbarkeitskulten stammen. Wenn weibliche Tonfiguren absichtlich zerstört wurden, wollte man vielleicht vorher Krankheiten durch Magie auf sie übertragen oder ihre Lebenskraft sich aneignen. Nach Ausgrabungen im Kofu-Becken westlich von Tokyo wurden solche Figuren aus Ton und verbindenden Holzstückchen von Anfang an für die Zerstörung konstruiert und an verschiedenen Stellen der Siedlung vergraben, was auf ein Mythologem von frühen Ackerbauern hinweist. Denn die Vorstellung ist weit verbreitet, daß Getreidearten und andere Nutzpflanzen aus dem Leib einer ermordeten und zerstückelten Göttin hervorgehen.[18] Das dreißigste Kapitel des Kojiki (das sind „Aufzeichnungen der alten

Begebenheiten" in Japanisch, ca. 712 n. Chr.) erzählt in der Tat, wie Seidenraupen aus dem Kopf einer Göttin hervorgingen, Reis von den Augen, Hirse von den Ohren, rote Bohnen aus der Nase, Hafer aus den Genitalien und Soja-Bohnen aus dem After. (Die Göttin geht unter den Namen Ohogetsuhime, Ukemochi, Uka Mitama, Toyoukehime.) Da sich dieses Mythologem, in Ozeanien weiter Verbreitung erfreut, vermutet man, daß die Altpflanzer, die solche Nutzpflanzen in Japan einführten, aus südlichen Gegenden einwanderten und die *Yayoi-Kultur* schufen, die vom dritten vorchristlichen Jahrhundert an sich von Westjapan her verbreitete und die Jomon-Kultur in den Norden abdrängte.[19]

Die Naßfeldkultivation des Reises forderte komplizierte Organisationsformen des „Gemeinwerks" und magische Riten zur Sicherung einer guten Ernte. Schamanistisches Brauchtum, von dem Masken und Trommeln zeugen, führte zu Vorstellungen eines dreistöckigen Universums: Himmel, Erde, Unterwelt, das die früheren Mythen von einem Land der Seligen jenseits der Meere, woher die Götter zu Besuch eingeladen werden, ersetzte; doch überlebte die ältere Vorstellung bis heute in manchen Festen, vor allem im Südwesten des Landes. Speiseopfer wurden den Toten dargebracht, Orakel mit Hirschknochen vollzogen, Initiation durch Feilen von Zähnen ausgeführt. Erst mit diesem Brauchtum des frühen Ackerbaus in der Yayoi-Kultur (300 v. Chr. – 300 n. Chr.) stoßen wir auf Phänomene eines Ur-Shinto. (Wenn manche Forscher weiter zurückgehen wollen und einen „reinen" Shinto als Quellgrund für die Identifikation mit einem idealisierten Ur-Stamm entdecken, wie Takeshi Umehara, finden sie kaum allgemeine Zustimmung. Man kann ihm beistimmen, daß Shinto der kulturelle Hauptstrom ist, der alle Gedankensysteme und den Lebenstil des Volkes durchdringt. Bei den entlegenen Populationen der Ainu in Hokkaido und der Inselbewohner Okinawas glaubt er aber Spuren eines archaischen Seelenglaubens zu finden, der für einen Ur-Shinto wesentlich sei. Für ihn enthält die einheimische Religion zwei Charakteristika: 1. Alles Lebendige besitzt eine Seele, die bei allen Wesen gleich ist; 2. Beim Tod verläßt diese Seele den physischen Körper und existiert in einem Himmel, bis sie wieder zur Erde zurückkehrt. Deshalb verabschieden die Ainu bei ihrem Bärenfest (iomante) ehrfurchtsvoll den Bärengeist, genießen das Fleisch des Bären und beten für seine Wiederkehr. Alle Pflanzen und Tiere, aber auch die Naturphänomene, besitzen solche Seelen, die ständig zwischen Himmel und Erde sich bewegen.[20] Narimitsu Matsudaira erkennt ebenfalls in diesem Seelenglauben „the nuclear idea of early Japanese Religion"[21] Sicher ist damit ein Wesensmerkmal des Shinto erfaßt.)

Die darauffolgende *Kofun-Zeit* (ca. 300–700 n. Chr.) verrät vermehrt kontinentale Einflüsse und formt ein Staatswesen auf Grundlage von Shinto-Mythen.

Der Pflanzer weiß sich in viel höherem Maße von kosmischen Mächten abhängig als der frei schweifende Jäger und Sammler. Damit der in der Erde gelegte Samen Frucht bringt, bedarf es des Zusammenspiels von intensiver menschlicher Arbeit mit den Mächten des Kosmos. Der Lebenskreis der Pflanze von Saat zur Ernte bestimmt auch die Lebensform des Bauern. Seine Feste folgen dem Vegetationszyklus. Mensch und Pflanze sind beide abhängig von anonymen Mächten, die segnend oder verheerend in Erscheinung treten können. Diese muß man sich günstig stimmen und sie zu beherrschen suchen durch Ritual.

Man stößt hier auf das archaiche Substrat einer Ur-Religion mit Elementen des Schamanismus, der Agrikultur-Magie und des Ahnenkultes, das in China, Korea und Japan gemeinsame Züge aufweist. Aus diesem Untergrund gingen in geschichtlicher Zeit die autochthonen Religionen des Taoismus in China, des Schamanismus in Korea und des Shinto in Japan hervor. Im Brauchtum der sogenannten Volksreligion, der „kleinen Tradition", wie sie in der Familie und im Dorf bis heute geübt werden, tritt uns ein Volks-Shinto entgegen.[22]

Schon in früher Zeit bildeten sich auf dem japanischen Archipel Sippengemeinschaften, Uji genannt. Jeder Stamm verehrte seinen Ujigami, d. h. den Ahnengott, der bald mit dem Lokalgott verschmolz. Wahrscheinlich vollzog der Häuptling ursprünglich die Riten zu seinem Gott. Gebet um gute Ernte bei der Aussaat und beim Versetzen der Setzlinge sowie Dank beim Erntefest im Herbst waren Angelpunkte des bäuerlichen Jahres. Die Feiern fanden ursprünglich im Freien statt, auf einem Kultplatz, doch wurden mit der Zeit einfache Bauten erstellt. Noch heute verleiht jedem Dorf ein Schrein sein Gepräge. Aufwendige Bauten erstanden erst später nach dem Vorbild der von chinesischer Architektur inspirierten buddhistischen Tempel. Im Volksglauben kann schon ein Baum oder Stein inmitten einer Umzäunung als Göttersitz dienen. Der uralte Miwa-Schrein verzichtet noch heute auf einen Kultbau als Residenz für die Gottheit, weil der ganze Berg als Gott verehrt wird.

Die Sicherung der Bodenbestellung und einer reichen Ernte durch Divination und Verehrung der numinosen Naturmächte oblag den mit magischen Kräften begabten Medien, zu denen in der Frühzeit Männer wie Frauen berufen sein konnten.

Das chinesische Geschichtswertk „Wei-chih" (3. Jh. n. Chr.) berichtet von einer Priesterkönigin Himiko, die mit ihrem Bruder gemeinsam die Herrschaft über ein Land ausübte, das zumeist in Kyushu vermutet wird. Berufen wurde sie vom Volk, weil zuvor reine Männerherrschaft nur lange Kriege und Unruhen gebracht hatte. Sie soll die Fähigkeit besessen haben, Menschenmassen durch Geisterbeschwörung zu faszinieren. Das soziale System, das auf matrilinearer Erbfolge beruhte, wies Frauen noch lange eine wichtige Funktion im Volk zu. Die Schamanin, die in der Ekstase kaum verständliche Orakel von sich gibt, und der männliche Saniwa, der ihre Worte deutet, bilden eine Kombination, die in Japan durch die ganze Geschichte weiterwirkte. Die Kaiserin selbst, oder die Kaiser-Tochter (Yamato-hime) wirkten als Orakel der Sonnengöttin, und der Kaiser nahm die Interpretation ihrer Aussagen vor. Schon die Mutter des ersten legendären Kaisers, Jimmu, führte den Namen Tama-yori-hime, d. h. Prinzessin, in der die Seele einer Gottheit wohnt. Es scheint, daß das göttliche Charisma noch lange über die Frauenlinie verehrt wurde. Der Kaiser Ojin heiratete die Prinzessin Nakatsu-hime der vorausgehenden Dynastie, um durch sie Legitimation zu erwerben.[23]

Daß Frauen in archaischer Zeit Trägerinnen des Charismas waren, erhellt auch aus der Funktion der „Kataribe"; diese waren in der schriftlosen Urzeit professionelle Erzählerinnen, die Geschichte und Genealogien des Stammes in Erinnerung aufbewahrten und wohl beim Fest in der Öffentlichkeit rezitierten. Bei der Thronbesteigung des Kaisers wurden sie berufen, ihm durch diese Rezitation die Seele ihrer Heimat einzuflößen. Der Gelehrte Hirata Atsutane (1776–1843) äußerte die Vermutung, Hieda no Are, dessen Erzählungen den Grundbestand des „Kojiki" bilden, sei in Wirklichkeit eine Frau gewesen, denn die Familie der Are gehörte zur Sippe der Sarume, die die Kulttänzerinnen für den Hof stellte.

Der Übergang von der Yayoi-Kultur zur Periode der Hünengräber (Kofun-Periode von 300 n. Chr. an) war gekennzeichnet durch ethnische, politische und religiöse Wandlungen, die berechtigen, von einer Revolution im 3. Jahrhundert zu sprechen. Namio Egami erklärt sie mit der Einwanderung von Reitervölkern.[24] Diese Umwälzungen setzten aber schon in der Regierungszeit des Kaisers Sujin (97 v. Chr.) ein, der erstmals versuchte, eine Regierungszentrale zu organisieren. Ellwood beschreibt die Grundthemen seiner Spiritualität: 1. Der weibliche Schamansismus wird zurückgedrängt; 2. die Verehrung der Sonnengöttin Amaterasu in einem Schrein innerhalb des Palastes wird beendet. Ihr Kultsymbol, der Sonnenspiegel, wird zunächst nach Miwa in Yamato, später in das weit entfernte Ise verlegt; 3. die vertikale Kosmologie mit dem Aufstieg zum Himmel über Bergeshöhen siegt über das horizontale Weltbild, das die Götter auf einer Insel der Seligen jenseits der Meere ansiedelte; 4. Sujins eigene Träume machen die Orakel der Schamaninnen überflüssig. Das männliche Prinzip dominiert nun auch in der Religion.[25]

Parallel zu dieser „religiösen Revolution" verlief die Errichtung des Yamato-Staates im Nara-Becken unter einem Monarchen, der immer größere Machtbefugnisse an sich riß. Einem der hundert Klein-Könige gelang es, hier seinen Einfluß auf immer weitere Gebiete des Inselreiches auszudehnen, weil das Yamato-Becken mit seiner strategisch wohlgeschützten geographischen Lage zur Keimzelle eines Reiches prädestiniert war.

Die staatliche Organisation baute sich auf als Geschlechterstaat nach dem Uji-Sysem. Uji war eine Gemeinschaft von Familien auf Grund von Blutsverwandtschaft im Sinne der patriarchalischen Erbfolge mit unumschränkter Machtvollkommenheit des Hauptes. Der Ahnherr der Sippe wurde als ihre Schutzgottheit verehrt. Die kaiserliche Sippe bildete den Mittelpunkt. Der Kaiser verband sich durch Bündnisse mit ähnlichen aristokratischen Großfamilien, denen er Spezialvollmachten in der Staatsverwaltung zuteilte. Den Clanen der Otomo und der Monobe war die militärische Führung anvertraut, die Nakatomi, Urabe und Imbe versahen die Shinto-Riten. Ihre Hörigen lieferten die für den Kult benötigten Materialien wie Textilien und Bauholz. Den Clanen der Abe und Kamo wurde die Pflege der chinesischen Methoden der Wahrsagung und Geomantik übertragen.

Kaiser Sujin versuchte nun unter chinesischen Einflüssen den Geschlechterstaat in einen Beamtenstat umzuwandeln, das Götterkultsystem zu vereinheitlichen und durch bestallte Priester an Stelle von Schamanen ausüben zu lassen. Das richtig vollzogene Ritual bewirkt die Herabkunft der Götter zum gewünschten Zeitpunkt am gewünschten Ort. Mit dieser Entwicklung war die Bildung eines Proto-Shinto abgeschlossen, die erste Periode seiner Geschichte.

Mit der Errichtung eines Götter-Amtes (jin-kan oder Kamitsukasa) unter Kaiser Temmu um 673, später Jingikan geheißen, ist diese erste Periode beendet. Der Vorsteher dieses Amtes übte Kontrolle über die Götter-Opferfeste, führte die Listen der Priester und der Berufsgruppen der Hörigen im Dienste der verschiedenen Schreine, arrangierte vor allem die Zeremonien beim Antritt eines neuen Kaisers, das rituelle Mahl mit der Sonnengöttin, und überwachte die Divination. Das „Daijôsai" (das große Fest des Kostens des neuen Reises) ist nicht nur die älteste und geheimnisvollste Zeremonie, durch die der Kaiser sich mit dem Geist der Reispflanze verbindet und die Macht gewinnt, selbst Fruchtbarkeit zu spenden, sie ist vielleicht der einzige Fall des Überlebens eines archaischen Königsrituals in der modernen Welt.[26]

2. *Auseinandersetzung mit dem Buddhismus*

Die zweite Periode sah die Entfaltung des Shinto im monarchisch regierten Yamato-Staat in ständiger Auseinanderetzung mit der vom Festland eindringenden Hochkultur und den chinesischen Religionen. Seit dem 6. Jahrhundert drang die Lehre des Buddha von Korea her ein, aber auch die Schriften des Konfuzius und die Mystik und Zauberpraktiken des Taoismus breiteten sich aus. Die chinesische Staatsphilosophie stärkte das Ansehen des Monarchen und der ihn stützenden Adelsgesellschaft. Der Buddhismus durfte zunächst nur an Adelssippen vermittelt werden. Der Prinzregent Shotoku Taishi (574–622) setzte den Buddhismus und seine Vertreter aus Korea und China als Mittel für die Modernisierung seines Landes ein und suchte den Beamtenstaat nach konfuzianischem Vorbild einzuführen. Um diese Zeit wurde auch der Titel Tenno (Sohn des Himmels) für den Kaiser aus China übernommen und seine Funktion als Hoherpriester der Nation saktioniert. Diese Doppelfunktion des Kaisers als weltlicher Herrscher und als Hohepriester gründete in der direkten Abstammung von der Sonnengöttin. Darauf beruhte die Anschauung, daß sein Körper als Empfänger einer göttlichen Seele diente. Im Augenblick, da die Seele des Kaisers seinen Leib in Besitz nimmt, wird er Träger heiliger Macht. Bei seinem Tode verändert sich die

Kaiserseele nicht, sondern nimmt Besitz vom Körper des Nachfolgers in der Zeremonie des Daijôsai, wenn der Kronprinz sich in ein heiliges Gewand hüllt. Wenn er dann das rituelle Mahl mit der Sonnengöttin einnimmt, wird er das „Kaiserliche Kind der Sonne" und Sohn des Himmels. Danach ist er mehr als nur Priester, der die Gebete und Opfer der Gemeinde darbringt, und auch mehr als ein Schamane, der vorübergehend als Mittler zwischen Göttern und Menschen waltet. Er ist ein lebender Gott (Ikigami), der aus eigener Vollmacht Gnade und Kräfte verleiht. Die Einheit der religiösen und administrativen Funktionen in der Person des Kaisers zeigt sich in der Konzeption des Begriffs Matsurigoto, wonach die Arrangements für das Shinto-Fest (Matsuri) zum Inbegriff für die Regierungstätigkeit wurde, weil das religiöse Zeremoniell alle anderen Aktivitäten an Bedeutung übertraf. Daraus entwickelte sich in der Folgezeit das für Japan typische System der indirekten Herrschaft, wonach der Kaiser sich immer mehr auf seine religiösen Funktionen konzentrierte, während Administration und Kriegsführung von Stellvertretern wahrgenommen wurden, anfänglich von einem jüngeren Bruder des Kaisers, später von einem „Reichsverweser", der Shôgun hieß.[27]

Vom 8. Jahrhundert an wurde der Shinto immer mehr vom Buddhismus absorbiert. Selbt auf dem Gelände der Shinto-Schreine entstanden buddhistische Tempel. In diesem Synkretismus bezeichenten die Mönche Kami (Shinto-Götter) als niedere Wesen, die selbst der Erlösung von endlosen Wiedergeburten bedurften, was nur der Buddhismus anbot. Anläßlich der Einweihung des großen Buddha in Nara (743) soll die Sonnengöttin Amaterasu in Ise durch ein Orakel enthüllt haben, sie sei identisch mit dem kosmischen Buddha Vairocana (Dainichi).

Der esoterische Buddhismus von Saichô (767–822), der Tendai-Sekte, und von Kûkai (744–835), der Shingon-Sekte, entwickelten die Honji-Suijaku-Theorie, wonach die Shinto-Gottheiten in ihrer wahren Wesenheit dem buddhistischen Pantheon angehörten und nur in Japan in Anpassung an die Eigenart des Volkes sich als Kami manifestierten. Der Kami-Kult genoß daher eine Aufwertung durch die Identifizierung mit Buddha. Dieser Synkretismus produzierte vom 13. bis 19. Jahrhundert eine reiche Literatur von Legenden, Orakeln, Visionen zur Begründung der Koexistenz der beiden Religionen in den einzelnen Schreinen. (Parallel dazu verlief aber eine Schwächung der kaiserlichen Gewalt und ihrer Funktion als Hoherpriester. Zu Beginn des 10. Jahrhunderts empfingen 3000 Schreine staatliche Opfergaben, doch zerfiel dieses System mit dem Niedergang der Zentralregierung. Während zweier Jahrhunderte (1466–1687) wurde sogar das Daijôsai, wodurch der Kaiser die Erbfolge der Sonnengöttin antritt, ausgesetzt.)

Die Tokugawa-Shôgune (Tokugawa Jeyasu, 1542–1616, gewann die Shôgun-Würde für seine Familie, die um 1600–1867 regierte. Er verlegte die Hauptstadt von Kyoto nach Tokyo, das er Edo nannte) drängten die Machtbefugnisse des Kaisers weiter zurück und beschnitten sogar die ihm noch allein vorbehaltenen religiösen Zeremonien.[28]

Gegen diese Vereinnahmung des Shinto durch die Fremdreligionen trat im 13. Jahrhundert in Ise der Watarai-Shinto an. Demnach ist Konton, das Chaos, oder Kizen, das Nichtsein, die Urgottheit des Universums, der Ursprung aller Wesen, so daß sogar das buddhistische Pantheon ihm seinen Ursprung verdanke. Diese Richtung wurde weiter verfolgt vom Yoshida-Shinto, begründet von Yoshida Kanetomo (1435–1515) in Kyoto. Der Urquell aller Dinge und Wesen ist der Große, der Erhabene (Taigen Sonjin), der in der Seele des reinen Menschen wohnt und darin verehrt wird. Auch der Neokonfuzianismus trug zur „Befreiung" des Shinto bei. Das T'ai-chi (das höchste Erhabene) wird nun mit dem ersten Gott, der im Nihongi erwähnt wird, gleichgesetzt.

Gegen alle fremden Einflüsse nahm die Kokugaku-Bewegung (Landesstudien) Stellung im Versuch, einen reinen Ur-Shinto durch philologische Analysen der ältesten Schriften zu eruieren. Ihr Hauptvertreter war Motoori Norinaga (1730–1801). Sein Schüler Hirata Atsutane (1776–1843) übernahm aus chinesischen Schriften der Jesuiten die Idee eines Schöpfergottes und der Retribution für Gut und Böse in einer anderen Welt. Sein Schöpfergeist Ame no Minakanushi bildete mit zwei andern Kami, die vor aller Zeit existierten, eine Trinität. Gerade die Hirata-Schule aber, die bewußt christliche Ideen rezipiert hatte, erklärte am entschiedensten deren Ablehnung unter dem Vorwurf, die christliche Position würde die Verpflichtung gegen Gott absolut setzen und damit die traditionellen Bindungen an Ahnen und Kaiser auflösen.

Diese Bewegung, die die japanischen Schriften von „chinesischen Mißverständnissen" zu reinigen gedachte, kritisierte die Diktatur der Tokugawa, forderte die Abschaffung der indirekten Herrschaft durch das Shogunat und die Wiederherstellung des Kaisers als obersten Herrscher. Damit schuf sie die geistigen Grundlagen für die Meiji-Restauration (1868).

Während der sogenannte Volksshinto von Urzeiten her in der Familie und im Dorf verwurzelt blieb, entstand nun in dieser zweiten Periode der sogenannte Schrein-Shinto als streng organisierte Religion, wie sie vor allem an den großen Schreinen ausgeübt wurde, mit einer landesweit umgreifenden, staatlichen Protektion und Aufsicht. Die volle Ausgestaltung fand er aber erst in der Meiji-Zeit.[29] Bei Ende des Zweiten Weltkrieges bestanden 218 Staats- und 110 000 lokale Schreine, die von der öffentlichen Hand Unterstützung erhielten. Die Schulen lehrten die Mythen als geschichtliche Fakten. Offizielle Feiertage fielen mit Shinto-Festen zusammen. Nach 1945 wurde die Trennung von Staat und Religion in der Verfassung verankert. Seither ist Shinto als Konfession eine Minderheitsreligion neben verschiedenen anderen Bekenntnissen. Seine Priester sind nicht mehr Staatsangestellte und leben von Spenden.

3. *Der Staats-Shinto*

Eine dritte Form, der sogenannte Staats-Shinto, war eine Neubildung der Meiji-Zeit. Die Restauration des Kaisertums führte in der Konsequenz zu Versuchen, aus enger Bindung an den Shinto des Kaiserhauses eine Staatsreligion als verpflichtendes Bekenntnis für alle Bürger zu begründen. Diese Neubildung verdankt der hegelschen Staatsphilosophie, wonach Gott sich in der Geschichte offenbart, ebensoviel wie der eigenen Überlieferung. Dieser Shinto sollte die ideelle Basis bilden für die gewaltigen Anstrengungen, welche die Modernisierung vom Volk forderte. Harte Arbeit für den Staat heißt nun Teilnahme am Wirken der Kami. Aus dem Organismusdenken der deutschen Rechtslehre übernahm man den Begriff von Staatsform, den man mit dem traditionellen Begriff „Kokutai" gleichsetzte.[30] Unter dem Einfluß nationalistischer Denker entstand die religiös fundierte Theorie einer spezifisch japanischen Staatsform, die allem demokratischen Denken des Westens überlegen sei. Die orientalische Königsidee, die seit Urzeiten den Herrscher mit göttlichen Attributen ausstattete, wird hier neu interpretiert als Familienstaat um den Kaiser als Vater, dem alle Kinder in höchster Loyalität zu dienen haben. Der Altmeister der europäischen Japanologie B. H. Chamberlain beschreibt diesen Staats-Shinto geradezu als Erfindung einer neuen Religion.[31]

Dieses Konstrukt aber entstand als Versuch, der Bedrohung durch westliche Kolonisation zu widerstehen, und entsprach kaum religiösen Bedürfnissen. Wenn aus diesen Kreisen als Aufgabe der Yamato-Rasse verkündet wurde, der Welt diesen Shinto vorzuleben und so das Inselland zum geistigen und kulturellen Mittelpunkt der Welt zu erheben und ein himmlisches Reich auf Erden zu begründen, kann man leicht die politischen, imperialistischen Obertöne heraushören. In seiner 80jährigen Geschichte vermochte der Staats-Shinto nicht, den Charakter einer hybriden Kopfgeburt, von Intellektuellen ersonnen und von Politikern manipuliert, zu überwinden, und schlug kaum Wurzeln in der Religiosität des Volkes, so daß, als er von den Besatzungsbehörden 1945 mit einem Federstrich annulliert wurde, kaum eine Lücke spürbar war. Dieser Sachlage entspricht die Tatsache, daß auch heute Bestrebungen, diesen Staats-Shinto zu erneuern, von Politikern ausgehen.[32]

4. *Sekten-Shinto*

Eine vierte Form des Shinto umfaßt den sogenannten Sekten-Shinto. In der wirtschaftlichen Notzeit gegen Ende der Edo(= Tokugawa)-Periode entstanden um charismatische Persönlichkeiten religiöse Bewegungen, die Hoffnungen auf politische und soziale Veränderungen weckten. In der Meiji-Zeit wurden 13 dieser Sekten vom Staat anerkannt, nachdem sie sich von buddhistischen Elementen gesäubert und dem herrschenden Trend zum Staats-Shinto weitgehend angepaßt hatten. Voraus gingen harte Auseinandersetzungen mit den etablierten Religionen, vor allem mit buddhistischen Tempeln, aber auch mit Polizei und Behörden, die aufrührerisches Gedankengut erkannten in einer Zeit, da Bauernaufstände nicht selten das soziale Gebilde erschütterten. Nach 1945 machten sich diese 13 Sekten unabhängig als Neue Religionen. Einige, wie Tenrikyo (Religion der Himmelsvernunft), üben heute noch einen starken Einfluß aus und betreiben sogar im Ausland eifrige Missionstätigkeit. Tenrikyo baute eine eigene Stadt mit einer bedeutenden Universität und entsandte Vertreter zum Parlament. Vor dem Krieg verehrte diese Religion zehn Götter. Nach dem Krieg bekannten sie sich zu einer Art Ein-Gott-Glauben.

5. *Erneuerungsbewegungen*

Um Erneuerung des Shinto bemühten sich die Izumo-oyashiro-kyo, die Shinto-tai-kyo, Shinri-kyo. Konfuzianisches Gedankengut vertreten Shinto-shuseiha und Shinto-taisei-kyo. Um kultische Reinigung bemühen sich Shinshu-kyo und Misogi-kyo. Die alten Bergkulte der Wandermönche leben weiter in Jikko-kyo, Fuso-kyo und Ontake-kyo. Geist-Heilung und Gesund-Beten spielen eine große Rolle in Kurozumi-kyo, Konko-kyo und Tenri-kyo.

IV. Mythos

Der Übergang vom mythischen Bilderdenken zur philosophischen Reflexion, den die ionischen Naturphilosophen vollzogen, fand in Japan nicht statt. Wie in diesem unwandelbaren Volk nie eine Revolution die feudale Gesellschaftsordnung erschütterte, so entzauberte niemals eine Aufklärung die Mythen als abergläubische Lügengespinste. Schon die Sprache ist von mythischem Denken geprägt. Inazuma, der Blitz, heißt eigentlich Gattin des Vegetationsgottes. Kaminari, der Donner, bedeutet, daß ein Gott seine Stimme erschallen läßt. Hime, die Prinzessin, ist wörtlich eine Tochter der Sonne. Die Mythen Japans liegen in der Fassung des Kojiki und des Nihongi (Anfang des 8. Jhdts.) in einer Form vor, die einheimische Traditionen mit chinesischen Einflüssen vermischt. Der Zweck der Sammlungen war die Verankerung der Privilegien der Kaiserdynastie und einiger führender Adelssippen.

In den hohen Himmelsgefilden treten zuerst drei unabhängige Gottheiten ins Sein: Ame no Minakanushi (Herr der Himmelsmitte), Takamimusubi no Kami (hohe Werdekraft) und Kamimusubi no Kami (göttliche Werdekraft). Der erste Gott entspricht dem Konzept eines Hochgottes, dem kein Mythos und kein Kult zugeordnet sind. Ihm aber spenden alle Richtungen Aufmerksamkeit, die dem Monotheismus zustreben.

Das Universum gleicht einem auf Wassern schwebenden Ölteppich oder einem Ei. Das ursprünglich Chaos teilt sich in Yin und Yang. Aus dem Öl entspringen zwei Gottheiten in Form von Schilfknospen und bilden mit den drei Urgottheiten die Gruppe der Himmelsgötter. In der siebten Generation der Nachkommen tritt das Geschwisterpaar Izanami und Izanagi auf, die auf Befehl der Himmelsgötter das treibende Land mit dem Juwelenspeer (Weltachse, Phallus) festigen.[33] Sie lassen sich auf der neu entstehenden Insel nieder und feiern Hochzeit. Sodann produzieren sie die acht Hauptinseln und eine große Anzahl von Göttern, doch verbrennt sich Izanami bei der Geburt des Feuergottes. Ihr Gemahl sucht sie aus der Unterwelt zu entführen, erschrickt aber über Anzeichen der Verwesung und flieht. Als er sich in einem Fluß reinigt, entstehen zwölf Götter: aus dem linken Auge die Sonnengöttin Amaterasu, aus dem rechten Auge der Mondgott Tsukiyomi, aus der Nase der Sturmgott Susanoo. Dieser wird Gott von Izumo und spielt im Pantheon mehr oder wenigern die Rolle des Tricksters. In Izumo selbst tritt er als Kulturheroe auf, der das Land vom achtköpfigen Drachen befreit, die Prinzessin heiratet und das Schwert gewinnt, das noch heute zu den drei Reichskleinodien zählt. Wenn er die Dämme zwischen den Reis-Teichen seiner Schwester Amaterasu zerstört und anderen Unfug treibt, äußert sich darin wahrscheinlich der kulturelle Gegensatz zwischen den Reisbauern und einem Reitervolk, das über Korea das Gebiet um Izumo an der Japansee in Besitz genommen hatte. Wenn der Mythos erzählt, wie ein Nachkomme des Sturmgottes sein Land der Amaterasu übergab, spiegelt sich darin die Ausdehnung des Yamato-Reiches unter der Kaiser-Dynastie.[34]

Als Reaktion auf die üblen Streiche ihres Bruders zieht sich Amaterasu in die Todeshöhle zurück, so daß die ganze Welt in Nacht getaucht ist und alle Dämonen frei umherschweifen. Die Götter versammeln sich, rüsten die Schamanin Ame no Uzume mit Spiegeln und Opfergaben aus, die sie an einen Baum hängen. Uzume führt in Ekstase einen lasziven Tanz vor, indem sie die Genitalien enthüllt, so daß das Lachen der Götter die Himmel und die Erde erfüllt. Als die Sonnengöttin neugierig den Grund dieser Freudenausbrüche erkunden will, benützen mächtige Götter ihr Auftauchen, um die Höhle zu bannen. Dieser Mythos reflektiert wohl Riten anläßlich einer Sonnenfinsternis und illustriert die Sorge eines Bauernvolkes, das sich im Kult die Sonnenstrahlung sichert. Der Tanz der Uzume ist der Archetyp der Kulttänze (Kagura), die im Shinto-Fest als magisches Ritual oder als Theophanie sozusagen ein „Sakrament" des Shinto darstellen.

Amaterasus Enkel Ninigi steigt auf der Göttin Befehl in das Schilfland Japan, um an ihrer Stelle zu regieren. Er bringt die drei Reichskleinodien: den Spiegel als Realsymbol der Sonnengöttin (heute in Ise), das Schwert, das den Drachen schlug (heute in Nagoya) und ein Juwel (im Kaiserpalast).

Die Übergabe dieser Kleinodien an den Kronprinzen unmittelbar nach dem Tode des Kaisers sichert diesem die legitime Nachfolge.

V. Ritual

1. Bändigung des Chaos

Japan ist das Katastrophenland der Weltgeschichte. Jedes Jahr ereignen sich ungefähr 1 500, den Menschen spürbare Erdbeben. Etwa 10% der in historischen Zeiten aktiven Vulkane sind in diesem Inselreich situiert und verursachen durch ihre Eruptionen immer wieder große Schäden. Noch schrecklicher sind die Katastrophen, die von Taifunen verursacht werden, die jedes Jahr gerade zur Zeit der Reisernte mit ungeheuren Windstärken auch sintflutartige Regenfälle bringen, die Überschwemmungen und Erdrutsche verursachen. Deshalb ist selbstverständlich, daß die Japaner in der Erfahrungswirklichkeit ihrer Inselwelt unberechenbare chaotische Mächte am Werke sahen.

Zur Interpretation und Bewältigung dieser Chaos-Erfahrungen entwikkelte Japan ein eigenes Modell. Im Kontext eines animistischen Weltbildes besitzen alle Götter, Menschen und Dinge zwei Seelenkräfte: eine wilde Seele (aramitama), in der die chaotischen Phänomene der Weltwirklichkeit in Erscheinung treten, und eine milde, dem Menschen freundliche Seele (nigimitama). Dem Menschen obliegt die Aufgabe, eine wilde in eine milde Seele zu verwandeln, und das geschieht durch das richtig vollzogene Ritual. Dabei geht es um kosmische und nicht um ethische Prozesse, denn das Chaos wird nicht mit dem wesenhaft Bösen identifiziert.

Wenn der Ara-Zustand die existentielle Erfahrung des Chaos definiert, das der Kontrolle des Menschen unterworfen werden soll, um ihm Lebensmöglichkeiten zu gewähren, ergibt sich die Wichtigkeit des Rituals, das das Wilde nicht vernichtet, sondern zähmt.

Ritual als Grenzziehung gegen das Chaos und Aufbau des Kosmos wird zunächst als Weg (chinesisch Tao) verstanden. Wer in den Urwald einen Weg schlägt, schafft Ordnung.

Das zweite urtümliche Ritual des Ordnens ist das Binden; überall in Shinto-Schreinen kann man Shimenawa sehen, die aus Reis-Stroh geflochtenen Seile. Was gebunden und verknüpft ist, verliert viel von seiner unheimlichen Macht.

Das Ur-Ritual des Shinto besteht in der Errichtung einer heiligen Hege durch Fixierung der Kardinalpunkte durch vier Bambus-Stämmchen und durch die Verbindung dieser Pole mit Shimenawa, an denen weiße Papierstreifen flattern. (Kami kann Gott und Papier bezeichnen, wenn auch mit anderen Zeichen geschrieben). Der so entstandene sakrale Raum wird vom

Priester geweiht und heißt nun Niwa (Garten). Aus dem Chaos ist die geschützte Mitte der Welt herausgeschnitten. So entsteht ein Innen (uchi) gegen ein chaotisches Außen (soto), in dem sich das Mysterium der Herabkunft der Götter im Fest vollziehen kann.[35]

Wenn am Jahresende alle Shimenawa abgeschnitten werden, wird die Welt ins ursprüngliche Chaos zurückversetzt. Das Neujahrszeremoniell rekonstruiert den Kosmos, wenn der Kaiser in der Morgenfrühe das Gebet in die vier Himmelsrichtungen verrichtet. Alle heiligen Stätten werden wieder mit den Shimenawa neu gebunden.

Das weltordnende Denken des Fernen Ostens aber bedient sich der Fünfer-Kategorie, weil vier homophon ist mit Tod; der fünfte Kardinalpunkt wird expliziert durch die Mitte (yama, Berg genannt). Seine Stelle wird innerhalb des sakralen Raums oft vom Lebensbaum (Zypresse oder Pinie) oder einem Stein (Weltberg) eingenommen. Der Baum dient als Göttersitz. Er symbolisiert aber auch den Himmels-Pfeiler, der die Ur-Insel im Chaosmeer befestigt und das Weltzentrum schafft.

Zur archetypischen Ausstattung des Paradiesgartens gehört neben dem Lebensbaum auch der Quell, dem Lebenswasser entströmt. Im Yudate-Kagura, dem Heiß-Wasser-Ritual, wird ein Kessel in die Mitte gestellt. Das siedende Wasser, das mit heiligem Reiswein, in dem der Jahresgott west, geweiht ist, wird vom Priester mit einem Wedel über die Teilnehmer gespritzt, nachdem er im Rundtanz, der den geordneten Ablauf der kosmischen Prozesse „vorahmt", den Kessel umschritten hat. Ein Aspekt des Rituals ist zunächst Reinigung, aber es zielt weiter auf Erneuerung der Lebenskraft des Jahresgottes und der Teilnehmer durch das Lebenselixier. Ich sehe darin den symbolischen Vollzug des Hierogamos des Feuergottes mit der Wassergöttin, wenn die reine Potentialität des Wassers durch die zeugende Macht des Feuers aktualisiert wird. Die Sonne muß über den Reis-Teichen leuchten, damit die Reispflanze im Wasser gedeihen kann.[36]

2. *Die Sonne des Festes*

In dem sakralen Raum vollzieht die Gemeinde mit dem Priester in der heiligen Zeit des Festes (Matsuri) das kultische Brauchtum, in dem die Lehrgehalte des Shinto im Dromenon (Kultdrama) aufscheinen. Nur während des Festes treten die Götter in Erscheinung, indem sie vom Körper des Hierophanten in der Maske Besitz ergreifen. Der Mensch „unterhält" die Götter durch Opfer, Gebet und Kultdrama. Er präsentiert ihnen aber auch im Tanz und Spiel seine Bitten für den geordneten Ablauf des Vegetations-Jahres und die Reinvigoration der Seelenkraft für Götter, Menschen und Kosmos. Die kollektive Ekstase will in Schreien und heftigen Schüttelbewegungen (Tama-furi) zeigen, wie die Lebensenergie des Gottes alle berauscht. Der Rundtanz Mai (von mau, kreisen) garantiert den geordneten Verlauf aller kosmischen Prozesse. Der Stampftanz (odori) weckt die in der

Erde schlummernden Wachstumsenergien auf. Das Kultdrama im Shintofest vollzieht sich in drei Akten: Herabrufung der Götter, Unterhaltung der Götter durch Gebet, Opfer und Kultspiel. Das Fest schließt mit einem Kultmahl mit Reis und Reiswein, das die Gemeinde mit den Göttern vereint, denn in der Reisähre lebt der Jahresgott. Am Schluß werden die Götter wieder heim entsandt in den Himmel oder auf die Berge.[37]

Wenn der Weltlauf als Streit zwischen kosmischen Prinzipien erfahren wird, führt das mancherorts zu Wettkämpfen (Agon) während eines Festes, die oft zu Kenka-Matsuri (Streitfesten) ausarten, die selbst zu Todesfällen führen können. Nicht nur Sportkämpfe wie Ringen, Rudern, Tau-Ziehen vollziehen sich in diesem rituellen Agon, sogar die Aufführung von Noh-Spielen durch zwei seit 500 Jahren konkurrierende Truppen in dem kleinen Bauerndorf Kurokawa setzt in der Konkurrenz Mana-Kräfte frei und bewirkt so Fruchtbarkeit. Dem Sieger winkt eine bessere Ernte.[38]

Die Überwindung antagonistischer Prinzipien drückt sich im Symbol der Mitternachtssonne aus. Das geheimnisvollste aller Shintofeste, das Niinamesai (Erntefest), feiert der Kaiser um Mitternacht beim Fackelschein, wenn er der Sonnengöttin den neuen Reis opfert und sich mit ihr im Mahl vereint. Im Garten brennt dann das Niwabi-Feuer die ganze Nacht, die Menschen reinigend, den Göttern die Wege weisend; die vor über tausend Jahren aus China importierten Hof-Tänze werden bis zum Morgen dargebracht.[39]

3. *Die Erneuerung des Kosmos*

Alle zwanzig Jahre wird in Ise, dem wichtigsten Heiligtum des Shinto, der Kosmos erneuert in einem archaischen Ritual, das sich über Jahre erstreckt und in der ganzen Welt einzig dasteht. Um die dem Verfall unterworfenen Kräfte der Natur zu stärken und den Kosmos gegen die Mächte des Chaos zu schützen, werden in Ise regelmäßig alle Gebäude und Kultgeräte erneuert. Am 3. Oktober tragen um Mitternacht weißgewandete Priester den Sonnenspiegel, das Realsymbol für die ewige Präsenz der Göttin Amaterasu, in den neuen, aus unbemaltem Zedernholz gebauten, mit Stroh bedeckten Pfahlbau. Während acht Jahren hatten Handwerkergilden aus Ise sämtliche Kultgeräte nach alter Vätersitte neu hergestellt. In den Wäldern des Kiso-Gebirges wurden an die zehntausend mehrhundertjährige Zypressen geschlagen, um sechzig Gebäude und kilometerlange Hecken genau nach alten Formen neu zu erstellen. Die Kosten fließen aus freiwilligen Spenden zusammen. Der Brauch begann sicher schon im 7. Jahrhundert und wurde 1993 zum 61. mal wiederholt. Nur Kriegszeiten führten einigemal zur Unterbrechung. Jede Generation fühlt sich verpflichtet, durch eigene Spenden dieses alte Brauchtum zu erneuern.

4. Reinigung

Weil die grundlegende Dualität von wilder und milder Seele nicht auf ethischen Kategorien, sondern auf kosmischer Ambivalenz beruht, kennt Shinto wohl „Bannmeister" (Shushi), aber keinen Erlöser von Sünde und Schuld im moralischen Sinn. Diese Stelle ist im Lebensgefühl besetzt durch „Kegare", d. h. rituelle Unreinheit. Reinigung von solcher Unreinheit ist das Herzensanliegen dieser Religion. Ihre Reinigungszeremonien (Misogi, Harai) sind ihr „Sakrament". Die Konzeption von rein und unrein spielt seit alten Zeiten eine überragende Rolle im sozialen Leben. Kegare wurde schon früh mit Sünde oder Verbrechen (Tsumi) gleichgesetzt. Gut war identisch mit rein und sauber, böse mit Schmutz und Kontamination. Darunter fiel alles, was die Götter verabscheuten. Die rituelle Unreinheit konnte durch direkten Kontakt auch auf andere Personen übertragen werden. Deshalb mußten sich Unreine für eine bestimmte Zeit von der Gesellschaft absondern und Reinigungsriten vollziehen. Die erste Kategorie umfaßt alles, was vom hygienischen Standpunkt aus schmutzig ist: Exkremente, Abfall, Faulendes, stagnierendes Wasser etc.; die zweite Kategorie involviert Blut, sei es durch gewaltsames Blutvergießen, sei es durch natürliche Vorgänge wie Geburt und Menstruation; zur dritten Kategorie gehört jeder Kontakt mit Tod, vor allem durch Berührung einer Leiche.

Der archaische Begriff von Tsumi geht über diese Kategorien hinaus und schließt Aktionen und Konditionen ein, die zur Degeneration der Lebenskraft führen oder ihre Entfaltung hindern. Demnach beziehen sich die japanischen Begriffe von Gut und Böse auf ontologische und nicht auf ethische Kategorien.

Der Glaube an die Lebenskraft (musubi) schließt das Ideal ein, daß der Mensch auch im Alltagsleben in Harmonie mit den schöpferischen Kräften des Universums lebt. Aus diesen Gründen befindet sich am Eingang eines Schreins ein Brunnen, an dem sich die Besucher reinigen.

VI. Mysterion

Für eine theologische Deutung der Shinto-Riten könnte der Begriff des Mysterion, wie er in antiken Mysterienkulten Anwendung fand, eine brauchbare Kategorie bieten, allerdings nicht im strikten Sinne einer esoterischen, nur den Eingeweihten zugänglichen Religion. Ausgangspunkt wäre vielmehr der Gedanke, daß sich die Mysterienkulte aus archaischer Naturfömmigkeit entwickelten. Thassilo von Scheffer nimmt an, daß alle Religionen in frühen Stadien Mysterienkulte waren. Sie wurzeln im Geheimnis des Lebens und versinnbilden Naturkräfte und streben die persönliche Annäherung an die Gottheit an. Lehrgehalte werden selten durch

Worte, meistens aber durch symbolische Handlungen vermittelt. In allem Wirken und Walten offenbaren sich göttliche Mächte. Das im Mythos erzählte Leben der Gottheit und die Deutung des kosmischen Geschehens werden durch Analogieschluß auf das Leben des Menschen übertragen. Aus dem jährlichen Neubeginn des Vegetationszyklus erwacht auch im Menschen die Hoffnung auf ein Wiederwachen im Jenseits. Wenn in der kultischen Feier das Schicksal eines Gottes durch Hierophanten in Tanz und Spiel repräsentiert wird, erhofft die Gemeinde, Anteil an seinem Schicksal zu gewinnen.[40] Unterwerfen wir den Gesamtkomplex dieser weltordnenden Riten einer funktionellen Analyse, erkennen wir darin symbolische, sinnstiftende Handlungen, in denen die sinnlich erfaßbaren Träger (Dinge, Worte, Bewegungsabläufe, Masken etc.) auf eine verborgene, den Sinnen nicht faßbare Dimension hindeuten. Shinto ist eine optimistische Religion mit den Hauptanliegen Furchtbarkeit, Abwehr übler Mächte, Ahnenkult mit Beschwichtigung der Seelen, mit zumeist weltimmanenten Zielsetzungen: ein glückliches Leben in dieser Welt. Trotz der Erkenntnis seiner Begrenztheit ist sich der Mensch bewußt, daß er letztlich in allem Tun und Leben am Kami-Wirken teilnehmen kann, wozu die Hauptkondition Magokoro ist, ein reines Herz.

VII. Shinto heute

Die am 3. Dezember 1946 promulgierte Verfassung inkorporierte die nach Kriegsende von den Besatzungsmächten ausgesprochene Trennung von Religion und Staat. Jede finanzielle Leistung des Staates für Shinto-Schreine und jede offizielle Teilnahme der Behörden war damit untersagt. Der Kaiser war nicht mehr ein lebender Gott, sondern nur Symbol der nationalen Einheit. Die Shintopriester verloren ihre Stellung als Staatsbeamte. Die vom Kaiser vollzogenen Riten würde er demnach nicht mehr als Hoherpriester der Nation zelebrieren. Sie wären nur privates Zeremoniell des Kaiserhauses.

1968 bestanden landesweit noch etwa 80 000 Schreine unter Leitung einer obersten Vereinigung, die 1946 entstanden war. Seither bemühen sich die Shintopriester (Kannushi), die der nationalen Identifikation dienende Funktion des Shinto im Rahmen der Religionsfreiheit zu verwirklichen und in einer weitgehend säkularisierten Gesellschaft das religiöse Erbe zu wahren. Eine neue Strömung will im „Nipponismus" die eigentliche Religion des Landes identifizieren. Im Dienst für die Größe Japans als industrieller Weltmacht sind auch religiöse Aspekte involviert. Die gewaltige Leistung des Wiederaufbaus aus dem totalen Ruin offenbart demnach die Überlegenheit der von Göttern abstammenden Nation, die kraft der angeborenen Gutheit kein System der Ethik zu entwickeln brauchte. Dieser

Shinto entspricht weitgehend dem in den USA entwickelten Begriff der „civil religion".[41] Bemerkenswert ist die Tatsache, daß viele Firmen heute Shinto-Zeremoniell in den Geschäftsräumen pflegen, um die alten Werte des Gemeinschaftsgeistes und der Loyalität zu fördern. Shinto ist der Garant für die Legitimität archaischer Traditionen in einer modernen Industriegesellschaft und bestärkt alle konservativen Tendenzen in diesem „unwandelbaren Volk".

Shinto bietet dem japanischen Volk einen Spiegel, worin es seine Einzigartigkeit bestätigt findet. Impulse für ein Weltethos aber sind von ihm nicht zu erwarten. Wenn auch das Bewußtsein von der göttlichen Präsenz in der Natur zur Ehrfurcht im Gebrauch ihrer Güter führen müßte, hat Shinto in keiner Weise die ökologischen Katastrophen der letzten hundert Jahre verhindert, wie die Minamata-Krankheit, verursacht durch Quecksilber in der Nahrungskette eines Meerbusens in Kyushu.

Angesichts der Verwurzelung des Shintobrauchtums in der nationalen Psyche ist aber die Trennung von Religion und Staat in der Praxis kaum gewahrt. Das zeigte sich besonders klar bei den Zeremonien, die das Begräbnis von Kaiser Hirohito und die Thronbesteigung seines Sohnes Akihito begleiteten. Für die Riten des Daijôsai im November 1990 hatte der Staat 8 Billionen Yen beigesteuert. Der Oberste Gerichtshof stellte neulich fest, daß nicht mit Sicherheit festzustellen sei, ob diese Riten verfassungskonform gewesen seien, lehnte aber die Schadensersatzforderung von Bürgern aus Osaka ab.[42]

Insgeheim besteht ein Meisterplan zur Restauration des Kaisertums und des Shinto, der schrittweise verwirklicht wird. Der erste Erfolg war die Wiedereinsetzung des mythischen Gründungstages des Reiches vor über 2600 Jahren als Staatsfeiertag. Danach wurde durch Gesetz bestimmt, daß auch in Zukunft die Zeit nach der Regierungsperiode des Kaisers zu berechnen sei. (Für Akihito heißt die Periode Heisei). Angestrebt wird des weiteren die Erhebung des Schreins für die Kriegsgefallenen Yasukuni in Tokyo und des Schreins der Sonnengöttin in Ise zu nationalen Heiligtümern. Ein weiterer Schritt wäre dann die Revision der Verfassung mit der Einsetzung des Kaisers in seine alte Stellung und evtl. des Shinto als Staatsreligion. Betrieben werden solche Bestrebungen von Politikern der Rechten, vor allem in der liberaldemokratischen Partei. Für eine Verfassungsänderung wären allerdings zwei Drittel der Stimmen erforderlich, was aber im Augenblik kaum zu erreichen ist.

Über die Anzahl der Shintogläubigen lassen sich keine sicheren Angaben machen. Der Staat fragt in der Volkszählung nicht nach Religionszugehörigkeit, so daß alle Angaben, selbst vom zuständigen Kulturministerium, nur auf Schätzungen beruhen, die sich auf Angaben der zuständigen Religionsbehörden stützen. Andere Resultate allerdings ergeben sich wieder aus Umfragen in den Medien.

Eine Angabe in der „Encyclopedia Japonica" schätzt die Zahl der Shintoanhänger auf 60 Millionen und fügt für 7 Shintosekten noch 6,3 Millionen hinzu. Eine Statistik des Kultusministeriums aber gibt für die Anhänger aller Shinto-Organisationen 98,5 Millionen an, für Buddhisten weitere 88 Millionen. Die Gesamtsumme aller Religionsanhänger nach Einbezug der 1 Million Christen und den Mitgliedern anderer Religionsgemeinschaften würde dann 200 Millionen erreichen, obwohl das Volk nur 123 Millionen zählt. Das zeigt deutlich, daß Religionszugehörigkeit in japanischem Kontext keineswegs als ausschließliches Bekenntnis zu einer Konfession mit einem geschlossenen Lehrsystem zu verstehen ist. Die gleichen Leute vollziehen die „Rites de passage" der Lebensprozesse und die Feste des bäuerlichen Jahres im Schrein, den Totenkult aber im buddhistischen Tempel.

Shinto wird daher seinen angestammten Platz in der japanischen Kultur und Gesellschaft mühelos behalten, solange das Volk seine Identität wahrt. Nach der Erneuerung des Ise-Schreins im Jahre 1953 strömten 50 Millionen zu diesem höchsten Heiligtum der Nation. 1964 wurden 21 Tausend Shinto-Priester gezählt. Zu Neujahr 1995 besuchten landesweit 85 Millionen die Schreine, um den Segen der Götter zu erflehen, 3,45 Millionen allein den Schrein des Kaisers Meiji in Tokyo.[43]

Hans-Jürgen Greschat

ETHNISCHE RELIGIONEN

I. Grunddaten

Ethnische Religionen gab es überall auf der Erde. Es gab zunächst nur sie. Dann brachen hier und dort religiöse Revolutionen aus. Stifter predigten eine neue Religion, die der alten, ethnischen, widersprach und sich an alle Welt wandte. Im Laufe der Zeit haben Buddhisten, Christen und Muslime ihre ethnischen Vorgänger ver- oder an den Rand gedrängt. Doch nicht überall. Die Urbevölkerungen in Amerika, Ozeanien und Afrika haben die Religion ihrer Vorfahren nicht vergessen. Auch in Asien gibt es sie noch. Bei uns findet man sie nur mehr im hohen Norden bei Rentiernomaden. Überall sonst in Europa gehören sie längst der Vergangenheit an.

Ethnische Religionen sind uns Europäern folglich fremd. Zu Anfang der Begegnung mit ihnen war man überzeugt, daß jene Menschen keine Religion besaßen, zumindest gemessen an dem, was Europäer unter „Religion" verstanden. Man hat sie, falls ihr Land begehrenswert war, mitleidlos ausgerottet, man hat sie ver- oder gekauft und zur Sklaverei gezwungen. Das taten weiße Christen, auch sehr fromme. Sie taten es, weil die Bibel dem Menschen alle anderen Geschöpfe unterordnet. Vielen galten damals „Farbige" als seelen- und religionslose Wesen, den Tieren gleich, als „schwarzes Vieh" *(het swarte vee),* wie manche südafrikanischen Buren ihre Arbeiter nannten.

Später haben europäische Missionare die „Wilden" zu christianisieren, haben Kolonialbeamte sie zu zivilisieren versucht. Ihre Religionen nannte man folglich „heidnisch" und „primitiv" oder auch „Naturreligionen", d. h. von der Natur, wenig von Kultur geprägt. Nun behandelte man sie, wie man Kinder behandelt, auch wenn sie 50 oder 70 Jahre zählten. Man hatte sich vorgenommen, ihren kindlichen, ja kindischen Geist zu Höherem zu erziehen.

Heutzutage sind ihre Völker selbständig. Indessen, so richtig wie wir Weißen sind sie noch immer nicht geworden. Unser politisches wie unser Wirtschaftssystem funktionieren bei ihnen meist nur unzulänglich. Ihre Länder blieben unterentwickelt und für Krisen anfällig. Wir fürchten, sie könnten uns noch lange auf der Tasche liegen. Kein Wunder, wenn wir zu ihnen nach wie vor auf Distanz gehen und ihre Religionen „Stammes-", beziehungsweise „Ethnische" Religionen nennen. Oder ist es etwa üblich, daß sich auch Europäer als Mitglieder von „Stämmen" und „Ethnien" verstehen?

Bei so großem Abstand verwundert es nicht, wenn selbst Rudolf Otto, der sich intensiv mit dem Verstehen fremder Gläubiger befaßt hat, resignierte: „Was Buddha wollte, können wir zu verstehen vielleicht noch einmal erreichen. Was aber Totem und Tabu für die ‚Primitiven' wirklich bedeuteten, wahrscheinlich nie."[1] Ein Stückchen weiter sind wir seither aber doch gekommen. Die Hoffnung, daß die Kluft des Unverständnisses zwischen Europäern und Nicht-Europäern mehr und mehr schrumpft, hat mich motiviert, die folgenden Seiten zu schreiben.

Die Zahl ethnischer Religionen ist nur schwer zu schätzen, es sind viele tausend. Die Beschreibung einer jeden würde ebenso viele Seiten benötigen wie die Beschreibung einer sogenannten Weltreligion. Religionsgeschichtlich gesehen sind sie nicht ärmer, eher vielfältiger. Wenn sie hier wie eine religionswissenschaftliche Einheit *en bloc* vorgestellt werden, so entspricht das unserer Tradition im Umgang mit ihnen. In Wirklichkeit unterscheiden sie sich beträchtlich, sie sind unterschiedlich alt, unterschiedlichen fremden Einflüssen ausgesetzt, von unterschiedlicher Umwelt geprägt. Dennoch verbinden sie ein paar charakteristische Merkmale:

1. Es sind kleine Gemeinschaften, von einigen hundert, manchmal einigen tausend oder auch Millionen Mitgliedern.
2. Weil jene Menschen in einem begrenzten Gebiet wohnen (es sei denn, man hätte sie in eine Diaspora vertrieben), bleibt auch ihre Religion geographisch begrenzt.
3. Im Unterschied zu anderen, ebenfalls nicht missionierenden Religionen tradieren sie ihre Überlieferungen mündlich, da sie keine eigene Schrift entwickelt haben.

Letzteres schafft eine besondere Forschungslage. Eine Illustration dazu verdanken wir Barry Stevens, einem amerikanischen Forscher. Er erzählt: „Eine hawaianische Frau sagte mir, daß die hawaianische Mythologie, so wie sie in Büchern steht, total falsch sei. Ich fragte sie, wie das passieren konnte. Sie sagte: ‚Oh, die Haoles (die Weißen) fragten uns danach, und dann lachten sie uns aus wegen der Dinge, die wir ihnen erzählten. Daher erzählten wir ihnen dann Lügen, die sie glaubten, und wir lachten über sie'."[2]

Was lernen wir daraus? Erstens sollten wir ernst nehmen, was sie uns mitteilen. Wir tun es nicht, wenn wir an alles ständig unsere Maßstäbe legen, wenn wir unsere Urteile zu allem und jedem abgeben. Sie haben gelernt, die Welt, das Leben, den Tod anders zu sehen als wir. Sie streben anderes an, richten sich nach anderen Zielen. Folglich sollten wir zu erkunden suchen, was ihre Maßstäbe sind. Das nennt man eine Religion „von innen" kennen im Unterschied zu „von außen", wo es mehr um unsere Weltsicht geht, um das, was wir für wirklich halten. Zweitens sollten wir darauf gefaßt sein, daß mancherlei Publiziertes über ihren Glauben auf Antworten beruht, mit denen sie lästige Frager abschütteln wollten.

II. Abriß der Geschichte

In ethnischen Religionen beginnt Geschichte mit Genesis, mit dem Anfang der Welt. Von ihm berichten manche als von einer fortschreitenden Evolution, andere als von der Schöpfungstat eines Gottes, noch andere kombinieren Entwicklung und Schöpfer. Viele Völker erinnern sich an Wanderungen ihrer Väter von einer Urheimat dorthin, wo sie jetzt leben. Unterwegs ist ihnen mancherlei widerfahren, Freudiges, Feindliches und Wunderbares, was im religiösen Leben erinnert und vergegenwärtigt wird. Geschichtsschreibung finden wir hier in Form von Mythen, die sich durch orale Tradierung der jeweiligen Gegenwart mit neuer Flora, Fauna und Landschaft anpassen. Für unsere Art von Geschichtsschreibung zeigen sie höchstens höfliches Interesse.

Europäische Gelehrte hatten jene Völker einmal „geschichtslos" genannt. Das schien für die Religionsforschung bedeutsam, da man folgerte, in „geschichtslosen" Religionen die Urform aller historischer Religion vor sich zu haben. Man glaubte also, das Rätsel vorgeschichtlicher Religionen mit Hilfe von zeitgenössischen „primitiven" lösen zu können. Doch bald wurde deutlich, daß auch „geschichtslose" Religionen nicht ohne Geschichte sein können. Sie waren nur „schriftlos", und unsere Historiker sind es gewohnt, Geschichte vor allem mittels schriftlicher Quellen zu schreiben. Folglich sind die Gläubigen ethnischer Religionen Menschen des zwanzigsten Jahrhunderts wie wir, obwohl sie Entwicklungen anderswo als auf dem Gebiet der Technik vorangetrieben haben. Inzwischen entdeckten Archäologen und Historiker, die Mythen verschiedener Völker verglichen, Beweise für Wanderungen und für historische Perioden im Leben jener Völker und ihrer Religionen.

III. Gegenwärtiges Erscheinungsbild

1. *Organisationsstruktur*

Das Schlüsselwort zum Verständnis ethnischer Religionsgemeinschaften heißt „Verwandtschaft". Zuerst kommt nicht der Glaube, zuerst kommt die Gemeinschaft. Religion und Volk sind eins, niemand kann aus-, niemand kann eintreten. Unvorstellbar sind Missionare, die den Glauben unter Fremden verbreiten, oder Fremde, die ihn annehmen.

Verwandtschaft wird bezeugt durch Abstammung. Was im Christentum das Bekenntnis, ist hier der Stammbaum. Wer sich über seine Vorfahren zurück bis zu den Stammeltern ausweisen kann, gehört dazu. Übrigens erhält der Name „Stammesreligion", wenn man ihn auf „Abstammung" bezieht, eine gewisse Berechtigung. Eindeutiger wäre jedoch, wenn man diese Religionen „generativ“ nennen würde (da allein Fortpflanzung ihren Bestand sichert), um sie von „konvertierenden“ zu unterscheiden, die auch noch auf Mission und Bekehrung angelegt sind.

Geburt verschafft Zugang zu diesen Religionen. Gelegentlich adoptieren sie fremde Kinder oder Erwachsene. Auch wer an Kindes Statt angenommen wird, gehört dazu. Es gibt sogar die Möglichkeit, vorübergehend adoptiert zu sein. Ein Beispiel: Die Igbo leben im Südosten von Nigeria. Wer früher durch fremdes Gebiet reiste, blieb gefährdet, bis ihn ein Hausvater aufnahm und unter den Schutz seiner Familie stellte. Das geschah, es geschieht auch heute noch, durch eine Kommunion: Gast und Gastgeber essen jeder ein Stück von einer Kolanuß, über der zuvor ein Gebet gesprochen wurde. Dann markiert sich der Gast mit weißer Kreide auf schwarzer Haut, dem ganzen Dorf, der ganzen Gegend zum Zeichen.

Selbst der Tod beendet die Gemeinschaft nicht. Tüchtige, rechtschaffene Menschen werden nach dem Sterben zu Ahnen. Sie behüten die Lebenden und wachen über deren Moral. Sie sehen alles, hören alles und greifen entschlossen ein. Die Lebenden erinnern ihre Ahnen, nehmen sie zum Vorbild, bitten sie in der Not um Hilfe. Wie tief diese Verbindung eingewurzelt ist, zeigt uns das Bekenntnis eines afrikanischen Autors, eines europäisch hochgebildeten, der seine Bücher auf Englisch verfaßt. Er sagt: „Was ich sicher weiß ist, daß etwa acht von allen zehn gebildeten Afrikanern, die meisten sind auch bekennende Christen, noch fest an die Geister ihrer Ahnen glauben. Unter den Gebildeten sprechen wir darüber nicht miteinander. Aber wenn wir moralische Leitung und Inspiration und Hoffnung brauchen, dann tasten wir irgendwo in einem geheimen Winkel unseres Seins herum nach einer Verbindung mit jenen Geistern.“[3]

Noch weiter entfernt von europäischer Erfahrung ist eine zweite Erweiterung des Verwandtschaftsbereichs, den wir bei vielen, aber nicht bei allen ethnischen Religionen finden. Sie schließt Tiere, seltener auch Pflanzen ein, was früher bei uns „Totemismus“ genannt wurde. Die menschliche Familie fühlt sich mit einer bestimmten Gattung verwandt. Tieren dieser Gattung begegnen sie respektvoll, selbstverständlich schädigt man sie nie, man darf sie weder töten, noch von ihrem Fleisch essen, es sei denn in der Gefahr des Verhungerns. Die menschlichen Verwandten haben Anteil an den Eigenschaften der Tiere, an deren Stärke oder Vorsicht oder Geschicklichkeit.

2. *Glaubensstruktur*

a) *Lehre*

Werner Müller, Kenner indianischer Religiosität, beschreibt das Neujahrsfest der Delawaren. Dazu versammelten sie sich im Großhaus: „Eine Blockhütte mit Giebeldach, Firststütze und zwölf Holzplastiken. Der Estrich repräsentiert den Fußboden des kosmischen Hauses, die Wände sind die vier Hauptseiten des Horizonts, das Dach ist das Himmelsgewölbe, die Firststütze die Weltsäule, zehn holzgeschnitzte Gesichter rings an den Wänden verkörpern die kleinen Manitus, während zwei große Holzmasken am Mittelpfahl das Antlitz Gischelemukaongs (des Schöpfers) wiedergeben. Er sieht vom Zenit auf die feiernde Gemeinde herab.

Das Gebäude ist also nicht nur Architektur, nicht nur einfach ein Versammlungslokal. Es besitzt vielmehr einen hintergründigen Sinn, ja es dient selbst als Symbol der religiösen Absicht. Denn die Gemeinde versammelt sich unter den Augen des Schöpfers und fällt sogleich in den Anfang zurück mit dem Beginn eines neuen Jahres: eine religiöse Schau, deren Sinn nur so und nicht anders ausgedrückt werden kann. Kurz gesagt: Das delawarische Denken wendet sich an das innere Sehen und erreicht damit einen Grad der Verdichtung und Unmittelbarkeit, zu der sich keine theologische Gehirntätigkeit zu erheben vermag."[4]

Es geht Werner Müller darum, uns einen fundamentalen Unterschied zu zeigen, der zwischen dem, was wir kennen, und den Menschen in ethnischen Religionen existiert. Es ist der Unterschied zwischen unserem abstrahierenden Denken, das auf begriffliche Klassifizierung abzielt, und jenem anderen, das vom Auge bestimmt wird, bei religiösen Ansichten vor allem vom inneren Auge. Ihre Lehrer philosophieren nicht, sie schauen. Ihre Lehren, sagt Werner Müller, sind ein „ununterbrochener Zug von Bildentladungen".[5] „Der Mythenträger träumt, was er weiß, und erhebt wiederum zur absoluten Geltung, was er träumt. Hier sprudelt die Quelle einer immer neuen Kräftigung der mythischen Überlieferung. Ohne diese Stärkung wäre sie in wenigen Jahrzehnten verschwunden."[6]

Es ist wahr, in ethnischen Religionen dürfte man schwerlich jemanden finden, der über die Eigenschaften Gottes spekulieren möchte. Die Zweiteilung in „Lehre" und „Kult", in „Mythus" und „Ritus" haben Europäer erfunden. In jenen Religionen gehört beides eng zusammen, das Handeln und dessen Sinn.

Ferner gibt es dort keine Lehrstreitigkeiten, keine Konfessionskriege, weder heiße noch kalte. Dort erhält die Lehre ihre Autorität aus der Erfahrung, nicht *ex cathedra.* Erfahrungen macht man selber. Deshalb können Deutungen von einem Priester zum nächsten, von einem Gläubigen zum anderen variieren, und das tun sie auch, was jedoch nicht als Häresie gewertet und verdammt wird. Alle Deutungen bleiben freilich innerhalb eines von jedem akzeptierten Glaubenssystems, das, in sich schlüssig, Jenseitiges und Diesseitiges aufeinander bezieht.

Bernard Narokobi, Melanesier aus Papua Neu Guinea, stellt uns den Rahmen vor, in den seine Landsleute regional gültige und persönliche Deutungen einpassen: „Melanesier halten sich gewiß nicht an den säkularen Glauben, der Mensch existiere aus eigener Kraft und für seine eigenen Zwecke. Der Mensch wird, nach den ältesten Legenden, entweder von Menschen oder von Vögeln und Tieren oder von anderen Wesen geboren. Bei seiner Geburt oder Erschaffung wird der melanesische Mensch mit einem Sinn für Geschichte, einem Ziel, einem Satz von Werten und einer Sicht des Kosmos begabt, die sein Leben lenken. Er erhält eine Kultur und Autonomie in einer Gemeinschaft, die durch ein Gebiet und durch menschliche Beziehungen begrenzt ist. So wird er in eine spirituelle und religiöse Ordnung hineingeboren. Einen großen Teil seines Lebens widmet er der Erhaltung und Förderung jener Ordnung. Der Melanesier wird z. B. mit dem Wissen geboren, daß er innerhalb einer Geistwelt lebt und arbeitet. Ein Abweichen von jener gegebenen oder empfangenen Ordnung kann nur zu sofortiger physischer und zeitlicher Bestrafung führen."[7]

Bernard Narokobi skizziert das Glaubenssystem seiner regional begrenzten Glaubensgemeinschaft. Sie kennen ein höchstes Wesen, das *Iruhin* heißt, „der oben ist". Dieses Wesen hat keine identifizierbare Form. Neben ihm gibt es ein weibliches Wesen, *Chokuromen.* Sie schuf die Flüsse, Ozeane, Bäume, Pflanzen, Nahrung usw. Als sie die nicht-menschlichen Wesen ins Leben rief, hatte sie menschliche Form angenommen. Beide Wesen sind für alle Menschen überall da.

Der Wirkungsbereich weiterer Wesen ist dagegen begrenzt. Sie heißen *Warenob* und manifestieren sich häufig durch Ereignisse wie besonders lauten Donner oder besonders heftige Taifune. Manchmal erscheinen sie auch in ungewöhnlichen Lebewesen wie einem menschlichen Zwerg, einem winzigen oder riesigen Eber, einer Schlange mit zwei Schwänzen usf. Die *Warenob* gehören bestimmten Leuten in bestimmten Dörfern. Ihre Besitzer wirken durch sie Gutes oder Schlimmes. Einer Sippe verleihen ihre *Warenob* Tapferkeit, Stärke und Ausdauer.

Dann gibt es die Ahnen. Sie leben auf dem gleichen Niveau wie die Menschen und können, wenn die Bedingungen stimmen, von jedem Verwandten um Hilfe gebeten werden.

Schließlich gibt es auch noch Vögel, Bäume, Tiere, Felsen und anderes, von dem man glaubt, es sei lebendig. „In einem Kosmos, wo der Geist jede Gestalt und Form annehmen kann, fällt es nicht schwer zu verstehen, daß der Geist kommt und geht, daß Leben in allen Dingen sein kann, in belebten wie in toten."[8] Wir sind es, die Dinge als „belebt" oder „tot" einteilen, nicht die Melanesier.

Das ist natürlich erst der Grundriß einer Theologie. Komplett wäre sie, wenn wir auch die Art, die Bedingungen und Folgen der Beziehungen kennen würden, welche die verschiedenen Wesen verbinden. Die Erforschung der Lehre ethnischer Religionen ist nicht immer einfach. Oft gibt es zwei Sprachen für religiöse Dinge, die der Priester und die der anderen. Oft hält man die ganze Lehre oder ihre wichtigsten Teile geheim. Sie gehen Außenstehende nichts an, fremde Forscher eingeschlossen. Nur Glücksfälle erlauben uns, hier und dort einen Blick auf unzugängliche Theologien zu werfen, was jedesmal mit verblüfftem Staunen über deren Reichtum und

Ausgereiftheit einhergeht. Ethnische Theologien „primitiv" zu nennen, bezeugt nur unsere Ahnungslosigkeit.

Im Sommer 1988 hat mir das Glück eine bislang geheime Theologie in Form einer musikwissenschaftlichen Dissertation an der Kölner Universität, zu der ich ein religionsgeschichtliches Gutachten schreiben sollte, zugespielt. Verfasser ist Samuel Datey-Kumodzie, ein Anlo-Ewe aus Ghana. Sein Großvater war Oberhaupt dieser Religion und hatte den Enkel öfter zu Amtsgeschäften mitgenommen. Weil Töne, Melodien und Tänze diesen Glauben prägen und weil der Forscher einer Priestersippe angehört, entstand der Plan für eine musikwissenschaftliche Studie, deren reiches Material auch von Religionsgeschichtlern als wertvolle Entdeckung zu begrüßen wäre.

Die geheime Religion der Ewe heißt *Yehwe.* Ihre Theologen unterscheiden wie wir das Absolute und das Relative oder, religiös gesprochen, das Ungeschaffene und das Geschaffene. Das Ungeschaffene trägt in der geheimen Sprache jener geheimen Religion den Namen *Sogbelisa.* Man lehrt, *So* sei der männliche Aspekt, *gbe* der weibliche, *lisa* bedeute „Glückseligkeit" und sei der Zustand des absoluten Seins. Der Forscher erfuhr von den Priestern über *Sogbelisa:* Es gibt nichts, was Ihm oder Ihr vergleichbar wäre; Er oder Sie ist ungeschaffen, unvergänglich, sich selbst ewig regenerierend; Er oder Sie ist die Ursache der Schöpfung und ist überall und in allem; ohne Ihn oder Sie kann nichts funktionieren; Ihm oder Ihr kann der Mensch sich nicht widersetzen, er kann „nur in Ehrfurcht gehorchen".[9]

Aus *Sogbelisa* entsteht, Schritt für Schritt, der Kosmos. Auch in *Yehwe* ist der Mensch das letzte Glied und die Krönung der Schöpfung, die fortdauert bis zum Ende eines Schöpfungszyklus. Dann kehrt alles zurück zum Ursprung und ruht bis zum Beginn der nächsten Schöpfung.

Das Mittel oder Werkzeug für das Entstehen und Wiedervergehen der Schöpfung heißt *Gbesa,* „Kraft des Klangs". Der ganze Kosmos ist Produkt des Klangs. „Das meint, daß dem Kosmos *Gbe* (Vibration) zugrunde liegt. In der menschlichen *Gbe* (Stimme) wirkt dieses Prinzip, d. h., man kann mit der Stimme alle möglichen Klangordnungen erzeugen und gewaltige Vibrationen *(Dzodzo)* auslösen. Nach den Priestern funktioniert die gesamte Welt der Phänomene nach dem Prinzip der Vibration. Jedes Objekt, auch die sogenannte unbeseelte Natur, pulsiert mit *Gbe* auf einer bestimmten Frequenz. Man kann, wenn man sich konzentriert, diese Frequenz mit der menschlichen *Gbe* durch eine bestimmte Klangordnung erzeugen, damit das entsprechende Objekt zum Vibrieren bringen und somit das Objekt kontrollieren und beliebig beeinflussen."[10]

In *Yehwe* kennt man verschiedene potente Klänge. *Hu* gilt als Urklang, er bringt die Schöpfung in Gang und bewirkt so den Kosmos. Man kann sich das folgendermaßen vorstellen: *So* ruht versunken in *Ha,* dem seligen, unveränderlichen Zustand. Wenn die *So* innewohnende Kraft *Gbe*-Vibrationen in Gang setzt, entsteht der Klang. „Durch die Manifestation des Klanges werden die verschiedenen Aspekte von *Ha* geoffenbart, derer *So* sich erfreut und in denen er *Lisa,* absolute Glückseligkeit, erfährt. *Lisa* ist die ewige Natur von *So.*"[11]

Sogbelisa, das Ungeschaffene, gleicht keiner geschaffenen Form. Erst in der Schöpfung gibt sich *Sogbelisa* eine Gestalt in *Vodu-Dha,* einem Wesen mit göttlichen Eigenschaften. (Das Wort *Vodu* kennen wir. Es ist zusammengefügt aus *vo,* „frei sein", und *du,* „Stätte". Als Gattungsname bezeichnet *Vodu* in *Yehwe* die Götter außer *Sogbelisa*). *Vodu-Dha* wird zum Schöpfergott, er erschafft sechs weitere Götter. Sodann manifestiert er sich in den *Bokowo,* den Schützern von *Bo,* der Natur und ihrer Lebewesen. Schließlich manifestiert er sich auch in jedem Menschen in Gestalt von *Dha-losu,* der „Seele".

Menschen, welche Nächstenliebe üben und den *Bokowo* Gaben geben, erfahren irdisches Glück. „Himmlisches" Glück, *Lisa,* erfahren jene, die *Dha-losu* in sich erkennen. „Yehwe ist eine menschenorientierte Religion. Die Pflege der Psyche ist die Pflege Gottes, und nur derjenige, der seine Seele *(Dha-losu)* entdeckt hat, kann auch Gott entdecken ... Man erkennt die anderen Mitmenschen und die Tiere nicht mehr als fremde Objekte, sondern als einen Teil von sich. Der Schöpfungsmythos wird zu einer Wahrheit. Also ist jede Verletzung des Mitmenschen eine Selbstverletzung und jede gute Tat für die Mitmenschen ein Dienst an sich selbst."[12]

„Yehwe bedeutet, unsere Schweine- und Büffelnatur zu transzendieren und uns allmählich in *Vodu-Dha* zu etablieren, wo wir ungetrübt in Erkenntnis unserer wahren Essenz allwissend, allmächtig, allgegenwärtig die absolute Glückseligkeit *Sogbelisas* erfahren. Durch die Musik werden solche Zustände für den Suchenden immer wieder neu ausgelöst."[13]

In einem Festgesang wird die Erfahrung des sicheren Hortes mitten in irdischem Ungemach besungen[14]:

> „Krieg und Vernichtung auf dieser Erde.
> In Deine unberührbare Schöpfungsquelle
> verschwinde ich, Du König der Könige.
> In Dir kann mich nichts berühren.
> Wild fegt der Wind des Unheils über diese Erde.
> In Dir verschwinde ich, o Du Gebieter der Götter.
> Nichts kann mich berühren."

Das indianische Weltenhaus macht den Menschen im Kosmos heimisch, er kennt sich darin aus, findet Orientierung. Das melanesische Beziehungsgeflecht zwischen Menschen, regional und überregional wirkenden Wesen, den Ahnen und der belebten Natur teilt jedem seine Rolle zu, die ihm ebenfalls Halt und Orientierung gibt. *Yehwe,* die mystische Lehre der Ewe, führt die Strebenden zur Realisierung des Göttlichen in ihrer „Seele". – Das waren nur drei Beispiele für Lehren ethnischer Religionen. Sie zeigen ähnliche und unähnliche Züge. Von den vielen tausend, die es sonst noch gibt, dürften manche total anders sein. Dennoch, jede hat ihre Gemeinschaft durch ein sinnvolles und frommes Leben geleitet.

b) Kult

Der Norden Australiens ist sehr heiß und trocken. Dort hat die Regierung ein Gebiet für schwarze Ureinwohner reserviert. Es heißt Arnhem Land nach dem Entdeckerschiff, das den Namen der holländischen Stadt trug.

Vor einiger Zeit hielt sich dort eine wissenschaftliche Expedition auf, die auch eine „Regenmacher-Zeremonie" dokumentieren sollte. Dafür waren einige alte Männer zuständig. Als man sie fragte, zögerten sie, ließen sich aber schließlich überreden. Am nächsten Tag wählten sie einen Pfahl, $^3/_4$ m lang und etwa 5 cm dick, vom Kapokbaum. Auch Daunen aus der Kapokfrucht brachten sie mit. Dann suchten sie einen geeigneten Platz am ausgetrockneten Flußbett und richteten das Holz her. Zuerst bemalten sie es mit roter Tonerde. Dann kam ein jüngerer Mann hinzu, öffnete sich eine Vene am Unterarm und füllte mit seinem Blut eine Schale. Mit dem Blut malten die Alten zwei Ringe um das Holz, auf die sie weiße Kapokdaunen setzten. Zwischen den Ringen zogen sie vier Linien aus Blut, die sie mit blutgefärbten Kapokdaunen zierten. Schließlich bemalten sie die beiden Enden des Pfostens mit gelber Tonerde und setzten einen gelben Ring in dessen Mitte. Dann pflanzten sie ihn in die Erde, nicht ganz gerade, wie die Weißen kritisch anmerkten.

Die Photographen hatten ihre Arbeit beendet. Nun müßten die Alten anfangen zu singen. Ein Weißer hielt ihnen das Mikrophon hin. Doch es geschah nichts, die Schwarzen saßen stumm und bedrückt da. Endlich kam eine Verständigung auf Pidgin-Englisch zustande. Sie sagten, sie würden nicht „proper" singen. Aber warum denn nicht? Weil eine Flut kommen und das Zelt der Expedition im Flußbett fortreißen würde. Die Wissenschaftler erwarteten die Regenzeit erst in einem Monat und wollten es gern darauf ankommen lassen. Aber das trauten sie sich dann doch nicht den Alten unverblümt zu sagen. Da hatte einer einen Einfall: Wenn die Schwarzen nicht zum Regenpfahl hin singen wollten, dann vielleicht von ihm fort? Nach einigem Hin und Her willigten sie ein. Man entfernte sich ein Stück vom bemalten Pfahl, und sie sangen zum Mikrophon. Später erfuhren die Forscher mehr: Indem die Alten zum Regenpfahl hin singen, bitten sie die Regenschlange um Regen. Durch den Pfahl gelangen ihre Gesänge in die Erde, aus der sie am Wohnort der Regenschlange, weit, weit entfernt, wieder hervorkommen. Zum Abschluß gaben die Forscher den alten Männern Tabak. Den Regenpfahl durften sie mitnehmen und in einem Museum ausstellen.[15]

Das Vorkommnis in Arnhem Land illustriert einige wesentliche Aspekte des Kultes bei ethnischen Religionen. Sehen wir sie uns einen nach dem anderen an:

– Die Forscher haben die alten Männer für deren religiöse Demonstration bezahlt. Das war zuvor ausgehandelt worden. Erich Kolig, Kenner des schwarzen Australiers, erklärt dessen uns fremde Einstellung zur Religion: „Es war *seine* im wahrsten Sinne des Wortes. Er *besaß* sie. Sie war ein Besitz, aus dem handfeste Rechte, Privilegien und Pflichten erwuchsen. Man mußte für sie sorgen, sie ernähren und pflegen, und wie jedes Grundeigentum war auch sie eine Ware, die man verkaufen konnte. Die Manifestationen der Religion, Mythen und Riten oder heilige Gegenstände gehörten Individuen oder Gemeinschaften, und sie konnten, wie irgendein anderer Besitz, zum Vorteil ihrer Besitzer veräußert werden. Das war die traditionelle Art, Religion zu verbreiten und sie weiterzugeben von Generation zu Generation. Wer Religion wollte, mußte sie erwerben und dafür zahlen."[16] Nicht nur in Australien, auch anderswo in ethnischen Religionen gelten Zeremonien als Dienstleistungen von Spezialisten, die sowenig gratis zu haben sind wie bei uns juristische oder medizinische Dienstleistungen.

– Was teuer ist, sollte auch gut sein. Religiöse Spezialisten, deren Kulte die erwünschten Resultate nicht zeitigen, verlieren ihre Klientel. Folglich nimmt ein jeder, Klient wie Spezialist, religiöse Handlungen sehr ernst. Für die alten Australier z. B. wäre es Blasphemie gewesen, wenn sie „nur so" zum Regenpfahl hin gesungen hätten, ohne das Ergebnis ihres Tuns auch wirklich zu wollen.

– Ernsthaftigkeit charakterisiert vieles, was die Priester ethnischer Religionen tun. Sie führen eine Zeremonie nicht irgendwo durch, sondern am rechten Ort. Sie tun das auch nicht irgendwann, sondern zur rechten Zeit. Die alten Australier mußten zu jener Zeremonie überredet werden, weil es nicht ihre rechte Zeit war, sondern die der weißen Forscher. Unsere Zeiteinteilung bleibt mechanisch, die Uhr am Handgelenk unterscheidet nicht, welche Stunden bedeutsam sind. In ethnischen Religionen teilen sie die Zeit ein nach deren Vermögen. Sie kennen wertvolle, einflußreiche, günstige Zeiten und nichtssagende, unwesentliche. Wichtige Zeit wird mit voller Energie genutzt, unwichtige bringt man lässig zu.

– Die Australier hatten, wie Spezialisten überall, ihr Wissen und Können erwerben müssen. Was immer einem eigen ist, kann zum Preis werden, man zahlt mit materiellem wie mit physischem und geistigem Vermögen. Ein schon klassisches Beispiel dafür ist die Geschichte von Igjugarjuk, der ein berühmter Schamane kanadischer Inuit wurde, die westlich der oberen Hudson Bay lebten. Dem dänischen Forscher Knud Rasmussen – er ließ die Menschen reden, ohne sie mit zweifelnden Fragen zu unterbrechen – hat er von seiner religiösen Lehrzeit berichtet: „Als ich Schamane wurde, wählte ich das Leiden in Gestalt von zwei uns Menschen am meisten bedrohenden Gefahren: Leiden durch Hunger und Leiden durch Kälte ... Mein Lehrer war der Vater meiner Frau ... Als ich Pinga und Hila (sie sind mächtige Geister) gezeigt werden sollte, zog er mich auf einem kleinen Schlitten, der gerade groß genug war, daß ich auf ihm sitzen konnte ... Es war eine sehr lange Tagesreise landeinwärts ... Es war Winter und geschah in einer Neumondnacht, man konnte gerade den allerersten Streifen des Mondes sehen ... Ich würde erst wieder abgeholt werden, wenn der nächste Mond dieselbe Größe erreicht. Perquanaq (der Lehrmeister) baute einen kleinen Iglu, dort, wo ich bleiben sollte. Der Bau war eben so groß, daß ich hineinkriechen und mich hinsetzen konnte. Einen Schlafpelz als Schutz gegen die Kälte bekam ich nicht ... Hier wurde ich eingeschlossen ... Die Tür wurde mit einem Block verschlossen, aber weicher Schnee, der den Bau von außen warm hält, wurde nicht aufgeworfen." Nach fünf Tagen brachte der Lehrer lauwarmes Wasser. Fünfzehn Tage später brachte er wieder gewärmtes Wasser. Bevor er ihn verließ, hatte ihm sein Lehrer eingeschärft, die ganze Zeit nur an eines zu denken, nur eine einzige Sache zu wollen: „Pinga soll gewahren, daß ich hier sitze und Schamane werden will."[17]

Offensichtlich meinen es diese Menschen ernst, der hohe Einsatz schreckt sie nicht. Das ist kein Beruf für Bequeme oder Unentschlossene. Nur ein starker Wille läßt sie durchhalten.

– Die australischen „Regenmacher" waren ältere Männer. In traditionellen Kulturen werden die Alten gemeinhin geehrt, man schätzt sie trotz ihrer Runzeln und gekrümmten Rücken. Andererseits versuchen diese Alten auch nicht, sich aufzuführen wie die Jungen. Sie verhalten sich würdevoll, manche ein wenig steif, viele mit Grazie.

In ethnischen Religionen hüten ältere Frauen und Männer die Überlieferung. Sie sind sozusagen die „Schriftgelehrten" oraler Traditionen. Ihr Wissen und ihre lange Erfahrung machen sie zu Experten, mit denen kein Jüngerer konkurrieren möchte. Ihr Ansehen wird noch erhöht durch die Erwartung, daß die Alten demnächst Ahnen sein werden mit noch größerem Einfluß auf das Leben der Hinterbliebenen.

– Damit aus einem hölzernen Pfosten ein Regenpfahl wurde, ein sakraler Gegenstand, brauchte man Blut, nicht das Blut irgendeines Tieres, sondern menschliches. Hier verstehen wir rasch, was gemeint ist, weil wir wissen, daß Blut und Leben zusammengehören, daß Verblutende sterben. Blut, oder auch nur rote Farbe, bedeutet Leben, vermutlich auch für jene Australier. Das ist der Grund, warum Blut die Hauptrolle spielt beim Opfern, das zusammen mit dem Beten den Kult ausmacht, und geopfert wird in ethnischen Religionen häufig.

– Um einiges schwerer fällt uns zu verstehen, warum die alten Australier sich so große Mühe mit dem Regenpfahl machten. Sie durchstreiften die Gegend, bis sie das geeignete Holz gefunden hatten, alles an ihm mußte stimmen, auch die Farben und Muster. Wäre es nicht einfacher, um Regen nur zu beten?

Diese Frage haben schon manche gestellt. Auch Günter Schlee, der die Rendille im Norden Kenyas erforscht hat. Sie glauben, Gott könne das einfache Gebet jedes Menschen erhören, er hat die Macht dazu. Andererseits hat er auch vielem Irdischen Macht verliehen, so daß die Rendille ans Ziel ihrer Wünsche mit Hilfe von Ritualstöcken, Schlangenzähnen und Löwenfellstreifen zu gelangen suchen. Freilich kann die Mächtigkeit solcher Dinge, da sie von Gott kommt, von ihm auch jederzeit wieder aufgehoben werden. Dazu bemerkt der Forscher aus Deutschland: „Man möchte – als Europäer auf Rationalisierung bedacht – den Rendille eine Vereinfachung ihres Glaubenssystems vorschlagen ... Gott weiß alles und kann alles – auch wenn die Begriffe Allwissenheit und Allmacht bei den Rendille nicht zu so weitreichenden und widersprüchlichen Konsequenzen geführt haben wie in der europäischen Tradition ... Fortlassung aller Rituale und Opferhandlungen ... Wozu komplizierte Verschlüsselungen und Umwege, wo wir unsere Anliegen doch auch direkt zur Sprache bringen können."[18]

Stöcke, Zähne und Fellstreifen mögen Machtmittel sein, sie dienen aber auch als Zeichen, als Symbole für etwas, das sie selbst nicht sind, auf das sie aber hinweisen. Jeder Rendille dürfte sie entsprechend deuten. Vielleicht sollte auch der australische Regenpfahl in seiner Gestalt, seinen Mustern und Farben die Regenschlange symbolisieren, so daß die nachträgliche Erklärung als „Telephonleitung" ungenau oder ein Mißverständnis aufgrund der rudimentären Verständigung zwischen den schwarzen und weißen Australiern gewesen sein könnte.

So gut wie immer führt sorgsame Planung dazu, daß die Beteiligten auf das Kommende eingestimmt werden. Indem sie längere Zeit ihre Gedanken auf die Vorbereitung eines Rituals konzentrieren und derweil ihre Hände ihre Gedanken ausführen lassen, sind sie am Ende für das Wesentliche aufgeschlossen.

– Der wesentliche Teil des „Regenmachens" waren die Gesänge der Alten. Die Forscher verstanden jene Worte nicht, und die Schwarzen konnten nicht genug Englisch, um sie den Weißen zu deuten. Was sangen sie eigentlich? Gebete, also Bitten an ein Numen? Oder machtvolle Worte, die automatisch Regen herbeizwingen? Das ist der Unterschied zwischen „Religion" und „Magie". Er paßt gut in unsere Kultur. Ob er ebensogut anderswohin paßt, wo nicht Gott der Welt, der Geist der Materie, das Sakrale dem Profanen entgegengesetzt wird, das ist die Frage. Vielleicht wissen wir nur nicht genug über manche fremde Religion.

Susanne Wenger, Künstlerin aus Österreich, reiste nach dem Krieg nach Nigeria. Sie blieb und wurde von Joruba zu einer traditionellen Priesterin gebildet. Über die Macht von Worten berichtet sie: „Von einer sehr giftigen Schlange gebissen, eilte ich zum Herbalisten ... und traf ihn mit zwei Priestern des Erdkultes. Während ein Lehrling um Medizinpflanzen eilte, ‚besprachen' die drei alten Männer meine Hand mit der zuständigen Formel. Schwarze Flüssigkeit tropfte aus der vorher unsichtbar winzigen Bißstelle."[19]

Der Gott *(Orisha),* so erklärt es Susanne Wenger, lebt vieldimensional.[20] „Alle Zweige der Schöpfung, jede Kreatur, auch Mineral und Wasser sind *Olorisha* (Götter), denn alles entstammt einer hierarchischen Linie eines *Orisha* und ist somit einer seiner Aspekte."[21] Ein Gott hat neben seinem immateriellen Aspekt auch einen anthropomorphen, der im Ritual zugänglich ist, einen tierischen, pflanzlichen, metallischen und meta-intellektuellen.[22] Machtvolle Worte sind davon ein Teil.

c) Leben nach der Religion

Die Igbo sind ein Volk von mehr als zwölf Millionen Menschen. Ihr Stammland liegt im Südosten Nigerias. Sie haben keine Könige wie die Joruba, ihre Nachbarn. Bei ihnen erbt man weder Rang noch Würden, man muß sie sich erwerben.

Nach der Erfahrung dieses Volkes bestimmten drei Faktoren menschliches Leben. Gott, *Chineke,* „der große *Chi*", übergibt jedem vor der Geburt eine „Gottesgabe", *Ekere Chi,* kurz *Chi* genannt. Jeder bekommt seine eigene Gabe, keine ist mit einer anderen identisch. Zuerst muß man folglich sein besonderes Talent erkennen. Junge Igbo probieren alle möglichen Berufe aus, um ihre Begabung herauszufinden. Wenn diese entdeckt ist, muß man sich mit aller Kraft um sie bemühen, muß man „den Tod spielen", d. h. entschlossen etwas riskieren, muß man *Chi* nach jedem Erfolg danken.

Den zweiten Faktor bilden die Vorfahren. Von ihnen erbt der Mensch geistige und körperliche Gaben, günstige und ungünstige. Wenn ein Paar heiratet, bringt der junge Mann Erde vom *Chi*-Altar seines Vaters, die junge Frau Erde vom *Chi*-Altar ihrer Mutter ins neue Heim mit, wo jeder seinen eigenen Altar errichtet. Ihren Hausaltar nennen die Igbo *Irummo,* „Antlitz der Ahnen", dort steht man vor ihnen. Auf dem Altar liegt ein Gebetsstab, *Ofo.* Er dient als „Brücke zu den Ahnen" und als „Brücke zu Gott". Wer ihn in der Hand hält, muß mit reinem Herzen sprechen.

Der dritte Faktor ist die Tatkraft jedes einzelnen. Männer stellen eine Figur auf ihren Altar. Sie heißt *Ikenga,* kurz für *Ike nji aga,* „Kraft, mit der ich vorankomme". Ein typischer *Ikenga* thront auf einem Schemel. Seinen Kopf schmücken Widderhörner, ein Symbol für Kraft, in der Rechten trägt er ein Haumesser, mit dem Hindernisse beseitigt werden, das als Waffe den Kämpfer ziert. Diese Figur symbolisiert jedoch kein Wesen, keinen Geist aus der unsichtbaren Welt. Wenn ein Igbo zwei oder drei Berufe hat, besitzt er auch zwei oder drei *Ikenga.*

Vor ihrem Altar beten Igbo täglich. Täglich kommt ihnen dabei ihr *Ikenga* vor die Augen. Dessen Gestalt gemahnt sie an alles, was sie sich vorgenommen haben. Nach Erfolgen dient sein *Ikenga* dem Igbo als sichtbares Gegenüber seiner Freude und Dankbarkeit. In der langen Zeit zwischen Vorsatz und Verwirklichung gemahnt ihn die Figur ständig, Bilanz zu machen, das schon Erreichte und das, was noch getan werden muß, zu überblicken.

Nun gelingt es aber nicht jedem Igbo, seine Gottesgabe zu entdecken oder die nötige Kraft zu mobilisieren, sie zur Vollendung zu bringen. Solche Pechvögel zitieren gern die Meinung, Gott verteile neben guten Gaben, *Chioma,* auch weniger gute, *Chiojo.* „*Chi* ist unerforschbar", so sagen sie, und bekennen, sie wären an ihrem *Chi* gescheitert.

Unglück, das die Menschen überfällt, woher kommt es? Neben persönlichem Versagen kennt man in ethnischen Religionen eine weitere Ursache: Übertretungen. Wir haben uns angewöhnt, eine Meidung als „Tabu" zu bezeichnen. Das Original heißt *Tapu* und stammt aus Polynesien. Ein weißer Siedler in Neuseeland berichtete von seiner Erfahrung mit polynesischem *Tapu*: „Das ist, meine Herren, bei diesem rätselhaften Volk stets so: Sie können wegsterben, wann immer sie es sich vornehmen. Als ich im Norden war, ... tötete ich eine junge Frau auf höchst unschuldige Weise, und bevor ich begriff, was vorging, alles wegen dieses Tapu. Ich war unterwegs von Te Horeke nach Okaihau und rastete bei einem alten Dorf, als ich dieses Mädchen sah, eine aus unserer Reisegruppe, wie sie eine Kumara (Süßkartoffel) aß. Sie wissen, daß sie an heißen Tagen gern schöne rohe mögen, und dies war solch ein Prachtexemplar. Da fragte ich: ‚Woher hast du die feine Kumara?' Als sie es mir erklärte, sagte ich törichterweise: ‚Weißt du nicht, das ist ein Tapuplatz, der große Te Rewi liegt dort begraben.' Herr Gott! Meine Herren! Die Kumara fiel ihr aus der Hand als ob man sie erschossen hätte. Sie hätte geschrien, aber sie war zu Tode erschrokken, unfähig zu schreien. Sie hatte keine Stimme mehr zum Schreien und, schlimmer noch, sie fand sie nie mehr wieder, meine Herren. Sie ging und legte sich hin in einem alten Haus. Nach achtundvierzig Stunden war sie mausetot."[23]

Uns Weißen blieb *Tapu* bis heute rätselhaft. Seit Bibelübersetzer *tapu* mit „heilig" gleichsetzten, sind auch Polynesier verwirrt. Man sollte beachten, daß *Tapu* durch *Noa,* die Gegenkraft, aufgehoben werden kann. „Achtsam" *(tika)* handeln verhindert Gefahren durch *Tapu.* Unachtsames Verhalten heißt *Hara,* „Sünde". Der Sinn des polynesischen *Tapu* liegt im Schutze von *Mana,* der Kraft von oben, die jedem Wesen und jedem Ding geliehen wird und die es gedeihen läßt gemäß seiner Bestimmung. Sünde verletzt *Tapu* und mindert oder löscht gar *Mana,* Leben als kraftvolles und glückliches Dasein.

In ethnischen Religionen rechnet man bei allem möglichen Unglück auch mit dem Neid und der Rachsucht von Nachbarn, die sich in Aktionen von Hexerei und Zauberei Luft machen. Sie gehen dabei heimlich vor, als Urheber wollen sie unbedingt im Dunklen bleiben, was die Aufdeckung der Unglücksursache erheblich erschwert.

Kasitile vom Häuptlingsgeschlecht der Nyakyusa in Tansania hatte ein hohes Priesteramt geerbt. Rangniedere Priester hatten ihm gegenüber eine Regel gebrochen, ihn danach aber um Verzeihung gebeten, und er hatte sie zu einem Versöhnungstrunk eingeladen. Damals wurde er krank. Zuerst führte er seine Schwäche auf eine eigene Übertretung zurück und beeilte sich, die Sache zu bereinigen, doch gesund wurde er nicht. Ein „Doktor", den er nun konsultierte, sah die Ursache in den Ehefrauen Kasitiles, die ihm verübelten, daß er ihnen seine erste Frau vorzog. Doch wiederum führten die therapeutischen Maßnahmen nicht zur Heilung. Nach einiger Zeit befragte der Kranke den „Doktor" noch einmal. Jetzt lautete die Diagnose, der Priester habe zu Hause etwas falsch gemacht. Dem fiel daraufhin auch ein, was das sein könnte: Er hatte die Zweige eines Baumes gestutzt, der am Eingang zum Hain wuchs, in dem sein Vater begraben lag, weil das Laub in sein Gehöft hinüberwucherte. Ein Opfer sollte diese Übertretung bereinigen, dem Kranken ging es auch gleich besser, doch das hielt nicht lange an. Da wandte er sich an einen neuen „Doktor". Der hielt die gestutzten Zweige nicht für die Ursache des Leidens. Vielleicht war Kasitile beim Begräbnis seines Bruders, von dem er das hohe Priesteramt geerbt hatte, ein liturgischer Fehler unterlaufen? Die möglicherweise unvollkommene Zeremonie wurde wiederholt, ohne Erfolg für den Kranken. Ein letzter „Doktor" bohrte an anderer Stelle nach. Der Patient mußte gestehen, einem Nachbarn widerrechtlich Land enteignet zu haben. Diese Untat hatte seine Ahnen erzürnt. Ihnen opferte der Kranke reumütig einen Stier. Bei einer anschließenden Zeremonie bedrängte ein Freund des Kranken die rangniederen Priester: „Warum schließt ihr Worte in eurem Herzen ein?" Der Freund bewegte sie, endlich „auszusprechen": Es war unser Zauber! Das hat dessen üble Wirkung schließlich beendet.[24]

Weder die erfolglose noch die hartnäckige Suche nach der richtigen Diagnose dürfte uns fremd vorkommen. Auch die Beachtung psychischer Ursachen somatischer Dysfunktionen ist seit geraumer Zeit bei uns nichts Neues mehr. Fremd bleibt allein der okkulte Weg, den Neider und Hasser bei uns nicht kennen. In Afrika und anderswo scheint die Möglichkeit allgegenwärtig, ahnungslos behext zu werden. Für die Realität solcher Befürchtungen spricht auch das folgende Beispiel.

Es stammt aus dem Protokoll eines Hexenprozesses in Ghana. Angeklagt war eine Madame Abina Ewool aus Winneba. Richter waren die Ältesten des Ortes unter Vorsitz des traditionellen Priesters Kobina Assiful. Zuvor hatte man ein „Gottesurteil" mit Hühnern durchgeführt, das die Angeklagte als schuldig erwies. Diese gab ihre Schuld daraufhin freimütig zu. Klägerin war Abina Dedei. Sie beschuldigte die Angeklagte, ihr die Gebärmutter gestohlen zu haben. Der Vorsitzende fragt die Angeklagte: „Ist diese Beschuldigung wahr?" Die Beschuldigte antwortet: „Ja, es ist wirklich wahr. Sie (die Gebärmutter) ist in meinem Besitz." Frage: „Was war Abina Dedeis Vergehen Ihnen gegenüber, durch das Ihr Groll hervorgerufen wurde und das Sie in der Folge dazu brachte, ihr die Gebärmutter fortzunehmen?" Antwort: „Ein Mr. Kwaku Tawia, der Sohn meiner verstorbenen Schwester, starb und hinterließ seinen Besitz an Bargeld, das Dedeis Mutter sich widerrechtlich aneignete. Dedeis Mutter war nicht die Partei, welche jene Barschaft in ihren Besitz bringen durfte, denn sie war jünger als ich. Mein Groll entstand folglich durch die rechtswidrige Inbesitznahme der Barschaft des Verstorbenen durch Dedeis Mutter. Um Rache für dieses Vergehen zu nehmen, tat ich der eigentlichen Übeltäterin nichts, sondern attackierte deren Tochter Dedei." Frage: „Wie haben Sie Dedei attackiert?" Antwort: „Meine Hexengeister, die sich von jenem Betrug schmerzhaft getroffen fühlten, entrissen ihr die Gebärmutter, als Dedei fest schlief. Sie sind entschlossen, ihren Weg, Kinder in die Welt zu bringen, blockiert zu halten."[25]

Im Laufe der Gerichtsverhandlung gab die Angeklagte noch eine Reihe weiterer Hexereien an engen Verwandten zu. Sie habe ihnen ihr „Glück" gestohlen und Kinder, über die sie sich geärgert hatte, „getötet".

Es bleibt anzumerken, daß auch Männer Hexen sind, bei manchen Völkern sind es sogar vornehmlich Männer. Wir Europäer wissen, daß der Glaube an Hexen und Zauberer unrealistisch, daß er folglich „Unsinn" ist. Wir sind aufgeklärt, jene sind es nicht, deshalb nennen wir sie „primitiv". Aber weil ihr Glaube wirkt, weil er spürbare, sogar meßbare Ergebnisse zeitigt, muß es sich bei ihm doch auch um eine Wirklichkeit handeln. Deshalb haben europäische Realisten, allen voran Mediziner, jene fremde Realität inzwischen akzeptiert. In vielen Krankenhäusern konsultiert man bereits seit längerem bei Krankheiten, die von naturwissenschaftlichen Behandlungen unbeeindruckt bleiben, „eingeborene" Ärzte, sprich Priester, Wahrsager und Hexenjäger.

Aber was ist, wenn die Suche nach der Ursache eines Unglücks erfolglos bleibt? Dann nimmt man es hin wie überall auf der Welt. Okot P'Bitek, ein Luo aus Kenya, ein Religionswissenschaftler, der die Religion seines Volkes beschrieben hat, erklärt uns das Wort *Wi-lobo.* Es ist ein Ausruf Klagender. Weiße Forscher deuteten ihn als Anrufung des Luo-„Hochgottes". Indessen, die Präposition *wi* bedeutet „auf", „oben", „über", *Lobo* heißt „Erde", „Boden", „Land". *Wi-lobo* bedeutet folglich „auf dem Land", „über dem Boden", d. h. lebendig und nicht tot unter der Erde. Okot P'Bitek schreibt: „Wenn jemand ‚*Wi-lobo*' ausrief, dann rief er niemanden und nichts. Sein Ruf war kein Bittgebet, sondern nur ein Name für die Summe aller Leiden und allen Unglücks des Menschen: So ist das Leben!"[26]

Wenn ein Leben endet, überwältigt Abschiedsschmerz die Hinterbliebenen. Was sie tröstet, ist die Gewißheit, daß sie den Gestorbenen nicht verlieren. Bernard Narokobi aus Papua Neu Guinea beschreibt, wie seine Landsleute den Tod verstehen: „Für Melanesier gibt es weder einen Himmel droben für die Guten noch eine Hölle drunten für die Bösen. Zugleich bezweifelt niemand jemals, daß der Tod nicht das Ende des Lebens eines Menschen sei. Der Tod ist eine Transformation, durch welche die Lebenden ein Gewand ablegen und ein neues anziehen, wodurch eine Person wiedergeboren wird und auf derselben Ebene lebt wie alle anderen lebenden Wesen."[27] Dieser Glaube dürfte sich kaum von dem in anderen ethnischen Religionen unterscheiden.

Bestattungen gelten in jenen Religionen als bedeutende Zeremonien, handelt es sich doch darum, eine wichtige Schwelle richtig zu überschreiten. Wie sehr die meisten diesen Schritt kultivieren, zeigt die traditionelle Bestattung bei den Nyuswa-Zulu von Natal. Hier sind die Frauen die Hauptakteure. Durch eine Frau kommt der Mensch in die Welt, durch eine Frau verläßt er sie wieder. Frauen schließen den Toten Augen und Mund, waschen sie und setzen sie in eine hockende Stellung, wie einen Embryo. Das Grab graben Männer. Die hauptleidtragende Frau steht im Grab, empfängt den Toten von den Männern, die ihn hertragen: Akt der Empfängnis.

Dann plaziert sie ihn sorgsam ins Grab. So kann er in der unsichtbaren Welt wiedergeboren werden.[28]

IV. Probleme der Moderne

Die Moderne begegnete ethnischen Religionen in europäischer Gestalt. Als christliche Missionare zu ihnen kamen, gingen viele mit der Zeit und nahmen den neuen Glauben an. Dafür durften sie neue Privilegien genießen, Schulen und die Protektion der mächtigen Weißen. Aber ihren geerbten Glauben konnten nicht alle ablegen wie einen alten Hut. So entstand vielerorts, was wir „Synkretismus" nennen: Aus alter und neuer Religion wird eine dritte, dem Alten wie der Moderne angepaßt.

Vielen hat die Moderne, also christliche Europäer, Angst gemacht. Als die Krieger und die Götter der Maori im letzten Jahrhundert den Briten in Neuseeland unterlagen, wurden die Maori ebenfalls Christen und hofften auf denselben göttlichen Schutz, wie ihn die britische Armee offensichtlich genoß. Doch sie blieben die Verlierer, wofür die Maori einen plausiblen Grund suchten. Einer von ihnen ließ einen Briten wissen, „daß die Weißen eine andere Religion hätten als jene, die sie die Maori lehrten. Ihre eigene macht die Weißen stark, aber jene, die sie andere lehren, führt zum Tode."[29]

Neben der europäischen Religion kam auch deren Gegensatz zu den Eingeborenen: das säkularisierte Leben der Weißen. Mit der christlichen Verdammung ihrer Väterreligionen haben sie gelernt zu leben. Die aufgeklärte Verdammung jedweder Religion begriffen sie schwerer. Paarte sich diese mit Autorität, etwa in der Gestalt hoher Beamter, dann erzeugte sie Verwirrung und Angst. Das illustriert die Klage von Ezenwandeyi aus dem Igbodorf Ikembosi: „Die Regierung belehrt uns jetzt, indem sie sagt, daß Chukwu (Gott) nicht an einem Ort fixiert sei, daß es ein Schwindel sei, wo wir hingehen, um Chukwu zu fragen ... Und wir können nicht sagen, ob sie die Wahrheit sprechen oder uns hintergehen."[30]

An vielen Regierungsschulen lernen Kinder aus „ethnischen" Elternhäusern die europäische Tradition des Agnostizismus und Atheismus kennen, was einen generellen Verfall religiöser Werte bewirkt. Ein christlicher Theologe aus Neuseeland, ein Maori, klagt: „Für die Mehrheit der heutigen Maori ist religiös zu sein eine höchst beiläufige Angelegenheit." Er führt das zurück auf den Verlust alter Werte wie *Tapu,* „das darfst du nicht, weil sonst dieses oder jenes geschieht!" – „Jetzt fürchten wir keinen Polizisten, wahrscheinlich zu Recht, aber wo sind unsere Werte geblieben?"[31]

Der Zweite Weltkrieg hatte gezeigt, daß die Weißen in ihren Kolonien nicht unschlagbar waren. Eingeborene Soldaten, die in Europa oder im Pazifik gekämpft hatten, kamen zurück und waren nun nicht mehr gewillt, Gesetze der Weißen, mit denen „Farbige" diskriminiert wurden, hinzunehmen. Das und anderes führte einerseits zu Protesten und Forderungen, andererseits zu einer Besinnung auf eigene Werte, die in der alten Religion gründeten. In Nigeria stiftete der Oba von Benin, Akenzua II., König der Bini, 1945 eine neue Religion, um die alte wiederzubeleben. Er nannte sie *Aruosa,* „Altar", und erklärte ihren Zweck damit, daß „der höchste Gott erneut in jener schlichten Weise angebetet werden kann, in der unsere Vorväter ihn verehrt haben, bevor der weiße Mann kam".[32]

Neuseeländische Maori hatten sich schon nach dem Ersten Weltkrieg in einer Bewegung versammelt, die sie *Maoritanga* nennen, „Maoritum". Im Laufe der Jahre wurde sie immer stärker. Man pflegt die alten Zeremonien auf traditionellen Tempelplätzen, beerdigt die Toten nach Väterbrauch und lehrt die Jungen alte Überlieferungen in der alten Sprache. Auch bei den Indianern in den USA und Kanada besinnt man sich auf die alte Religion. Das *American Indian Movement* entstand in den siebziger Jahren als politische Bewegung. „Unter indianischen Aktivisten manifestierte sich schon früh im Movement ein gewaltiges Interesse an Stammesreligionen. Die Anwesenheit bei Stammeszeremonien wurde fast so notwendig wie die Anwesenheit bei Protesten. Das American Indian Movement wurde so stark mit stammesreligiösen Zeremonien verknüpft, daß erfahrenere Indianer sie als die indianische Version der ‚Jesus Freaks' bezeichneten."[33]

Inzwischen hatten Regierungen die Wiederbelebung von Väterreligionen auch damit erleichtert, daß sie diskriminierende Gesetze aufhoben, z. B. in Neuseeland das Verbot traditioneller Priester-Heiler oder in Kanada das Verbot von Fortgebefesten oder in den USA das Verbot des Sonnentanzes. Seither bemühen sich „Eingeborene", halbvergessene religiöse Handlungen und Lehren zu rekonstruieren.

Die Moderne begegnet ethnischen Religionen auch in der Form steigender Nachfrage von außen. Europäer bewundern Schamanen, Hexen und Medizinfrauen. Es gibt indianische „Stämme", deren Mitglieder, blond und blauäugig, in der Schwitzhütte auf Deutsch zum Großen Geist beten. Werden ethnische Religionen diese Nachfrage decken? Auf Mission sind sie nicht angelegt. Folglich ernten jene, die als Missionare zu den Weißen reisen, Kritik von seiten traditioneller Glaubensbrüder.

V. Fazit und Zukunft

Am Ende will ich die gegenwärtige Lage ethnischer Religionen in vier Punkten zusammenfassen:

1. Ihre Exklusivität brachte eine tolerante Haltung gegenüber Nachbarreligionen mit sich: Dies ist unsere Wahrheit, das ist eure, die eine ist nicht wahrer, die andere nicht falscher.

2. Weiße haben die Aktivitäten dieser Religionen mehr oder weniger

drastisch beschnitten. Bei Strafe bleibt verboten, was nicht zum Fortschritt paßt.

3. Missionare brachten ihnen mancherlei Glauben. Die Bekehrten haben alte und neue religiöse Elemente, für sie sinnvoll, kombiniert.

4. Der Mutterboden religiöser Erfahrungen bleibt bei Bekehrten lange der alte, wofür der Glaube an die Ahnen ein Beispiel ist.

Auch unsere Einstellung hat sich gewandelt. Schon immer und noch heute halten viele jene Menschen für unwissend und abergläubisch und möchten helfen, deren Rückständigkeit zu überwinden. Andere entdecken in jenen Religionen eine uns fremd gewordene Feinfühligkeit und ursprüngliche Weisheit, von der sie hoffen, daß sie unsere eigene Misere lindern hilft.

Und jene Menschen selbst, was möchten sie? Ich denke, vor allem möchten sie in Ruhe gelassen werden mit ihrer Religion. Zudem wünschen sie sich, daß wir sie als Erwachsene und so wie sie sind respektieren. Ob ihre Hoffnung in naher oder ferner Zukunft oder nie in Erfüllung geht, es liegt an uns.

Rainer Flasche

NEUE RELIGIONEN

I. Vorbemerkungen

Das Entstehen und Vergehen von Religionen ist ein bis heute unabgeschlossener Prozeß innerhalb der Religionengeschichte. Auch viele Religionen, die inzwischen eine lange Geschichte hinter sich haben, waren irgendwann einmal eine neue Religion, die von ihrem Entstehungsprozeß her über eine oft länger andauernde Konsolidierungsphase historische Gestalt gewann und letztlich ihre eigene Geschichte schrieb. Diese jeweils neuen Religionen sind niemals ex nihilo entstanden, sondern sie gehen aus einer schon bestehenden Religion, ev. in Auseinandersetzung mit anderen Religionen hervor. Ihre Entstehung ist deshalb immer auf dem Hintergrund bereits bestehender religiöser Vorstellungen zu verstehen und nachvollziehbar. Dies hängt mit dem Charakter von Religionen überhaupt zusammen. Denn Religionen lassen sich charakterisieren als Welterklärungs- und Lebensbewältigungssysteme, die in Relation stehen zu einer wie auch immer gearteten Unverfügbarkeit, zu der sich die Menschen (die jeweiligen Gläubigen) in ein Verhältnis gesetzt wissen. Solange solche Systeme als allgemein verbindlich gelten oder auch nur hinreichend sind, Welt zu erklären und Leben zu bewältigen, fundieren sie die jeweilige Gesellschaft, bzw. religiöse Gemeinschaft, und sind *die* Wahrheitswirklichkeit schlechthin.

Dieser Zusammenhang läßt sich noch auf andere Weise aussagen. Religionen stellen sich dar als (oder streben den Status an von) selbstorganisierende(n) Systeme(n) mit einer relativen Autonomie. Als religiöses System ist eine Religion gegenüber ihrer Umwelt autonom, steht aber in einem fortgesetzten Prozeß von Wechselwirkungen mit dieser Umwelt, durch den sie wiederum geformt wird. Religionen können also begriffen werden als offene und zugleich geschlossene Systeme, die sich als zugleich statisch und prozessual, als zugleich stabil und fluktuierend beschreiben lassen. Als selbstorganisierende Systeme haben sie den Drang, Störungen entweder systemimmanent zu „bereinigen", indem diese in das Netzwerk der jeweiligen Relationen eingegliedert werden, oder die Störungen aus dem System auszuschalten. Darin liegt nicht nur der Grund für die Dynamik des Wandels einzelner Religionssysteme, sondern auch für deren eventuellen Untergang bzw. die Neuwerdung einer Religion, dann nämlich, wenn eine systemimmanente Lösungsmöglichkeit nicht mehr gegeben ist.

Da Religionen als geschlossene und zugleich offene Systeme immer auch in Wechselwirkung und Relation zu anderen Subsystemen und zum Gesamtsystem stehen, sind sie einem oft unbemerkten aber dennoch stetigen Wandel unterworfen und immer neuen Infragestellungen ausgesetzt. Diese Infragestellungen können sowohl traditionsimmanent als auch traditionstranszendent sein. Traditionsimmanente Infragestellungen werden grundsätzlich aus der eigenen Tradition beantwortet und führen so zu einer Auffächerung des jeweiligen Traditionskontinuums, bleiben aber innerhalb des Zusammenhangs der angestammten Denkstruktur. Hier bilden sich Schulen, Richtungen oder auch „Sekten", die sich aber durchaus als dem traditionellen Religionssystem zugehörig verstehen. Solche religionsimmanenten Wandlungsprozesse führen verhältnismäßig selten zu neuen Religionen, es sei denn, aufgrund neuer Offenbarung, Erkenntnis oder gar göttlicher Inkorporation wird das angestammte Traditionskontinuum aufgebrochen. Dabei werden häufig traditionelle Vorstellungen und Verhaltensweisen auf wenige Elemente reduziert, die dann die ganze Wahrheitswirklichkeit bilden, etwa daß eine Gottheit als die eine einzige proklamiert wird, oder einzelne Riten oder ein bestimmtes religiöses Verhalten als der einzige Heilsweg ausgesagt wird, was dann schließlich zum Ausscheren aus der traditionellen und damit zu einer neuen Religion führt. Dieser Reduktionscharakter ist typisch für eine Vielzahl von neuen Religionen. Denselben religionsgeschichtlichen Effekt aber können auch apokalyptische und/oder chiliastische Traditionen und Spekulationen haben, die dann ein Religionssystem „sprengen" können, wenn sie den Beginn eines neuen Heilsreiches behaupten, wobei dann die Alte Welt als der Verdammnis anheimgefallen gilt.

Neben den bisher genannten religionsimmanenten Bedingungen für die Entstehung einer neuen Religion stehen religionstranszendente (systemtranszendente) Infragestellungen, die als Folge von Ereignissen oder Problemen, die von außen auf das jeweilige geschlossene System einwirken, auftreten. Sie erfordern entweder traditionsimmanente Antworten, oder sie differenzieren das bestehende Traditionskontinuum und führen dann zu neuen Selbst- und Weltverständnissen, zu neuer Welterklärung und neuen Formen der Lebensbewältigung, letztlich zu einer neuen Religion, die dann wiederum eine neue Wahrheitswirklichkeit freisetzt. Als religionstranszendente Bedingungen für die Entstehung neuer Religionen können politische, ökonomische, soziologische, ökologische Veränderungen angesehen werden, bis hin zu klimatischen oder tektonischen Katastrophen, aber auch philosophische oder denkstrukturelle Überlagerungen, besonders die Ausweitung und Ausbreitung von anderen religiösen Systemen, was in einer Art symbiotischen oder dialektischen Prozessen zu etwas völlig Neuen führen kann.

Historisch gesehen entstehen neue Religionen also häufig an einem Punkt, an dem das bisherige religiöse System nicht mehr in der Lage ist, die „Störungen" systemimmanent zu bereinigen. Neue Religionen dienen so zur Krisenbewältigung, indem sie eine neue Weltsicht schaffen, ein neues Orientierungs-, Erklärungs- und Lebensbewältigungssystem mit einer neuen Wirklichkeit setzen. Sie bieten ihren Anhängern dann wiederum ein ganzheitliches System, das von außen betrachtet allerdings häufig ein Reduktionssystem darstellt, bzw. sie heilen die Brüche der jeweiligen Wirklichkeit und bieten damit neues (erneuertes) Heil. Ein wesentlicher, wenn nicht der eigentliche Grund für die Entstehung neuer Religionen scheint also die Heilssuche der Menschen zu sein, die auch den Wunsch nach einer Steigerung des Anteils am Heil einschließen kann. So sind neue Religionen immer auch ein (meist partielles) Heilsangebot, das ein Heilsziel setzt und einen Heilsweg vorgibt.

Die hier kurz skizzierten religionensystematischen Bedingungen für die Entstehung neuer Religionen können Allgemeingültigkeit beanspruchen und lassen sich von einer kontextual vorgehenden Religionsforschung in jedem einzelnen Fall empirisch nachvollziehen.

II. Allgemeines

Die „Neuen Religionen", von denen im Folgenden die Rede sein soll, werden von der Religionswissenschaft unter diesem terminus technicus zusammengefaßt, um sie von den traditionellen Religionen, aber auch von deren Sekten, Schulen und Richtungen abgrenzen zu können. „Neue Religionen" dient als Bezeichnung für alle religiösen Bewegungen, die in der Neuzeit (etwa seit Mitte des 19. Jahrhunderts) entstanden sind. Sie wurden von ihren Herkunftsreligionen entweder als Häresien oder „Sekten" ausgestoßen und gewannen dann eigene historische Gestalt, oder sie nahmen aufgrund „neuer Erkenntnis" oder „neuer Offenbarung" eine Gegenposition zu ihren Herkunftsreligionen ein, versuchten das traditionelle Religionssystem zu übertreffen, oder sie verbanden verschiedenartige religiöse und/oder kulturell bestimmte Überlieferungsstränge zu einem neuen Religionssystem. Neben der Bezeichnung „Neue Religionen" spricht man in der wissenschaftlichen Literatur synonym auch von „Neuen religiösen Bewegungen", „Neureligionen", seltener „Religionen der Moderne" u. ä.* Die Zahl Neuer Religionen geht in die Hunderte, wobei dem 19. Jahrhundert etwa 50 zuzurechnen sind, während das 20. Jahrhundert geradezu als das der religiösen Neubildungen gekennzeichnet werden könnte. Hier

* Bezeichnungen wie „Jugendreligionen", „Jugendsekten", „destruktive Kulte", die in der apologetischen Literatur gebraucht werden, sind nicht nur wegen ihrer Polemik wissenschaftlich unbrauchbar, sondern treffen darüberhinaus eine willkürliche Auswahl in bezug auf die Vielfältigkeit und Verschiedenartigkeit Neuer Religionen.

scheint sich der allgemeine Trend zu Spezialisierung und Differenzierung auch auf dem religiösen Gebiet niederzuschlagen, der Hand in Hand geht mit einer Individualisierung von „Religion", die als individuelle Religiosität der Heilssuche komplementär ist und zu einer Vielschichtigkeit religiöser Selbstverständnisse geführt hat.

1. *Verbreitung*

Neue Religionen sind ein weltweites Phänomen, vor allem in der „Zweiten" und „Dritten" Welt, woher dann einige von ihnen als missionierende Religionen nach Europa „zurückkehren". Dies hängt mit der Kolonialpolitik der europäischen Mächte und der damit Hand in Hand gehenden zivilisatorischen und religiösen Ausbreitung des Christentums zusammen, aber auch mit der Fluktuation von Ideen aller Art. Geistige und soziale Krisen und die durch sie verursachten Infragestellungen bilden den Nährboden für das Entstehen Neuer Religionen als neuer Welterklärungs- und Lebensbewältigungssysteme. Die meisten der neuen Religionen bleiben partikulär, wohl auch deshalb, weil sie als Reaktion einheimischer Gesellschaften, bzw. traditioneller religiöser Systeme auf die westlich-christliche Kultur entstehen, wobei allerdings eine Vielzahl anderer Entstehungsbedingungen hinzutreten können. Etliche von ihnen erheben dennoch einen universalen Anspruch, der jedoch über ihr historisches Erscheinungsbild meist weit hinausgeht. Nur wenigen ist eine weltweite, zahlenmäßig aber oft unbedeutende Ausbreitung gelungen.

2. *Anhängerzahlen*

In den meisten Fällen sind genaue Anhängerzahlen nicht festzustellen, zumal viele Neue Religionen auch nur Teilbereiche der jeweiligen religiösen Bedürfnisse abdecken, und die Mitglieder sich auch weiterhin dem traditionellen Religionssystem zugehörig fühlen. Dies gilt beispielsweise für die brasilianische Umbanda oder für die in Venezuela verbreitete Maria-Lionza-Religion, die Santeria Kubas, die auf Haiti und anderen westindischen Inseln verbreiteten Voodoo-Gemeinschaften, aber ebenso für eine Reihe japanischer und koreanischer Neuer Religionen. Ein weiteres Hindernis, genaue Zahlen festzustellen, bilden die Übertreibungen in diesem Zusammenhang, die aus zweierlei Gründen immer wieder begegnen. Einerseits werden die Zahlen von den jeweiligen religiösen Gruppierungen in der Höhe manipuliert, um die eigene Bedeutung zu unterstreichen; zum anderen aber werden häufig auch von den Gegnern Phantasiezahlen genannt, um die „Gefährlichkeit" solcher Gruppierungen zu belegen und für deren Bekämpfung öffentliche Mittel und solche von religiösen Organisationen zu erhalten.

Tatsächlich schwanken die Mitgliederzahlen zwischen einigen 100 und einigen 1000 bis hin zu etlichen Millionen. Diese Zahlen hängen nicht unbedingt davon ab, ob eine Neue Religion eine missionierende Religion und damit weltweit verbreitet ist, sondern auch von dem jeweiligen Entstehungsgebiet und dem Zuspruch, den sie dort in der Bevölkerung findet. Die Gralsbewegung oder Mazdaznan bleiben trotz „weltweiter" Mission ebenso marginal wie eine Reihe indischer Guru-Bewegungen im Westen (einschließlich Australiens) wie etwa die Ramakrishna-Mission, der Integrale Yoga des Aurobindo, die Divine Light Mission oder ISCON (International Society for Krishna Consciousness), um nur einige zu nennen. Auch die meisten der über 200 Neuen Religionen in Korea und der über 250 Neuen Religionen in Japan gehören wie fast alle regional begrenzten Neuen Religionen in ihrer Partikularität statistisch eher zu den religiösen Kleingruppen. Ausnahmen bilden die brasilianische Umbanda (ca. 10 Millionen) und japanische Neuen Religionen: Tenrikyo (ca. 2 Millionen), Seicho no Ie (2,5 Millionen), P. L. Kyodan (ca. 1,5 Millionen), Rissho Kosei Kai (ca. 4,8 Millionen) und Soka Gakkai (ca. 15 Millionen), während die meisten anderen Neuen Religionen Südamerikas, Japans, Koreas aber auch einige Bewegungen Indiens (z. B. Ananda Marga, TM) zwischen einigen 10 und einigen 100tausend Anhängern haben. Von den missionierenden Neuen Religionen gehen wohl nur die Anhänger der Mormonen, Adventisten und der Watch Tower Bewegung in die Millionen, während die anderen ebenfalls zwischen einigen 10 und einigen 100tausend schwanken, so etwa die aus Korea kommende und vor allem dort und in Japan beheimatete Vereinigungskirche, die Baha'i-Religion (gibt selbst 6 000 000 weltweit an), die Osho-Bewegung oder auch die Scientology Church.

Da es sowohl in Japan und Korea als auch in Nordamerika und in Europa unter den Mitgliedern Neuer Religionen eine ausgesprochene Fluktuation gibt, lassen sich vor allem für die kleineren Gruppierungen kaum genaue Zahlen angeben. Weltweit wird man mit einer Anhängerzahl der Neuen Religionen von insgesamt etwa 100 Millionen rechnen können, eine Zahl, die in statistische Zusammenhänge gestellt immer noch die Partikularität und Marginalität Neuer Religionen unterstreicht.

3. *„Regionale" und „konfessionelle" Differenzierung*

Unter geographischen Gesichtspunkten sind Neue Religonen ein weltweites Phänomen. Die bei weitem größte Zahl bleibt auf ihre jeweiligen Entstehungsgebiete beschränkt. Denn viele der Neuen Religionen stellen Reaktionen auf die Ausbreitung des Christentums, die koloniale Expansion Europas oder auch die denkstrukturellen, philosophischen oder gar anthropologischen Infragestellungen dar. Deshalb haben viele Neue Religionen eine nationale (nationalistische) Komponente (z. B. Brahma Samaj und Arja Samaj in Indien, die meisten koreanischen Religionen als Folge der japanischen Unterdrückung, aber auch vor allem die nach dem 2. Weltkrieg entstandenen japanischen Gruppierungen). Auch rassische Unterdrückung oder Ausgrenzung kann zur Bildung Neuer Religionen führen, wie die Rastafarians in Westindien (bes. Jamaika) oder die Black Muslims in Nordamerika zeigen. Viele der afrikanischen Independent Churches, die teilweise als Neue Religionen zu gelten haben, sind „Stammeskirchen", die eine Synthese zwischen traditionellen religiösen Vorstellungen und christlichen Überlieferungen herzustellen suchen oder sich als Revitalisationsbewegungen herausstellen. Hierher gehören unter anderem auch die Hapu-Religion, die 1825 auf Hawaii entstand, die Tuka-Religion der Fidschi-Inseln von 1873 oder die Pai-Marire, auch Hau-Hau genannt, auf Neuseeland, ebenso wie die Ghost-Dance-Religion, die 1889 unter den Sioux begann und zum Aufstand von 1890 führte. In gewisser Weise aber wären hier auch jene Bewegungen zu rechnen, die z. B. in der ersten Hälfte des 20. Jahrhunderts in Deutschland entstanden und von einer Erneuerung germanischer Religiosität träumten, etwa die Nordische Glaubensbewegung, die Gemeingermanische Glaubensbewegung, die Deutsche Glaubensbewegung und ähnliche. Während diese Gruppierungen meist regional oder ethnisch begrenzt bleiben, werden andere zu missionierenden Religionen, vor allem dann, wenn sie in Auseinandersetzung mit einer missionierenden Religion entstanden oder aus einer solchen hervorgegangen sind.

Hierher gehören vor allem die aus dem Christentum, dem Islam und die aus verschiedenen buddhistischen Schulen in Japan hervorgegangenen Neuen Religionen. Als Beispiel seien nur genannt die in den USA entstandenen Mormonen, Adventisten und Zeugen Jehovas (Watch-Tower-Bewegung), oder die in Deutschland entstandenen Lorenzianer (Gemeinschaft in Christo Jesu), gegründet von Emil Hermann Lorenz (1864–1929), die Gralsbewegung, gegründet von Oskar Ernst Bernhart (1875–1941), der sich als Menschensohn verstand; oder das auf die Prophetin Gabriele Wittek zurückgehende Universelle Leben, früher Heimholungswerk Christi, das sich seit den 70er Jahren unseres Jahrhunderts in Deutschland ausbreitet und inzwischen in die „weltweite" Mission gegangen ist.

Aus dem Islam hervorgegangen sind die 1844 entstandene Babi-Religion, die zum größten Teil in der Baha'i-Religion aufgegangen ist, die wiederum ihre neue Zeitrechnung mit dem Jahr 1863 beginnt, mit der Offenbarung ihres Gründers Baha'u'llah als Imam Mahdi im Garten Ridvan zu Bagdad. Die von dem Arztsohn Mirza Ghulam Ahmad (1835–1908) gegründete Ahmadiyya-Missionsbewegung ist ebenfalls aus dem islamischen Kontext hervorgegangen. Sie ist eine aus Pakistan kommende Imam Mahdi Bewegung. In Japan sind hier vor allem die aus der Nishiren-Schule hervorgegangenen Neuen Religionen zu nennen, von denen die 37 größten vom japanischen Religionsministerium als eigenständige Gemeinschaften anerkannt sind.

Eine Klassifizierung Neuer Religionen ausschließlich von ihren Herkunftsreligionen her vornehmen zu wollen, läßt sich religionswissenschaftlich allerdings nicht durchführen, da dadurch die Eigenständigkeit Neuer Religionen nicht hinreichend zum Ausdruck gebracht würde, obwohl sich natürlich eine Reihe von Grundstrukturen des traditionellen Religionssystems im System der jeweiligen Neuen Religion wiederfindet.

Auch die Differenzierung nach dem Selbstverständnis des jeweiligen Religionsgründers oder der Rolle, die ihm von seinen Anhängern zugesprochen wird, läßt sich religionensystematisch nicht durchhalten. Denn wenn auch häufig eine Struktur überwiegt, finden sich andererseits eine Reihe von Mischtypen. Gründer Neuer Religionen können als Propheten, Gesandte oder Sprachrohr eines Gottes auftreten, als Heiler, Messias oder Herr der Endzeit, sie können sich als von einer Gottheit begeistigt oder besessen erfahren, sie können aufgrund von neuer Offenbarung, neuer Erkenntnis oder neuer Einsicht reden, sie können als Lehrer, Ausleger oder Wiederhersteller (der Urreligion etwa) verstanden werden. In jedem Fall aber sind sie die Formulatoren eines neuen Welterklärungs- und Lebensbewältigungssystems. Je nach dem Selbstverständnis des Religionsgründers – Religionsgründerinnen sind bisher noch eine seltene Erscheinung in der Religionengeschichte – oder der ihm zugesprochenen Rolle werden Neue Religionen zu Heilungs-, Heiligungs- und Heilsgemeinschaften, es können chiliastische Vorstellungen im Mittelpunkt stehen, die dann häufig zu religiösem Aktivismus führen, oder apokalyptische Vorstellungen, die ein eher passives religiöses Verhalten hervorbringen, das aber durchaus in Aktionismus umschlagen kann. Neben der Vielzahl dieser vielschichtigen Neuen Religionen gibt es noch einige wenige, die man am ehesten als intellektuell-synthetische Religionen klassifizieren könnte, da sie aufgrund intellektueller und individueller Auswahl verschiedene Elemente unterschiedlicher religiöser Traditionen miteinander zu kombinieren suchen und so ein neues System erstellen. Hierzu wären beispielsweise die Theosophie, auch in ihren religiösen Vergesellschaftungsformen, die Anthroposophie und die Scientology Church zu rechnen.

III. Zur Geschichte

Genausowenig wie sich eine Differenzierung oder Klassifizierung Neuer Religionen vornehmen läßt, läßt sich „ihre" Geschichte schreiben. Vielmehr muß die Geschichte jeder einzelnen Neuen Religion geschrieben werden. Dennoch aber gibt es einige historische Gemeinsamkeiten, denen man eine gewisse Allgemeingültigkeit zusprechen kann.

Die meisten sind als Antwort auf die religiöse und zivilisatorische Ausbreitung des Christentums, in Auseinandersetzung damit oder gar im Gegensatz dazu entstanden, einige andere dagegen im Kontext der beiden anderen großen missionierenden Weltreligionen, Buddhismus und Islam, wobei nicht selten auch hier die Auseinandersetzung mit westlichen Denkstrukturen wie etwa Positivismus, Pragmatismus und Materialismus das eigentlich auslösende Moment bildete. Zudem kommt es in Stammes- und Volksreligionen durch solche religiöse Infragestellungen oder durch die Ausbreitung neuzeitlicher Denkstrukturen zu religiösen Neuaufbrüchen.

Viele Neue Religionen sind in ihrer Entstehungsphase illiterat und zentrieren sich um den jeweiligen Gründer. Allerdings entwickelt sich bereits in der Konsolidierungsphase häufig eine religiöse Literatur, oder es entstehen auch schon heilige Urkunden, entweder noch vom Gründer oder der Gründerin verfaßt, häufig aber von den ersten Anhängern niedergeschrieben. Daneben entstehen kultische Texte und Verhaltenskodices.

Ein entscheidender Einschnitt für die meisten Neuen Religionen ist der Tod des Gründers, besonders auch dann, wenn die apokalyptischen oder chiliastischen Hoffnungen nicht erfüllt worden sind, was nicht selten zum Zerfall der Gemeinschaften führt (z. B. die in den 50er und 60er Jahren in Holland verbreitete Lou-Bewegung, viele der im melanesischen und polynesischen Raum verbreiteten Kargo-Bewegungen, die Hapu-Religion). Ein anderes häufig zu beobachtendes Phänomen sind Nachfolgestreitigkeiten, die nicht selten zu Schismata führen, womit häufig wiederum das Ende einzelner Richtungen „programmiert" ist (z. B. Baha'i, Ahmadiyya, Black Muslim, ISCON, Divine Light Mission).

Eine äußerst wichtige Bedingung für die historische Gestaltwerdung von Neuen Religionen ist die Ausbildung institutioneller und organisatorischer Strukturen während der Konsolidierungsphase, da nur diese den Zusammenhalt des engeren und weiteren Jüngerkreises des jeweiligen Religionsgründers über dessen Tod hinaus zu garantieren vermag, wobei damit zugleich auch das Generationenproblem gelöst wird. Die Religionengeschichte zeigt nämlich, daß Neue Religionen ohne stabilisierende Organisationsformen oft in der dritten Generation auseinanderbrechen und dann einfach „im Sande verlaufen".

Einer Reihe Neuer Religionen ist in ihrer historischen Entwicklung auch gemeinsam, daß sie zu sozial-revolutionären Bewegungen werden und dann teilweise dazu übergehen, das neue Heilsreich mit (militär)politischen Mitteln zu errichten. Als Beispiele hierfür mögen die Taiping-Bewegung in China (1850–1864), die Aufstände der Babi zwischen 1847 und 1850 in Persien, die Bewegung des sudanesischen Mahdi Mohammed Ahmed zwischen 1881 und 1898, sowie die koreanische Chondokyo, die vor allem im Aufstand gegen die Japaner im Jahre 1919 führend war, genügen.

Auch eine Reihe anderer Neuer Religionen rechnen mit einem endzeitlichen Kampf oder propagieren diesen sogar, ohne ihn aber in die Tat umzusetzen, oder er wird als ein geistiger Kampf verstanden, in dem es gilt, die alte Welt niederzuringen und das neue Heilsreich heraufzuführen. Wie schnell eine solche Vorstellung von einem endzeitlichen Kampf in Aktionismus umschlagen kann, haben die Vorgänge um die bis dahin so gut wie unbekannte japanische Aum-Bewegung in den Jahren 1994/95 gezeigt. Prognosen im Hinblick auf die geschichtliche Entwicklung Neuer Religionen lassen sich also nicht stellen, genausowenig wie man deren historische Gestaltwerdung aus dem Kontext zu lösen vermag, um eine „Gesamtdarstellung" zu erhalten.

IV. Das Erscheinungsbild

Wiederum kann man nur auf eine Reihe struktureller Ähnlichkeiten bzw. Unterschiede hinweisen, wobei häufig das jeweilige Erscheinungsbild noch stark von der Herkunftsreligion geprägt ist oder, bei der „Synthese" zweier Religionen, ein „Konglomerat" aus beiden religiösen Systemen darstellt.

1. Organisationsstrukturen

Zu den charakteristischen Merkmalen der Neuen Religionen gehört, daß sie sich fast ausschließlich um eine religiöse Autorität zentrieren. Sie beginnen mit dem Auftreten eines Menschen, der zu einer neuen Erkenntnis gekommen ist oder sich als Offenbarer oder Sprachrohr eines (neuen) Gottes versteht; in dem sich eine Gottheit oder ein Geistwesen inkorporiert hat und aus ihm selbst spricht, der auch als menschliche Erscheinung einer Gottheit auftreten kann; oder der als Heilbringer, als Messias, als Gesandter, als Sohn/Tochter eines Gottes u. ä. verstanden wird. Um den Religionsgründer bildet sich zuerst ein engerer Jüngerkreis, der sich zu einem weiteren Jüngerkreis auswächst, bevor dann durch Mission größere Gruppen der jeweiligen Bevölkerung für die neue Heilsbotschaft und Heilspraxis gewonnen werden. Besonders die beiden Jüngerkreise spielen in der Organisation Neuer Religionen eine entscheidende Rolle, sobald sich eine Lehr- oder Kulthierarchie ausbildet. Sie gelten als diejenigen, die in gewisser Weise „einen direkten Zugang zum Heil haben" und deshalb Leitungsfunktionen übernehmen können. Neue Religionen sind nämlich fast ausschließlich Laien-Religionen, und es braucht unterschiedliche Zeit, eine neue Kult- und Lehrhierarchie auszubilden. Diese bleiben häufig auf die Familie des/der Religionsgründers(in) beschränkt oder auf eben diese Jüngerkreise. Auch nach dem Tod des jeweiligen Religionsgründers bleibt die Leitung der Gemeinschaft „in der Familie", bei Sohn, Tochter oder Enkel usw., häufig auch in den nächsten Generationen. Dies gilt ebenfalls für die religiösen Spezialisten und Funktionäre, die meist den Familien der ersten Jüngerkreise entstammen.

Andererseits gibt es wenige Gegenbeispiele Neuer Religionen, die von Anbeginn an eine Kulthierarchie errichten oder nachbilden, etwa die vietnamesische Kao Dai Religion, die vom Papst abwärts das hierarchische

System der Katholischen Kirche nachgebildet hat; oder die brasilianische Umbanda, deren Kulthierarchie eine Mischung aus westafrikanischen, zum Teil katholischen und spiritistischen „Ämtern" darstellt. Ein anderes Erscheinungsbild bieten die meisten aus Indien stammenden Neuen Religionen, in denen sich nicht zuletzt auf Grund des Avatara-Konzeptes ein Guru als der Vollender einer bestimmten Lehrtradition versteht und zugleich eine neue Lehrhierarchie ins Leben ruft. Die Gründer verstehen sich meist als in einer Dharma-Sukzession stehend oder als Wiedergeburt eines Gurus, der wiederum einer Traditionskette angehört. Die Lehr- und Kultfunktionäre werden hier oft durch Initiationsrituale eingesetzt und so zu Verwaltern nicht nur der spezifischen Lehre sondern auch der jeweiligen religiösen Praxis sowohl im Bereich von Meditation als auch des als notwendig erachteten Vollzugs kultischer Elemente.

Viele der Neuen Religionen zeigen andererseits eine ausgesprochene „Ämter- und Titelfreudigkeit", so daß das einzelne Mitglied aufgrund religiöser oder anderer Leistung bis zu einem gewissen Punkt aufzusteigen vermag, was vor allem ein typisches Symptom religiöser Kleingruppen darstellt. Dennoch bleibt festzuhalten, daß die meisten der Neuen Religionen Laien-Religionen sind, in ihnen das allgemeine Priestertum herrscht und jedes einzelne Mitglied nicht nur befähigt ist, am gesamten kultischen Geschehen teilzuhaben, sondern auch die Lehre weiterzutragen und als Missionar neue „Kinder" des neuen Heilsreichs zu zeugen hat. Diese missionarische Pflicht kann in einigen Neuen Religionen so weit gehen, daß die Vollmitgliedschaft oder der Eintritt in das neue Heilsreich davon abhängig gemacht wird, wieviele neue Mitglieder jemand „gezeugt" hat. Dies gilt besonders für einige japanische und koreanische Neue Religionen, aber auch bei den Zeugen Jehovas finden sich ähnliche Strukturen.

Zur Organisationsstruktur gehören des weiteren Wohngemeinschaften bis hin zu Siedlungsgemeinschaften, die dann häufig eine eigene Infrastruktur ausbilden und als „Prototyp" des neuen Heilsreiches gelten. Viele der indischen Neuen Religionen bilden Ashrams oder Tempel oder haben, wie z. B. die Ramakrishna-Mission, ein klösterliches Zentrum (Math). Andere Neue Religionen bilden ein heiliges Zentrum aus, häufig am Geburtsort des Gründers oder in dessen Nähe, das sich zu einer heiligen Stadt auswachsen kann. Beispiele hierfür sind Auroville, die 1968 gegründete „Stadt des Zukunftsmenschen", in der durch meditative Bewußtseinserweiterung die Evolution des Menschengeschlechtes voranschreiten soll, gemäß den Lehren und Überzeugungen Shri Aurobindos (1872–1950). Ebenso gehört hierher Ekuphakameni (Südafrika), das irdische Jerusalem der Lama Nazaretha Kirche Isaiah Shembes (ca. 1867–1935), dessen Mausoleum sich ebenfalls dort befindet. Besonders koreanische und japanische Neue Religionen errichten solche heiligen Städte, die dann nicht nur die wichtigsten Kultbauten und religiösen Gedenkstätten beheimaten, sondern auch Schulen, Schulungszentren und religioneneigene Handwerks- und Industriebetriebe, oder gar, wie z. B. Tenri als Zentrum der Tenrikyo, eine Universität. Auch

TM (Transzendentale Meditation) beispielsweise hat zwei organisationseigene „Universitäten", die Maharishi European Research University (MERU) und die Maharishi International University (MIU), sowie Kliniken und Sanatorien, aber auch eine 1976 begründete „Welt(plan)-Regierung" mit Sitz in Seelisberg (Schweiz).

Die organisatorischen Strukturen Neuer Religionen reichen also von der religiösen Kleingruppe vor Ort über mehr oder weniger lockere Laien-Vereinigungen, häufig verbunden mit einer flukturierenden Klientel, bis hin zu straff organisierten Lehr- (z. B. Scientology Church) und Kulthierarchien, von Missionaren vor Ort bis hin zu in alle Welt ausgesandten Missionstrupps (etwa die verschiedenen Weltkreuzzüge der Vereinigungskirche). Dabei ist allerdings anzumerken, daß die meisten Neuen Religionen missionarisch nicht außerhalb ihres Geltungsgebietes tätig werden. Zu generalisierende Strukturen lassen sich also in diesem Bereich ebenfalls nicht nachweisen.

2. *„Glaubensstrukturen"*

Die Glaubensstrukturen Neuer Religionen sind so unterschiedlich und vielschichtig wie ihre Zahl. In vielen Fällen ist von einem Glaubenssystem noch gar nicht zu reden, sondern es stehen die Verkündigung und der Lebensvollzug des jeweiligen Religionsgründers im Mittelpunkt. Dabei ist vieles häufig noch „im Fluß" und den Wechselwirkungen unterworfen, die aus der Kommunikation zwischen Religionsgründer und Anhängerschaft entstehen. Das Ganze verfestigt sich erst allmählich zu einem Glaubens- oder Lehrsystem. Obwohl für viele der Neuen Religionen die Lehre wichtig ist, vor allem um die neue Botschaft zu verbreiten, tritt sie doch meist hinter das Tun und das Sichverhalten zurück, hinter die Gestaltung, den Aufbau der Neuen Welt, den jeweiligen Entwürfen gemäß. Sie tritt auch zurück hinter das Heilshandeln, das Heilen und die Heilung des Einzelnen, was bei einer Vielzahl Neuer Religionen im Mittelpunkt steht.

Daneben gibt es andere Neue Religionen, die in kurzer Zeit ein Lehr- und Glaubenssystem ausgebildet haben, häufig schon vom Religionsgründer als neue Offenbarung, als neue Erkenntnis formuliert und zu verbindlichem Bekenntnis erklärt. Hierher gehören vor allem die aus dem Islam hervorgehenden Neuen Religionen, die der Babi und der Baha'i ebenso wie die Ahmadiyya-Missionsbewegung; ebenfalls eine Reihe der aus dem Christentum in Europa oder Amerika hervorgegangenen Gruppierungen (Mormonen, Adventisten, Zeugen Jehovas, Lorberer, Grals-Bewegung, Universelles Leben u. a.).

Trotz der Vielschichtigkeit und Unterschiedlichkeit der Glaubens- und Lehrsysteme Neuer Religionen lassen sich dennoch gewisse strukturelle Gemeinsamkeiten festmachen. Den meisten von ihnen ist die Überzeugung gemeinsam, daß sie *die* letztgültige, oder auch nur *die* zeitgemäße Wahrheitswirklichkeit verkünden und leben, sei es aufgrund neuer (oft abschließender) Offenbarung, aufgrund neuer Erkenntnisse oder aufgrund der Formulierung eines neuen, dann als ewig angesehenen Weltgesetzes, wobei nicht selten die eigene Lehre als Wiederherstellung der ursprünglichen Wahrheit aller Religionen bzw. der Religion überhaupt verstanden wird. Eine weitere, weit verbreitete Gemeinsamkeit ist auch ihr apokalyptischer bzw. chiliastischer Charakter. Sie rechnen mit dem nahenden Weltende, berechnen nicht selten sogar dessen Datum und sehen sich als die Teilhaber oder „Baumeister" der neuen, kommenden Welt. Diese wird eine Welt der Vollkommenheit sein, oder das kommende, bzw. angebrochene neue Zeitalter dient der Vervollkommnung der Welt bzw. der Menschheit oder des Einzelnen, wobei die jeweils proklamierte Heilsvorstellung immer auch die Heilwerdung der beiden anderen Aspekte zur Folge hat. Dieses neue Heilsreich kann als Wiederherstellung eines Urzustandes oder der Urreligion, als Restitution also, vorgestellt werden, aber auch als Neuwerdung und/oder Umkehrung der bestehenden Welt (so z. B. bei den Rastafarians, Black Muslims, Umbanda, aber auch in den Cargo-Kulten, indianischen und afrikanischen Neuen Religionen). Es kann als von selbst kommend oder als herbeizuführendes geglaubt werden. Insofern sind die Anhänger mancher Neuer Religionen passiv, indem sie sich durch religiöse Übungen zum Zwecke der inneren Heiligung auf das Weltende und die beginnende neue Welt vorbereiten. Hier kann man von einem adventistischen Lehr- und Glaubenssystem sprechen. Die bei weitem größere Zahl ist allerdings ausgesprochen aktivistisch, was in manchen Fällen sogar zu einem sozial schädlichen Aktionismus führen kann. In Neuen Religionen dieses Typs können dann auch Ideen auftauchen, die etwa die Vernichtung aller „Produktionsmittel" fordern, die Aufgabe aller Lebensbezüge, was einerseits bis hin zum religiösen Selbstmord führen kann; andererseits kann auch die Ausrottung der Ungläubigen oder der Kampf gegen die Mächte des Bösen als notwendige Vorbedingung für das Eintreffen des Heils erachtet werden. So finden sich neben Neuen Religionen, die die Weltflucht propagieren, solche, die eine neue Weltgestaltung praktizieren, die die neue heile Welt zu verwirklichen suchen, oder auch nur die Selbstverwirklichung bzw. Selbstvervollkommnung des Menschen anstreben.

Dementsprechend sind die Heilsvorstellungen Neuer Religionen fast ausschließlich immanent. Dies gilt sowohl für den Heilsweg als in den meisten Fällen auch für das Heilsziel. Heil geschieht im Hier und Jetzt als Heilung des Einzelnen, als Heiligung der Gruppe oder als Errichtung einer neuen Heilswelt bzw. des (einen) Gottesreiches auf Erden. Hieraus ergibt sich dann wiederum ein der jeweiligen Verbreitung entsprechender partieller oder gar universaler Anspruch, das Welterklärungs- und Lebensbewältigungssystem schlechthin darzustellen.

So kann man sagen, daß die eigentliche Grundstruktur aller Neuen Religionen die Verwirklichung des – fast immer als weltimmanent gedachten – Heils ist. Sie kann als Heil für den Einzelnen, für die Gemeinschaft oder für die Menschheit verstanden werden, als Heilung oder Heiligung des Einzelnen, als Heilung der Gesellschaft oder Heiligung der (religiösen) Gemeinschaft, als Heilwerdung der Welt und damit als Beginn des (gottgewollten) Heilsreiches. Jede Neue Religion versteht sich von ihrem Heilsziel und Heilsweg her als Heilsgemeinschaft, bietet andererseits aber jedem ihrer Mitglieder, Anhänger, Nachfolger usw. auch das individuelle Heil, zumindest eine Steigerung des Heils im Verhältnis zum bisherigen Religionssystem. Deshalb wird letztendlich jede Neue Religion zu einer apokalyptischen Größe; denn als die wahre Heilsgemeinschaft bildet sie die Vorstellung aus, daß die der alten Welt mit der (den) bisher angestammten Religion(en) und der damit verbundenen Welterklärung und Lebensbewältigung weiterhin anhängenden Menschen dem Untergang geweiht, zusammen mit der alten Welt dem Verfall preisgegeben seien. Die Anhänger Neuer Religionen sind davon überzeugt, als Heilsgemeinschaft das nun endlich angebrochene Heil in Raum und Zeit zu verwirklichen und seiner teilhaftig zu sein. Das Heil ist also, wie gesagt, immanent gedacht, ebenso wie das Heilsreich *in dieser* Welt entsteht und sie verwandeln wird, und deshalb auch als durch die Heilsgemeinschaft gestaltbar geglaubt wird. Ausgangs- und Mittelpunkt dieses Heils ist in den meisten Fällen der Religionsgründer, der dann wiederum nicht selten selbst zum Heil für die Gemeinschaft oder gar der Welt erklärt wird, was nicht selten zu dessen Vergottung führt.

Zu den Neuen Religionen, die vor allem das Heil des Einzelnen durch Heilung oder Heiligung verwirklichen, gehören fast alle Afrikanischen Independent Churches, die man als Heilungsreligionen charakterisieren könnte, in denen Jesus oder der Heilige Geist als den Einzelnen heilend und die Gemeinschaft heiligend wirkt, wodurch eine (partielle) heile Welt entsteht. Hierher gehören aber auch die brasilianische Umbanda, die kubanische Santeria, alle Formen des Voodoo, die Mehrzahl der kleineren japanischen und koreanischen Neuen Religionen, in denen sich häufig Teile der angestammten schamanischen Traditionen erhalten haben und so auch hier das Heilen im Mittelpunkt steht; sowie bedingt die im pazifischen Raum auftretenden Cargo-Kulte und einige der im Westen entstandenen Neuen Religionen, wie etwa die Christliche Wissenschaft, das Universelle Leben u. a. Auch einige vor allem im Westen auftretende indische Neue Religionen sind hier zu nennen, wenn sie durch religiöse Praxis die Vervollkommnung des Menschen lehren (etwa die Gruppen um Aurobindo, die Transzendentale Meditation oder auch Ananda Marga), wobei diese „Selbstvervollkommung" des Menschen schließlich zur Höherentwicklung der Menschheit und damit zur „vollkommenen Welt" führen soll.

Zu den Bewegungen, die das Gottesreich oder das Heilsreich auf Erden herbeizuführen suchen, gehören die aus dem schiitischen Islam hervorgegangenen Babi-Religion und Baha'i-Religion, sowie die in Pakistan entstandene Ahmadiyya-Missions-Bewegung. Auch die meisten aus der Vielschichtigkeit des Christentums hervorgegangenen Neuen Religionen sind dem apokalyptisch-chiliastischen Spektrum zuzurechnen und suchen das Gottesreich auf Erden zu verwirklichen. Hierher gehören unter anderem Mormonen, Adventisten und Zeugen Jehovas, das Universelle Leben und die aus Korea stammende Vereinigungskirche (Tong il-Kyo), um nur einige zu nennen. Auch in einigen japanischen Neuen Religionen (etwa Tenrikyo, PL Kyodan, in gewisser Weise auch Soka Gakkai) spielt die Vision einer neuen Menschheit und damit eines neuen Heilsreiches eine entscheidende Rolle.

Eine Grundstruktur der Glaubens- und Lehrsysteme Neuer Religionen bilden also immanente Heilsvorstellungen. Mit ihnen geht häufig eine zweite Vorstellung Hand in Hand, die ganz der Weltsicht des modernen Menschen entspricht, nämlich die Forderung nach oder die Überzeugung von einer Übereinstimmung von Religion und Wissenschaft, von der Vernunftgemäßheit der Religion. In diesem Zusammenhang wird das Modell der fortschreitenden Offenbarung jeweils für die eigene Gemeinschaft reklamiert, das sich dann als Glaubensvorstellung von der Zeitgemäßheit der jeweiligen Lehre bis hin zu der vom Paradigmenwechsel niederschlägt. Hierher gehört die beispielsweise von der Transzendentalen Meditation durchgeführte „wissenschaftliche Beweisführung" für die Wirkung religiöser Praxis, aber auch die von den Baha'i geforderte Übereinstimmung von Religion und Wissenschaft. In etlichen Fällen wird gleichsam eine Naturgesetzlichkeit der Religion proklamiert, die nicht nur einem evolutionären Prozeß unterworfen sein soll, sondern auch als den die Welt durchwirkenden Gesetzmäßigkeiten komplementär vorgestellt wird.

Selbstverständlich haben die meisten Neuen Religionen neben den jeweils eigenen Glaubensüberzeugungen auch eine Reihe eigenständiger Symbole ausgebildet, die von einfachen Zeichen bis hin zu komplizierten Symbolstrukturen reichen. In vielen Fällen werden die heiligen Zentren oder Städte als Abbild oder Vorbild des begonnenen oder kommenden Heilsreiches verstanden. Daneben gibt es in vielen Fällen eine reiche Mythenbildung, die sich um die Lebensgeschichte des Religionsgründers oder der Religionsgründerin rankt, wobei ein solcher Mythos häufig schon zu Lebzeiten zu wachsen beginnt; aber auch das kommende Heilsreich wird mythisch erklärt oder aus dem Mythos eines uranfänglichen Heilsreiches hergeleitet.

Auffällig ist bei den meisten „Glaubens- und Lehrsystemen" Neuer Religionen, daß sie im Verhältnis zu ihrer Herkunftsreligion oder zu den in ihnen kombinierten Religionssystemen eine Art Reduktionssystem darstellen. Häufig nämlich handelt es sich nur um eine neuartige Kombination einzelner unterschiedlicher Strukturelemente und Strukturmomente des(der) Gesamtsysteme der Herkunftsreligion(en), um die Betonung eines Überlieferungsstranges, der als die umfassende Wahrheit ausgegeben und geglaubt wird; nicht selten sogar um die Reduktion auf und Überbetonung von geradezu marginalen Teilen des jeweiligen Religionssystems oder der miteinander verbundenen Traditionen. Einige Beispiele hierfür: die heilende oder heiligende Funktion des Heiligen Geistes in Afrika, die Rolle Jesu als Arzt, die Absolutsetzung einer Gottheit (Kami in japanischen Neuen Religionen), die als hinreichend ausgegebenen wenigen Elemente umfangreicher Yoga- oder Meditationspraxen (z. B. T. M., Ananda Marga) oder deren Vermischung (Aurobindo), die Überbetonung messianischer oder chiliastischer Vorstellungen usw.

Insofern erweisen sich viele der Neuen Religionen schließlich auch als fundamentalistisch im Verhältnis zu ihren Herkunftsreligionen, da sie nur einige wenige Aspekte als grundlegend und damit die gesamte Wahrheitswirklichkeit umfassend ausgeben.

3. Kult

Bis auf diejenigen Neuen Religionen, in denen sich das Heils- und Heilungsgeschehen im Kult vollzieht (African Independent Churches, Umbanda, Santeria, Voodoo, japanische und koreanische schamanisch geprägte Neue Religionen u. a.), erweisen sich die meisten anderen als ausgesprochen kultarm. Der Grund hierfür ist wohl darin zu suchen, daß es sich in den meisten Fällen um Laien-Religionen mit einer wenig oder kaum ausgebildeten Kulthierarchie handelt. Ein zweiter Grund hierfür ist darin zu sehen, daß kultisches und rituelles Handeln unbedeutend wird, wenn man durch Initiation, durch einen sakralen Akt oder auch nur durch das entsprechende Bekenntnis oder Gelöbnis der neuen Heilsgemeinschaft des neuen Heilsreiches bereits angehört. Das Heilsgeschehen vollzieht sich also entweder durch das Heilhandeln der vom/von Geist(ern), von/vom Gott erfüllten Kultleiter, Medien usw. oder durch den einmaligen Akt der Initiation, nach dem der Gläubige dann selbsttätig (evtl. unter weiterer Anleitung) den Heilsweg beschreitet, der ihn der Vervollkommnung oder gar der Vollkommenheit entgegenführt oder – gegebenenfalls – befähigt, das Heilsreich mitzuerrichten.

Der dritte und wichtigste Grund aber für die kultische Zurückhaltung der meisten Neuen Religionen ist die Tatsache, daß das gesamte Leben der Anhänger ritualisiert ist und von dem jeweiligen Verhaltenskodex bestimmt wird, d. h. durch Gebote oder Verbote (insgesamt gesehen Meidungen aller möglichen Art) bestimmt wird. Denn nur die rechte Verhaltensweise garantiert die Zugehörigkeit zur jeweiligen Heilsgemeinschaft.

Insofern spielen auch heilige Orte eine untergeordnete Rolle, häufig gibt es nur das jeweilige einzige, weil einmalige Zentrum, dessen einmaliger oder wiederholter Besuch zu den religiösen Pflichten gehören kann, während sich ansonsten die Gemeinde an jedwedem Ort zu versammeln vermag. Der „sakrale Raum“ ist in Neuen Religionen durchaus eine Seltenheit. Heil geschieht dort, wo man sich versammelt, besonders dort, wo der Religionsgründer anwesend ist.

Ähnlich verhält es sich mit heiligen Zeiten, obwohl viele der Neuen

Religionen einen Festkalender ausgebildet haben, der zwar gemeinschaftlich begangen wird, aber wiederum viel eher im Sinne von Gedenk-, Erinnerungs- und Aktionstagen, nicht aber im Sinne von sakraler Zeit. Eine ähnliche Rolle spielen Fastenzeiten und Zeiten sonstiger Askese, die zwar der persönlichen Reinigung und Heiligung dienen, letztendlich aber immer Vorbereitung für das eigentliche Heilsgeschehen sind. Denn im Mittelpunkt aller Neuer Religionen steht das individuelle Heil, die Teilhabe am oder die Vermehrung des Heils, die Zugehörigkeit zur jeweiligen Heilsgemeinschaft und der tätige Einsatz für das heraufkommende Heilszeitalter oder die Beteiligung am Bau des bereits begonnenen Heilsreiches.

4. Leben in und für die neue Heilsgemeinschaft

Wenn auch die jeweils neue Lehre als Welterklärungs- und Lebensbewältigungssystem die Gemeinschaft einer Neuen Religion fundiert und die wenigen kultischen Elemente die Zugehörigkeit dokumentieren und regeln, so steht doch im Mittelpunkt *der* (oft bedingungslose) *Einsatz für das Heilsziel,* der als der eigentliche Heilsweg verstanden wird, das Leben nach den Maximen der jeweiligen neuen Heilswelt und für die Errichtung derselben. Gerade dieses Beteiligtsein am Heilsgeschehen macht auch den totalen Bruch mit der bisherigen Welt notwendig (dies gilt nicht für die meisten der „reinen" Heilungsreligionen, deren Bestand und Ausbreitung nicht zuletzt vom „Erfolg" abhängig ist und deren Klientel durchaus fluktuiert). Denn diese Welt gilt als dem Untergang anheimgefallen, zwar transformierbar, aber nur innerhalb und durch die neue Heilsgemeinschaft. Diese neue Welt gilt gleichsam als die Gegenwelt zur alten, die eventuell auch durch einen endzeitlichen Kampf überwunden werden muß, sofern sie nicht bereits durch eine wie auch immer vorgestellte geistige Läuterung als überwunden geglaubt wird. Das eigentliche religiöse Bestreben der Mehrzahl Neuer Religionen ist deshalb die Errichtung des neuen Heilsreiches als Lebensvollzug.

Dies ist wohl das gemeinsame Charakteristikum, das häufig mißverstanden und ihnen sogar vorgeworfen wird: ihr weltliches Engagement. Dieses Engagement in der Wirtschaft, bei einigen Neuen Religionen sogar in der Politik, aber auch im Bildungs- und Gesundheitswesen hat sowohl religiöse als auch organisatorische Gründe. Die religiösen Gründe treten offen zutage. Wenn die Mitglieder einer Neuen Religion aus der Überzeugung heraus leben, daß jedes einzelne von ihnen am Aufbau des neuen Heilsreiches beteiligt ist, so wird jedwede Tätigkeit zum „Gottesdienst", zur religiösen Tätigkeit schlechthin. Alles Tun wird verstanden als ein Baustein zur Errichtung der neuen Heilswelt. Diese Vorstellung kann sich niederschlagen in der Idee, daß alle Besitztümer des Einzelnen Allgemeineigentum sind und dazu dienen, für alle, die der neuen Heilsgemeinschaft angehören, Wohlstand und Glück heraufzuführen. Es kann auch dazu führen, daß die jeweilige Neue Religion eine eigene Infrastruktur entwickelt, zu der in unserer Zeit nicht nur Verlage zur Verbreitung der Lehre und der jeweils eigenen religiösen Literatur gehören, sondern auch Industrie- und Dienstleistungsbetriebe und anderes. Zu diesem Engagement kann ebenfalls gehören, daß in demokratischen Systemen eigene religiös bestimmte politische Parteien auftreten (z. B. Sogakakkai in Japan, oder die TM bei der letzten Bundestagswahl); oder eben auch, daß ein gewaltsamer Umsturz angestrebt wird, wie z. B. die T'ai-Ch'ing-Bewegung in China oder auch die militärischen Aufstände der Babi in Persien, beide in der zweiten Hälfte des letzten Jahrhunderts, gezeigt haben. Ein solches politisches Engagement findet sich auch bei einigen indischen Bewegungen (etwa bei Brahma Samaj, vor allem aber bei Arya Samaj und neuerdings bei Ananda Marga) und bei etlichen koreanischen Neuen Religionen, sowie in Nordamerika bei den Black Muslims und der Scientology Church. Selbst in Europa lassen sich solche religiös-politisch motivierten Bewegungen nachweisen, wenn man etwa an die nach der Jahrhundertwende entstandenen „neo-germanischen" Glaubensgemeinschaften denkt oder an das in den 60er Jahren entstandene Universelle Leben, früher Heimholungswerk Christi genannt, das durch verschiedene Aktivitäten im Raum Würzburg seine Idee vom Gottesstaat zu verwirklichen sucht.

Das wirtschaftliche Engagement vieler Neuer Religionen hat neben religiösen auch organisatorische Gründe. Es dient dazu, der jeweiligen Gemeinschaft ein finanzielles Fundament zu geben, aber häufig auch dazu, den einzelnen Mitgliedern einen sozialen Aufstieg zu ermöglichen. Dieses Phänomen begegnet vor allem bei einer Reihe asiatischer Religionen. Die dabei erzielten Gewinne dienen u. a. zur Finanzierung der Mission, des missionarischen Schrifttums und anderer Aktivitäten, etwa wissenschaftlicher Kongresse, kultureller Stiftungen, z. T. auch dem sozialen Engagement. In vielen Fällen handelt es sich aller Wahrscheinlichkeit nach um eine Nachbildung der anglo-amerikanischen Missionspraxis, die seit altersher ihre jungen Gemeinden und jungen Kirchen durch die Installierung von Werkstätten, Produktionsstätten und Dienstleistungsbetrieben zu finanzieller Unabhängigkeit zu führen suchte. Nicht zuletzt aber dienen diese wirtschaftlichen Aktivitäten auch dazu, nicht nur die allein aus Spenden nicht finanzierbare Unterhaltung der heiligen Städte und Stätten zu gewährleisten, und die umfassende Infrastruktur mancher Neuer Religionen zu erhalten und auszubauen (zu der nicht nur eigene Schulen, ja selbst Universitäten gehören), sondern auch eine Reihe von diakonischen und sozialen Einrichtungen. In manchen Fällen werden auch Schulungszentren, „Priester-" und Lehrerseminare finanziert, ebenso wie Missionsaufgaben und andere Formen der Öffentlichkeitsarbeit. Insofern haben sich etliche der heute expandierenden und sich etablierenden Neuen Religionen den Strukturen einer modernen Industriegesellschaft angepaßt.

Alle diese Aktivitäten aber dienen nur dem einzigen Ziel: der Errichtung des (jeweilig) angestrebten Heilsreiches oder dessen Ausbau. Auch das Leben der Mitglieder einer Neuen Religion steht also immer unter dem Absolutheitsanspruch, der sich aus der Vision des neuen Heilsreiches ergibt. Denn erst die Anerkenntnis der absoluten Autorität des jeweiligen Religionsgründers macht sie zu Gliedern der neuen Heilsgemeinschaft. Das aber ruft wiederum ein elitäres Bewußtsein unter den Anhängern hervor, führt zwingend zum Bruch mit der „alten" Welt, die nicht selten diese neue Heilsgemeinschaft samt ihres „autoritären" Führers ablehnt, bekämpft, verfolgt und zu eliminieren trachtet. Deshalb sind nicht wenige Anhänger Neuer Religionen, aber auch etliche Religionsgründer selbst, den Märtyrertod für ihre Überzeugungen gestorben. Dieser Märtyrertod wird dann von den Anhängern als Bestätigung der Wahrheit der neuen Lehre und des eigenen Selbstverständnisses verstanden, was in einigen Fällen zu der Lehre von einer baldigen Wiederkunft des jeweiligen Religionsgründers geführt hat. Die Vollendung des Heilsreiches erhält damit erneut eine zukünftige Dimension.

V. Neue Religionen als ein Phänomen der Moderne

Auch wenn in der Religionsgeschichte immer wieder Religionen entstanden sind, so scheint die Vielzahl und Vielschichtigkeit der im 19. und 20. Jahrhundert entstandenen Neuen Religionen ein spezielles Phänomen der Moderne bzw. Postmoderne, zu sein. Parallel zur Spezialisierung und Differenzierung der Gesellschaften und der damit verbundenen Individualisierung aller Lebensbereiche scheint auch die Differenzierung und Spezialisierung religiöser Systeme voranzuschreiten, die mit einer Individualisierung der Heilssuche und Heilsfindung einhergeht. Multikulturelle und pluralistische Gesellschaften scheinen diesen Diffusionsprozeß zu beschleunigen, der mit einem Verfall traditioneller Werte, die fast ausschließlich religiös bedingt waren, einherzugehen scheint. Obwohl die Neuen Religionen gerade ein Symptom für diese Diffusion sind, bilden sie dennoch eine vermeintliche Gegenposition, indem die Mehrzahl von ihnen nicht nur einen Absolutheitsanspruch erhebt, sondern sich auch als die allumfassende Heilsgemeinschaft versteht, in der alles wieder zu einer Einheit und Einheitlichkeit zurückgeführt werden kann bzw. soll. Daher auch die Forderungen nach der Einheit von Religion und Wissenschaft, von Religion und Politik, von Religion und Kunst, von Religion und Bildung usw., die in den meisten Gemeinschaften zumindest theoretisch vertreten werden. Auch die Neuen Religionen, die Ergebnis eines Akkulturationsprozesses sind, in dem verschiedene Religionssysteme zu einem neuen System verschmolzen werden, glauben sich nicht nur den jeweiligen Herkunftsreligionen weit überlegen, sondern verstehen sich selbst auch als eine Synthese, die die Einheit der Menschheit hervorzubringen vermag und damit der

Vorbereitung oder Errichtung des Heils- bzw. Gottesreiches auf Erden dient.

VI. Von der Zukunft Neuer Religionen

Prognosen im Hinblick auf einzelne Neue Religionen stellen zu wollen, ist so gut wie unmöglich. Einige von ihnen werden historische Gestalt gewinnen und eventuell zu einer, wenn auch marginalen und historischen Größe werden, wie etwa die im 19. Jahrhundert entstandenen Mormonen, Adventisten, Zeugen Jehovas, Baha'i, Ahmadis, während andere als religiöse Kleingruppen oder esoterische Zirkel überdauern mögen, was zum Beispiel für Mazdaznan, die Gralsbewegung, die Loberer, die Lorenzianer, aber auch die Unitarier und viele andere gilt. Ebensoviele der Neuen Religionen aber werden schon mit dem Tod des Gründers oder spätestens in der dritten oder vierten Generation auseinanderfallen und einfach verlöschen. Da jedoch die Differenzierung und Individualisierung auch der Gesellschaften in der dritten und vierten Welt weitergehen wird, die Infragestellungen religionenimmanenter und religionentranszendenter Art nicht nur dort zunehmen werden, gleichzeitig aber die bisherigen Welterklärungs- und Lebensbewältigungssysteme nicht mehr akzeptabel oder hinreichend sind, wird es auf Dauer wohl zur Entstehung einer Reihe weiterer Neuer Religionen kommen. Auch im Westen wird das „religiöse Angebot" zunehmen und sich den scheinbaren oder tatsächlichen „religiösen Bedürfnissen" immer weiter anpassen. Symptomatisch für westliche Zusammenhänge ist ja bereits heute eine weit verbreitete vagabundierende Religiosität, die aus den traditionellen Religionssystemen ausbricht, also sowohl Lehrtraditionen, Kultgemeinschaften sowie religiöse Vergesellschaftungssysteme verläßt und angeblich nur auf die eigene religiöse Erfahrung rekurriert. Zu erwarten ist allerdings, daß sich diese vagabundierende Religiosität bereits vorhandenen oder neuen religiösen Denkstrukturen annähert, da sie zu religiöser Praxis drängt und letztlich zu gewissen religiösen Vergesellschaftungsformen führt, seien diese auch nur als „Netzwerk" verstanden, das allerdings widerum als etwas „Gemeinsames" erfahren wird. Die Heilssuche und Heilsfindung der Menschen wird also nicht aufhören, und wieviele religiöse Entwürfe es auch geben mag, die sich als Offenbarung, Erkenntnis göttlichen Willen oder wie auch immer verstehen, die die *eine* ursprüngliche Religion proklamieren oder alle Religionen zu einer Einheit führen wollen, die vielleicht auch nur die Wiedervereinigung des Christentums anstreben, es wird von all jenen Bemühungen immer nur ein Ergebnis zu erwarten sein: Es entsteht eine weitere Neue Religion neben all jenen, die schon gelehrt, kultisch vollzogen und gelebt werden.

LITERATURHINWEISE UND ANMERKUNGEN

Peter Antes: Einleitung

Anmerkungen

[1] Vgl. dazu *Gilles Kepel,* Die Rache Gottes. Radikale Moslems, Christen und Juden auf dem Vormarsch, München 1991.

[2] Vgl. dazu *Hubert Seiwert,* Das Ende des real existierenden Atheismus. Im öffentlichen Bild von den Religionen muß manches revidiert werden, in: Die Frankfurter Allgemeine Zeitung vom 25. Mai 1992, Nr. 121, S. 13.

[3] Vgl. dazu *Peter Antes,* Religiöser Fundamentalismus, in *Uwe Hartmann* und *Christian Walther* (Hrsg.), Der Soldat in einer Welt im Wandel. Ein Handbuch für Theorie und Praxis. Mit einem Vorwort von Bundespräsident Roman Herzog, München-Landsberg am Lech 1995, S. 54–60.

[4] Es sei in diesem Zusammenhang nicht verschwiegen, daß neben religiösen Unterschieden auch nationale Besonderheiten und Verhaltensweisen für die internationale Zusammenarbeit immer größere Bedeutung haben, vgl. dazu *John Mole,* Der Euro-Knigge für Manager. Gemeinsamer Markt – verschiedene Sitten, Frankfurt/M 1992, ungekürzte Taschenbuchausgabe München 1995.

[5] Vgl. dazu den Band Healing and Restoring. Health and Medicine in the World's Religious Traditions, hrsg. v. *Lawrence E. Sullivan,* New York–London 1989. Im übrigen zeigt *Lynn Payer,* Andere Länder, andere Leiden. Ärzte und Patienten in England, Frankreich, den USA und hierzulande, Frankfurt/M.–New York 1993, daß auch die traditionelle Schulmedizin nicht überall auf die gleiche Weise, sondern mit länderspezifischen Varianten praktiziert wird..

[6] Vgl. dazu Jean-François Mayer, Religions et sécurité internationale, Bern, Office Central de la Défense 1995.

[7] Vgl. dazu die alarmierenden Extrembeispiele bei *Gilles Kepel,* Allah im Westen. Die Demokratie und die islamische Herausforderung, München–Zürich 1996, wo an Extrembeispielen aus den USA, Großbritannien und Frankreich gezeigt wird, wie sich in den Trabantenstädten der Wirtschaftsmetropolen die Ausgrenzung zuspitzt und manchen – vornehmlich Jugendlichen – nur noch die islamische Religion als Ausweg zur Identitätsfindung und zum Aufbau eines Selbstwertgefühls bleibt.

[8] Vgl. zu diesem Gesamtkomplex *Christoph Bochinger,* „New Age“ und moderne Religion. Religionswissenschaftliche Analysen, Gütersloh 1994.

[9] Als gut gelungene Beispiele dafür seien hier statt vieler genannt das Lexikon der Sekten, Sondergruppen und Weltanschauungen. Fakten, Hintergründe, Klärungen, hrsg. von *Hans Gasper, Joachim Müller, Friederike Valentin,* Freiburg–Basel–Wien, durchgesehene und verbesserte Neuausgabe 1994 und Bertelsmann Handbuch Religionen der Welt. Grundlagen, Entwicklung und Be-

deutung in der Gegenwart, hrsg. v. *Monika* u. *Udo Tworuschka,* Gütersloh–München 1992.

[10] Vgl. zur Problematik einer Religionsdefinition die unterschiedlichen Beiträge in The Notion of „Religion" in Comparative Research. Selected Proceedings of the XVI IAHR Congress of the International Association for the History of Religions, Rome, 3rd–8th September 1990, hrsg. v. *Ugo Bianchi* in Zusammenarbeit mit *Fabio Mora* u. *Lorenzo Bianchi,* Roma 1994. Zur interkulturellen Verwendung des Religionsbegriffs, vgl. *Bertram Schmitz,* „Religion" und seine Entsprechungen im interkulturellen Bereich, Marburg 1996.

[11] Zur Problematik der Abgrenzung von Religionswissenschaft und Theologie vgl. *Sigurd Hjelde,* Die Religionswissenschaft und das Christentum. Eine historische Untersuchung über das Verhältnis von Religionswissenschaft und Theologie, Leiden–New York–Köln 1994.

[12] Vgl. dazu *Hans Küng,* Projekt Weltethos, München–Zürich 1990 u. Erklärung zum Weltethos. Die Deklaration des Parlamentes der Weltreligionen, hrsg. v. *Hans Küng* u. *Karl-Josef Kuschel,* München–Zürich 1993.

Michael Brocke: Judentum

I. Literaturhinweise

Brocke, M./Jochum, H. (Hg.), Wolkensäule und Feuerschein. Jüdische Theologie des Holocaust, Gütersloh ^{2}1993.

Cohen, Arthur A., Der natürliche und der übernatürliche Jude, Freiburg/München 1966.

Cohen, Arthur A./Mendes-Flohr, Paul (Hg.), Contemporary Jewish Religious Thought. Original Essays on Critical Concepts, Movements and Beliefs, New York 1987.

Evron, Boas, Jewish State or Israeli Nation, Bloomington 1995.

Glazer, Nathan, American Judaism, Chicago ^{2}1973.

Green, Arthur (Hg.), Jewish Spirituality, 2 Bde., London 1986/7.

Guttmann, Julius, Die Philosophie des Judentums, München 1933.

Maier, Johann, Geschichte der jüdischen Religion, Freiburg 1992.

ders., Die Kabbalah. Einführung, klassische Texte, Erläuterungen, München 1995.

Meyer, Michael A., Response to Modernity: A History of the Reform Movement in Judaism, New York 1988.

Meyer, Michael A., Von Moses Mendelssohn zu Leopold Zunz. Jüdische Identität in Deutschland 1749–1824, München 1994.

Neusner, Jacob (Hg.), Understanding American Judaism: Toward the Description of a Modern Religion, New York 1975.

Samuelson, Norbert M., Moderne jüdische Philosophie. Eine Einführung, Reinbek bei Hamburg 1995.

Scholem, Gershom, Die jüdische Mystik in ihren Hauptströmungen, engl. 1941; dt. Zürich 1957 u. ö.

Soloveitchik, Joseph B., Halakhic Man, Philadelphia 1984.

Stemberger, Günter, Jüdische Religion, München 1995.

ders., Midrasch. Vom Umgang der Rabbinen mit der Bibel, München 1989.
ders., Der Talmud. Einführung, Texte, Erläuterungen, München 1982.
Urbach, Ephraim E., The Sages. Their Concepts and Beliefs, Jerusalem ^{2}1979.

Peter Antes: Christentum

I. Literaturhinweise

Andresen, Carl, Die Kirchen der alten Christenheit, Stuttgart–Berlin–Köln–Mainz 1971.
Antes, Peter, Christentum – eine Einführung, Stuttgart–Berlin–Köln–Mainz 1985.
Berger, Klaus, Wer war Jesus wirklich?, Stuttgart 1995.
Daiber, Karl-Fritz, Religion unter den Bedingungen der Moderne. Die Situation in der Bundesrepublik Deutschland, Marburg 1995.
Evangelisches Kirchenlexikon. Internationale theologische Enzyklopädie, hrsg. von Erwin Fahlbusch u. a., 4 Bde., 3. Aufl. (Neufassung), Göttingen 1986 ff.
Geschichte des privaten Lebens, hrsg. von *Philippe Ariès* u. *Georges Duby,* 5 Bde., Frankfurt/M 1993.
Klöcker, Michael, Katholisch – von der Wiege bis zur Bahre. Eine Lebensmacht im Zerfall?, München 1991.
Küng, Hans, Das Christentum. Wesen und Geschichte. Die religiöse Situation der Zeit, München 1994.
Lexikon missionstheologischer Grundbegriffe, hrsg. von *Karl Müller* und *Theo Sundermeier,* Berlin 1987.
Lexikon religiöser Grundbegriffe. Judentum, Christentum, Islam, hrsg. von *Adel Theodor Khoury,* Graz–Wien–Köln 1987.
Lexikon für Theologie und Kirche, begr. von Michael Buchberger, hrsg. von *Walter Kasper,* 3. völlig neu bearbeitete Aufl., Freiburg i. Br.–Basel–Rom–Wien 1993 ff.
Lexikon der Sekten, Sondergruppen und Weltanschauungen. Fakten, Hintergründe, Klärungen, hrsg. von *Hans Gasper, Joachim Müller, Friederike Valentin,* Freiburg–Basel–Wien 1994 (durchgesehene und verbesserte Neuausgabe).
Lexikon der Religionen, begründet von *Franz König* unter Mitwirkung zahlreicher Fachgelehrter, hrsg. von *Hans Waldenfels,* Freiburg–Basel–Wien 1987.
Nowak, Kurt, Geschichte des Christentums in Deutschland. Religion, Politik und Gesellschaft vom Ende der Aufklärung bis zur Mitte des 20. Jahrhunderts, München 1995.
Rössler, Andreas, Positionen, Konfessionen, Denominationen. Eine kleine Kirchenkunde, Stuttgart 1988.
Rössler, Andreas (Hrsg.), Protestantische Kirchen in Europa, Stuttgart 1993.
Scharfe, Martin, Die Religion des Volkes. Kleine Kultur- und Sozialgeschichte des Pietismus, Gütersloh 1980.
Schlink, Edmund, Ökumenische Dogmatik. Grundzüge, Göttingen 1988.
Schmidtchen, Gerhard, Protestanten und Katholiken. Soziologische Analyse konfessioneller Kultur, Bern–München 1973.
Schweizer, Eduard, Jesus, das Gleichnis Gottes. Was wissen wir wirklich vom Leben Jesu?, Göttingen 1995.

Stegemann, Hartmut, Die Essener, Qumran, Johannes der Täufer und Jesus. Ein Sachbuch, Freiburg–Basel–Wien [4]1994.

Theologische Realenzyklopädie, hrsg. von *G. Krause* u. *G. Müller,* Berlin–New York 1977 ff.

Vögtle, Anton, Die „Gretchenfrage" des Menschensohnproblems. Bilanz und Perspektive, Freiburg–Basel–Wien 1994 (Quaestiones disputatae, 152).

Waldenfels, Hans, Kontextuelle Fundamentaltheologie, Paderborn–München–Wien–Zürich 1985.

Wetter, Friedrich Kardinal (Hrsg.), Kirche in Europa, Düsseldorf 1989.

Wörterbuch des Christentums, hrsg. von *Volker Drehsen, Hermann Häring u. a.,* Gütersloh–Düsseldorf 1988.

World Christian Encyclopedia. A comparative study of churches and religions in the modern world AD 1900–2000, hrsg. von *David B. Barret,* Oxford–Nairobi–New York 1982.

Zeitschrift für Missionswissenschaft und Religionswissenschaft 79, Jahrg. 1995 [verschiedene Beiträge zur Missionsgeschichte des Christentums sowie einer zur Orthodoxie].

II. Anmerkungen

[1] Vgl. dazu *Joanne O'Brien* und *Martin Palmer,* Weltatlas der Religionen, beratender Herausgeber *David B. Barrett,* aus dem Englischen von Gisela Krüger und Martin Rethmeier, Bonn 1994, S. 23.

[2] Vgl. dazu *Gerd Theißen,* Soziologie der Jesusbewegung. Ein Beitrag zur Entstehungsgeschichte des Urchristentums, München 1977.

[3] Vgl. dazu *Willy Schottroff* und *Wolfgang Stegemann* (Hrsg.), Der Gott der kleinen Leute. Sozialgeschichtliche Bibelauslegungen, 2 Bde., München–Gelnhausen 1979 (hier insbesondere Bd 2: Neues Testament).

[4] Vgl. dazu *Eduard Lohse,* Umwelt des Neuen Testaments, Göttingen 1974, S. 159 ff; *Werner Dommershausen:* Die Umwelt Jesu, Politik und Kultur in neutestamentlicher Zeit, Freiburg–Basel–Wien 1977, S. 132 ff.; *Ludger Schenke:* Die Urgemeinde. Geschichtliche und theologische Entwicklung, Stuttgart–Berlin–Köln 1990, S. 342 ff.

[5] Vgl. dazu *Martin Hengel,* Judentum und Hellenismus. Studien zur Begegnung unter besonderer Berücksichtigung Palästinas bis zur Mitte des 2. Jahrhunderts vor Christus, Tübingen [3]1988.

[6] Vgl. dazu *Klaus Koschorke,* Kirchengeschichte, Missionsgeschichte, transkontinentale Christentumsgeschichte, in: Zeitschrift für Missionswissenschaft und Religionswissenschaft, 79. Jahrg. (1995), S. 134–144.

[7] Vgl. *Henri Godin* u. *Yvan Daniel,* La France, Pays de mission?, Paris 1943

[8] Vgl. dazu *Peter Antes,* Sexualität und Ehe. Ein Loyalitätskonflikt für Katholiken in der Gegenwart, in: Loyalitätskonflikte in der Religionsgeschichte. Festschrift für Carsten Colpe, hrsg. von *Christoph Elsas* und *Hans G. Kippenberg* in Zusammenarbeit mit *Hubert Cancik, Burkhard Gladigow* und *Kurt Rudolph,* Würzburg 1990, S. 194–201.

[9] Vgl. zu dieser Problematik ausführlich *Elisabeth A. Johnson,* Ich bin, die ich bin. Wenn Frauen Gott sagen, Düsseldorf 1994.

[10] Vgl. dazu *Günter Schiwy,* Abschied vom allmächtigen Gott, München 1995.

[11] Die Kritik von *Franz Buggle,* Denn sie wissen nicht, was sie glauben. Oder warum man redlicherweise nicht mehr Christ sein kann. Eine Streitschrift, Reinbek bei Hamburg 1992, trifft somit den Kern der Sache, wird aber religionspädagogisch deshalb kaum relevant, weil man längst selektiv mit der Bibel umgeht und nur die Stellen in die Religionslehre einbezieht, die den liebenden Gott in den Vordergrund stellen.

[12] Wie anders dies in früheren Zeiten war, zeigt am Beispiel Luthers sehr eindrucksvoll *Oskar Pfister,* Das Christentum und die Angst. Eine religionspsychologische, historische und religionshygienische Untersuchung, Zürich 1944; bzw. mit Blick auf die religiöse Sozialisation um die Mitte des 20. Jahrhunderts *Tilman Moser:* Gottesvergiftung, Frankfurt 1976.

[13] Zit. nach *Hans Waldenfels,* Kontextuelle Fundamentaltheologie, Paderborn–München–Wien–Zürich 1985, S. 41.

[14] Es ist bezeichnend, daß diese Interpretation inzwischen auch von der katholischen Kirche übernommen wurde; vgl. dazu den Beitrag: Anthropologie chrétienne de Jean Paul II, in: *Paul Poupard* (Hrsg.), Dictionnaire des Religions, Paris 1984, S. 58–60.

[15] A. Schilson: „Gott wird immer mehr Mensch" (D. Sölle), Aspekte eines postchristlichen Humanismus. In: Menschwerdung Gottes – Vergöttlichung von Menschen, hrsg. von *D. Zeller.* Freiburg/Schweiz–Göttingen 1988, S. 177–215, hier S. 179 f.

[16] Aus *Ch. R. Avila,* Peasant Theology. Reflections by the Filippino Peasants on their Process of Social Revolution, Bangkok o. J.; dt. Übersetzung in Auszügen bei *P. Antes:* „Bauern-Theologie" auf den Philippinen. In: Zeitschrift für Missionswissenschaft und Religionswissenschaft 62 (1978), S. 297–300, hier 299. (Blau ist die königliche Farbe und steht hier im Text für vornehm.)

[17] *José Maria González-Ruiz,* Creer es comprometerse. Barcelona ^{5}1970, S. 33 ff.

[18] Vgl. dazu das Basisbuch, das dieser Richtung den Namen gegeben hat: *Gustavo Gutiérrez,* Theologie der Befreiung, München–Mainz 1973.

[19] Als Beispiel für eine solche Basisgemeindentheologie sei das programmatische Buch in drei Bänden „Hacia la Comunidad" von *Juan José Tomayo* erwähnt, dessen erster Band den Untertitel trägt: La marginación, lugar social de los cristianos (Madrid 1993), und dessen zweiter den Untertitel: Iglesia profética, Iglesia de los pobres (1994) führt. Der dritte und letzte Band wird mit dem Untertitel: „Los sacramentos, liturgía del prójimo" erscheinen.

[20] *M. Raheb,* Ich bin Christ und Palästinenser. Israel, seine Nachbarn und die Bibel, Gütersloh 1994, S. 89.

[21] *Ludwig Marcuse,* Sigmund Freud, zit. nach *Christoph Kolbe:* Heilung oder Hindernis. Religion bei Freud, Adler, Fromm, Jung und Frankl, Stuttgart 1986, S. 20.

[22] Vgl. zu diesem großen Themenkreis: *Lexikon der biblischen Personen.* Mit ihrem Fortleben in Judentum, Christentum, Islam, Dichtung, Musik und Kunst, von *Martin Bocian* unter Mitarbeit von *Ursula Kraut* und *Iris Lenz,* Stuttgart 1989. Ein vergleichbares Lexikon zu biblischen Themen steht immer noch aus.

[23] Mit vorschnellen Prognosen vom Untergang sollte man vorsichtig sein. Dennoch ist eine wachsende Kritik innerhalb kirchlicher Kreise und besonders in der katholischen Kirche nicht zu übersehen (vgl. dazu: Kirchenvolksbegehren der katholischen „Basis" gegen die Amtskirche 1995 in Österreich und Deutschland; *Rupert Lay,* Nachkirch-

liches Christentum. Der lebende Jesus und die sterbende Kirche, Düsseldorf 1995; *Heinrich Fries,* Vor der Entscheidung. Werden die Kirchen überflüssig?, Graz 1995). Hinzu kommt eine immer größere Schwierigkeit, christliche Lehraussagen zu vermitteln (vgl. dazu: Ungläubige Jugend? Briefe und Bekenntnisse, hrsg. v. *Manfred Plate,* Freiburg–Basel–Wien 1987; Werden unsere Kinder noch Christen sein?, hrsg. v. *Karl Heinz Schmitt* und *Jürgen Hoeren,* Freiburg–Basel–Wien 1995).

Peter Antes: Islam

I. Literaturhinweise

Art. Islam, in Theologische Realenzyklopädie, hrsg. von *G. Krause* u. *G. Müller,* Bd. 16, Berlin–New York 1987, S. 315–358.

Antes, Peter, Ethik und Politik im Islam, Stuttgart–Berlin–Köln–Mainz 1982.

Ders., Religiöser Fundamentalismus, in: *Uwe Hartmann* und *Christian Walther* (Hrsg.), Der Soldat in einer Welt im Wandel. Ein Handbuch für Theorie und Praxis. Mit einem Vorwort von Bundespräsident Roman Herzog, München–Landsberg am Lech 1995, S. 54–60.

Antes, Peter u. a., Der Islam. Religion – Ethik – Politik, Stuttgart–Berlin–Köln 1991.

Ende, Werner u. *Steinbach, Udo* (Hrsg.), Der Islam in der Gegenwart, München ^{2}1989.

The Encyclopaedia of Islam, new ed., hrsg. von *H.A.R. Gibb, J.H. Kramers u. a.,* Leiden: Brill–London 1960 ff.

Endreß, Gerhard, Der Islam. Eine Einführung in seine Geschichte, München ^{2}1991.

Halm, Heinz, Der schiitische Islam. Von der Religion zur Revolution, München 1994.

Hofmann, Murad Wilfried, Der Islam als Alternative, München 1992.

Hottinger, Arnold, Religiöser Fundamentalismus, Paderborn–München–Wien–Zürich 1993.

Khoury, Adel Theodor – Hagemann, Ludwig – Heine, Peter, Islam-Lexikon. Geschichte – Ideen – Gestalten, 3 Bde., Freiburg–Basel–Wien 1991.

Kreiser, Klaus – Wielandt, Rotraud (Hrsg.), Lexikon der islamischen Welt, völlig überarbeitete Neuausgabe, Stuttgart–Berlin–Köln 1992.

Leuze, Reinhard, Christentum und Islam, Tübingen 1994.

Nagel, Tilman, Staat und Glaubensgemeinschaft im Islam. Geschichte der politischen Ordnungsvorstellungen der Muslime, 2 Bde., Zürich 1981.

Ders., Geschichte der islamischen Theologie. Von Mohammed bis zur Gegenwart, München 1994.

Rotter, Gernot (Hrsg.), Die Welten des Islam. Neunundzwanzig Vorschläge, das Unvertraute zu verstehen, Frankfurt/M 1993.

Schimmel, Annemarie, Mystische Dimensionen des Islam, Köln 1985.

Schulze, Reinhard, Geschichte der islamischen Welt im 20. Jahrhundert, München 1994.

Steinbach, Udo – Robert, Rüdiger (Hrsg.), Der Nahe und Mittlere Osten. Politik – Gesellschaft – Wirtschaft – Geschichte – Kultur, 2 Bde., Opladen 1988.

Was jeder vom Islam wissen muß, hrsg. vom Luth. Kirchenamt der VELK. Gütersloh 1991.

Das dreibändige Werk in der Reihe: Die Religionen der Menschheit Bd. 25, 1–3: *W. Montgomery Watt* u. *Alford T. Welch,* Der Islam. I. Mohammed und die Frühzeit – Islamisches Recht – Religiöses Leben, Stuttgart–Berlin–Köln–Mainz 1980; *W. Montgomery Watt* u. *Michael Marmura,* Der Islam. II. Politische Entwicklungen und theologische Konzepte, Stuttgart–Berlin–Köln–Mainz 1985; *Annemarie Schimmel u. a.,* Der Islam. III. Islamische Kultur – Zeitgenössische Strömungen – Volksfrömmigkeit, Stuttgart–Berlin–Köln 1990.

II. Anmerkungen

[1] Vgl. dazu *Joanne O'Brien* und *Martin Palmer,* Weltatlas der Religionen, beratender Herausgeber David B. Barrett, aus dem Englischen von Gisela Krüger und Martin Rethmeier, Bonn 1994, S. 23.

[2] Vgl. dazu *Charles-Emmanuel Dufourcq,* La vie quotidienne en Europe médiévale sous domination arabe, Paris 1978, S. 15 ff.

[3] Vgl. dazu *Claude Cahen,* Note sur l'acceuil des chrétiens d'Orient à l'Islam, in: Revue de l'histoire des religions 166 (1964), Heft 3, S. 51–58.

[4] Vgl. dazu *Samuel P. Huntington,* Im Kampf der Kulturen, in: DIE ZEIT, Nr. 33, 13. August 1993, S. 3. Vgl. dazu allgemein *Bassam Tibi:* Krieg der Zivilisationen. Politik zwischen Aufklärung und Fundamentalismus, Hamburg 1995.

[5] Vgl. dazu *Heinz Halm,* Der schiitische Islam. Von der Religion zur Revolution, München 1994, S. 101 ff.

[6] Vgl. dazu *P. S. van Koningsveld,* Sprekend over de islam en de moderne tijd, Utrecht–Amsterdam 1993, S. 92 f.

[7] Vgl. dazu *Johannes Reissner,* Internationale islamische Organisationen, in: *Werner Ende* und *Udo Steinbach* (Hrsg.): Der Islam in der Gegenwart, München ²1989, S. 539–547.

[8] Die Meinung von Lüling, daß „Beigeseller" nur die hellenistisch-trinitarischen Christen meine, konnte sich bislang nirgends durchsetzen. Sie wird vertreten in *Günter Lüling,* Die Wiederentdeckung des Propheten Muhammad. Eine Kritik am „christlichen" Abendland, Erlangen 1981, insbes. S. 183 ff.

[9] *Smail Balić,* Das Jesusbild in der heutigen islamischen Theologie, in: Glauben an den einen Gott. Menschliche Gotteserfahrung im Christentum und im Islam, hrsg. von *Abdoldjavad Falaturi* und *Walter Strolz,* Freiburg–Basel–Wien 1975, S. 11–21, hier S. 11.

[10] Abū Manṣūr ʿAbd al-Qāhir aṭ-Ṭāhir al-Baġdādī: Uṣūl ad-dīn, Istānbūl, Maṭbaʿa ad-daula 1928/1346, S. 251 f.

[11] Vgl. dazu den Art. Kasb,. in: The Encyclopaedia of Islam, new ed., vol. IV, Leiden–London 1978, S. 690–694, hier ab S. 692.

[12] *Rotraud Wielandt,* Offenbarung und Geschichte im Denken moderner Muslime, Wiesbaden 1971, S. 5.

[13] Vgl. dazu *Seyyed Hossein Nasr* in: Les Musulmans. Consultation islamo-chrétienne, hrsg. von *Youakim Moubarac,* Paris 1971, S. 63 (Reihe: Verse et Controverse. Le chrétien en dialogue avec le monde arabe, 14).

[14] Vgl. zur Stellung der Frau aus der umfangreichen Sekundärliteratur *Wiebke Walther,* Die Frau im Islam, in: *Peter Antes u. a.,* Der Islam. Religion – Ethik – Politik, Stuttgart–Berlin–

Köln 1991, S. 98–124; *Peter Antes:* Ethik und Politik im Islam, in: *Peter Antes u. a.,* op. cit. S. 58–97, hier S. 74 ff. und *Murad Wilfried Hofmann:* Der Islam als Alternative, München 1992, S. 163–174.

15 *Fatema Mernissi,* Die Angst vor der Moderne. Frauen und Männer zwischen Islam und Demokratie, Hamburg–Zürich 1992, S. 30.

16 Mernissi, a. a. O., S. 59.

17 Mernissi, a. a. O., S. 103.

18 *Bassam Tibi,* Die Ethik von Menschenrechten als internationale Moralität. Islamisches Recht/Schari'a versus Menschenrechte im Übergang zum 21. Jahrhundert, in: Sittliche Bildung. Ethik in Erziehung und Unterricht, hrsg. von Herbert Huber, Asendorf 1993, S. 299–332, hier S. 316.

19 Tibi, a. a. O., S. 319.

20 Tibi, a. a. O., S. 315. Zur Menschenrechtsproblematik im Islam allgemein vgl. *Peter Antes,* Ethik und Politik im Islam, in *Peter Antes u. a.,* Der Islam. Religion – Ethik – Politik, Stuttgart–Berlin–Köln 1991, S. 58–97, hier S. 83 f.; *Ann Elisabeth Mayer,* Islam and Human Rights. Tradition and Politics, Boulder/Col. 1991, und *Kevin Dwyer,* Arab Voices. Human Rights Debate in the Middle East, Berkeley 1991. Zu den islamischen Menschenrechtserklärungen speziell vgl. *Robert Caspar,* Les déclarations des droits de l'homme en Islam depuis dix ans, in Islamochristiana 9 (1983) S. 59–102, und neuer *Gamal-ad-din-Mahmud,* Menschenrechte im Islam, in: Concilium. Internationale Zeitschrift für Theologie 30. Jahrg. (1994), S. 248–255.

21 Für diese These spricht die Tatsache, daß einige (sunnitische wie schiitische) Muslime 1993 in Chicago bereit gewesen sind, die Erklärung zum Weltethos zu unterzeichnen; vgl. dazu *Hans Küng* u. *Karl-Josef Kuschel* (Hrsg.); Erklärung zum Weltethos. Die Deklaration des Parlamentes der Weltreligionen, München–Zürich 1993, S. 44 f.

22 Vgl. dazu das instruktive Buch von *Joseph S. Szyliowicz,* Education and Modernization in the Middle East, Ithaca, N. Y. 1973.

23 Vgl. dazu die ausgezeichnete Darstellung von *Heribert Busse,* Salman Rushdie und der Islam, in: Geschichte in Wissenschaft und Unterricht. Zeitschrift des Verbandes der Geschichtslehrer Deutschlands 1990, Heft 4, S. 193–215.

24 Hierfür sei aus der Fülle der Literatur verwiesen auf: Der Nahe und Mittlere Osten. Politik – Gesellschaft – Wirtschaft – Geschichte – Kultur, hrsg. von *Udo Steinbach* und *Rüdiger Robert,* 2 Bde., Opladen 1988; Die Welten des Islam. Neunundzwanzig Vorschläge, das Unvertraute zu verstehen, hrsg. von *Gernot Rotter,* Frankfurt/M 1993 (Fischer TB 11 480), und Arnold Hottinger: Religiöser Fundamentalismus, Paderborn–München–Wien–Zürich 1993.

25 Vgl. dazu, besser dagegen *Peter Antes,* Religiöser Fundamentalismus, in: *Uwe Hartmann* und *Christian Walther* (Hrsg.), Der Soldat in einer Welt im Wandel. Ein Handbuch für Theorie und Praxis. Mit einem Vorwort von Bundespräsident Roman Herzog, München–Landsberg am Lech 1995, S. 54–60.

Peter Gerlitz: Die Bahai-Religion

I. Literaturhinweise

1. Quellen in Übersetzung

ʿAbduʾl Bahā, Beantwortete Fragen, Hofheim-Langenhain ³1977.
Bāb, Eine Auswahl aus seinen Schriften, Hofheim-Langenhain 1991.
Bahāʾullāh, Ährenlese. Eine Auswahl aus den Schriften Bahāʾuʾllāhs, zusammengestellt v. *Shoghi Effendi,* Hofheim-Langenhain ³1980.
Ders., Das Buch der Gewißheit. Kitāb al-Iqān, Frankfurt/M. 1958.
Ders., Die sieben Täler, Hofheim-Langenhain ³1987.
Ders., The Kitāb-i-Aqdās. The Most Holy Book, Haifa 1992.
Shoghi Effendi, Gott geht vorüber, Oxford 1954.
Ders., Der verheißene Tag ist gekommen, Frankfurt/M. 1967.
Ders. (Hrsg.), Nabīls Bericht aus den Frühen Tagen der Bahāʾī-Offenbarung, Hofheim-Langenhain 1975.
Ders., Die Weltordnung Bahāʾuʾllāhs, Hofheim-Langenhain 1977.
Bahāʾī World Centre, Haifa, Die Verkündigung Bahāʾuʾllāhs An die Könige und Herrscher der Welt, Frankfurt/M. 1967.
Internationale Bahāʾī-Gemeinde, Bahāʾuʾllāh. Eine Einführung in Leben und Werk des Stifters der Bahāʾī-Religion, Hofheim-Langenhain 1992.
Nationaler Geistiger Rat der Bahāʾī in Deutschland, Größte religiöse Minderheit im Iran. Dokumentation zur Verfolgung der Bahāʾī im Iran, ³1981.
Universales Haus der Gerechtigkeit, Die Verheißung des Weltfriedens, Hofheim-Langenhain ²1985.

2. Sekundärliteratur (Auswahl)

Balyuzi, Hasan M., ʿAbduʾl Bahā, der Mittelpunkt des Bündnisses Bahāʾuʾllāhs, 2 Bde., Hofheim-Langenhain 1983f.
Ders., Bahāʾuʾllāh, Der Herr der Herrlichkeit, Hofheim-Langenhain 1991.
Esslemont, John E., Bahāʾuʾllāh und das neue Zeitalter, Oberkalbach ⁵1972.
Ficicchia, Francesco, Der Bahāʾismus – Weltreligion der Zukunft? Geschichte, Lehre und Organisation in kritischer Anfrage, Stuttgart 1981.
Flasche, Rainer, Die Religion der Einheit und Selbstverwirklichung der Menschheit. Geschichte und Mission der Bahāʾī in Deutschland, in: Zeitschr. für Missionswiss. u. Religionswiss. 61 (1977), S. 188–213.
Hutter, Manfred, Die Bahāʾī. Geschichte und Lehre einer nachislamischen Weltreligion, Marburg 1994 (= REMID).
Ders., Der Kitāb-i-Aqdās. Das heilige Buch der Bahāʾī: Materialdienst der Ev. Zentralstelle für Weltanschauungsfragen, 58. Jg., Stuttgart 1995, S. 172–178.
Schaefer, Udo, Die Bahāʾī in der modernen Welt. Strukturen eines neuen Glaubens, 2. verb. u. erw. Aufl., Hofheim-Langenhain 1981.
Ders., Heilsgeschichte und Paradigmenwechsel. Zwei Beiträge zur Bahāʾī-Theologie, Prag 1992.
Ders., N. Towfigh u. *U. Gollmer,* Desinformation als Methode. Die Bahāʾismus-Monographie des F. Ficicchia, Hildesheim u. a. 1995.

Towfigh, Nicola, Schöpfung und Offenbarung aus der Sicht der Bahā'ī-Religion, Hildesheim 1989.
Fereydun Vahman, Baha'ismus, in: Theol. Realenzyklopädie 5 (1980), S. 115–132.

II. Anmerkungen

[1] „Ihr seht ihn mit euren eigenen Augen, und doch erkennt ihr Ihn nicht", heißt es in „Nabils Bericht aus den Frühen Tagen der Bahai-Offenbarung", hrsg. v. *Shoghi Effendi,* Hofheim-Langenhain 1975, S. 58.

[2] Nabils Bericht, S. 61.

[3] Ebd., S. 167 f.

[4] Gott geht vorüber, Oxford 1954, S. 24.

[5] Ebd., S. 58 f.

[6] Ebd., S. 60 f.

[7] Die Bābī-Behā'i. Eine Studie zur Religionsgeschichte des Islams, Diss. von 1911, Potsdam 1912, S. 37.

[8] *Francesco Ficicchia,* Der Bahā'ismus – Weltreligion der Zukunft?, Stuttgart 1981, S. 80.

[9] Brief an den Sohn des Wolfes, Hofheim-Langenhain 1966, S. 34.

[10] Ebd., S. 175 f. Ähnlich *Shoghi Effendi,* Das Kommen göttlicher Gerechtigkeit, Frankfurt 1969, S. 121: „Die Absicht, die der ganzen Schöpfung zugrunde liegt, ist die Offenbarung dieses erhabensten, dieses heiligsten Tages, der als der Tag Gottes in Seinen Büchern und Schriften bekannt ist – der Tag, den alle Propheten, die Auserwählten und die Heiligen, miterleben wollten."

[11] Ebd., S. 176.

[12] Über einen seiner zahlreichen Hoheitstitel schreibt *Shoghi Effendi* (ebd., S. 105–107): „In dem Namen, den Er trug, vereinigte Er jenen des *Imam Husayn,* des ausgezeichnetsten der Nachfolger des Apostels Gottes..." Dazu bedarf es einer besonderen Erklärung; denn Imam Husayn ist nicht zu verwechseln mit dem verborgenen zwölften Imam, Muhammad Ibn Hasan, der als Mahdi wiederkommen soll! Vielmehr handelt es sich bei Imam Husayn um den dritten Imam nach Ali und Hasan, der in der Schlacht bei Kerbela (680) fiel, der bei den Schiiten als ein Vorbild des Glaubens gilt und dem ein besonderer Märtyrerkult gewidmet ist (*Heinz Halm,* Die Schia, Darmstadt 1988, S. 177 ff.), und dessen Wiederkunft (rajʿa) am Ende der Zeiten erwartet wird. Husayn werde mit seinen 72 gefallenen Märtyrergenossen anwesend sein, wenn der Mahdi sein Reich errichtet und nach dessen Tode (!) sein Begräbnis ausrichten. Beide Imame, der Mahdi sowie Husayn, werden in der Bahai-Tradition offenbar als Parallelgestalten behandelt (so wie es beim Bab und Baha'ullah auch der Fall ist).
Zu den Titeln, mit denen Bahā'ullāh bedacht wird, gehören ferner: „Herr der Herren, der Größte Name ..., der Verborgene Name, das Größte Licht, der Größte Ozean, Der, Der bei den Menschen die Spreu vom Weizen sondert, das Verlangen der Nationen" usw. Ihn haben alle Religionen verheißen: „Von Ihm hatte Jesaja gesprochen, als der Herrlichkeit Gottes, dem Ewigen Vater, dem Friedefürsten ... Auf Seine Sendung wiesen die Anhänger Zoroasters hin... Er allein ist gemeint bei der Gautama Buddha selbst zugeschriebenen Prophezeiung, daß ein Buddha namens Maitreya ... sich in der Fülle der Zeiten erheben werde... Ihn meint Jesus Christus mit... dem Tröster ... mit dem Geist der Wahrheit. Der euch in alle Wahrheit leiten wird ... Auf Ihn

spielte der Verfasser der Apokalypse an als das Alpha und Omega ... Ihn hatte Muhammad, der Apostel Gottes, gemeint mit der Großen Verkündigung ... und Seinen Tag erläutert als den Tag, an dem dein Herr kommen wird ..." usw.

[13] Vgl. *F. Ficicchia,* a. a. O., S. 97, Anm. 16.

[14] Dazu *Manfred Hutter,* Der Kitāb-i-Aqdās – das Heilige Buch der Bahāʾī, in: Materialdienst der Ev. Zentralstelle für Weltanschauungsfragen, 58. Jg. (1995), S. 175–178.

[15] *Hutter,* ebd., S. 172–175.

[16] Die Verkündigung Bahāʾuʾllāhs, Frankfurt/M. 1967, S. 102 f.

[17] Vgl. *Hutter,* Die Bahāʾī. Geschichte und Lehre einer nachislamischen Weltreligion, Marburg 1994, S. 26.

[18] *Ficicchia,* a. a. O., S. 341.

[19] *Fereydun Vahman,* Bahaʾismus: Theologische Realenzyklopädie 5, S. 128.

[20] Ebd.

[21] *Ficicchia,* a. a. O., S. 356.

[22] *Hutter,* Die Bahai ..., S. 29.

[23] Statistische Zahlen – ausgegeben vom Nationalen Geistigen Rat der Bahāʾī in Deutschland, 1995.

[24] Übrigens war die Religionsgemeinde auch im nationalsozialistischen Deutschland verboten.

[25] *Hutter,* Die Bahai ..., S. 30.

[26] Hofheim-Langenhain ³1980, Kap. 93, S. 164.

[27] Kap. 84, S. 147.

[28] Ebd., Kap. 78, S. 134.

[29] Abduʾl Bahā, bei *Ficicchia* a. a. O., S. 208.

[30] *Bahāʾullāh,* Ährenlese 73, S. 126.

[31] *Mufāwadāt,* dt.: Beantwortete Fragen, Frankfurt/M. 1962, Kap. 54.

[32] *Abduʾl Bahā,* Beantwortete Fragen, Kap. 47.

[33] Der Vorgang wird beschrieben bei *Ficicchia* a. a. O., S. 211.

[34] Bei *Nicola Towfigh,* Schöpfung und Offenbarung aus der Sicht der Bahāʾī-Religion, Hildesheim u. a. 1989, S. 44.

[35] *Bahāʾullāh,* Das Buch der Gewißheit *(Kitāb-i-Iqān),* Frankfurt/M. 1958, S. 29 f.

[36] Vgl. *Effendi,* Gott geht vorüber (Anm. 4), S. 104–107.

[37] *Ficicchia* a. a. O., S. 214.

[38] *Hutter,* Der *Kitāb-i-Aqdās,* S. 177.

[39] *Ficicchia* a. a. O., S. 232.

[40] *Effendi,* Die Weltordnung Bahāʾuʾllāhs, Hofheim-Langenhain 1977, S. 55 f.

[41] Die Verkündigung Bahāʾuʾllāhs an die Könige und Herrscher der Welt, Frankfurt/M. 1967, S. 10.

[42] Gedacht ist an das Esperanto.

[43] Die Verkündigung Bahāʾuʾllāhs, S. 10–12.

[44] *Effendi,* Gott geht vorüber, S. 35 f. Nach einigen Berichten soll sie sich den Schleier sogar vor versammelter Menge vom Gesicht gezogen haben.

[45] *Ficicchia* a. a. O., S. 60 f.

[46] Bei *J. E. Esslemont,* Bahāʾullāh und das neue Zeitalter, Hofheim-Langenhain ⁶1976, S. 173.

[47] Bei *Esslemont,* ebd., S. 172.

[48] *Bahāʾullāh* nach *Esslemont,* ebd., S. 177.

[49] *Hutter,* Die Bahai, S. 39.

[50] *Hutter,* ebd., S. 39.

[51] Bei *Ficicchia* a. a. O., S. 237, Anm. 1.

[52] Dem Jahr 1995 entspricht das Bahai-Jahr 152.

[53] Dokumentation zur Verfolgung der Bahai im Iran, Hofheim-Langenhain ³1981, S. 21.

[54] Nach *Hutter,* Die Bahai, S. 31.

[55] S. Anm. 53, S. 46–48.

[56] Der Islam, Basel, ²1956, S. 274.

[57] Kein anderer Name. Synkretismus oder christlicher Universalismus? Basel 1965, S. 45.

[58] Religionssoziologie, Tübingen 1951, S. 149 ff.

[59] Die nichtchristlichen Religionen, Frankfurt/M. 1957, S. 60–62.

[60] Gutachten von 1961: Theol. Realenzyklopädie 5, S. 130 (F. Vahman).

[61] A. a. O., S. 18.

[62] Die Bahai, S. 45.

[63] *Udo Schaefer,* Heilsgeschichte und Paradigmenwechsel, Prag 1992, S. 55.

Maya Burger: Hinduismus

I. Literaturhinweise

1. Texte

Bäumer, B., Befreiung zum Sein: Auswahl aus den Upanishaden, Zürich 1986.
Deussen, P., Vier philosophische Texte aus dem Mahabharatam, Leipzig 1906.
Kämpchen, M., Shri Ramakrishna, Setze Gott keine Grenzen: Gespräche des indischen Heiligen mit seinen Schülern, Freiburg 1984.
Roy, B., Das Mahabharata. Ein altindisches Epos, Düsseldorf–Köln 1961.
Schreiner, P., Bhagavad-Gita: Wege und Weisungen, Zürich 1991.
Thieme, P., Gedichte aus dem Rigveda, Stuttgart 1983.
Ders., Upanishaden: Ausgewählte Stücke, Stuttgart 1990.
Zimmer, H., Der Weg zum Selbst: Lehre und Leben des indischen Heiligen Shri Ramana Maharshi aus Tiruvanumalai, Zürich 1944.

2. Literatur

Biardeau, M., L'Hindouisme, anthropologie d'une civilisation, Paris 1981.
Brockington, J. L., The Sacred Thread. Hinduism in its Continuity and Diversity, Edinburgh 1981.
Deleury, G., Le modèle indou, Paris 1978.
Ders., „L'Inde en fêtes; rites et mythes de l'Inde", in: *A. Akoun*, L'Asie, mythes et traditions, Turnhout 1991, S. 75–140.
Eck, D. L., Banaras, City of Light, London 1983.
Frauwallner, E., Geschichte der indischen Philosophie, 2 Bde., Salzburg 1953.
Glasenapp, H., Die Philosophie der Inder, Stuttgart ³1974.
Gonda, J., Die Religionen Indiens, 2 Bde., Stuttgart 1963/1978.
Keller, C.-A., „Hinduismus", in: *U. Tworuschka* (Hrsg.), Heilige Stätten, Darmstadt 1994, S. 102–132.
Ders., „Le sacré et l'expression du sacré dans l'Hindouisme", in: Homo Religiosus II, Louvain-la-Neuve 1983, S. 189–247.
Klimkeit, H. J., Der politische Hinduismus, Wiesbaden 1981.
Halbfass, W., Indien und Europa, Stuttgart 1981.
Ders., India and Europe, Albany 1988.
Morinis, E. A., Pilgrimage in the Hindu Tradition, Delhi 1984.
Renou, L., *Filliozat, J.*, L'Inde classique, 2 vol., Paris 1947–53.
Rolland, R., La vie de Vivekanada et l'évangile universel, 2 vol., Paris 1930.
Rothermund, D., Grundzüge der indischen Geschichte, Darmstadt 1976.
Schreiner, P., Begegnung mit dem Hinduismus, Freiburg 1984.
Strauss, O., Indische Philosophie, München 1924.

II. Anmerkungen

[1] *J. O'Brien, M. Palmer*, Atlas des religions du monde, Paris 1994, S. 24–25.

[2] *M. Clevenot*, L'Etat des religions dans le monde, Paris 1987, S. 257.

[3] Der indische Subkontinent zählt ungefähr 90% Hindus in Nepal, 16% in Sri Lanka und 25% in Bhutan.

[4] Die sogenannte Indus-Zivilisation (Blütezeit um 2500 v. Chr.) kann hier nicht besprochen werden.

[5] *R. Redfield,* Peasant Society and Culture, Chicago 1956.

[6] Wie aktuell dieses Element auch heute noch ist, hat der Erfolg der Fernsehserie über das Rāmāyaṇa in den 80er Jahren gezeigt. Zur Sendezeit waren die Straßen Indiens leer.

[7] Textuelle Zeugnisse datieren aber erst ab dem 6. Jh. n. Chr.

[8] Die Bhakti-Bewegung kennt auch eine umfangreiche Literatur in Sanskrit.

[9] Über Mīrā, siehe *A. J. Alston,* The Devotional Poems of Mīrābāī, Delhi 1980.

[10] Der Einfluß des Islam begann mit Raub- und Eroberungszügen schon ab dem 8. Jh. und führte zur Entstehung regionaler Herrscherhäuser, unter denen das wichtigste die Dynastie der Moguln wurde (1519–1857). Der Einfluß des Islams ist größer im Norden Indiens als im Süden.

[11] Siehe zu diesem Thema *W. Halbfass* (1981).

[12] Siehe z. B. *P. Gaeffke,* Hindi Literature in the Twentieth Century, Wiesbaden 1978.

[13] Siehe z. B. *M. N. Srinivas,* Social Change in Modern India, Berkeley 1971.

[14] Zur Diskussion des Themas siehe *G. Sontheimer, H. Kulke* (Hrsg.), Hinduism reconsidered, Delhi 1989.

[15] Siehe z. B. *M. Biardeau* (1981).

[16] Die einheitliche Vision, die die Brahmanen uns geben, wird von den Texten widerlegt. Die Philologie hat immer wieder gezeigt, wie die Texte im Laufe ihrer Redaktion vielschichtig bearbeitet wurden, um neue Ideen integrieren zu können.

[17] Mit der Idee der vier Kategorien verbunden ist die der Lebensstufen und der dazugehörigen Aufgaben *(varḥāama dharma).* Nach dieser Ideologie teilt sich das Leben der oberen drei Kategorien in vier Abschnitte, bestimmt durch das Lebensalter und dessen entsprechende Aufgaben (Studien, Hausherr und Vater, Meditationszeit und völliger Rückzug aus der Gesellschaft).

[18] Siehe *Keller* (1983).

[19] Ein schwer datierbarer Text, der zum Markandeyapurāṇa gehört.

[20] *D. L. Eck* (1983), S. 20.

[21] Für Details siehe *G. Bühnemann,* Pūjā, A Study in smārta Ritual, Nobili Research Library, vol. XV, Wien 1988, S. 135–151.

[22] *B. Bäumer,* „Empirical Apperception of Time“, in Cultures and Time, Unesco Press, 1972, S. 83; „Concepts of Space and Time“, in *Kalātattvakoṣa,* N. Delhi 1992.

[23] *R. Salomon* (transl.), The Bridge of the Three Holy Cities, Delhi 1985, S. 207–208 (Dānadharma section 72/73).

[24] Vgl. zu dieser Frage den anthropologischen Überblick von *C. F. Keyes, E. V. Daniel* (eds.), Karma, An Anthropological Inquiry, Berkeley 1983.

[25] Kaste ist traditionell gesehen ein im hinduistischen Kontext irrelevantes Wort und übersetzt keinen indischen Begriff. Es wurde von den Portugiesen verwendet (von casta: rein), um die ihnen unverständlichen Reinheitsbemühungen der Brahmanen zu bezeichnen. Seither hat sich das Wort aber auch in Indien durchgesetzt und wird noch immer nur in englischer Sprache benützt.

Monika Horstmann: Sikhismus

Literaturhinweise

1. *Primärquellen (Gesamt- und Teilausgaben in Übersetzung)*

McLeod, W. H., Textual Sources for the Study of Sikhism, Manchester 1984.
Rehat Maryada [d. i. engl. Ausg. des Sikh Rahit Maryādā], London 1971.
Sri Guru-Granth Sahib, übers. ins Engl. v. Gopal Singh, 4 Bde., New Delhi (usw.) 1984.
Ders., übers. ins Engl. v. Gurbachan Singh Talib, 4 Bde, Patiala 1984–1990.
Thiel-Horstmann, Monika (Übers.), Leben aus der Wahrheit: Texte aus der Heiligen Schrift der Sikhs, Zürich 1988.

2. *Sekundärliteratur*

Cole, W. O., u. *Piara Singh Sambhi,* The Sikhs: Their Religious Beliefs and Practices, New Delhi (usw.) 1978.
Grewal, J. S., Guru Nanak in History, Chandigarh 1969.
Ders., From Guru Nanak to Maharaja Ranjit Singh: Essays in Sikh History, 2. verb. Aufl., Amritsar 1982 (1. Aufl. Amritsar 1972).
Ders., The Sikhs of the Punjab, Cambridge 1991.
Hawley, J. S. u. *Gurinder Singh Mann* (Hrsg.), Studying the Sikhs: Issues for North America, Albany, N. Y. 1993.
McLeod, W. H., Gurū Nānak and the Sikh Religion, 3. indische Auflage, Delhi (usw.) 1988 (1. Aufl. Oxford 1968).
Ders., „The Hagiography of the Sikhs“, in: *W. M. Callewaert* u. *R. Snell* (Hrsg.), According to Tradition: Hagiographical Writing in India, Wiesbaden 1994.
Ders., The Sikhs: History, Religion and Society, New York 1989.
Ders., Who is a Sikh? The Problem of Sikh Identity, Oxford 1989.
Thiel-Horstmann, Monika, „Gurū Nanak und der Sikhismus“, in: *P. Antes* (Hrsg.), Große Religionsstifter, München 1992, S. 115–132.

Michael Stausberg: Zoroastrismus

Literaturhinweise

Axelrod, Paul, „Myth and identity in the Indian Zoroastrian community“, in: Journal of Mithraic Studies 3 (1980), S. 150–165.
Boyce, Mary, A Persian Stronghold of Zoroastrianism, Oxford 1977.
Dies., Zoroastrians. Their Religious Beliefs and Practices, London, New York [5]1987.
Choksey, Jamsheed K., Purity and Pollution in Zoroastrianism. Triumph over Evil, Austin 1989.
Eduljee, H. E., Kisseh-i Sanjan, Bombay 1991.
Hartman, Sven S., Parsism. The Religion of Zoroaster, Leiden 1980.

Hinnells, John R., Zoroastrians in Britain. The Rantanbai Katiak Lectures, University of Oxford 1985, Oxford 1996.

Ders., „Parsis and the British", in: Journal of the K. R. Cama Oriental Institute (Bombay) 46 (1978), S. 1–92.

Ders., „Social Change and Religious Transformation among Bombay Parsis in the Early Twentieth Century", in: Traditions in Contact and Change. Selected Proceedings of the XIVth Congress of the International Association for the History of Religions, hrsg. von *P. Slater* und *D. Wiebe,* Waterloo/Ont. 1983, S. 105–125.

Ders., „South Asian Diaspora Communities and their Religion: A Comparative Study on Parsi Experiences", in: South Asia Research 14 (1994), S. 62–104.

Ders., „The Modern Zoroastrian Diaspora", in: Migration: The Asian Experience, hrsg. von *J. M. Brown* und *R. Foot,* London 1994, S. 56–82.

Ders., „The Parsis: a bibliographical survey", in: Journal of Mithraic Studies 3 (1980), S. 100–149.

Ders., Zoroastrianism and the Parsis, London 1981.

Hjerrild, Bodil, „The Parsees in Bombay and their Present Problems", in: The Middle East – Unity and Diversity, hrsg. von *H. Palva* und *K. S. Vikør,* Kopenhagen 1993, S. 189–195.

Hutter, Manfred, Religionen in der Umwelt des Alten Testaments I. Babylonier, Syrer, Perser, Stuttgart 1986.

Ders., „Leichenaussetzung und Erdbestattung. Eine Entwicklung im iranischen Zoroastrismus als Minderheitenreligion in islamischer Umgebung", in: Lokale Religionsgeschichte, hrsg. von *H. G. Kippenberg* und *B. Luchesi,* Marburg 1995, S. 73–83.

Kellens, Jean, Zoroastre et l'Avesta ancien, Leuven, Paris 1991.

Kestenberg Amighi, Janet, The Zoroastrians of Iran: Conversion, Assimilation, or Persistence, New York 1990.

Kulke, Eckehard, The Parsees in India. A Minority as Agent of Social Change, München 1974.

Shaked, Shaul, Dualism in Transformation. Varieties of Religion in Sasanian Iran, London 1994.

Stausberg, Michael, Die Religion Zarathuštras: Gegenwart und Geschichte, Stuttgart, Berlin, Köln 1996. (Urban-Taschenbücher, Bd. 461)

Widengren, Geo, Iranische Geisteswelt. Von den Anfängen bis zum Islam, Baden-Baden 1961.

Ders., Die Religionen Irans, Stuttgart 1965.

Whitehurst, James E., „The Zoroastrian Response to Westernization: A Case Study of the Parsis in Bombay", in: Journal of the American Academy of Religion 37 (1969), S. 224–236.

Wiesehöfer, Josef, Das antike Persien. Von 550 v. Chr. bis 650 n. Chr., Zürich 1993.

Writer, Rashna, Contemporary Zoroastrians. An Unstructured Nation, Lanham, New York, London 1994.

Zarathustra und die Mithras-Mysterien. Katalog der Sonderausstellung des Iran Museum im Museum Rade, Reinbek bei Hamburg 31. 3. bis 27. 6. 1993, Bremen 1993.

Heinz Mürmel: Buddhismus

I. Literaturhinweise

Bareau, A., Der indische Buddhismus, in: *Bareau, A./W. Schubring/Ch. v. Fürer-Haimendorf,* Die Religionen Indiens, Bd. 3, Stuttgart 1964, S. 1–215 (Die Religionen der Menschheit 13).

Bechert, H., R. Gombrich (Hrsg.), Der Buddhismus: Geschichte und Gegenwart, Neuausgabe, München 1989.

Bechert, H., Buddhismus, Staat und Gesellschaft in den Ländern des Theravada-Buddhismus, 3 Bde., Frankfurt–Wiesbaden 1966–1973.

Buddhaghosa, Visuddhi-Magga oder der Weg zur Reinheit, übers. von *Nyanatiloka,* 2. Aufl., Konstanz o. J.

Kitagawa, J. M., Religion in Japanese history, New York 1966.

Klimkeit, H.-J., Der Buddha: Leben und Lehre, Stuttgart u. a. 1990.

Lamotte, E., Der Buddha, Seine Lehre und Seine Gemeinde, in: *Bechert/Gombrich* (Hrsg.), Der Buddhismus, S. 33–70

Liyanage, G., On the path: biography of the Venerable Aggamahapandita Professor Dr. Walpola Sri Rahula, Dehiwala (Buddhist Cultural Centre) 1995.

Malalasekera, G. P. (Hrsg.), Encyclopaedia of Buddhism, vol. 1 ff., Colombo 1961 ff.

Nyanatiloka, Buddhistisches Wörterbuch, Konstanz o. J.

Rahula, W., Bhiksuvage Urumaya, Colombo 1946.

Schneider, U., Einführung in den Buddhismus, 3. durchges. Aufl., Darmstadt 1992.

Welch, H., The Practice of Chinese Buddhism 1900–1950, Cambridge [2]1973.

II. Anmerkungen

[1] Zitiert nach *Nyanatiloka,* Buddhistisches Wörterbuch, S. 107.

[2] *Buddhaghosa,* Visuddhi-Magga (s. Lit.), S. 597.

[3] Zitiert nach *Liyanage* (s. Lit.), S. 121.

[4] Buddhism, An illustrated review (Rangoon), Bd. 2, Nr. 1 (Oktober 1905), S. 125.

III. Abkürzungen

DN = Digha-Nikaya
MN = Majjhima-Nikaya
SN = Samyutta-Nikaya

Reinhard Emmerich: Chinesische Religionen

I. Literaturhinweise

Vorstehende Ausführungen dürften deutlich gemacht haben, daß die Untersuchung chinesischer Religionen – und zwar in ihren eher traditionellen Ausprägungen ebenso wie in ihren gegenwärtigen Erscheinungen – keine Domäne der deutschsprachigen Forschung ist. Entsprechend selten sind gute deutschsprachige Überblicke zu finden. An Gesamtdarstellungen sind vor allem die Werke von *Laurence G. Thompson,* Chinese Religion. An Introduction, Belmont [3]1979, und *Daniel Overmyer,* Religions of China. The World as a Living System, San Francisco 1986, zu empfehlen, während die oft brillanten Beiträge in der von *M. Eliade* edierten Encyclopedia of Religion, New York/London 1987, auch in Details Vorzügliches bieten. Auf dem laufenden halten vor allem die Zeitschriften *History of Religions* und *Journal of Chinese Religions* sowie im deutschsprachigen Raum die leicht zugänglichen Hefte *China Heute. Informationen über Religion und Christentum im chinesischen Raum.* Diese Zeitschrift bietet ausgezeichnete aktuelle Informationen über das religiöse Leben des gegenwärtigen China. Sie ist beziehbar über den Herausgeber, das China-Zentrum e. V., Arnold-Janssen-Str. 22, 53754 Sankt Augustin (Steyler Missionare); die Redaktion von *China Heute* besorgte auch die deutschsprachige Übersetzung des wichtigen Werkes von *Donald MacInnis,* Religion im heutigen China. Politik und Praxis, Nettetal 1993. Ein Glücksfall ist es, daß die große Daoismus-Kennerin *Anna Seidel* eine kurzgefaßte Darstellung des Daoismus in deutscher Sprache vorlegte: Taoismus, die inoffizielle Hochreligion Chinas, Tokyo [2]1991.

II. Anmerkungen

[1] *S. Thompson* (1979), S. 74f. Der Abschnitt „The State: Emperor and Officials" in diesem Buch sowie Thompsons kurzer Beitrag „Confucian Thought: The State Cult" in der von *M. Eliade* edierten Encyclopedia of Religion (1987), Bd. 4, S. 36–38, bieten gute Überblicke, jeweils mit Angaben weiterführender Literatur.

[2] Eine zeitgenössische Beschreibung des vom Kaiser ausgerichteten Staatskultes aus dem 19. Jh. ist zitiert bei *Laurence G. Thompson,* The Chinese Way in Religion, Encino, Ca./Belmont, Ca. 1973, S. 131–138.

[3] Zitiert nach *J. A. van Aalst,* in: *Thompson,* The Chinese Way, S. 152.

[4] Zitiert nach *Thompson* (1979), S. 81.

[5] Zitiert nach An Exposition of Benevolence. The Jen hsüeh of T'an Ssu-t'ung, tr. by *Chan Sin-wai.* Hong Kong 1984, S. 185. Nur am Rande sei notiert, daß am Ende des Kaiserreiches in Kreisen um Politiker und Reformer versucht wurde, Konfuzianismus als eine Religion zu etablieren, ja selbst – den christlichen Missionaren in China gegenwirkend – Prediger des Konfuzianismus ins Ausland zu schicken.

[6] *C. K. Yang,* Religion in Chinese Society. A Study of Contemporary Social Functions of Religion and Some of Their Historical Factors, Berkeley/Los Angeles/London 1961, S. 146.

[7] So *Alvin P. Cohen,* „Chinese Religion: Popular Religion", in: Encyclo-

pedia of Religion (1987), Bd. 3, S. 289–296, hier S. 289. *Cohen* bietet sehr gute Informationen zur chinesischen Volksreligion, desgleichen *Overmyer*, Religions of China. The World as a Living Stone. San Francisco (1986). Meine Ausführungen verdanken beiden Autoren viel.

[8] *Maurice Freedman,* „On the Sociological Study of Chinese Religion", in: *Arthur P. Wolf* (Hrsg.), Religion and Ritual in Chinese Society, Stanford 1974, S. 19–41.

[9] „Religion and Chinese Culture: Toward an Assessment of ‚Popular Religion'", in: *History of Religions* 29.1 (August 1989), S. 35–57.

[10] *James L. Watson,* „Rites or Beliefs? The Construction of a Unified Culture in Late Imperial China", in: *Lowell, Dittmer* und *Samuel S. Kim* (Hrsg.), China's Quest for National Identity. Ithaca/London 1993, S. 83.

[11] Zu Details der chinesischen Ahnenverehrung, etwa zu dem Phänomen der sogenannten Geisterhochzeit, in der eine kinderlos verstorbene Frau einem lebenden Mann vermählt wird, oder zu der Frage, warum früh verstorbene Kinder nicht in den Genuß von Opfern kommen sollen, siehe *Arthur P. Wolf,* „Gods, Ghosts, and Ancestors", in: s. Anm. 8, S. 131–182.

[12] *Overmyer* (1986), S. 59.

[13] Bei *Stephen Feuchtwang,* The Imperial Metapher. Popular Religion in China, London/New York 1991, S. 3–7, werden etliche frappierende Gemeinsamkeiten zwischen chinesischen Göttern und christlichen Heiligen aufgewiesen.

[14] *James L. Watson,* „Standardizing the Gods: The Promotion of T'ien Hou (‚Empress of Heaven') Along the South China Coast, 960–1960", in: *David Johnson, Andrew J. Nathan, Evelyn S. Rawski* (ed.), Popular Culture in Late Imperial China. Berkeley/Los Angeles/London 1985, S. 293.

[15] *Valerie Hansen,* Changing Gods in Medieval China, 1127–1276, Princeton 1990, S. 37.

[16] Zu den skizzierten Beobachtungen siehe *C. Stevan Harrell,* „When a Ghost Becomes a God", in: *Arthur P. Wolf* (Hrsg.), Religion and Ritual in Chinese Society, S. 193–206. Es wurde sogar versucht, mit der Theorie, daß posthum vergöttlichte Menschen erbenlos starben, eine Vergöttlichung im 4. Jh. n. Chr. zu erklären: *Alvin P. Cohen,* „Coercing the Rain Deities in Ancient China", in: *History of Religions* 17.3–4 (February–May 1978), S. 258–260.

[17] *Alvin P. Cohen* a. a. O. John Shryock erlebte in den späten 20er Jahren des 20. Jh.s, daß während einer Trockenheit die Statue eines Regengottes der Sonne ausgesetzt und anschließend zerschlagen wurde. Zitiert bei Wolf (s. Anm. 11), S. 144.

[18] So *C. K. Yang* (s. Anm. 6), S. 182. Man erinnere sich hier der oben vorgestellten Interpretation des Staatskultes durch C. K. Yang, die in dieselbe Richtung geht!

[19] *Wolf* (s. Anm. 11), S. 144.

[20] *Cohen* (s. Anm. 7), S. 293.

[21] *Overmyer* (1986), S. 82 f.

[22] Genaues und sehr Aufschlußreiches nachzulesen bei *Daniel L. Overmyer,* „Values in Chinese Sectarian Literature: Ming and Ch'ing Pao-chüan", in: Popular Culture (s. Anm. 14), S. 219–254.

[23] *Arthur P. Wolf* (s. Anm. 8), S. 17. Man sieht sofort, daß Wolf eine völlig andere Position als der oben vorgestellte Maurice Freedman mit seiner Theorie, daß es *eine* chinesische Religion gäbe, einnimmt.

[24] *Seidel* (1991), S. 27. Anna Seidels schmales Buch ist eine wichtige Quelle der folgenden Ausführungen, es wird im weiteren ohne Anmerkung als „Seidel" zitiert; wichtig ist auch *Farzeen, Baldrian,* „Taoism: An

Overview", in: Encyclopedia of Religion (1987), Bd. 14, S. 288–306. In der deutschen Sinologie wird die Daoismusforschung leider etwas vernachlässigt; zu den sehr wenigen Ausnahmen gehört *Florian Reiter,* dessen Arbeiten aber meist recht spezialisiert sind.

[25] Gute Ausführungen über den daoistischen Kanon macht *Judith M. Boltz,* „Taoism: Taoist Literature", in: Encyclopedia of Religion (1987), Bd. 14, S. 317–329.

[26] Eine gute Übersicht über daoistische Methoden zur Lebensverlängerung und Bewahrung körperlicher Unversehrtheit gibt Baldrian (s. Anm. 24), S. 299–303.

[27] *MacInnis* (1993), S. 33. Folgende Zitate hieraus, unter Anführung der jeweiligen Seitenangaben in Klammern.

[28] Artikel 36 ist übersetzt bei *MacInnis,* a. a. O., S. 73f.; wertvolle Ergänzungen dazu bietet Abschnitt 147 des Strafgesetzbuches, übersetzt ebd., S. 74f.

[29] *China Heute* (s. Lit.), XII.4–5. 1993, S. 98.

[30] Das Dokument trägt den Titel „Religion und feudaler Aberglaube"; es ist zitiert bei *MacInnis* (1993), S. 71–73.

[31] Angaben nach *MacInnis,* ebda., S. 44, sowie *China Heute* (s. Lit.), XI.1.1992, S. 3; XII.1.1993, S. 3; XII.4–5.1993, S. 98.

[32] *Chen Linshu,* „Studies on Religions in Modern China", in: *Numen* 41, 1994, S. 84.

[33] Siehe etwa das bei MacInnis (1993), S. 72f. zitierte Dokument.

[34] *China Heute* (s. Lit.) XII.4–5.1993, S. 106.

[35] *Gerd Wädow,* „Die chinesische Gottheit Mazu (Tianfei) und ihr Kult", in: *China Heute* (s. Lit.) XII.4–5.1993, S. 136–140, hier S. 139.

Thomas Immoos: Shinto

I. Literaturhinweise

1. Quellen

„Nihongi":

Aston, William George (tr.), Nihongi: Chronicles of Japan from Earliest Times to AD 697, 2 Bde., London 1896; 1. Bd. London 1956.

Florenz, Karl, Japanische Mythologie. Nihongi, Zeitalter der Götter, Tokyo 1901.

„Kojiki":

Camberlain, Basil Hall (tr.), Kojiki: Records of Ancient Matters, Tokyo 1882 u. 1906.

Philippi, Donald (tr.), Kojiki, Tokyo 1968.

„Norito":

Ancient Japanese Ritual Prayers, hrsg. von *Donald Philippi,* Tokyo 1959.

2. Literatur

Akiyama Aisaburô, Shinto and its Architecture, Kyoto 1936.

Anesaki Masaharu, History of Japanese Religion, Tokyo (1930) 1963.

Ders., Religious Life of the Japanese People, Tokyo 1960.

Ders., „Japanese Mythology", in: The Mythology of all Races, Bd. 8, Boston 1928.

Aston, William George, Shinto, the Way of the Gods, London 1905.
Berthier, Laurence, Fêtes et Rites des 4 Saisons au Japon, Paris 1957.
Creemers, Wilhelmus, Shrine Shinto after World War II., Leiden 1968.
Eder, Matthias, Geschichte der japanischen Religionen, 2 Bde., Nagoya 1978.
Egami Namio, Nihon Minzoku no Kigen (Ursprung des japanischen Volkes), Tokyo 1958.
Ders., Kiba Minzoku Kokka (Land des Reitervolkes), Tokyo 1967.
Fairchild, William, „Shamanism in Japan", in: Folklore Studies, 21, 1962.
Florenz, Karl, Die historischen Quellen der Shinto-Religion, Göttingen–Leipzig 1919.
Ders., Japanische Mythologie. Nihongi, Tokyo 1901.
Gundert, Wilhelm, Japanische Religionsgeschichte, Stuttgart 1935.
Hardacre, Helen, Shinto and the State, 1868–1988, Princeton University Press 1989.
Herbert, Jean, Shinto. The Fountainhead of Japan, London 1967.
Holtom, Daniel C., The Political Philosophy of Modern Shinto, 1922, Reprint 1984.
Ders., The National Faith of Japan, London 1938.
Hori Ichiro, Folk Religion in Japan, Tokyo 1968.
Kageyama, Haruki, The Arts of Shinto, Arts of Japan Ser., Vol. 4, Tokyo 1973.
Kato, Genichi, A Historical Study of the Religious Development of Shinto, Dokumentation, übers. von Shoyu Hanayama, London 1989.
Ders., A Study of Shinto: The Religion of the Japanese Nation, Tokyo 1962.
Kidder, J. Edward, Japan before Buddhism, New York 1959.
Kitagawa, I. M., Religion in Japanese History, New York 1966.
Mason, J. W., The Meaning of Shinto; The Primaeval Foundation of Creative Spirit in Modern Japan, Port, Washington NY, 1967.
Muraoka, Tsunetsugu, Studies in Shinto Thought, Ministry of Education, Tokyo 1964.
Naumann, Nelly, Die einheimische Religion Japans, Leiden 1988.
Numazawa, Franz Kiichi, Die Weltanfänge in der japanischen Mythologie, Freiburg (Schweiz) 1946.
Okano Haruko, Die Stellung der Frau im Shinto, Diss. Bonn 1975.
Ono, Sokyô, Shinto: The Kami Way, Tokyo 1962.
Picken, Stuart D. B., Shinto, Kodansha Internat., Tokyo 1982.
Plutschow, Herbert E., Chaos and Cosmos. Ritual in early and medieval Literature, Leiden 1990.
Ponsonby-Fane, Richard, Studies in Shinto and Shrines, Kyoto 1942.
Rochedieu, Edmond, Der Shintoismus und die Neuen Religionen Japans, Genf 1973.
Rosenkranz, G., Der Weg der Götter (Shinto), München 1944.
Ross, Floyd Hiatt, Shinto: The Way of Japan, London 1965, Reprint 1983.
Schwade, Arcadio, Shinto-Bibliography in Western Languages, Leiden 1986.
Tsunoda Ryusaku and *L. C. Goodrich,* Japan in Chinese Dynastic Histories, South Pasadena 1951.

II. Anmerkungen

[1] Shinto Shingaku, Tokyo 1990, S. 20f. u. 37.

[2] *Lun Yü,* Gespräche des Kung Futse, übers. von *Richard Wilhelm,* Jena 1921, Nr. 74, 86, 110, 111, 69.

[3] *Sokyo Ono,* Shinto. The Kami Way, Tokyo 1962, S. XII.

[4] *Keiji Nishitani,* „‚Kami' and Fundamental Experience", in: Continuity and Change = Beiträge der 2. Inter-

national Conference for Shinto Studies, Tokyo 1967; *Hitoshi Miyake,* Nihon Shûkyô no Kôzô, Tokyo 1974, Kap. 1, S. 3 f.

[5] *Tetsuo Yamaori,* „The Three Key Concepts of Shinto", in: Echoes of Peace, Nov. 1984, S. 4.

[6] Ebd, S. 7.

[7] *Jean Herbert,* Shinto, the Fountainhead of Japan, New York 1967, S. 525.

[8] *Michael Grant,* Myths of the Greeks and Romans, 1962, S. 83, 104.

[9] *George Sioris,* Japanese and Greek Mythology, Tokyo 1970 (Privatdruck).

[10] *Wilhelm Gundert,* „Shintoismus", in *M. Kern,* Das Licht des Ostens, Stuttgart 1922, S. 518 ff.; *Hitoshi Miyake,* „Religionssoziologie", in: M. Kern, a. a. O., 3. Kap., S. 151 f.

[11] *Thomas Immoos,* Archaische Moderne, München 1990.

[12] Die Begründer der japanischen Volkskunde, Kunio Yanagita in 28 Bänden, und Shinobu Origuchi in 32 Bänden rücken die Volksreligion ins Zentrum ihrer Forschung.

[13] *Chie Nakane,* Japanese Society, Penguin Books, 1973.

[14] *Jinja Honcho,* Tokyo 1958, S. 62.

[15] Studies in Shinto Thought, Ministry of Education, Tokyo 1964, S. 1, 3.

[16] „Der Kaiser glaubte an buddhistische Lehren und verehrte Shinto", ebd. S. 2.

[17] *Robert Ellwood,* Sophia University Monograph, 1973, S. 37.

[18] *Adolf Jensen,* Die getötete Gottheit. Weltbild einer frühen Kultur (Urban Tb.90) 1966: „Das Hainuwele-Mythologem in Ozeanien und Amerika." – *Mariko Yamagata,* „Die Shakado Figurines and Middle Jomon Ritual in the Kofu Basin", in: Japanese Journal of Religious Studies, 1992, S. 129 ff.

[19] *Toichi Mabuchi,* „Tales concerning the Origin of Grains in the Insular Areas of Eastern and Southeastern Asia", in: Asian Folklore Studies, Tokyo 1964, Vol. 23; *Ulrich Pauly,* „Japan und die Kultur aus dem Süden", in: Bonner Zeitschrift für Japanologie, 1980, Bd. 2, S. 55 f.

[20] *Takeshi Umehara,* „Shinto and Buddhism in Japanese Culture", in: The Japan Foundation News-Letter, XVI, 1987.

[21] „The Concept of Tamashii in Japan", in: Studies in Japanese Folklore, S. 181.

[22] *Josef Kreiner,* Die Kultorganisation des japanischen Dorfes, Wien 1969.

[23] *Thomas Immoos,* „Das Land der mächtigen Frauen", in: *Elisabeth Gössmann,* Japan – ein Land der Frauen?, München 1991, S. 13–33.

[24] Nihon Minzoku no kigen, Tokyo ^{3}1966.

[25] *Robert Ellwood,* „The Sujin Religious Revolution", in: Japanese Journal of Religious Studies, 1990, S. 199 f.

[26] *Carmen Blacker,* „The Shinza or Godseat in the Daijôsai", in: Japanese Journal of Religious Studies, 1990, S. 179 f., mit weiterführender Literatur.

[27] *Kôkan Sasaki,* „Priest, Shaman, King", in: Japanese Journal of Religious Studies, 1990, S. 105–128; *Hideaki Kase,* Shimpi naru Tennô, Tokyo 1985; *Kenzaburo Torikoshi,* Tennôken no Kigen, Tokyo 1976.

[28] *Joseph Kitagawa,* „Some reflections on Japanese Religion and its relationship to the Imperial system", in: Japanese Journal of Religious Studies, 1990, S. 129 ff.

[29] *Wilbur Friedell,* „The Establishment of Shrine Shinto in Meiji Japan", in: Japanese Journal of Religious Studies, 1975, S. 137 f.

[30] *Robert Hall,* Kokutai no hongi. Cardinal principle of the national entity of Japan, Harvard 1949.

[31] *Ernst Lokowandt,* Die rechtliche Entwicklung des Staats-Shinto in der ersten Hälfte der Meiji-Zeit. 1868–1890, Wiesbaden 1978, Vorwort von *N. Zachert.*

[32] *Thomas Immoos,* Archaische Moderne, München 1990, S. 97–104, über die

planmäßige Verletzung der von der Verfassung vorgeschriebenen Trennung von Religion und Staat durch Regierungsstellen und durch der liberaldemokratischen Partei nahestehende Politiker der Rechten.

[33] *Nelly Naumann,* Das Umwandeln des Himmelspfeilers, Tokyo 1971.

[34] *Taryô Obayashi,* Nikon Shinwa no Kigen, Tokyo 1961.

[35] *H. Plutschow,* Chaos and Cosmos. Ritual in Early and Medieval Japanese Literature, Leiden 1990.

[36] Ausführliche Analyse des Rituals s.: Th. Immoos, „Archetypen religiöser Erfahrung im Shintofest", in: *ders.,* Ein bunter Teppich, Graz 1989, S. 42ff.; ferner: *ders.,* „Bändigung des Chaos – Wesen des Shinto", in: Begegnungen mit dem Chaos, Hochschulschriften Universität Bern, 1995, Bd. 39; Über Yudate-Kagura; *ders.,* „Das Mysterium von Feuer und Wasser im Shinto-Ritual", in: Vermittlung zwischenkirchlicher Gemeinschaft, Schöneck-Beckenried 1941, S. 147ff.

[37] *Th. Immoos,* „Die Geburt des japanischen Theaters aus dem Kult", in: Japan. Archaische Moderne, München 1990, S. 113ff.

[38] *Th. Immoos* und *Georg Gerster,* „Die Noh-Spiele von Kurokawa", in: NNZ, 8.6.1962.

[39] *Th. Immoos,* Die Sonne leuchtet um Mitternacht, Olten 1986.

[40] *Thassilo von Scheffer,* Hellenische Mysterien und Orakel, Stuttgart 1948; *Walter Burkert,* Antike Mysterien. Funktion und Gehalt, München 1990.

[41] *R. Bellah/Ph. Hammond,* Varieties of Civil Religion, San Francisco 1980.

[42] The Daily Yomiuri, 10.3.1995.

[43] Japan Times, 5.1.95; *Mark R. Mullins,* Religion and Society in modern Japan, Berkeley 1993.

H.-J. Greschat: Ethnische Religionen

I. Literaturhinweise

Akobu, Peter Ositadinma, Leben und Tod im Glauben und Kult der Igbo, Hohenschäftlarn 1984.

Anon, Söhne des tötenden Vaters. Dämonen- und Kopfjägergeschichten aus Neuguinea, Eisenach–Kassel 1957.

Dammann, Ernst, Die Religionen Afrikas, Stuttgart 1963.

Duerr, Hans Peter (Hrsg.), Der Wissenschaftler und das Irrationale, 2 Bde., Frankfurt a. M. 1981.

Ebermann, Erwin, Gundofen. Die geheimen Dinge. Fetische und Geheimbünde bei den Bambara, Wien 1989.

Edusei, Kofi, Für uns ist Religion die Erde, auf der wir leben, Stuttgart 1985.

Esumonu, Lazarus Ewenike, Die Achtung vor dem Menschenleben im Glauben und in den Sitten der Igbo, St. Ottilien 1989.

Friedrich, Adolf – Georg Buddruss, Schamanengeschichten aus Sibirien, München-Planegg 1955.

Greschat, Hans-Jürgen, Mana und Tapu. Die Religion der Maori auf Neuseeland, Berlin 1980.

Griaule, Marcel, Schwarze Genesis. Ein afrikanischer Schöpfungsbericht, Freiburg–Basel–Wien 1970.

Gronbech, Vilhelm, „Primitive Religionen I“, in: Jens Peter Asmussen e. a. (Hrsg.), Handbuch der Religionsgeschichte, Bd. 1, Göttingen 1971, S. 11–54.

Herrmann, Ferdinand, Symbolik in den Religionen der Naturvölker, Stuttgart 1961.

Johansen, J. Prytz: „Primitive Religionen II“, in: Asmussen e. a., op. cit., S. 55–127.

Jung, C. G. – Karl Kerenyi – Paul Radin, Der Göttliche Schelm. Ein indianischer Mythen-Zyklus, Zürich 1954.

Kacha Honaw (Weißer Bär), Das Buch der Hopi, Düsseldorf 1963.

Kalweit, Holger, Traumzeit und innerer Raum. Die Welt der Schamanen, Bern–München–Wien 1984.

Lame Deer, John (Fire) – *Richard Erdoes,* Tahca Ushte. Medizinmann der Sioux, München 1972.

Lizot, Jacques, Im Kreis der Feuer. Aus dem Leben der Yanomami-Indianer, Frankfurt a. M. 1982.

Mbiti, John S., Afrikanische Religion und Weltanschauung, Berlin–New York 1974.

Müller, Werner, Glauben und Denken der Sioux, Berlin 1970.

Ders., Religion der Waldlandindianer Nordamerikas, Berlin 1956.

Mutwa, Vusamazulu Credo, Indaba. Ein Medizinmann der Bantu erzählt die Geschichte seines Volkes, München 1983.

Nethöfel, Wolfgang – Viola Schmid, Rabe fliegt nach Osten. Die indianische Alternative?, München 1987.

Nevermann, Hans – Ernest A. Worms – Helmut Petri, Die Religionen der Südsee und Australiens, Stuttgart 1968.

Radin, P., Religiöse Erfahrung der Naturvölker, Zürich 1951.

Schlesier, Karl H., Die Wölfe des Himmels. Welterfahrung der Cheyenne, Köln 1985.

Schlosser, Katesa, Die Bantubibel des Blitzzauberers Laduma Madela. Schöpfungsgeschichte der Zulu, Kiel 1977.

Schwarzer Hirsch, Die heilige Pfeife. Das indianische Weisheitsbuch der sieben geheimen Riten, Olten–Freiburg i. B. 1980.

Talayesva, Don C., Sonnenhäuptling Sitzende Rispe. Ein Indianer erzählt sein Leben, Kassel 1964.

Van Baaren, Th., Menschen wie wir. Religion und Kult schriftloser Völker, Gütersloh 1964.

Wildhage, Wilhelm, Geistertanz-Lieder der Lakota. Eine Quellensammlung, Wyk auf Foehr 1991.

II. Anmerkungen

[1] *Rudolf Otto,* Kantisch-Fries'sche Religionsphilosophie, Tübingen 1921, S 197.

[2] *Carl R. Rogers – Barry Stevens,* Von Mensch zu Mensch, Paderborn 1984, S. 126.

[3] *Ezekiel Mphalele,* Down Second Avenue, London 1965, S. 61 f.

[4] *Werner Müller,* Indianische Welterfahrung, Frankfurt/M.–Berlin–Wien 1981, S. 39 f.

[5] *Ders.,* Neue Sonne - Neues Licht, Berlin 1981, S. 251.

[6] *Ders.,* Welterfahrung, S. 37.

[7] *Bernard Narokobi,* What is Religious Experience for a Melanesian?, Point (Goroka, Papua New Guinea) 1977, S. 8 f.

[8] Ebd., S. 9 f.

[9] *Samuel Datey-Kumodzie,* Musik und die Yehweh- oder Hu-Religion (Der Sogbo Musikkult), Diss. Köln 1988, Ms., Bd. II, S. 2 f.

[10] Ebd., Bd. I, S. 141.

[11] Ebd., Bd. I, S. 313.

[12] Ebd., Bd. I, S. 142.

[13] Ebd., Bd. I, S. 373.

[14] Ebd., Bd. I, S. 160.

[15] Colin Simpson, Adam in Ocre. Inside Aboriginal Australia, Sydney 1967, S. 74–76.

[16] *Erich Kolig,* The Silent Revolution. The Effects of Modernization on Australian Aboriginal Religion, Philadelphia 1981, S. 131.

[17] Rasmussen hatte ihn auf der 5. Thule-Expedition (1921–24) getroffen. Abgedruckt in: *Joan Halifax,* Shamanic Voices, New York 1979, S. 66–70.

[18] *Günter Schlee,* Das Glaubens- und Sozialsystem der Rendille, Kamelnomaden Nord-Kenias, Berlin 1979, S. 327.

[19] *Gert Chesi,* Susanne Wenger. Ein Leben mit den Göttern, Wörgl 1980, S. 63.

[20] Ebd., S. 42.

[21] Ebd., S. 73.

[22] Ebd., S. 97f.

[23] *Logan Campbell,* Poenamo, Wellington 1952, S. 125f.

[24] *Monica Wilson,* Communal Rituals of the Nyakyusa, London–New York–Toronto 1959, S. 123–141.

[25] *Agnes Klingshirn,* „The Trial of a Witch: A Document from Ghana", in: Africana Marburgensia IV, 1 (1971), S. 19f.

[26] *Okot P' Bitek,* Religion of the Central Luo, Nairobi 1978, S. 159.

[27] *Bernard Narokobi,* op. cit. (Anm. 7), S. 10.

[28] *Harriet Ngubane,* Body and Mind in Zulu Medicine, London–New York–San Francisco 1977, S. 83–85.

[29] *Paul Clark,* ‚Hauhau'. The Pai Marire Search for Maori Identity, Auckland 1975, S. 87.

[30] Zitiert von Elizabeth Isichei, The Ibo People and the Europeans, London 1973, S. 180.

[31] *W. P. Naera,* Christianity and the Maori, L. Th. Thesis, St. John's College, Auckland 1963, Ms., S. 27.

[32] *Oba of Benin,* Adresses in Connexion with Aruosa, Benin City 1946, S. 7.

[33] *Vine Deloria,* Jr., God is Red, New York 1979, S. 66.

Rainer Flasche: Neue Religionen

Literaturhinweise

Benz, Ernst, Neue Religionen, Stuttgart 1971.

Biezais, Haralds (Hrsg.), New Religions, Stockholm 1975.

Brockway, Allan R. – J. P. Rajashekar (ed.), New Religious Movements and the Churches, Genf 1987.

Burridge, K., New Heaven New Earth. A Study of Millenarian Activities, Oxford 1969.

Gerlitz, Peter, Gott erwacht in Japan. Neue fernöstliche Religionen und ihre Botschaft vom Glück, Freiburg u. a. 1977.

Guariglia, Guglielmo, Prophetismus und Heilserwartungsbewegungen als völkerkundliches und religionsgeschichtliches Problem. Wiener Beiträge zur Kulturgeschichte und Linguistik, Bd. 13, Wien 1959.

Hummel, Reinhard, Indische Mission und neue Frömmigkeit im Westen, Stuttgart u. a. 1980.

Kaufmann, R., Millénarisme et acculturation, Brüssel 1964.

Lanczkowski, Günter, Die neuen Religionen, Frankfurt/M. 1974.
Muehlmann, Wilhelm E., Chiliasmus und Nativismus. Studien zur Psychologie, Soziologie und historischen Kasuistik der Umsturzbewegungen, Berlin 1961.
Needleman, Jacob, The New Religions, New York 1970.
Needleman, J. und *Baker, G.,* Understanding the New religions, New York 1978.
Wilson, Bryan, The Social Impact of New Religious Movements, New York 1981.

REGISTER

DIE AUTOREN

Peter Antes, geb. 1942, Dr. theol. Dr. phil., ist Professor für Religionswissenschaft am Fachbereich Geschichte, Philosophie und Sozialwissenschaften der Universität Hannover; 1988–1993 Vorsitzender der Deutschen Vereinigung für Religionsgeschichte e. V., seit 1995 Vizepräsident der Intern. Assoc. for the History of Religions. *Forschungsschwerpunkte*: Islamische Ethik, Religionen und religiöse Gemeinschaften in Europa. *Veröffentlichungen* u. a.: Ethik und Politik im Islam, 1982; Christentum – eine Einführung. 1985; Der Islam als politischer Faktor, 2. Aufl. 1991; als Herausgeber: Der Islam. Ethik – Religion – Politik, 1991; Große Religionsstifter, 1992.

Maya Burger studierte in Lausanne (Schweiz), Jaipur (Indien) und Berkeley (USA) und ist Professorin für Religionswissenschaft an der Theologischen Fakultät der Universität Lausanne; sie unterrichtet außerdem Hindi an der Abteilung für orientalische Sprachen und Kulturen. Neben der Allgemeinen Religionswissenschaft ist ihr Spezialgebiet die Bhakti-Literatur des Hinduismus (Kabīr, Mīrā), der auch die meisten ihrer Publikationen gewidmet sind.

Michael Brocke ist Professor für Judaistik an der Freien Universität Berlin. *Forschungsschwerpunkt*: Frühe Neuzeit und Moderne im aschkenasischen Judentum Europas und Deutschlands. *Veröffentlichungen* zum Chassidismus (Die Erzählungen des R. Nachman von Bratzlaw, 2. Aufl. 1989), zur deutsch-jüdischen Geistesgeschichte sowie zur hebräischen Epigraphik, zuletzt: Stein und Name. Die jüdischen Friedhöfe in Ostdeutschland, 1994; Der alte jüdische Friedhof zu Frankfurt am Main. Unbekannte Inschriften und Denkmäler, 1996.

Reinhard Emmerich ist wissenschaftlicher Mitarbeiter am Institut für Asienkunde, Hamburg. 1988–1995 Hochschulassistent am Seminar für Sprache und Kultur Chinas der Universität Hamburg; mehrere, längere Studien- und Forschungsaufenthalte in der VR China, Japan und USA. *Veröffentlichungen*: Li Ao (ca. 772 – ca. 841). Ein chinesisches Gelehrtenleben, 1987; Kurzgefaßte Geschichte Chinas bis zum Ende des Kaiserreiches, 2. Aufl. 1991; außerdem verschiedene Publikationen in Fachzeitschriften.

Rainer Flasche, geb. 1942, studierte Germanistik, Theologie, Religionsgeschichte und Philosophie in Marburg. Promotion 1971, Habilitation für Religionswissenschaft und Religionsphilosophie in Marburg 1975. *Forschungsschwerpunkte*: Germanische Religionsgeschichte, afro-amerikanische

Religionen, Neue Religionen und Systematische Religionswissenschaft. *Veröffentlichungen*: Geschichte und Typologie afro-brasilianischer Religionen, 1973; Religionswissenschaft Joachim Wachs, 1978; Mitarbeit an einer Reihe von Handbüchern und Lexika.

Peter Gerlitz, geb. 1926, Dr. theol. Dr. phil., Habilitation 1984 an der Universität Bremen, war bis zu seiner Pensionierung Pastor der Bremischen Evangelischen Kirche in Bremen und Privatdozent an der Universität Bremen. *Forschungsschwerpunkte*: Synkretismusforschung, Religionsökologie, Interreligiöser Dialog. *Veröffentlichungen* u. a.: Religion und Matriarchat 1984; Gott erwacht in Japan. Neue fernöstliche Religionen und ihre Botschaft vom Glück, 1977; Mein Totem ist zornig. Mensch und Natur in archaischen Kulturen, 1992 sowie zahlreiche Artikel und Aufsätze in Zeitschriften und Lexika.

Hans-Jürgen Greschat ist Professor für Religionsgeschichte an der Philipps-Universität Marburg, emeritus: *Veröffentlichungen* u. a.: Westafrikanische Propheten. Morphologie einer religiösen Spezialisierung, 1974; Mana und Tapu. Die Religion der Maori auf Neuseeland, 1980; Die Religion der Buddhisten, 1980; Was ist Religionswissenschaft?, 1988.

Monika Horstmann (*Boehm-Tettelbach*), geb. 1941, studierte Indologie. Promotion 1966 in Berlin, Habilitation 1975 in Bonn. *Forschungsschwerpunkte*: religiöse Traditionen des Mittelalters und der Frühen Neuzeit in Nordindien. *Veröffentlichungen* u. a.: Dādū: Lieder, eingel. und übersetzt, 1991; Leben aus der Wahrheit. – Texte aus der heiligen Schrift der Sikhs, 1988; Sadani-Lieder: Studien zu einer nordindischen Volkslied-Literatur, 1978.

Thomas Immoos, geb. 1918, ist Professor für deutschsprachige Literatur an der Sophia-Universität Tokyo, Lektor für Österreichische und Schweizer Literatur am College for Liberal Arts der Universität Tokyo, Gastprofessor für Religionswissenschaft an der Universität Wien und Erforscher der Literatur, des Kulttheaters, der Feste und Mysterientheologie in Japan. *Veröffentlichungen* u. a.: Japanisches Theater, 1974; Die Sonne leuchtet um Mitternacht. Archetypen in der Literatur, 1986; Der bunte Teppich. Die Religionen Japans, 1990; Japan, archaische Moderne, 1990; Japan. Tempel, Gärten und Paläste, 6. Aufl. 1987; Fernöstliche Weisheit und Christlicher Glaube, hrsg. mit Hans Waldenfels. Festschrift f. Heinrich Dumoulin, 1985.

Heinz Mürmel, geb. 1944, Studium der Theologie in Leipzig, Promotion »Das Magieverständnis bei Marcel Mauss«; Leipzig 1985.

Michael Stausberg forscht und lehrt als Stipendiat der Alexander von Humboldt-Stiftung an der Universität Uppsala (Schweden). *Wichtigste Veröffentlichungen*: Faszination Zaraθustra. Zoroaster und die Europäische Religionsgeschichte. Renaissance bis Aufklärung, 2 Bde. 1996; Die Religion Zarathuštras. Gegenwart und Geschichte, 1996.